UNTERWEGS ZUHAUSE

WANN WOHIN

mit dem WOHNMOBIL

in EUROPA

KUNTH

Insbesondere in der Vor- und Nachsaison ist Kroatien für Wohnmobilisten ein echter Traum. Viele Campingplätze sind dann nur mäßig gefüllt, und man findet schnell den perfekten Stellplatz direkt am Meer.

UNTERWEGS ZUHAUSE

WANN WOHIN

mit dem WOHNMOBIL *in* EUROPA

Wenn von Anfang Juni bis Mitte August die Lavendelfelder in Blüte stehen und die Landschaft wie von lilafarbenen Linien durchzogen ist, könnte das Bild der Provence nicht typischer sein.

Wann wohin mit dem Wohnmobil?

Endlich Urlaub! Endlich Zeit! Zuhause bleiben? Das ist schön, aber im heimeligen Wohnmobil Neues entdecken eben auch. In diesem Buch werden die schönsten Campingrouten durch Europa vorgestellt. Das Besondere: die Routen sind nach Jahreszeiten gegliedert, so kann man die schönsten Seiten Europas zur jeweils idealen Saison erkunden. Neben Campingplatz- und Ausflugstipps sowie GPS-Tracks sorgen detaillierte Routenkarten für beste Urlaubsplanung.
So locken – sofern die Schneeverhältnisse stimmen – noch im Frühling Skigebiete in Österreich oder, wer genug von der Kälte hat, macht sich in den Süden auf, um zum Beispiel in Kroatien die noch leeren Buchten auf Brač und Hvar zu genießen. Ein Traum in Rosa lässt sich dagegen entlang der Deutschen Weinstraße erleben.
Zur Sommerferienzeit kann es auf den Straßen und Campingplätzen voll werden. Um dem ein wenig zu entgehen, sind Reisen in den Norden zu empfehlen. Norwegen punktet mit einer spektakulären Natur, und Schwedens Gewässer versprechen Abkühlung. In Griechenland springt man dank angenehmer Temperaturen noch im Herbst ins Meer und Genussmenschen werden zu dieser Jahreszeit die Weinroute am Douro in Portugal zu schätzen wissen. In der Winterzeit steht man dann vor der Wahl: Möchte man so richtig im Schnee abtauchen? Dann geht's nach Finnland; wer in Weihnachtsstimmung kommen möchte, tummelt sich auf den urigen Weihnachtsmärkten im Elsass. Besteht aber der Wunsch nach ein paar Grad mehr, so kann man sich beispielsweise auf den Weg nach Andalusien machen und dort ohne dicke Winterjacke die Seele baumeln lassen.

Abenteuer pur! In Norwegen lässt sich der Winter intensiv erleben. Gute Vorbereitung für das eigene Fahrzeug ist dort unerlässlich; dann lassen sich schneereiche Momente ausgiebig genießen.

Inhalt

Sommer

Oben: Ein Zwischenstopp am Meer gehört an Spaniens Küste einfach dazu. Auch in der Nebensaison findet man dort wunderschöne Ziele.

Herbst

Winter

Oben: Sobald die Temperaturen fallen und die ersten dicken Schneeflocken vom Himmel rieseln, verwandelt sich der Schwarzwald in ein Wintermärchen.

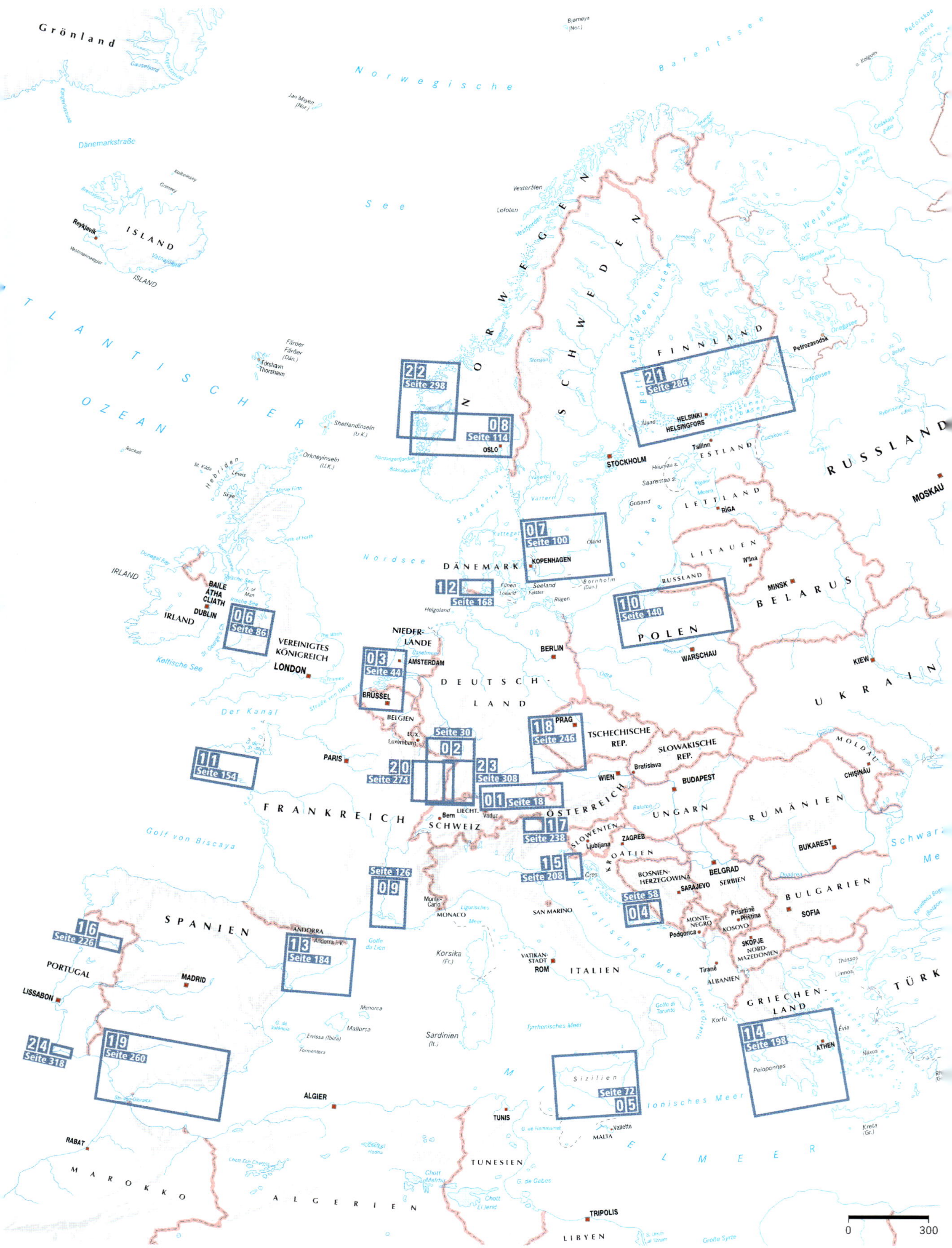
Grönland
Norwegische See
Barentssee
Dänemarkstraße
ISLAND
Reykjavík
ATLANTISCHER OZEAN
Färöer
Tórshavn
Shetlandinseln
Orkneyinseln
Hebriden
NORWEGEN
SCHWEDEN
FINNLAND
RUSSLAND
MOSKAU
22 Seite 298
08 Seite 114
OSLO
21 Seite 286
HELSINKI HELSINGFORS
STOCKHOLM
Tallinn
ESTLAND
LETTLAND
RIGA
LITAUEN
Wilna
MINSK
BELARUS
07 Seite 100
KOPENHAGEN
DÄNEMARK
Nordsee
Ostsee
12 Seite 168
10 Seite 140
POLEN
WARSCHAU
IRLAND
BAILE ÁTHA CLIATH
DUBLIN
06 Seite 86
VEREINIGTES KÖNIGREICH
LONDON
Keltische See
NIEDERLANDE
AMSTERDAM
03 Seite 44
BRÜSSEL
BELGIEN
BERLIN
DEUTSCHLAND
KIEW
UKRAINE
Der Kanal
PARIS
11 Seite 154
Seite 30
02
20 Seite 274
23 Seite 308
01 Seite 18
18 Seite 246
PRAG
TSCHECHISCHE REP.
SLOWAKISCHE REP.
Bratislava
WIEN
BUDAPEST
ÖSTERREICH
UNGARN
MOLDAU
CHIȘINĂU
RUMÄNIEN
BUKAREST
FRANKREICH
SCHWEIZ
Bern
LIECHT.
Vaduz
Golf von Biscaya
17 Seite 238
SLOWENIEN
Ljubljana
ZAGREB
KROATIEN
15 Seite 208
BOSNIEN-HERZEGOWINA
SARAJEVO
BELGRAD
SERBIEN
Seite 58
04
Seite 126
09
MONACO
SAN MARINO
BULGARIEN
SOFIA
Schwarzes Meer
MONTENEGRO
Podgorica
KOSOVO
Prishtinë Priština
SKOPJE
NORDMAZEDONIEN
Tiranë
ALBANIEN
SPANIEN
16 Seite 226
PORTUGAL
ANDORRA
13 Seite 184
MADRID
LISSABON
Korsika (Fr.)
VATIKANSTADT
ROM
ITALIEN
Adriatisches Meer
GRIECHENLAND
TÜRKEI
14 Seite 198
ATHEN
Peloponnes
Sardinien (It.)
Tyrrhenisches Meer
24 Seite 318
19 Seite 260
ALGIER
Sizilien
Seite 72
05
Ionisches Meer
TUNIS
MALTA
Valletta
Kreta (Gr.)
MITTELMEER
RABAT
MAROKKO
ALGERIEN
TUNESIEN
TRIPOLIS
LIBYEN
0 300

ZEICHENERKLÄRUNG FÜR DIE ROUTENKARTEN

Symbol	Bedeutung	Symbol	Bedeutung
Reisemobilpark Kleve	Beschriebener Wohnmobilstell-, Campingplatz auf der Route	05	Sehenswert/beschriebener Stopp auf der Route
	Verlauf der Route	TOUR START	Start der Route
6 20	Autobahn mit Anschlussstellen		Pass
	Autobahntunnel		Für Wohnwagen ungeeignet
	Autobahn in Bau		Für Wohnanwagen gesperrt
	Autobahn in Planung	E18	Europastraßen-Nr.
	Mehrspurige Schnellstraße	6 4 M4 A13	Autobahn-Nr.
	Mehrspurige Schnellstraße in Bau	85 52 25 25 47 68	Bundes-, Nationalstraßen-Nr.
	Fernverkehrsstraße		Nationalpark
	Fernverkehrsstraße in Bau		Naturpark
	Fernverkehrsstraße im Tunnel		Bahnlinie
	Wichtige Hauptstraße		Autofähre
	Hauptstraße	FRA	Internationaler Flughafen mit IATA Code
	Nebenstraße	LEJ	Nationaler Flughafen mit IATA Code
	Fahrweg		Regionaler Flughafen
	Nebenstraße mit Mautstelle		Staatsgrenze
	Straße gesperrt		Provinzgrenze
16%	Straße mit Steigung		Zeitzonengrenze

An dieser Stelle eine ebenso detaillierte wie umfangreiche Packliste abzudrucken würde den Rahmen dieses Buches sprengen. Zudem wäre sie mit Sicherheit unvollständig, denn eine Packliste ist etwas höchst Individuelles, das sich auch je nachdem, wohin die Reise gehen soll, stark unterscheiden kann: in Eis und Schnee zum Beispiel oder in sonnigere Gefilde. Und dann ist da noch das Paradox, dass beim Packen des Wohnmobils zwar grundsätzlich die Devise gilt, »weniger ist mehr« – die Packliste kann aber gar nicht ausführlich (und umfangreich) genug sein. Merke: Irgendetwas vergisst man immer. Aber merke auch: Von Mal zu Mal, von Reise zu Reise werden die Packlisten ausgefeilter, individueller, besser. Hilfreich kann es in jedem Fall sein, sich auch ein paar Kategorien zu überlegen, damit das Ganze übersichtlich(er) bleibt. Dazu hier ein paar Beispiele:

Dokumente und Finanzen
Ausweispapiere, Bargeld und Kreditkarten, Notfallnummern, Versicherung …

Elektronik
Foto- und Filmausrüstung, Handy, Ladegeräte …

Essen und trinken
Aufstriche/Marmeladen, Gewürze, trockene/haltbare Lebensmittel (Nudeln, Reis), Wasser …

Weitere Tipps sowie Packlisten zum Ausdrucken oder Download findet man zum Beispiel hier:

- *www.adacreisen.de/ratgeber/campingwelten/camping-packliste*
- *https://hin-fahren.de/packliste-wohnmobil-erstausstattung-zubehoer-checkliste*
- *www.beyondcamping.de/packliste-wohnmobil*
- *www.packlisten.org/packliste-wohnmobil-wohnwagen*

Gesundheit
Vom Erste-Hilfe-Set über Mullbinden und Pflaster bis zu allgemeinen Schmerzmitteln und Medikamenten gegen Magen-Darm-Erkrankungen bis hin zu den persönlichen Medikamenten …

Grundausstattung
Abwasserschlauch, Adapter für Campingstrom, Decken und Kissen, Gasflasche, Sanitärflüssigkeit für Campingtoilette …

Hygiene
Cremes, Duschgel, Seife, Handtücher, Zahnbürste & Co.

Kleidung
Jacke wie Hose, drunter und drüber, drinnen und draußen, kalt und warm …

Küche
Besteck, Geschirr, Teller, Töpfe, Pfannen, Schneidebrett, Müllbeutel, Spülmittel …

Persönliche Dokumente
Von A wie Auslandsversicherung bis P oder R wie Personalausweis oder Reisepass

Sicherheit
Von A wie Abschleppseil über S wie Starthilfekabel bis W wie Warndreieck, -weste und Werkzeugkasten

Reiseunterlagen
Von A wie Apps (Stellplätze, Währung, Wetter) über F wie Führer- und Fahrzeugschein, I wie Impfausweis (Corona), K wie Karten, T wie (auch Fähr-)Tickets und R wie Reiseführer bis V (Vignetten) …

Unterhaltung
Bücher, Spiele, Filme, Musik, Badminton, Tischtennis …

Unterwegs arbeiten
Ladekabel, Tablet, mobiler Router mit geeigneter Antenne …

Frühling

Der Frühling ist eine besondere Zeit für Ausflüge mit dem Wohnmobil. Zu keiner anderen Zeit wird es so herrlich duften wie bei diesen Touren. Ob Tulpenblüte in Holland, Mandelblüte in Deutschland oder die Rhododendren in Wales – eine herrlich bunte Zeit wartet jetzt auf die Camper.

Die dicken Mauern des »Iron Ring«, mit denen der Innenhof und die darin befindlichen Gebäude von Conwy Castle geschützt wurden, sind auch heute noch gut zu sehen.

ROUTE 01

VON BREGENZ NACH SALZBURG

Langweilig wird es auf dieser Tour nicht – so viel steht fest. Je nach Wetterlage steht entweder Wandern an oder der Besuch auf der Skipiste. Und wenn beides nicht geht, dann geht es eben zum Schlemmen, denn diese Route führt auch über die »Käse-Strasse«. Zunächst startet sie am Bodensee, bevor sie sich ins Inntal vorarbeitet. Vom Ufer des Bodensees in Vorarlberg geht es bis nach Salzburg, dem barocken Gesamtkunstwerk an der Salzach, vom Bregenzerwald hinauf in eine hochalpine Welt, vorbei an mondänen Wintersportzentren in bezaubernde Städte voller Kunst und Kultur. Westlich des Arlbergs herrsche, so besagt das Klischee, alemannische Nüchternheit. Östlich davon bestimme knorrige Freiheitsliebe die Denkweise. Was diese beiden Gegenden gemeinsam haben, sind (Hoch-)Gebirgswelten wie aus dem Bilderbuch, tiefblaue Seen und Stadtjuwele, in denen Kunstfreunde große Augen machen. Wer auf dieser Route den Umweg über die Krimmler Wasserfälle macht, wird noch einmal extra zur Kasse gebeten. Die Fahrt über den Gerlospass ist gebührenpflichtig. Die Nutzung der in diesem Kapitel beschriebenen Straßen ist ansonsten kein Problem. Sie sind breit genug, die Steigungs- und Gefällstrecken stellen keine besonderen Herausforderungen dar.

WARUM IM FRÜHLING?

Weil sich dann Wintersport und Wandern gut verbinden lassen – je nach Wetterlage und Standort. Die Tour führt schließlich entlang einiger von Österreichs bekanntesten Skigebieten, in denen sich mit etwas Glück oder dem richtigen Zeitpunkt beste Schneeverhältnisse bieten.

Ziel dieser Route ist die Mozartstadt Salzburg, die so schön ist, dass man hier unbedingt noch ein paar Tage einplanen sollte.

Pistenspaß und Frühlingsflair

Vom Bodensee bis nach Salzburg führt diese Route entlang der nördlichen Alpen vorbei an berühmten Skiorten. Perfekt, um Campen, Skifahren und Wandern zu verbinden – je nach Höhenlage und Laune.

Vom Bregenzer Bodenseeufer aus reicht der Blick bis zum Horizont – so viel offener Raum ist für eine (Vor-)Alpenregion einzigartig.

ROUTE 01

Streckenlänge: ca. 500 km
Zeitbedarf: ca. 10 Tage
Routenverlauf (Hauptorte): Bregenz, Dornbirn, St. Anton, Landeck, Imst, Zirl, Innsbruck, Wörgl, Kitzbühel, St. Johann in Tirol, Salzburg

Charakteristik: Die Fahrt von West- nach Ostösterreich umfasst herrliche Natur, aber auch viele kulturelle Sehenswürdigkeiten, wie z. B. in Stams oder Salzburg.

Informationen:
www.bregenzerwald.at
www.salzburg.info

Hier geht's zum GPS-Track

01 Bregenz

Ausgangspunkt für diese Tour ist Bregenz am Ufer des Bodensees. Die Hauptstadt des »Ländles«, wie die Vorarlberger ihre Heimat, Österreichs westlichstes Bundesland, nennen, bietet reichlich Sehenswertes: In der hübschen Oberstadt ragen der Martinsturm, das Deuringschlösschen und das alte Rathaus hervor, im Stadtzentrum das Zisterzienserkloster Mehrerau, die Nepomuk- und die Seekapelle sowie das Vorarlberg Museum. Vielfältig ist die Kulturszene, wie das Theater am Kornmarkt und das Kunsthaus Bregenz zeigen, Letzteres ein ikonischer Glaskubus am Bodenseeufer von Peter Zumthor. Höhepunkte sind unbestritten der Bregenzer Frühling und im Sommer die Festspiele, für die man gar den See in eine Bühne verwandelt. Dass die Stadt zwischen Gebirge und Wasser, wie der irische Mönch Kolumban im Jahr 610 feststellte, gleichsam »in einer goldenen Schale« liegt, erkennt man am schönsten vom Bregenzer Hausberg aus, dem per Seilbahn bequem erreichbaren Pfänder (1064 Meter).

FRÜHLINGSTIPP: Von März bis Juni steht Bregenz ganz im Zeichen des Tanzes. Dann wird der Alpenort ein Treffpunkt für Tanzstars und Ensembles aus aller Welt. Oftmals werden die Choreografien begleitet von höchster multimedialer Kunst. Die Veranstaltungen finden im Festspielhaus statt.
www.bregenzerfruehling.com

02 Dornbirn

Vor allem wegen zweier Museen lohnt dieser Ort einen Halt: wegen des Naturkundemuseums Inatura und des weltgrößten Rolls-Royce-Museums. Nicht versäumen sollte man einen Ausflug zur Rappenlochschlucht, einem der imposantesten Naturwunder der Ostalpen.

03 Bezau

Bis zu ihrer Einstellung war Bezau die Endstation der 1912 eröffneten Bregenzerwald-Bahn (besonders sehenswert ist das Heimatmuseum). Ein altes Dampfross erinnert noch daran. Im nahen Schwarzenberg mit seinen prächtigen, für diese Region

Auf 976 Meter über N. N. lässt es sich köstlich speisen. Highlight im Panoramarestaurant Karren hoch über Dornbirn ist aber nicht (nur) das Essen, sondern der Ausblick durch die Glasscheiben.

typischen mit Holzschindeln verkleideten Bauernhäusern steht das Elternhaus der vor allem für ihre Porträts (darunter viele Selbstbildnisse) berühmten Malerin Angelica Kauffmann (1741–1807). 1768 wurde sie Mitglied der Royal Academy in London. Seit dem Jahr 1782 lebte sie in Rom, wo ihr Haus ein gesellschaftlicher Mittelpunkt war: Künstler und Gelehrte wie Winckelmann, Herder und Goethe verkehrten dort.

04 Bregenzerwald

Noch vor zwei, drei Generationen war diese von der Bregenzer Ache durchflossene Gebirgslandschaft ziemlich weltabgeschieden. Ihre Stille, Unberührtheit und außerordentliche Schönheit hat sie sich bis heute bewahrt. Das Dorf Mellau, wo sich das bis dahin enge Tal weitet, wird beherrscht von der gewaltigen Kanisfluh, deren Felswände von rund 2000 Metern Höhe nahezu senkrecht ins Tal abfallen.

Von hier geht die Fahrt über Schoppernau und Schröcken, entlang grüner Almmatten und der Serpentinen des Hochtannbergpasses (1675 Meter) nach Warth, weiter über Lech und Zürs, den Flexen- (1773 Meter) und den Arlbergpass (1793 Meter) nach St. Anton, dem bekanntesten der drei Wintersportorte auf dieser Strecke, für die alle das Gleiche gilt: Kaum irgendwo sonst fällt auf vergleichbarer Seehöhe ähnlich viel Schnee, finden sich 1500 Höhenmeter hindernisfreie Hänge.

05 St. Anton

Bis Ende April ist der Schneespaß fast garantiert: Das Skigebiet in St. Anton

PARK-CAMPING LINDAU AM SEE

Die schöne parkähnliche Anlage liegt in einem Landschaftsschutzgebiet direkt am Bodensee und bietet alle notwendigen Ver- und Entsorgungseinrichtungen sowie Plätze in drei verschiedenen Komfortstufen. Geöffnet von Mitte Januar bis Anfang November. Bregenz ist zu Fuß oder mit dem Fahrrad über den Seeuferweg bequem zu erreichen (4,5 Kilometer). Geöffnet April bis Dezember.

Fraunhoferstr. 20, 88131 Lindau
www.park-camping.de, GPS 47.53795, 9.73084

EUROPARCS ARLBERG

Außergewöhnliche Komfort-Anlage: Jeder Stellplatz hat seine eigene beheizte Kabine mit Dusche und WC. Ganzjährig geöffnet. Auch ein ausgezeichneter Winter-Campingplatz mit Wellnessoase und großzügiger Poollandschaft.

Strohsack 235C, 6574 Pettneu am Arlberg
www.europarcs.at, GPS 47.14802, 10.33940

AUSFLUGSZIELE

KäseStrasse Bregenzerwald

Ihre Stille, Unberührtheit und außerordentliche Schönheit hat sich die Vorarlberger Landschaft bis heute bewahrt. Geografisch reicht der Bregenzerwald von der Weißach nahe der Grenze zum Allgäu im Norden bis zum Hochtannberg- und Arlberg-Gebiet im Süden. Wer die Region intensiver entdecken möchte, kann entlang der »KäseStrasse« in teilnehmenden Hofläden, Dorf- und Alpsennereien lokale Käsesorten und Milchprodukte erwerben. Auch Hotels, Restaurants und Ausflugsgasthöfe machen mit und bieten hochwertige Produkte an, die die Marke »KäseStrasse Bregenzerwald« tragen. Vielerorts kann man an Besichtigungen und Verkostungen teilnehmen.
www.kaesestrasse.at

punktet mit seiner Lage zwischen 1300 und 2800 Metern und gilt als extrem schneesicher. Ob Abfahrt oder Snowboard – es gibt viele Möglichkeiten, in den Geschwindigkeitsrausch auf der Piste zu kommen, ebenso wie viele Schwierigkeitsstufen: Vom Anfänger bis zum Abenteurer.
Ski Arlberg ist zudem das größte zusammenhängende Skigebiet in Europa und das fünfgrößte weltweit mit mehr als 300 Kilometer Abfahrten. Es besteht aus dem Zusammenschluss der Orte St. Anton am Arlberg, St. Christoph, Stuben, Lech, Zürs, Warth und Schröcken.

FRÜHLINGSTIPP: Insgesamt 87 Bergbahnen und Lifte stehen den Skifahrern ebenso zur Verfügung wie Skibusse, die die Wintersportler auch von den Campingplätzen zu den Pisten bringen. www.stantonamarlberg.com

06 Landeck

Schon in der Römerzeit war der Landecker Talkessel an der Via Claudia Augusta und dem Pfad über den Arlberg ein wichtiger Verkehrsknotenpunkt. Im Mittelalter wurden Handel und Verkehr von den drei Burgen des Talkessels kontrolliert: Burg Landeck, Schrofenstein und Kronburg. Landeck diente als Gerichtssitz der Grafen von Tirol, die um 1250 das »landesfürstliche Gericht Landeck« schufen. Noch heute wacht die Burg aus dem 13. Jahrhundert (mit spätgotischer Pfarrkirche) über den schmucken Kern des gleichnamigen Orts.

07 Imst

Der am Ausgang des Pitztales gelegene Marktort war vom 16. bis ins 18. Jahrhundert hinein in ganz Europa für seine Kanarienvogelzucht bekannt. 1949 gründete Hermann Gmeiner hier das erste SOS-Kinderdorf. Die historische Bausubstanz fiel

im 19. Jahrhundert großteils einer Feuersbrunst zum Opfer. Sehenswert sind die romanische St.-Laurentius-Kirche, die im Kern aus dem 5. Jahrhundert stammt, und die spätgotische Pfarrkirche mit dem höchsten Turm des Landes (86 Meter). Das Haus der Fasnacht dokumentiert den Brauch des Schemenlaufens.

08 Stams

Vor dem prächtigen Panorama der Mieminger Kette steht das wohl bedeutendste Kloster des Landes – ein im 13. Jahrhundert gegründetes und im 17. und 18. Jahrhundert barockisiertes Zisterzienserstift. Es fungierte als letzte Ruhestätte der Fürsten Tirols. Die Klosterkirche ist eine Attraktion für Kunstfreunde, die von den zwei achteckigen Zwiebeltürmen, der Heiligblutkapelle und der Fürstengruft begeistert sind. Heute ist hinter den weiß-gelben Fassaden das Internatsgymnasium für Österreichs angehende Skistars untergebracht.

09 Telfs

Sehenswert in der Marktgemeinde Telfs, 27 Kilometer westlich von Innsbruck in einer beckenartigen Erweiterung des Inntals am Fuß der Hohen Munde gelegen, ist vor allem die Pfarrkirche – eine monumentale dreischiffige neuromanische Basilika mit zwei Fassadentürmen. Für grenzüberschreitende Zusammenarbeit und den Frieden im Alpenraum läutet im oberhalb gelegenen Ortsteil Mösern täglich am Nachmittag um 17 Uhr die im Jahr 1997 eingeweihte, in einem offenen Glockenstuhl hängende Friedensglocke – ungefähr 10 600 Kilogramm schwer und mit 260 Zentimeter Durchmesser ist sie die größte Glocke in ganz Tirol.

FERIENPARADIES NATTERER SEE

Am Natterer See liegt dieser sehr gepflegte gebührenpflichtige Platz in fast unberührter Natur. Er ist mit allen notwendigen Ver- und Entsorgungseinrichtungen, Duschen, Waschmaschinen, Trocknern und WLAN ausgestattet. Ganzjährig geöffnet. Regelmäßige Busverbindung nach Innsbruck-Hauptbahnhof, Linie 4142, 20 Min. Fahrzeit. Bis zur Innenstadt ist es dann zu Fuß noch ein Kilometer.

Natterer See 1, 6161 Natters/Tirol
www.natterersee.com, GPS 47.23743, 11.34191

Unten links: Viel Licht und Weiß dominieren die Stiftskirche Stams, und das berühmte »Österreichische Grab« mit der Kreuzigungsgruppe von Andreas Tamasch.

Unten rechts: Waldeinsamkeit und badewannenwarmes Wasser – Sommerglück am Natterer See südwestlich von Innsbruck, wo ein Fünfsterne-Campingplatz auch Lodge-Zelte auf Stelzen vermietet.

ALPEN CARAVAN PARK ACHENSEE

Am Nordufer des Achensees liegt diese sehr gepflegte Anlage mit großzügig angelegten Plätzen und allen notwendigen Ver- und Entsorgungseinrichtungen, Duschen, Waschmaschinen, Wäschetrocknern und WLAN. Sie besitzt außergewöhnliche Kinderspielplätze und einen Badestrand. Ganzjährig geöffnet.

Achenkirch 17, 6215 Achenkirch
www.camping-achensee.com, GPS 47.49906, 11.70528

BRUGGERHOF CAMPING

Ein Luxus-Campingplatz mit eigenem Pool, Spa, Sauna, Restaurant, Bioladen sowie allen notwendigen Ver- und Entsorgungseinrichtungen sowie Duschen, Waschmaschinen, Trocknern und WLAN. Ein Campingplatz der Extraklasse, auch im Preis. Ganzjährig geöffnet; drei Kilometer von der Ortsmitte Kitzbühels entfernt.

Reither Str. 24, 6370 Kitzbühel
www.bruggerhof-camping.at, GPS 47.45918, 12.36186

10 Zirl

Ausgangspunkt für Wanderungen im Bereich des Karwendels – zur Neuen Magdeburger Hütte etwa oder zum Solsteinhaus – ist die im Jahr 799 erstmals urkundlich erwähnte Marktgemeinde Zirl, in Sichtweite des mondänen Sommer- und Wintersportortes Seefeld und nur zehn Kilometer von Innsbruck entfernt. Die östlich gelegene Martinswand bietet einen anspruchsvollen Klettersteig und mehrere Kletterrouten.

11 Innsbruck

Umrahmt von den steilen Kalkwänden der Nordkette (2641 Meter) und im Süden von den sanfteren Formen des Patscherkofels (2247 Meter), bildet die Tiroler Metropole die nach Grenoble zweitgrößte Stadt in den Alpen. Wahrzeichen des am Inn gelegenen, über 800 Jahre alten historischen Ortskerns ist das berühmte Goldene Dachl, ein mit rund 2700 feuervergoldeten Kupferschindeln gedeckter Prunkerker. Zwischen den mit Lauben und hohen Erkern verzierten Häusern liegen Juwele verborgen wie die Ottoburg, ein Wohnturm aus dem späten 15. Jahrhundert, oder das hinter der herrlichen Rokokofassade ebenfalls gotische Helblinghaus, der Stadtturm mit Aussichtsplattform, der barocke Dom St. Jakob und die Alte Universität mit der Jesuitenkirche. Traditionell im Zentrum der Aufmerksamkeit steht die gelb-weiß getünchte Kaiserliche Hofburg mit einer Reihe sehenswerter Prunksäle und der Hofkirche. Letztere birgt das (leere!) Grab Maximilians mit den »Schwarzen Mandern«, 28 überlebensgroßen Bronzestandbildern. Unter den Museen von Innsbruck ragen das Landesmuseum Ferdinandeum mit seiner Zweigstelle, dem Zeughaus, sowie das Tiroler Volkskunstmuseum hervor. Über die Maria-Theresien-Straße, an der die Annasäule, das Alte Landhaus und die Triumphpforte Beachtung verdienen, gelangt man an den südlichen Stadtrand. Im Stadtteil Wilten begeistern sowohl die Stiftskirche des Prämonstratenserklosters als auch die Wiltener Basilika mit ihrem üppigen Spätbarock. Auf dem Bergisel am Ausgang des Wipptales, wo der legendäre Freiheitskämpfer Andreas Hofer Anfang des 19. Jahr-

hunderts an der Spitze der Tiroler Bauern gegen die napoleonischen und bayerischen Truppen drei blutige Schlachten schlug, ragt die von Zaha Hadid entworfene Skisprungschanze kühn in den Himmel. Östlich steht noch Schloss Ambras, eine ursprünglich mittelalterliche Burg, die Erzherzog Ferdinand II. um 1570 zum prachtvollen Renaissancesitz ausbauen ließ. Ein Ausflug auf das linke Innufer führt zum beliebten Alpenzoo und per Seilbahn auf die Hungerburg (Hoch-Innsbruck), von wo aus man das Stadtpanorama von Innsbruck auf 868 Meter Höhe genießen kann.

12 Hall

Am linken Flussufer zu Füßen des Karwendelgebirges gelegen, nennt

Unten links: Innsbruck vereint auf eindrucksvolle Weise urbanen Lebensstil mit Tradition und alpinem Naturerlebnis.

Rechts: Die Stadtpfarrkirche in Hall in Tirol reckt sich deutlich über die Hausdächer. Gewidmet ist sie dem heiligen Nikolaus. Auch ihr restauriertes Inneres ist sehenswert, besonders durch die großflächigen Fresken von Josef Adam Mölck.

Hall die größte intakte Altstadt Tirols sein Eigen. Die Stadt verdankt ihren Reichtum jenen Salzvorkommen aus dem Halltal, die man in der hiesigen Saline seit dem 13. Jahrhundert versotten und innabwärts verschifft hat. Hall erhielt 1303 das Stadtrecht und durfte das in Schwaz gewonnene Silber zu Münzen prägen. Zentrum der Altstadt ist der Obere Stadtplatz, an dem das Rathaus, das Bergbaumuseum, die Magdalenenkapelle und die Pfarrkirche St. Nikolaus stehen. Letztere ist eine gotische, innen barock ausgestaltete Hallenkirche, die die wertvolle Waldaufkapelle umschließt. Im Osten der Oberstadt liegt das einst einflussreiche Damenstift. Wahrzeichen der Stadt ist Burg Hasegg mit dem Münzerturm. In dem vorbildlich restaurierten Komplex ist das Stadtmuseum untergebracht, wo Ausstellungen stattfinden.

13 Wattens

Hauptattraktion des Industrieortes sind die Swarovski-Kristallwelten, ein von André Heller im Auftrag des gleichnamigen hier ansässigen weltbekannten Schmuckerzeugers aufwendig gestalteter Erlebnispark mit Kreationen von Künstlern wie Salvador Dalí und Andy Warhol – eine fantastische Reise in kristalline Welten, nicht nur für Kinder.

14 Schwaz

Im Mittelalter besaß Schwaz eines der ergiebigsten Silberbergwerke des Kontinents. Im 15./16. Jahrhundert zählte das Städtchen bereits über 20 000 Einwohner (heute sind es 13 000). Obwohl vieles in den Kriegen zerstört wurde, haben sich bedeutende Kunstdenkmäler erhalten wie die Pfarrkirche mit ihrer zweistöckigen Totenkapelle (schöner Schnitzaltar), Franziskaner-, Spital- und Martinskirche, das Rathaus mit seinem Arkadenhof, die Wohnhäuser der Fugger und Rabalder sowie Schloss Freundsberg, dessen Bergfried ein Heimatmuseum birgt und dessen Kirche Tirols einzigen unveränderten Sakralbau aus der Spätrenaissance darstellt. Besuchenswert sind am östlichen Stadtrand das Schaubergwerk und, auf der anderen Talseite bei Vomp, die Benediktinerabtei Fiecht mit ihrer schönen Barockkirche.

15 Schloss Tratzberg

Zwischen Schwaz und Jenbach, wo nach Norden eine Serpentinenstraße und eine alte Dampfzahnradbahn zum Achensee führen und aus dem Süden das Zillertal in das Inntal mündet, thront linker Hand auf einer Bergschulter eine der prachtvollsten Festungen Österreichs: Schloss Tratzberg. Die kolossale spätgotische Anlage erhielt ihre heutige Gestalt im 16. und 17. Jahrhundert durch die Fugger. Den Innenhof schmücken Arkaden und Fresken. Höhepunkte jeder Besichtigung sind der Habsburgersaal mit dem gemalten Stammbaum der Dynastie und die reich bestückte Rüstkammer.

16 Kramsach

Die Gemeinde Kramsach ist für ihre roten Marmorbrüche, die Glasschleifereien und den recht kuriosen Museumsfriedhof bekannt, auf dessen Grabkreuzen skurrile Inschriften zu lesen sind.

FRÜHLINGSTIPP: Ab April hat das Freilichtmuseum Tiroler Bauernhöfe geöffnet und lockt neben rund 50 Originalgebäuden auch mit diversen Veranstaltungen.

TERRASSENCAMPING SÜD-SEE

Der kostenpflichtige Campingplatz auf 60 Terrassen ist ein guter Standort für Wanderungen im Kaisergebirge. Landschaftlich äußerst reizvolle Lage. Alle notwendigen Ver- und Entsorgungseinrichtungen sind vorhanden. Ganzjährig geöffnet.

Seestr. 76, 6344 Walchsee/Tirol
www.terrassencamping.at, GPS 47.63751, 12.32409

WOHNMOBILPARK AN DER RUPERTUSTHERME

Der gebührenpflichtige Platz an der Saalach ist mit allen notwendigen Ver- und Entsorgungseinrichtungen ausgestattet. Ganzjährig geöffnet. 350 Meter bis zur Therme mit ihren umfangreichen Wellnessangeboten. Zwei Kilometer bis zur Alten Saline.

Hammerschmiedweg 1, 83435 Bad Reichenhall
www.rupertustherme.de, GPS 47.73397, 12.87612

REISEMOBIL STELLPLATZ SALZBURG

Dieser ist ein großer Platz mit allen notwendigen Ver- und Entsorgungseinrichtungen, Sanitär- und Waschbereichen und WiFi. Ganzjährig geöffnet. Er ist zwar nicht besonders schön, aber ideal gelegen, um Salzburg zu besuchen.

Carl-Zuckmayer-Str. 26, 5101 Salzburg, www.reisemobilstellplatz-salzburg.at, GPS 47.83564, 13.06036

CAMPING BERAU AM WOLFGANGSEE

Kostenpflichtiges parkähnliches Areal mit eigener Badestelle und allen notwendigen Ver- und Entsorgungseinrichtungen sowie gutem Restaurant. Ganzjährig geöffnet. Ausgezeichneter Standort für eine Radtour rund um den Wolfgangsee (28 Kilometer).

Schwarzenbach 16, 5360 St. Wolfgang
www.beraut.at, GPS 47.73056, 13.47852

AUSFLUGSZIELE

Karwendel

Der Karwendel ist eine der ursprünglichsten Gebirgsgruppen der Nördlichen Kalkalpen. Begrenzt wird es vom Inntal im Süden, vom Achensee im Osten und von der Isar mit dem Sylvensteinstausee im Norden. Nur ein kleiner Teil des Gebirges liegt in Bayern, der weitaus größere liegt im österreichischen Tirol. Der Karwendel umfasst vier große, von West nach Ost verlaufende Gebirgsketten, zwischen denen tief eingeschnittene Täler liegen. Die meisten Gipfel sind sehr abgelegen. Um die Birkkarspitze – mit 2749 Metern der höchste Berg des Karwendels – zu erreichen, muss man zu Fuß oder mit dem Mountainbike 18 Kilometer zurücklegen. Im Karwendel haben sehr viele Tiere und Pflanzen einen Rückzugsraum gefunden. Fast die gesamte Gebirgsgruppe steht unter Naturschutz und ist damit das größte Schutzgebiet Österreichs.

Oben: Früher das Jagdrevier von Bayerns Königen, heute ein beliebtes Wanderrevier und seit Urzeiten ein Ort der Mythen und Legenden: der von der Issanger- und Stempeljochspitze überragte Große Ahornboden.

Rechts: Die südöstlich auf einem steilen Hügel thronende Burg Freundsberg beherbergt das Stadtmuseum von Schwaz.

17 Rattenberg

Ein historisches Kleinod duckt sich direkt gegenüber von Kramsach unter eine mit Fichten bewachsene Felswand: Rattenberg, Tirols kleinste Stadt und ein Zentrum der Glasbläserei, blühte im 15. und 16. Jahrhundert dank der Zolleinnahmen aus der Flussschifffahrt, aber mehr noch wegen des Bergbaus, den die Fugger von Kaiser Maximilian übertragen bekamen und von hier aus landesweit überwachten. Vom einstigen Reichtum zeugt heute noch immer das prachtvolle mittelalterliche und von stattlichen Bürgerhäusern mit Grabendächern und Erkern geprägte Stadtbild; besonders sehenswert sind vor allem die spätgotische Pfarrkirche St. Virgil, das ehemalige Augustinerkloster mit der Hofer-Kapelle und, hoch droben, die Burgruine, zu der es sich schön spazieren lässt.

18 Wörgl

Der am Ausgang des romantischen Hochtals Wildschönau gelegene Hauptort des Unterlandes besitzt eine barocke Pfarrkirche, deren kostbarster Schatz die berühmte Wörgler Madonna (um 1500) mit dem Jesuskind auf den Armen ist.

19 Kitzbühel

Eingebettet in die sanft gewellten Hänge des Stuck- und des Steinbergkogels, des Hahnenkamms und anderer Gipfel der Kitzbüheler Alpen, entwickelte sich das einstige Bergwerksstädtchen in den letzten Jahrzehnten zu einem Treffpunkt der internationalen Hautevolee. Die dichten Wälder und idyllischen Almen der Umgebung machen Kitzbühel zu einem Wanderparadies, das sich im Winter mit mehr als 60 Liften und Seilbahnen sowie der dichten Lokalszene für das Après-Ski in ein Dorado für ausgehfreudige Wintersportler verwandelt. Wer nur kurz Halt machen will, der sollte durch die ummauerte Altstadt mit ihren spätmittelalterlichen Häusern und den Barockfassaden oder, am Ortsrand vor der Kulisse des Wilden Kaisers, zum Schwarzsee – einem malerischen Moorsee – spazieren. Sehenswert sind auch die spätgotische Pfarrkirche und Schloss Lebenberg.

20 St. Johann in Tirol

In dem einst durch Kupfer- und Silberbergbau reichen Ort sollte man die barocke Pfarrkirche, die St.-Nikolaus-Kirche und die 1782 in eine Felshöhle des Niederkaisers gebaute Gmailkapelle mit ihren volkstümlichen Fresken besuchen. Eine reizvolle Wanderung führt zu den Schleierwasserfällen, die sich wie ein Vorhang über eine 80 Meter hohe Felswand ergießen (ca. 3,5 Stunden). Gleich nebenan gibt es einen schönen Klettergarten.

21 Salzburg

Das »Herz vom Herzen Europas« nannte Hugo von Hofmannsthal Salzburg, die Hauptstadt des gleichnamigen Bundeslands, deren historisches Zentrum zum UNESCO-Weltkulturerbe zählt. In Salzburg hat man den Eindruck, als hätten der Schöpfer und seine irdischen Helfer der Menschheit an diesem Ort vor Augen führen wollen, welch harmonische Schönheit europäischer Geist im Verbund mit einer großmütigen Natur zu schaffen imstande ist. Vor allem die Altstadt am linken Salzachufer rund um die Residenz und den Dom bildet ein einzigartiges Gesamtkunstwerk. Sie steht denn auch im Zentrum jeder Erkundungstour durch Salzburgs historisches Herz. Ausgangspunkt ist der Dom. 1614 bis 1628 nach Plänen Santino Solaris errichtet, war er der erste barocke Kirchenbau nördlich der Alpen. Nach der Besichtigung flaniert man am

ROUTE 01

besten über die weiten Plätze der Umgebung – den Domplatz, den Residenz- und den Mozartplatz.

FRÜHLINGSTIPP: Auf dem Makartplatz gibt es blühende Magnolien zu entdecken.

Unerlässlich ist auch ein Bummel durch das malerische Gassenlabyrinth, vor allem durch die berühmte Getreidegasse, wo in dem nach seinem Eigentümer benannten Hagenauer Haus in der Getreidegasse 9 am 27. Januar 1756 Wolfgang Amadeus Mozart zur Welt kam. Von Salzburg bietet sich noch ein Abstecher auf der B158 Richtung Sankt Gilgen in das wunderschöne Salzkammergut an.

Die Hohensalzburg thront hoch oben auf dem Festungsberg über den Dächern der barocken Altstadt. Die größte vollständig erhaltene Burg Mitteleuropas ist das Wahrzeichen Salzburgs.

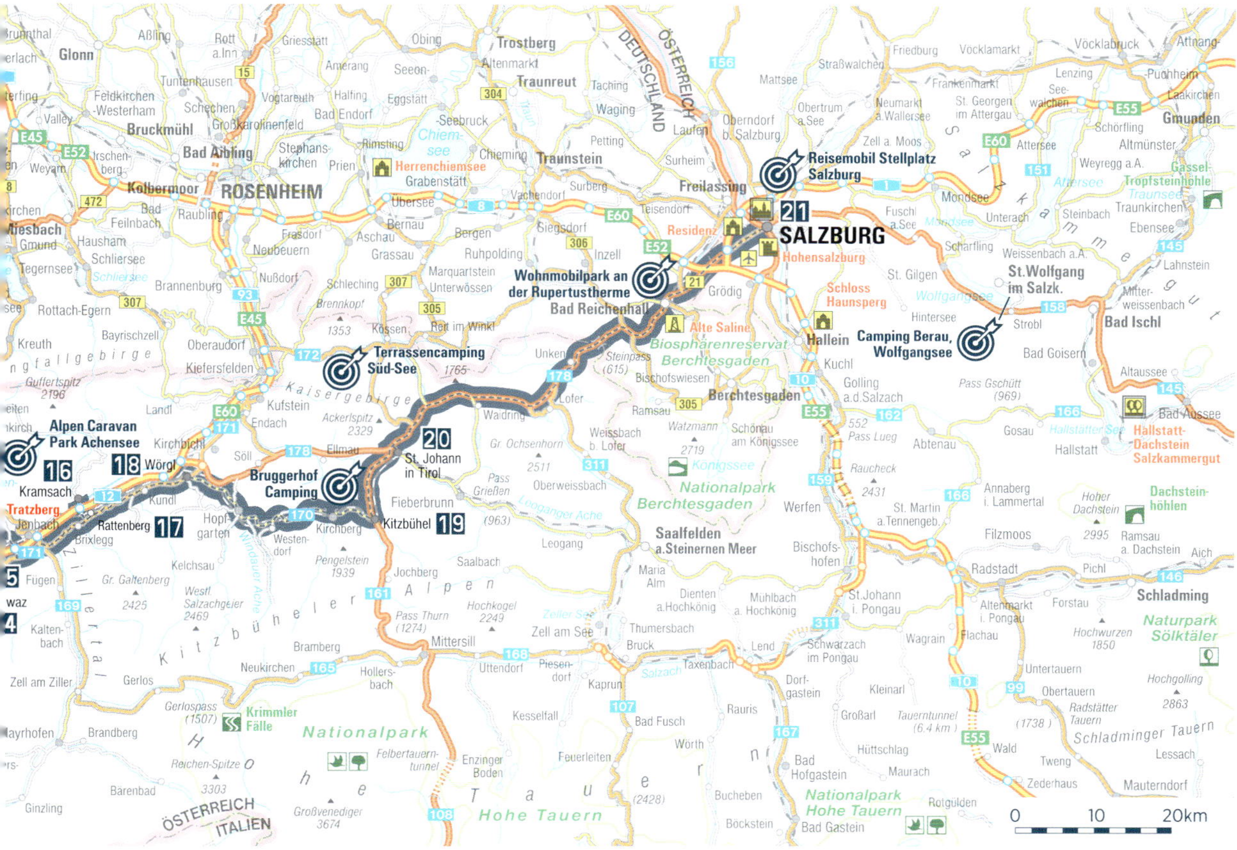

ROUTE 02

DEUTSCHE UND BADISCHE WEINSTRASSE

Weintrinken und Wohnmobilfahren passen nicht zusammen? Stimmt nicht so ganz – man sollte es nur nicht am selben Tag machen. Dann lässt sich beides wunderbar vereinbaren. Also am besten Zeit für diese Tour einplanen. An der Deutschen Weinstraße hat fast jeder kleine Winzer einen Stellplatz für ein oder zwei Fahrzeuge anzubieten. Sie alle aufzuführen wäre im Rahmen dieses Buches unmöglich; wir haben uns daher auf die größeren Stellplätze konzentriert. Unsere Tour beginnt mit der ältesten und bekanntesten Ferienstraße Deutschlands, der Deutschen Weinstraße, und führt über Bockenheim durch die Rheinpfalz, eines der größten Weinbaugebiete der Bundesrepublik. Endpunkt ist das elsässische Wissembourg. Die Badische Weinstraße gibt es seit 1954. Sie wurde mehrfach erweitert. Wir fahren sie von Baden-Baden über die Ortenau, den Kaiserstuhl, den Breisgau und das Markgräflerland bis nach Lörrach. Am Ende der Tour steht die Stadt Basel, die nur einen Katzensprung von Lörrach entfernt liegt. Beim Übertritt in die Schweiz ist eine Vignette zu kaufen bzw. für Fahrzeuge über 3,5 Tonnen die Schwerlastabgabe zu entrichten. Es empfiehlt sich, von Lörrach mit der Straßenbahn nach Basel zu fahren.

WARUM IM FRÜHLING?

Es ist das früheste Frühjahr Deutschlands: Während woanders die Obstbäume noch schlafen, ziert eine Blütenpracht die Weinstraße. Die rosa Mandelblüte ist ein besonderes Naturereignis, da kommen echte Frühlingsgefühle auf.

An der Deutschen Weinstraße hüllen sich die Mandelbäume in ein rosa Blütenkleid und strahlen mit den gelben Narzissen um die Wette. Die noch recht kargen Weinreben müssen sich noch etwas gedulden.

Pretty in Pink

Es muss nicht immer Mallorca sein, wenn es um Mandelblüte geht: Deutschland kann das auch. Auf der Deutschen Weinstraße erfreuen im März jeden Jahres Millionen von rosa Mandelblüten die Besucher. Und zwischendrin viele Weingüter.

ROUTE 02

Streckenlänge: ca. 450 km
Zeitbedarf: 5–7 Tage
Routenverlauf (Hauptorte): Worms, Bockenheim, Deidesheim, Speyer, Neustadt an der Weinstraße, Bad Bergzabern, Karlsruhe, Baden-Baden, Bühl, Offenburg, Ettenheim, Freiburg, Lörrach, Basel (Schweiz)
Charakteristik: Die Straßen sind gut ausgebaut, schmale Straßen in kleineren Ortschaften möglich.
Informationen:
www.deutsche-weinstrasse.de
www.badische-weinstrasse.de

Hier geht's zum GPS-Track

01 Worms

Mehr als 2000 Jahre ist Worms alt und damit eine der ältesten Städte Deutschlands. Untrennbar mit dem Ort verbunden sind einige Episoden der Nibelungensage. Wahrzeichen der Stadt ist der romanische Kaiserdom mit dem Barockaltar von Balthasar Neumann. Auch der älteste jüdische Friedhof Europas ist in der Stadt zu finden. Zugleich ist Worms ein Zentrum des Weinhandels und somit der ideale Ausgangspunkt unserer Reise.

02 Bockenheim

Westlich von Worms beginnt in Bockenheim das geschlossene Weinbaugebiet und damit die eigentliche Weinstraße. Sehenswert ist in der katholischen Kirche St. Lambert die aus Lindenholz gearbeitete Traubenmadonna aus der Mitte des 15. Jahrhunderts. Sie stellt Maria mit dem Jesuskind auf dem Arm dar, das eine blaue Traube in seiner linken Hand hält, aus der es mit seiner rechten gerade eine einzelne Beere herausgelöst hat. Das Haus der Deutschen Weinstraße ist einem römischen Kastell nachempfunden. Von der oberen Plattform des Hauses hat man einen herrlichen Blick über Bockenheim, das Rebenmeer und die Oberrheinische Tiefebene bis zum Odenwald.

FRÜHLINGSTIPP: Besonders eindrucksvoll lässt sich die Mandelblüte auf dem Pfälzer Mandelpfad erleben. Er führt von Bockenheim bis Schweigen-Rechtenbach auf rund 100 Kilometer durch die schönsten Mandelblüte-Orte.

03 Grünstadt

Im Jahr 875 erstmals urkundlich erwähnt, gehört das am Rand des Pfälzerwaldes gelegene Grünstadt mit seinen Ortsteilen Sausenheim und Asselheim sowie etwa 140 Hektar Rebfläche zu den bedeutenden Weinbauorten der Weinstraße.

04 Bad Dürkheim

Hier sind die Superlative der Weinwelt zu Hause: die größte deutsche Weinbaugemeinde, das größte Weinfest der Welt, der Dürkheimer Wurstmarkt, das riesige Dürkheimer Fass – als Weinstube eingerichtet. Sehenswert ist die gotische Schlosskirche mit den vielen Grabdenkmälern, vor allem dasjenige für den Grafen Emich XI.

Oben links: Der Wormser Dom St. Peter.

Oben: Gasthaus zur Kanne in Deidesheim an der Weinstraße.

05 Wachenheim

Mit seinen historischen Gebäuden, Weinstuben, Höfen und Türmen verströmt der Ort einen urigen Charme. Im Stadtkern blieben Teile der mittelalterlichen Stadtmauer erhalten, die man auf einem 1,5 Kilometer langen Rundgang besichtigen kann. Nordöstlich der Stadt wurde ein römisches Hofgut ausgegraben.

06 Deidesheim

In dem Städtchen verköstigte früher Ex-Bundeskanzler Helmut Kohl hohe Staatsgäste mit Saumagen und edlen Tropfen. Von der langen Tradition des Weinbaus, die bis ins frühe Mittelalter, vielleicht sogar in die Römerzeit, zurückreicht, zeugen viele prächtige alte Weingüter und Villen einst hier ansässiger Adelsfamilien. Im historischen Rathaus dokumentiert das Museum für Weinkultur die Geschichte. Auch der Schlosspark und der Kaisergarten sind sehens-

REISEMOBILSTELLPLATZ WORMS RHEINUFER

Der ganzjährig geöffnete, kostenpflichtige Parkplatz mit ebenen Flächen für 30 Mobile direkt am Rhein hat keinerlei Ver- und Entsorgungsmöglichkeiten. Stromanschlüsse sind auf dem Platz jedoch vorhanden. Bis zur Stadtmitte ist es etwa ein Kilometer. Ein Lokal mit Rheinterrasse befindet sich in der Nähe des Platzes.

Kastanienallee, 67547 Worms
GPS 49.63678, 8.37282

STELLPLATZ AM HAUS DER DEUTSCHEN WEINSTRASSE

Kleiner, kostenloser Stellplatz am Haus der Deutschen Weinstraße. Das Haus mit seiner außergewöhnlichen Architektur beherbergt ein Restaurant mit Seeterrasse. Der Stellplatz verfügt über keinerlei Ver- und Entsorgungseinrichtungen und ist ganzjährig nutzbar.

Weinstraße 91B, 67278 Bockenheim an der Weinstraße
GPS 49.60937, 8.18118

WOHNMOBILSTELLPLATZ IN DER SILZ

Auf einem 10 000 Quadratmeter großen, baumbestandenen Wiesengelände stehen das ganze Jahr über 90 Stellplätze zur Verfügung. Der kostenpflichtige Platz ist komplett ausgestattet. Bis zum Kurpark sind es 800 Meter, bis in die Stadtmitte 1,2 Kilometer.

In der Silz, 67098 Bad Dürkheim
GPS 49.46947, 8.16809

wert, ebenso die hübsche Altstadt rund um die gotische Pfarrkirche St. Ulrich.

FRÜHLINGSTIPP: Wer es nicht ganz bis zur Mandelblüte schafft, wird trotzdem im Frühjahr mit Weinfesten belohnt, am Dienstag nach Pfingsten gibt es in Deidesheim die berühmte Geißbockversteigerung, bei der Ziegenböcke versteigert werden.

07 Haßloch

Das »größte Dorf der Pfalz« ist vor allem für seinen »Holiday Park« bekannt. Sehenswert ist aber auch der Ort selbst mit seinen schönen Bürgerhäusern, Fachwerkbauten und gepflegten Spalierpflanzen. Haßloch verfügt auch über einen Vogelpark, einen Badepark und eine Pferderennbahn. Im Mai finden die Leisböhler Weintage statt, im September das Andechser Bier- und Straßenfest und im Dezember der »Weihnachtsmarkt der 1000 Lichter«.

08 Speyer

UNESCO-Weltkulturerbe ist der Dom zu Speyer, die größte romanische Kirche der Welt. Um 1030 wurde unter Kaiser Konrad II. mit dem Bau begonnen, 1061 wurde der Dom geweiht und 1082–1106 unter Kaiser Heinrich IV. schon wieder umgebaut und eingewölbt. Der Raumeindruck in der dreischiffigen, ungewöhnlich hohen und 134 Meter langen Basilika ist überwältigend. Charakteristisch ist die Gliederung der Mittelschiffwände durch Blendarkaden; sehenswert ist auch die Apsis mit Zwerggalerie. Die im Jahr 1041 geweihte Krypta ist die Grablege der Salier. An der Nordseite befindet sich die 1106 vollendete Afrakapelle, an der Südseite die Doppelkapelle St. Emmeram und St. Katharinen. Dem Dom in der Bauornamentik verwandt ist das Judenbad (12. Jahrhundert); sehenswert sind zudem der Torturm »Altpörtel« (13. Jahrhundert, im 16. Jahrhundert erneuert), die spätbarocke Dreifaltigkeitskirche (1701 bis 1717), das Rathaus (1712–1724), die neugotische Protestationskirche (Baubeginn 1893) und die St.-Josephskirche (1912–1914). Zum reichen Besichtigungsprogramm gehört auch das Historische Museum der Pfalz und hier besonders das Weinmuseum – die ideale Einstimmung für die Rückkehr auf die Weinstraße.

WOHNMOBILSTELLPLATZ NEUSTADT AN DER WEINSTRASSE

Sehr zentral liegt dieser gebührenpflichtige Stellplatz für 40 Fahrzeuge an der Martin-Luther-Kirche. Er ist komplett ausgestattet, aber nicht sonderlich ruhig, für den Besuch der Altstadt in rund einem Kilometer Entfernung aber gut gelegen.

Martin-Luther-Straße 54, 67433 Neustadt/Weinstraße
GPS 49.35088, 8.15121

WOHNMOBILSTELLPLATZ HAMBACH

Der Weg hinauf zum Schloss ist von diesem kostenlosen, ganzjährig geöffneten Stellplatz aus gut zu bewerkstelligen. 20 Fahrzeuge finden auf dem Gelände am südlichen Rand von Hambach in unmittelbarer Nähe des Freibades Platz. Die Ver- und Entsorgungsstation befindet sich in 500 Meter Entfernung.

Dammstraße, 67434 Neustadt/Weinstraße
GPS 49.32938, 8.13087

09 Neustadt a. d. Weinstraße

Lohnenswert ist ein Bummel durch die Altstadt rund um die Stiftskirche. Der Marktplatz, der Mittelpunkt der Stadt, ist umringt von schönen historischen Gebäuden. Ganz in der Nähe befindet sich der Steinhäuser Hof, das älteste Bürgerhaus der Stadt. Besonders sehenswert ist der Elwedritsche-Brunnen von 1978 des Neustädter Bildhauers Gernot Rumpf am Marstallplatz: Zehn Wasserspender verkörpern die Innenstadt und die neun Weindörfer, hinzu kommen pfälzische Fabelwesen. Von April bis Oktober wird freitags für Touristen eine Weinprobe bei wechselnden Winzern angeboten. Im Oktober findet dann das Deutsche Weinlesefest statt. Im Südwesten der Stadt erhebt sich das im 11. Jahrhundert erbaute Hambacher Schloss (seit 1688 Ruine). Hier fand im Jahr 1832 das Hambacher Fest statt, eine Kundgebung demokratisch-republikanisch gesinnter Bürger, Bauern und Studenten, die in die Geschichte einging.

FRÜHLINGSTIPP: Nördlich von Neustadt an der Weinstraße liegt das Winzerdorf Gimmeldingen. Hier findet das bekannte Mandelblütenfest statt. Tausende Menschen zieht es dorthin, um Wein in einer der schönsten Naturkulissen zu genießen.

10 Edenkoben

Schon der Bayernkönig Ludwig I. erkannte die klimatischen Vorzüge des Dorfes mit seinem hübschen Ortsbild und ließ sich hier eine italienisch geprägte Villenanlage bauen, das heutige Schloss Ludwigshöhe. Es beherbergt heute eine Max-Slevogt-Galerie. Sehenswert ist auch die Pfarrkirche St. Laurentius (1740).

FRÜHLINGSTIPP: Mitte März findet in Edenkoben die Mandelmeile statt, ein Fest mit Wein und kulinarischen Highlights rund um die Mandel.

11 Landau

Von 1680 an gehörte Landau – wie das gesamte Elsass – zu Frankreich. Der Festungsbaumeister des französischen Königs Ludwig XIV. ließ ab 1688 drei Viertel der mittelalterlichen Stadt zerstören, um neue Festungsanlagen zu bauen. Davon blieb einiges erhalten, wie das Deutsche und das Französische Tor. Die ungewöhnlich große katholische Pfarrkirche und die heutige evangelische Kirche entstanden im 14. Jahrhundert.

12 Bad Bergzabern

Wahrzeichen dieses Heilbads, des »Gartens Eden der Süd-Pfalz«, ist das Schloss. Es entstand im 16. Jahrhundert, erhielt sein heutiges Aussehen jedoch erst im Jahr 1725. Als schönster Renaissancebau der Pfalz gilt das historische »Gasthaus zum Engel«, heute ein Museum.
Etwas südwestlich, zwei Kilometer von der Weinstraße entfernt, lohnt der Fachwerkort Dörrenbach einen Abstecher. Mit dem 1936 errichteten Weintor in Schweigen-Rechtenbach hat man das Ende der Deutschen Weinstraße erreicht.

13 Wissembourg (Frankreich)

Auch wenn die Weinstraße an der deutsch-französischen Grenze endet, sollte man hier unbedingt den

Bildleiste von oben:
Das Hambacher Schloss thront im Ortsteil Hambach hoch über Neustadt an der Weinstraße.

Der Dom zu Speyer, die größte erhaltene romanische Kirche der Welt, steht unter dem besonderen Schutz der UNESCO.

Abends bietet das Alte Rathaus von Neustadt einen wundervollen Anblick.

STELLPLATZ AM SCHLOSSGARTEN

Für große Fahrzeuge ab acht Meter Länge ist diese gebührenpflichtige Anlage mit Platz für insgesamt maximal 16 Fahrzeuge leider nicht geeignet. Der komplett ausgestattete Platz ist ganzjährig geöffnet.

Weinbergstraße 7, 76887 Bad Bergzabern
GPS 49.10335, 7.99705

WOHNMOBILSTELLPLATZ WISSEMBOURG

Der kleine, kostenlose und ganzjährig nutzbare Stellplatz an der Lauter verfügt über keinerlei Ver- und Entsorgungseinrichtungen. Bis in die Altstadt von Wissembourg sind es zu Fuß nur etwa 800 Meter.

22, Boulevard Clemenceau, 67160 Wissembourg (Frankreich)
GPS 49.03707, 7.93607

PARKPLATZ AM RHEINSTRANDBAD RAPPENWÖRT

Auf dem schattigen Platz können ca. 15 Mobile kostenlos parken. Er ist ganzjährig geöffnet, hat aber keinerlei Ver- und Entsorgungseinrichtungen. Die Innenstadt von Karlsruhe lässt sich mit der Tram in etwas mehr als 20 Minuten erreichen.

Hermann-Schneider-Allee 54, 76189 Karlsruhe
GPS 48.99951, 8.29260

Fluss Lauter überqueren und das wunderschöne Wissembourg in Frankreich besuchen. Das nördlichste Städtchen des Elsass bietet einen malerischen Anblick mit schönen Wohnhäusern und öffentlichen Gebäuden, wie dem klassizistischen Rathaus. Rund um die prächtige Abteikirche Saints-Pierre-et-Paul (St. Peter und Paul) erstreckt sich eine gut erhaltene, mit Kanälen durchzogene Altstadt. Das Weinanbaugebiet, das eher dem der Südpfalz als des übrigen Elsass ähnelt, erstreckt sich vor allem westlich der Stadt. Ein guter Anlaufpunkt für Weinproben ist die Winzergenossenschaft Cleebourg.

14 Karlsruhe

Am 17. Juni 1715 legte Markgraf Karl Wilhelm von Baden den Grundstein für einen achteckigen Turm. Der Schlossturm sollte als Mittelpunkt einer radial angelegten Stadt Symbol seiner fürstlichen Gnadensonne sein. Wie Speichen von der Nabe eines Rades wurden vom Turm aus 32 schnurgerade Straßen gezogen und durch einen kleineren sowie einen größeren Kreis eingefasst.

Planmäßig wuchs darauf wie auf einem Fächer die barocke Fürstenstadt, deren ursprünglicher Grundriss bis heute erhalten blieb. Die zahlreichen Räume des Schlosses beherbergen das Badische Landesmuseum. Am Rande des Schlossgartens befindet sich der Botanische Garten, nahebei das Bundesverfassungsgericht.

15 Ettlingen

Das prächtigste Gebäude des Städtchens ist das markgräfliche Schloss mit der von Cosmas Damian Asam ausgemalten Schlosskapelle (»Asamsaal«). Das Museum für Ostasiatische Kunst zeigt großartige historische Lackarbeiten. Bei den alljährlichen Schlossfestspielen im Spätsommer werden Theater und Musicals gezeigt, u.a. auch speziell für Kinder.

16 Rastatt

Das Rastatter Schloss, genannt »Versailles am Oberrhein«, ließ Markgraf Ludwig Wilhelm von Baden ab 1697 errichten. Der stattliche Barockbau mit seiner 230 Meter langen Gartenfront orientiert sich weitestgehend an dem Vorbild von Versailles und bezieht auch die angrenzende Innenstadt in seine Symmetrieachse mit ein. Sibylla Augusta, die Witwe des Markgrafen, ließ ab dem Jahr 1710 das barocke Lustschloss Favorite als Sommerresidenz im Südosten von Rastatt erbauen. Das überaus kostbare Innere gibt einen guten Überblick über die Wohnkultur jener Zeit. Einen Besuch lohnt auch die romanische Basilika im Ortsteil Schwarzach des südlich davon gelegenen Rheinmünster. Hier begeben wir uns nun auf die Badische Weinstraße.

Oben: In den Räumen des Karlsruher Schlosses befinden sich die umfangreichen Sammlungen des Badischen Landesmuseums.

Rechts: Das historische Salzhaus in der Altstadt von Wissembourg.

17 Baden-Baden

Durch die Eingemeindung der Ortschaften Varnhalt, Steinbach und Neuweier wurde Baden-Baden mit einer Rebfläche von 325 Hektar zu einem der größten geschlossenen Anbaugebiete in Deutschland. Diese drei Ortschaften dürfen sich »Rebland« nennen. Auf 80 Prozent der Fläche wird Riesling angebaut, der »König der Weißweine«. Im Casino der Stadt hört man das Klackern der Roulettekugel im Roten Saal, livrierte Pagen öffnen die Türen von Luxuslimousinen, leise plätschert Wasser in marmornen Brunnenbecken – Baden-Baden erinnert an ein deutsches Monte Carlo. Bekannt war die Stadt im Tal der Oos schon zu Römerzeiten für ihre heißen Quellen. Die Ruinen der antiken Bäder sind noch heute zu besichtigen. In Ergänzung der Kuranlagen beschleunigten im 19. Jahrhundert neue Einrichtungen den Heilungsprozess der Gäste: Im Jahr 1810 wurde hier die erste Spielbank eröffnet, seit 1858 können Glücksritter im nahen Iffezheim auf das richtige Pferd setzen. Das Savoir-vivre hat in Baden-Baden von jeher einen hohen Stellenwert und entwickelt sich beständig weiter: Das Festspielhaus zählt mit seinen 2500 Plätzen zu den größten Opern- und Konzerthäusern Europas.

18 Bühl

Zwei Produkte der großen Kreisstadt sind überregional bekannt: die Bühler Zwetschgen und die Affentaler Weine der Genossenschaftskellerei. Also unbedingt verkosten! Sehenswert ist vor allem die Kirche St. Peter und Paul (um 1875); in der früheren Stadtkirche ist heute das Rathaus untergebracht.

19 Oberkirch

Erstmals im 11. Jahrhundert urkundlich erwähnt, besitzt der historische Ort seit dem Jahr 1326 die Stadtrechte und wurde bis auf wenige Unterbrechungen 500 Jahre lang von den Straßburger Bischöfen beherrscht, bevor er 1803 zu Baden kam. Wahrzeichen ist die noch aus der Zeit vor der Stadtgründung stammende Ruine Schauenburg. Im Ortsteil Tiergarten befindet sich die Ruine Ullenburg, wo Johann (Hans) Jakob Christoffel von Grimmelshausen, der Verfasser des »Simplicissimus«, nach dem Dreißigjährigen Krieg Burgverwalter war.

20 Offenburg

Die 1148 erstmals urkundlich erwähnte Hauptstadt der Ortenau wird oft als das »Tor zum Mittleren Schwarzwald« bezeichnet. Sehenswert sind das barocke Rathaus am Marktplatz und der ehemalige Königshof (heute die Polizeidirektion), das jüdische Ritualbad in der Glaserstraße sowie der Fischmarkt mit dem Löwenbrunnen aus dem Jahr 1599 und der Hirschapotheke von 1698.

21 Ortenberg

Einst besaß der Ort eine mittelalterliche Burg, die zum Schloss umgebaut wurde. Die Franzosen sprengten es im Jahr 1678, danach verfiel es zusehends. Doch in der Romantik entdeckte man das Gebäude wieder und stattete es um 1840 so aus, wie man sich damals eine mittelalterliche Burg vorstellte: mit vielen Zinnen und putzigen Erkertürmchen.

Bildleiste von oben: Schloss Ortenberg geht auf einen Bau des 11./12. Jahrhunderts zurück.

Das Barockschloss Rastatt ist ein Zeugnis des Absolutismus.

Unten: Idyllische Weinberg-Landschaft bei Offenburg. Mitte April werden die Weinreben allmählich grün.

22 Lahr

Diese Stadt hat zwar eine reiche Geschichte, doch vom alten Kern sind nur noch einige Bürgerhäuser aus dem 18./19. Jahrhundert übrig geblieben. Im Spätherbst verwandelt

WOHNMOBILSTELLPLATZ BADEN-BADEN

Auf dem schön angelegten, ganzjährig nutzbaren und kostenpflichtigen Platz mit allen Ver- und Entsorgungseinrichtungen können 28 Fahrzeuge stehen. Er liegt in vier Kilometer Entfernung vom Zentrum. Eine schmale Buschreihe trennt den Platz von der stark befahrenen vierspurigen B500.

Hubertusstraße 2, 76532 Baden-Baden
GPS 48.78235, 8.20351

WOHNMOBILSTELLPLATZ SASBACHWALDEN

Komfortabler, sehr ruhiger und vollständig ausgestatteter Platz hinter den Verkaufs- und Produktionsräumen der Kellerei Alde Gott. Er ist kostenpflichtig, ganzjährig geöffnet und bietet Raum für 33 Fahrzeuge. Das Zentrum ist in Fußnähe.

Talstraße 2, 77887 Sasbachwalden
GPS 48.62019, 8.12141

WOMO-PARK GENGENBACH

Für 35 Fahrzeuge ist dieser komplett ausgestattete, kostenpflichtige Platz an der Kinzig ausgelegt. Er ist ganzjährig benutzbar. Der Europa-Steg am nahen Freibad führt über die Kinzig. Die Innenstadt ist auf diesem Weg in zehn Minuten zu Fuß erreichbar.

Berghauptener Straße, 77723 Gengenbach
GPS 48.40289, 8.00212

CAMPING EUROPA-PARK

Dieser Platz ist wie der Europapark ein einziger Superlativ – leider auch im Preis. 200 Wohnmobile und Wohnwagengespanne finden hier Platz, die Ausstattung lässt keine Wünsche offen. Bis zum Europa-Park-Haupteingang sind es nur wenige Gehminuten. Ab Ende März geöffnet.

Rheinweg 5, 77977 Rust, www.europapark.de/de/uebernachten/europa-park-camping, GPS 48.27235, 7.71653

WOHNMOBILSTELLPLATZ EMMENDINGEN

Eine simple Asphaltfläche in der Nähe von Sportanlagen stellt die Stadt den mobil Reisenden zur Verfügung. Rund 30 Wohnmobile finden hier ganzjährig kostenlos Platz. Am Rand der Anlage befindet sich eine Ver- und Entsorgungsstation.

Am Sportfeld 25, 79312 Emmendingen
GPS 48.12150, 7.83870

WOHNMOBILSTELLPLATZ FREIBURG

Mehr als 100 Plätze stehen auf einem Gelände nahe der Messe Freiburg zur Verfügung – ganzjährig, aber nur, wenn der SC Freiburg gerade nicht spielt. Die Anlage ist komplett ausgestattet und liegt außerhalb der Umweltzone. Bis zur Altstadt sind es 3,5 Kilometer.

Suwonallee 1, 79108 Freiburg im Breisgau
www.stellplatz-freiburg.de, GPS 48.01623, 7.83462

sich Lahr anlässlich der »Chrysanthema« in ein einzigartiges Blütenmeer: Historische Gebäude und weitere Anlagen werden mit mehr als 10 000 bis zu zwei Meter langen, bunt blühenden Kaskadenchrysanthemen verziert.

23 Ettenheim

Das Barockstädtchen wirkt behaglich und steht nicht zuletzt wegen der vielen Fachwerkbauten unter Denkmalschutz. Wahrzeichen ist die hoch gelegene Pfarrkirche (1770). Der Ortsteil Ettenheimmünster war über 1000 Jahre lang von einem Kloster geprägt. Übrig geblieben ist nur noch die stattliche Kirche.

24 Emmendingen

Sehenswert in dem bereits 1091 zum ersten Mal urkundlich erwähnten Ort sind der historische Kern (Stadttor, Markgrafenschloss mit Stadtmuseum) und die mittelalterliche Ruine Hochburg. Im Ortsteil Mundingen wird Wein angebaut. Goethe weilte zweimal bei seinem Schwager Johann Schlosser in Emmendingen.

Der Amtmann stieß viele Reformen an und kümmerte sich um den kranken Sturm-und-Drang-Dichter Jakob Michael Reinhold Lenz. Auch Johann Gottfried Herder und Christoph Martin Wieland waren hier zu Besuch. Alfred Döblin verbrachte in Emmendingen seine letzten Lebensjahre.

25 Freiburg

Die Hauptstadt des Breisgaus liegt malerisch zwischen Kaiserstuhl und Schwarzwald. Gegründet wurde die spätere Freie Reichs- und Universitätsstadt von den Herzögen von Zähringen planmäßig an der Dreisam. Das Herz der Stadt pulsiert am Münsterplatz, wo die Bauern der Umgebung werktags ihre Produkte anbieten. Das aus rotem Sandstein errichtete Münster (1200–1513) ist eines der bedeutendsten Werke gotischer Baukunst. In seinem Inneren birgt es wunderschöne Buntglasfenster aus dem 16. Jahrhundert. Den Chor ziert ein Hochaltarbild von Hans Baldung Grien. Die Universitätskapelle zeigt ein Altarbild von Hans Holbein d. J. Der um 1330 vollendete Turm bietet eine wunderbare Sicht auf die Stadt und ihre Umgebung.

FRÜHLINGSTIPP: Ende April beginnt die Spargelzeit, und in Straußenwirtschaften und Restaurants lässt sich badischer Spargel verkosten.

26 Staufen

Der berühmteste Einwohner der Stadt ist der Alchimist und Magier Dr. Johann Georg Faust. Im Gasthof Löwen soll ihm der Teufel »das Genick abgebrochen und seine Seele der ewigen Verdammnis überantwortet« haben. Seine Faszination reichte noch bis in die Goethezeit. In der Altstadt blieb die mittelalterliche Substanz erhalten, doch durch fehlerhafte Geothermiebohrungen entstanden massive Schäden, die die Stadt aus den Fugen geraten ließen. Die gesamte Altstadt steht heute unter Denkmalschutz und lädt zum Bummeln ein.

27 Badenweiler

Schon die Römer kannten die Thermalquellen (»Aquae Villae«) und bauten hier große Anlagen, deren Reste man heute im Kurpark besichtigen kann. Bemerkenswert sind die vielen subtropischen Pflanzen. Empfehlenswert ist zudem eine Fahrt bzw. Wanderung zu den Hausbergen, dem Blauen (1164 Meter) und dem Belchen (1414 Meter).

28 Lörrach

Auf der deutschen Seite des Baseler Rheinknies liegt etwas vom Rhein abgerückt das »ordentli Städtli«, wie Johann Peter Hebel das badische Lörrach nannte. Sehenswert ist vor allem die 1822 errichtete klassizistische Kirche St. Fridolin. Wenig nördlich thront auf breitem Fels die mächtige Ruine Rötteln. Ihr Bergfried ist romanisch, der Rest gotisch. Ende des 14. Jahrhunderts war die Burg vollendet. Seit ihrer Zerstörung 1678 ist sie nur mehr eine Ruine.

Die Barockstadt Ettenheim mit der Kirche St. Bartholomäus (unten: Innenansicht) und schönen Fachwerkhäusern (links).

WOHNMOBILSTELLPLATZ BALINEA-THERMEN

Die Ausstattung des kostenpflichtigen Platzes, der ganzjährig 27 Fahrzeugen Raum bietet, ist zwar umfassend und vorbildlich, jedoch trübt die Lautstärke der dicht vorbeiführenden Autobahn den Aufenthalt. Die Therme ist nur wenige Meter entfernt. Die auf einer Anhöhe liegende Altstadt ist über Treppen und einen Lift erreichbar.

Badstraße 13, 79415 Bad Bellingen
GPS 47.72916, 7.55218

REISEMOBILSTELLPLATZ AM RHEINUFER

Am Rheinufer, in unmittelbarer Nähe des Trompeters von Säckingen, befindet sich dieser ebene, kostenpflichtige Platz für 28 Fahrzeuge. Er ist komplett ausgestattet und ganzjährig anfahrbar, nur nicht zu Zeiten des Frühjahrs- und Herbstmarktes. Das Trompeterschloss kann nach Entrichtung der Stellplatzgebühren kostenlos besichtigt werden. Das Städtchen ist bequem zu Fuß zu erreichen, und mit der Bahn ist man in 20 Minuten am Badischen Bahnhof von Basel.

Austraße, 79713 Bad Säckingen
GPS 47.54955, 7.94723

29 Basel (Schweiz)

Die »Golden Pforte Helvetiens«, wie die ehemalige Bischofsstadt am Rheinknie einst genannt wurde, ist das wirtschaftliche und kulturelle Zentrum einer Region, durch die sich drei nationale Grenzen ziehen. Aus Südbaden und dem Elsass kommen Tag für Tag Zehntausende von Grenzgängern nach Basel, das nicht nur Arbeitsplätze, sondern auch ein ausgesprochen attraktives Kulturprogramm bietet und sich als Messe- und Kongressstandort einen Namen gemacht hat. Besonders sehenswert sind das Spalentor, das 1019 von Kaiser Heinrich II. gestiftete spätromanische Münster, die ehemalige Barfüsserkirche, die St.-Leonhards-Kirche, das Rathaus und die Patrizier- und Zunfthäuser. Neben der Altstadt lädt vor allem das Rheinufer mit zahlreichen Cafés und Restaurants zum Flanieren ein.

Unten links: Auf der Fahrt mit dem Wohnmobil durch die Schweiz.
Unten rechts: Am linken Rheinufer steht das im Stil der Gotik erbaute Basler Münster.

ROUTE 02

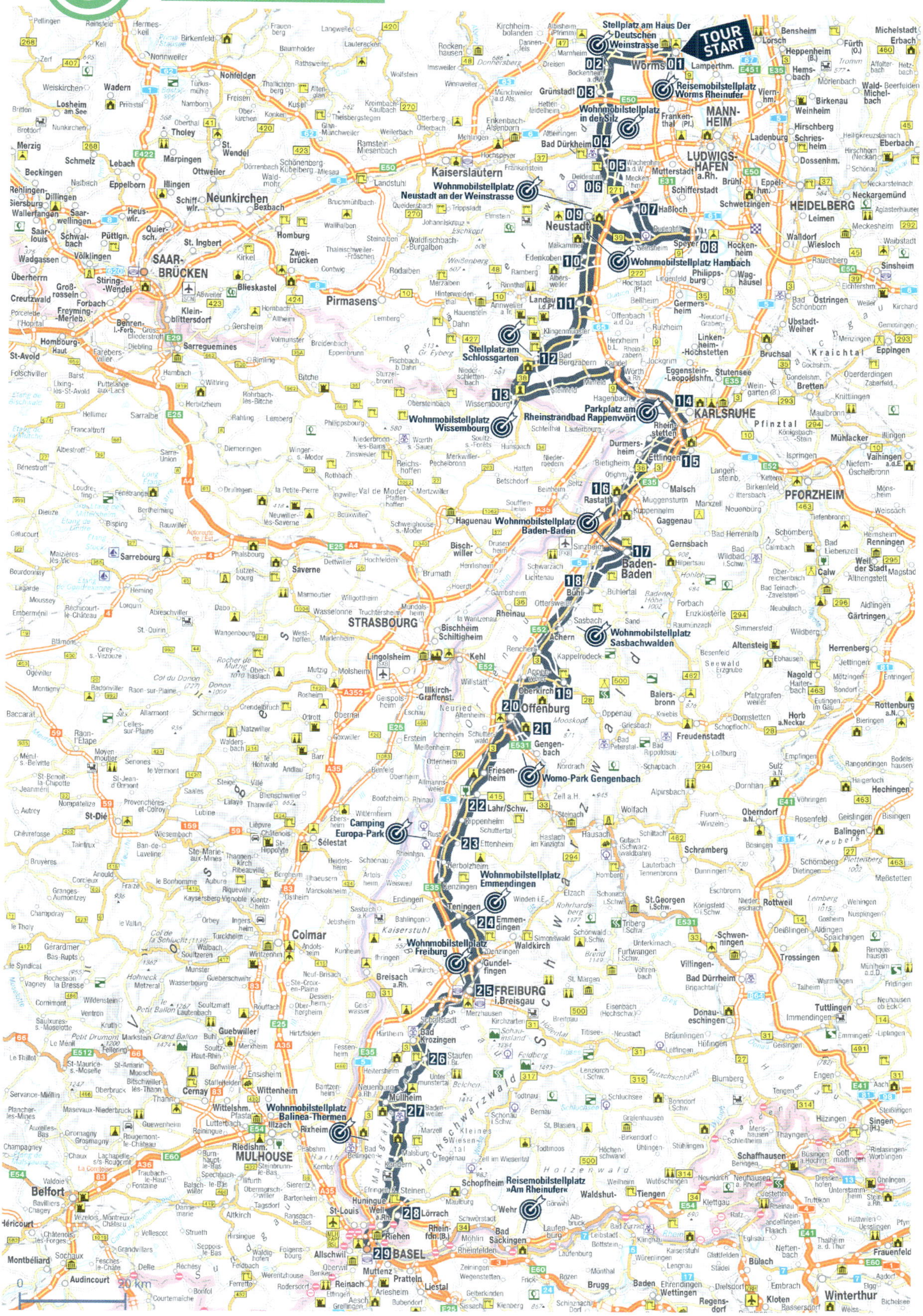
TOUR START
Stellplatz am Haus Der Deutschen Weinstrasse
01 Worms
02
Reisemobilstellplatz Worms Rheinufer
03 Grünstadt
Wohnmobilstellplatz in der Silz
04 Bad Dürkheim
05
06
07 Haßloch
08 Speyer
Wohnmobilstellplatz Neustadt an der Weinstrasse
09 Neustadt
10
Wohnmobilstellplatz Hambach
11 Landau i.d.Pf.
Stellplatz am Schlossgarten
12 Bad Bergzabern
13
Wohnmobilstellplatz Wissembourg
14 KARLSRUHE
Parkplatz am Rheinstrandbad Rappenwört
15 Ettlingen
16 Rastatt
Wohnmobilstellplatz Baden-Baden
17 Baden-Baden
18 Bühl
Wohnmobilstellplatz Sasbachwalden
19 Oberkirch
20 Offenburg
21 Gengenbach
Womo-Park Gengenbach
22 Lahr/Schw.
Camping Europa-Park
23 Ettenheim
Wohnmobilstellplatz Emmendingen
24 Emmendingen
Wohnmobilstellplatz Freiburg
25 FREIBURG i.Breisgau
26 Staufen i.Br.
27 Badenweiler
Wohnmobilstellplatz Balinea-Thermen
Reisemobilstellplatz »Am Rheinufer«
28 Lörrach
29 BASEL
0 20 km

ROUTE 03

DIE KÜSTE ENTLANG – VON AMSTERDAM NACH BRÜGGE

Flach, weit und sehr dicht besiedelt sind die Küstengebiete der Niederlande und Belgiens. Wer die Autobahn bei Amsterdam verlassen hat, wird sich schnell an die sogenannten »Drempels« in den Städten gewöhnen müssen. Diese in die Fahrbahnen eingelassenen Erhöhungen dienen als Bremsschwellen und sollen die Geschwindigkeit in den Orten reduzieren. Mit dem Wohnmobil kann man diese Bremsschwellen nur im Schritttempo passieren! Fährt man zu schnell drüber, macht die Hinterachse einen Hüpfer und es klappert nicht nur die Besteckschublade im Wohnteil ... Aufpassen muss man auch auf Radfahrer, die überall in großer Zahl anzutreffen sind. Der »Fiets« ist das Verkehrsmittel Nr. 1 in den Niederlanden – perfekt für das Frühjahr und den Wohnmobilisten. Es gibt Radschnellstraßen, eine Art Autobahn für Radfahrer oder auch gemütliche Wege durch Felder oder Städte. Außerhalb darf man nur dort übernachten, wo es ausdrücklich erlaubt ist. Das gilt für die Niederlande wie für Belgien. Campingplätze in Küstennähe sind nicht nur in den Sommermonaten schnell belegt, auch zur Tulpenblüte ist einiges los. Wer länger an einem Ort verweilen möchte, sollte vorher reservieren.

WARUM IM FRÜHLING?

Die Tulpenblüte ist ein einmaliges Erlebnis, das man gesehen haben sollte. Dann verwandeln sich die Felder in Regenbogenfarben. Zudem sind jenseits der Hauptsaison die Städte auch noch nicht touristisch überfüllt, und mit etwas Glück kann man schon draußen sitzen.

Der Kinderdijk mit 19 Windmühlen und dem Ausstellungszentrum Windkracht über die Technik der Wasserregulierung ist UNESCO-Weltkulturerbe.

Farbpracht im Frühling

Amsterdam, Brügge und Antwerpen allein sind schon eine Reise wert. Aber Ende März verwandeln sich die flachen Ackerflächen rund um Amsterdam in einen wahren Blütenteppich: Zur Tulpenblüte ist diese Tour am allerschönsten.

An den Türmen der Basilika St. Nikolaus in Amsterdam kann man sich gut orientieren.

ROUTE 03

Streckenlänge: ca. 400 km
Zeitbedarf: 8–10 Tage
Routenverlauf: Amsterdam, Leiden, Den Haag, Rotterdam, Breda, Antwerpen, Mechelen, Brüssel, Gent, Brügge

Verkehrshinweise:
Tempolimit für Wohnmobile unter 3,5 t: innerorts 50 km/h, auf Landstraßen 80 km/h (in Belgien 90 km/h) und auf Autobahnen 120 km/h (ab 3,5 t 90 km/h). In beiden Ländern gilt am Steuer 0,5 Promille; Warndreiecke mitführen!

Hier geht's zum GPS-Track

01 Amsterdam

Die Reise beginnt in Amsterdam, von wo aus man zunächst Ausflüge nach Nord-Holland unternehmen kann, z. B. nach Zaandam, ins Freilichtmuseum Zaanse Schans oder in die Käsestadt Alkmaar.

Amsterdam, die Hauptstadt der Niederlande, ist eine der kleinsten und überschaubarsten Metropolen Europas; sie ist tolerant, kosmopolitisch und geprägt von einer reichen Geschichte. Nicht umsonst ist die eigenwillige Stadt an der Amstelmündung ein beliebtes Reiseziel. Amsterdam ist die größte Pfahlsiedlung der Welt: Das Fundament der gesamten Altstadt wird von zahllosen Baumstäm-

CAMPING DE BREGMAN

Der kinderfreundliche Campingplatz in den höchsten Dünen der Niederlande ist mit allen notwendigen Ver- und Entsorgungseinrichtungen sowie Sanitärbereichen und WiFi ausgestattet. Geöffnet von Anfang April bis Anfang Oktober. Mit dem Fahrrad bis zum Nordseestrand sind es sieben Kilometer, in die Altstadt von Alkmaar neun.

Gerbrandtslaan 18, 1871 AP Schoorl
GPS 52.692564, 4.708920

AMSTERDAM CITY CAMP

Dieser ist ein großer gebührenpflichtiger Platz mit allen notwendigen Ver- und Entsorgungseinrichtungen; er ist ganzjährig geöffnet. Obgleich er nicht besonders schön ist, liegt er ideal, um Amsterdam zu besuchen. Mit der Fähre über den IJ, die im 30-Minuten-Takt verkehrt, ist man direkt im Herzen von Amsterdam.

Papaverweg 50, 1032 KJ Amsterdam
GPS 52.398303, 4.902199

Die Tulpenblüte ist in ganz Amsterdam zu sehen und bietet beste Fotomotive.

men gebildet, die bis zu 30 Meter tief in die Erde geschlagen wurden. So entstanden rund 70 künstliche Inseln – und das romantische Flair einer Stadt im Wasser. In Amsterdams Goldenem Jahrhundert (dem 17.) begann man mit dem Bau des halbmondförmigen Drei-Grachten-Gürtels. Allein im historischen Zentrum überspannen 400 Brücken die Kanäle. Sorgsam wird mit Schleusen und Pumpen der Wasserspiegel in konstanter Höhe gehalten, und noch heute wird ein Teil des innerstädtischen Warenverkehrs auf dem Wasser abgewickelt. In dem weit verzweigten Kanalsystem liegen über 2500 farbenfrohe Hausboote. Diese sind teils über 100 Jahre alt, liebevoll restauriert und gehören genauso zum Stadtbild wie die zahlreichen Fahrräder, Blumenverkaufsstände mit den herrlichen Drehorgeln, die den weltbekannten Gassenhauer zum Erklingen bringen. Amsterdams Kulisse, die einem gigantischen, belebten Freilichtmuseum gleicht, seine Aufgeschlossenheit und kulturelle Vielfalt, seine abwechslungsreiche Gastronomie sowie unzählige Unterkunftsmöglichkeiten für jeden Geldbeutel und Anspruch haben die Hauptstadt der Niederlande zu einer der meistbesuchten Orte unseres Kontinents gemacht. Zugleich ist Amsterdam eine sehr jugendliche und tolerante Stadt, nimmt in Modedingen und Design eine Spitzenstellung in Europa ein und ist durch ein dichtes Verkehrsnetz sehr gut erreichbar. Top-Sehenswürdigkeiten im historischen Zentrum sind die Oude Kerk (14. Jahrhundert) und die Nieuwe Kerk; der Dam (ehemaliger Marktplatz); das Rathaus (17. Jahrhundert); das Amstelkring-Museum, ein original eingerichtetes Grachtenhaus; Beurs van Berlage, die Kaufmannsbörse des 19. Jahrhunderts; Montelbaanstoren, ein ehemaliger Stadtturm (1512), und die siebentürmige Waag, einst Stadttor und Teil der mächtigen Befestigung; das Rembrandthuis. Im ehemaligen jüdischen Viertel sollte man sich ansehen: die Portugese Synagoge (1675) und das Joods Historisch Museum in vier ehemaligen Synagogen; das Historische Museum im Bau des ehemaligen Waisenhauses und den Begijnhof, ein ehemaliges Laienkloster. Im Grachtengürtel warten das Westerkerk (17. Jahrhundert), das Anne Frank Huis, das historische Arbeiterviertel Jordaan und die Hofjes (historische Wohnanlagen) auf die Besucher. Im Museumsviertel befindet sich das Rijksmuseum, die international bedeutendste Sammlung niederländischer Meister. Auch das Van-Gogh-Museum, das Stedelijk Museum für Moderne Kunst und der Vondelpark lohnen sich.

FRÜHLINGSTIPP: In Amsterdam gibt es zur Tulpenblüte ein großes Festival, es beginnt Ende April: www.tulpenfestamsterdam.de. Dann verwandelt sich unter andem der Museumplein in einen Pflückgarten.

02 Haarlem

Die rund 20 Kilometer westlich von Amsterdam gelegene und schon im 10. Jahrhundert urkundlich erwähnte Stadt besitzt eine malerische Altstadt, dessen Grote Markt einst ein Turnierplatz war. Giebelhäuser aus dem 17. Jahrhundert zeugen auch heute noch vom Reichtum, den die Stadt einst als Hochburg der Tuch- und Garnbleicherzunft erlangte. An der Südseite des Platzes liegt die Grote- oder St. Bavo-Kerk, die spätgotische Kreuzbasilika. Das Altersheim, in dem Frans Hals seine letzten Jahre verbrachte, wurde 1912 in ein Museum umgewandelt und zeigt wichtige Werke des Malers.

FRÜHLINGSTIPP: Die wohl bekannteste Veranstaltung rund um die Tulpenblüte ist der Blumenkorso von Noordwijk nach Haarlem. Dutzende von herrlich geschmückten Prachtwagen fahren dann die Strecke zu ihrem Ziel, dem Großen Markt in Haarlem. Der Korso findet Ende April statt: www.bollenstreek.nl.

03 Keukenhof

Auf der Bollenstreek zwischen Haarlem und Leiden fährt man durch ein einziges Blumenmeer. Hier liegen die Felder der rund 8000 Gärtnereien, die sich ganz auf den Großhandel mit Blumen spezialisiert haben, s. Ausflugsziel.

04 Noordwijk aan Zee

Das Seebad, zu dem man bei Sassenheim abbiegt, lockt im Hochsommer mit seinem 13 Kilometer langen Strand und seinen feinsandigen Dünen Zehntausende Badegäste an. Ebenso wie das nur wenige Kilometer weiter südlich gelegene Katwijk aan Zee erinnert es vom Stil her an englische Seebäder. Von hier ist man in nur 12 Kilometern in Leiden.

05 Leiden

Die älteste Universitätsstadt der Niederlande zählte schon ab Mitte des 17. Jahrhunderts rund 11 000 Studenten, heute sind es an die 27 000. Den schönsten Blick auf die von Kanälen durchzogene Stadt bietet die Burcht, die Burg, ein schon vor über

RECREATIECENTRUM DE NOORDDUINEN

Das kostenpflichtige Areal in den Dünen besitzt alle nötigen Ver- und Entsorgungseinrichtungen, inklusive Duschen, Waschmaschinen, Trocknern und Internet. Ganzjährig geöffnet. 800 Meter sind es bis zum Nordseestrand, zwölf Kilometer mit dem Fahrrad nach Leiden.

Campingweg 1, 2221 EW Katwijk aan Zee
GPS 52.212169, 4.409736

CAMPERPARK DEN HAAG

Auf dem großen, gebührenpflichtigen Platz sind alle notwendigen Ver- und Entsorgungseinrichtungen sowie Sanitärbereiche und Internetzugang vorhanden. Er liegt ideal, um Den Haag (acht Kilometer) und Delft (sieben Kilometer) mit dem Fahrrad zu besuchen.

Valutapad, 2496 ZA Den Haag
GPS 52.057652, 4.378321

Unten: Der Binnenhof, mitten in Den Haag gelegen, stammt aus dem 13. Jahrhundert und ist Sitz vieler Regierungsinstitutionen. Seit dem Jahr 1446 versammelt sich das Parlament in dem Gebäude. Der Binnenhof ist das Herz der niederländischen Demokratie.

Rechts unten: Noch mehr Blumen: der Blumenkorso in Haarlem.

1000 Jahren mit Ringmauern aus Ziegelsteinen befestigter Erdhügel, der einst zum Schutz vor der Flut errichtet wurde. Sehenswert ist die Pieterskerk, eine fünfschiffige gotische Kreuzbasilika. Der berühmteste Sohn der Stadt ist Rembrandt Harmenszoon van Rijn, hier geboren im Jahr 1606. Im Stedelijk Museum de Lakenhal sind einige seiner Werke zu bewundern.

06 Scheveningen

Zentrum des Nordseebades ist das prachtvolle alte Jugendstil-Kurhaus, das heute ein Luxushotel ist. Berühmt sind auch die drei Kilometer lange Strandpromenade und der Scheveninger Pier, der 400 Meter lang in die Nordsee hinausragt.

FRÜHLINGSTIPP: Am Strand entlang lassen sich häufig außergewöhnliche Sandskulpturen bewundern. Lust bekommen, selbst kreativ zu werden? Es gibt die Möglichkeit, an einem Workshop für Sandskulpturen teilzunehmen: flitz-events.de/Workshops/zandsculpturen.

07 Den Haag

Die drittgrößte Stadt der Niederlande ist Regierungssitz und zugleich Sitz des Internationalen Gerichtshofes mit dem UN-Kriegsverbrechertribunal. Die spannende Geschichte der Stadt reicht 750 Jahre zurück und begann mit einigen Häusern um das Jagdgehege des Grafen von Holland. Eines dieser im 13. Jahrhundert entstandenen Gebäude, der Binnenhof, ist bis heute das politische Zentrum des Landes: Es ist Sitz der Regierung und des Parlaments. Die

AUSFLUGSZIELE

Bollenstreek und Keukenhof

In bunten Streifen zieht sich die Farbenpracht durch die Landschaft: Am Bollenstreek, dem Gebiet zwischen Leiden und Haarlem, befindet sich eine der großen Blumenzwiebelregionen Hollands. Nicht nur Tulpen, sondern auch Krokusse und Narzissen duften dort um die Wette. Es gibt beschilderte Routen, die Womofahrer und Radler durch die schönsten Blumenfelder führen. Über die Grenzen hinaus bekannt ist der Keukenhof. Die riesige Gartenanlage voll mit herrlichen Blütengewächsen aus Zwiebeln zaubert nicht nur Gartenfreunden ein Lächeln auf das Gesicht. Angeschlossen ist ein im Jahr 1949 von Blumenzüchtern gemeinsam gegründetes Informationszentrum, das Auskunft gibt über die Kultivierung der Blumen. Dort erfährt der Besucher auch, wie die Tulpen nach Holland gekommen sind. Nächster Stellplatz für Wohnmobilisten ist der Camperplaats „Het Groene Hart", ein einfacher Stellplatz, von dem aus sich wunderschöne Radtouren durch die bunte Landschaft unternehmen lassen. **www.camperplaatshetgroenehart.nl**

wichtigste Sehenswürdigkeit der Stadt ist das in einem klassizistischen Gebäude untergebrachte Mauritshuis, das eine Gemäldegalerie mit Werken niederländischer Maler des sogenannten Goldenen Zeitalters sowie flämische Meister von unschätzbarem Wert präsentiert. Im Haus Zeestraat Nummer 65 hängt das Panorama Mesdag, ein von Hendrik Willem Mesdag im Jahr 1881 geschaffenes 120 Meter langes und 14 Meter hohes Rundgemälde. Es vermittelt dem Besucher den Eindruck, mitten in der Dünenlandschaft von Scheveningen zu stehen. Das nahe gelegene Museum Mesdag zeigt ebenfalls Werke der Haager Schule des späten 19. Jahrhunderts. Ein Gebäude, das immer wieder für Schlagzeilen sorgt, ist das Vredespalais in der Carnegieplein: Im halb neugotischen, halb klassizistischen Friedenspalast tagt der Internationale Gerichtshof.

CAMPERPARK KINDERDIJK

Dieser große gebührenpflichtige Platz ist mit allen notwendigen Ver- und Entsorgungseinrichtungen ausgestattet und hat auch Duschen und Internetzugang. Ganzjährig geöffnet, ist er zudem ideal gelegen, um die Windmühlen (5 km), Dordrecht (10 km) und Rotterdam (18 km) mit dem Fahrrad zu besuchen. Alternativ kann man auch den Wasserbus nehmen.

Marineweg 3a, 2952 BX Alblasserdam
GPS 51.858769, 4.675885

JACHTHAVEN TURFVAART

Der kostenpflichtige, sehr gepflegte Stellplatz liegt am Jachthaven und verfügt über alle nötigen Ver- und Entsorgungseinrichtungen sowie über Duschen und Internet. Ein Badesee mit Strand und Liegewiese ist auch dabei. Ganzjährig geöffnet. Breda ist bequem mit dem Fahrrad erreichbar (11 km); spektakulärer ist natürlich eine Fahrt nach Breda mit dem Ausflugsschiff »MPS Brabant« vom Hafen durch die Kanäle.

Westpolderpad 6, 4871 NC Etten Leur
GPS 51.595842, 4.655125

08 Delft

Auf halbem Weg zwischen Den Haag und Rotterdam liegt das nette Städtchen Delft. Es besticht durch sein historisches Zentrum mit vielen Grachten und ist besonders für seine Fayence-Manufaktur bekannt. Rund um den hübschen Markt finden sich unzählige Läden, in denen es das bekannte »Delfter Blau« zu kaufen gibt. Besonders sehenswert ist die Nieuwe Kerk mit einem Renaissancegrabmal des 1533 verstorbenen Wilhelm von Oranien und einem berühmten Glockenspiel. Malerisch ist das idyllische Grachtenviertel Oude Delft.

09 Rotterdam

Im größten Hafen Europas reihen sich entlang des Nieuwe Waterweg auf einer Strecke von 20 Kilometern Containerterminals, Umschlagplätze, Lagerhallen und Silos aneinander. Umgeschlagen werden in der Hafenmetropole im Mündungsgebiet von Maas und Rhein Güter aller Art. Dass in »Maashattan« moderne Hochhaus-Architektur großgeschrieben wird, versteht sich von selbst. So ist eine der wichtigsten Sehenswürdigkeiten die Erasmusbrug. Die Brücke über die Nieuwe Maas wurde 1996 von Ben van Berkel konstruiert. In einem ehemaligen Verwaltungsgebäude der Deichanlagen aus dem 17. Jahrhundert, im Het Schielandshuis, ist das historische Museum der Stadt untergebracht, das die Geschichte Rotterdams erläutert. Das Museum Boijmans van Beuningen am Museumspark beherbergt eine ansehnliche Sammlung Alter und Neuer Meister. Und auch in der Rotterdamer Kunsthal gibt es eine breite Palette von Kunstwerken zu sehen. Von Rotterdam sind es rund 20 Kilometer nach Nordosten zur berühmtesten »Käsestadt« des Landes, Gouda. Wenige Kilometer südlich von Rotterdam führt die Route zu einem der Wahrzeichen des Landes, den Windmühlen von Kinderdijk.

10 Kinderdijk

Ein absolut faszinierender Anblick: Hier stehen an den Entwässerungskanälen der Ortschaft insgesamt 19 alte Poldermühlen nebeneinander aufgereiht. Am Zusammenfluss von Noord und Lek betrieben sie früher Pumpwerke zur Wasserregulierung. Heute dürfen ihre mit Segeltuch bespannten Flügel, die eine Spannweite bis zu 28 Metern haben, nur noch an Samstagnachmittagen rotieren. Beeindruckend sind die Mühlen, die 1997 in die UNESCO-Liste des Weltkulturerbes aufgenommen wurden.

11 Breda

Die am Zusammenfluss von Mark und Aa gelegene alte Garnisonsstadt mit zahlreichen Kasernen und Einrichtungen des niederländischen Militärs hat Besuchern eine Menge zu bieten. In der von Grachten umschlossenen Altstadt sind schöne alte Bürgerhäuser aus dem 18. und 19. Jahrhundert zu bewundern, darunter das Stadhuis am Marktplatz. Das von Wassergräben umgebene und von vier Ecktürmen bewachte Kasteel van Breda gilt als Stammschloss der Oranier, des heutigen Königshauses. Die Stadt Breda hat noch ein weiteres Wasserschloss, Kasteel Bouvigne, zu bieten. Das wichtigste Bauwerk der Stadt ist jedoch die gotische Onze Lieve Vrouwe Kerk mit ihrem 97 Meter hohen

Das Antwerpener Rathaus ist von wunderschönen Zunft- und Gildehäusern im Renaissancestil umgeben.

Der Grote Markt und die Nieuwe Kerk sowie das Stadhuis machen Delft, die Stadt der weiß-blauen Porzellankacheln, zu einer der schönsten in den Niederlanden.

Oben: Das überdimensionierte Modell eines Eisenkristalls »Atomium« ist ein Symbol für friedliche Kernenergienutzung.

Unten: Der Mont des Arts ist ein historischer Platz, von dem aus man einen fantastischen Blick auf den Turm des gotischen Rathauses und die Stadt Brüssel hat.

Kirchturm. Wen es vor der Weiterfahrt nach Belgien noch einmal an die Nordsee zieht, dem empfehlen sich die Inseln Walcheren und Beveland, die durch Dämme und Brücken mit dem Festland verbunden sind. Von Breda führt die N263 durch grüne, wenig besiedelte und flache Landschaften Richtung Antwerpen – der größten Hafenstadt Belgiens.

CAMPERPARK VOGELZANG

Dies ist eine große, gebührenpflichtige parkähnliche Anlage mit vielen schattigen Plätzen, die über alle notwendigen Ver- und Entsorgungseinrichtungen verfügt. Ganzjährig geöffnet. Die Altstadt von Antwerpen ist vier Kilometer entfernt. Mit der Buslinie 22 von der Haltestelle Expo (250 Meter) fährt man ca. 20 Minuten.

Vogelzanglaan 7–9, 2020 Antwerpen
GPS 51.190644, 4.401848

12 Antwerpen

Im zweitgrößten Ballungsraum Belgiens bildet der Hafen den Lebensnerv der Stadt, in der Auto- und Chemieindustriekonzerne angesiedelt sind. Der Hafen zählt zu den leistungsfähigsten der Welt, schuf von alters her eine weltoffene Atmosphäre und trug maßgeblich zum Aufstieg Antwerpens zu einem Weltdiamantenzentrum bei. Als Kulturhauptstadt Europas des Jahres 1993 besitzt Antwerpen historische Baudenkmäler und ein reges kulturelles Leben. Die meisten Sehenswürdigkeiten liegen in der Innenstadt, die am rechten Ufer der Schelde einen Halbkreis bildet. Der markanteste Punkt ist der Steen, die ehemalige Burganlage, deren älteste Teile aus dem 9. Jahrhundert stammen. Heute beherbergt sie das Nationale Schifffahrtsmuseum mit einem flämischen Kriegsschiff aus dem 15. Jahrhundert als Prunkstück. Die Aussichtsplattform der Burg bietet einen sehr schönen Blick über die hier 500 Meter breite Schelde, die Brücken, den alten Kai, und – am Horizont – den Wald der unzähligen Ladebäume des modernen Hafens. In der spätgotischen Fleischhalle residiert nun das Museum für Stadtgeschichte. Im Diamantenmuseum in der Lange Herentalsestraat im »Judenviertel« können Diamantenschleifer bei ihrer präzisen Arbeit beobachtet werden. Das Rubenshaus, ein repräsentativer Stadtpalais, der optisch an einen italienischen Palazzo erinnert, bewohnte Peter Paul Rubens in den Jahren 1610 bis 1640. Zu besichtigen sind die prachtvoll ausgestatteten Wohnräume des Meisters, sein Atelier sowie das Kunstkabinett. Außerdem sind Werke des Malers und Arbeiten seiner Schüler ausgestellt.

13 Mechelen

Die südlich von Antwerpen gelegene Stadt hat eine große historische Vergangenheit. Ihre Blüte erlebte sie, als Margarethe von Österreich von hier aus das Land regierte. An diese Zeit erinnert ihre Statue auf dem Grote Markt, dem Zentrum der Stadt. Der Platz wird vom Rathaus, einem gotischen Palais und der einstigen Tuchhalle aus dem 14. Jahrhundert umgeben. Mechelen wollte schon immer hoch hinaus. Um 1400 wurde der 97 Meter hohe Turm der Romboutskathedraal als höchstes Wahrzeichen der Christenheit geplant. Sein Glockenspiel mit 49 Glocken entzückt heute noch die Zuhörer. Von Mechelen ist es nur eine halbstündige Fahrt in die belgische Hauptstadt.

14 Brüssel

Belgiens selbstbewusste Metropole wartet mit großartigen Kulturdenkmälern, aber auch mit kulinarischen Hochgenüssen auf und bezeichnet sich selbst als die Hauptstadt Europas, was zumindest für zentrale Behörden zutrifft. Das Stadtzentrum ist seit Jahrhunderten von Wohlstand geprägt. Zwischen Mittelalter und Barockzeit war es vor allem die bürgerliche Schicht, die ihre Stadt prächtig ausgestaltete. Auch das 19. Jahrhundert trug viel zum einzigartigen Stadtbild bei, das durch den Bauboom des 20. Jahrhunderts große Zerstörungen erliten hat. Das ehrgeizige Vorhaben der EU, repräsentative Neubauten zu schaffen, forderte Opfer wie den Kahlschlag im Quartier Léopold. Verschont blieben zum Glück zahlreiche Bauwerke des Jugendstils. An der Wende vom 19. zum 20. Jahrhundert war Brüssel einer der Brennpunkte dieser Stilrichtung. Künstler wie Victor Horta, Henry van de Velde und Philippe Wolfers bereicherten die Stadt um eine Reihe hochinteressanter Bauten. Brüssel ist aber auch das bedeutendste Kultur- und Wissenschaftszentrum Belgiens mit Universität, Polytechnikum, Königlicher Akademie und zahlreichen Fach- und Kunstschulen. Die Stadt liegt am Kreuzungspunkt wichtiger Verkehrswege; sie ist das Wirtschaftszentrum Belgiens, in dem mit der Nationalbank auch das Herz des Kapitals schlägt. Nach Antwerpen ist Brüssel überdies der zweitgrößte Industriestandort Belgiens. Produziert werden »feine Waren« wie die berühmten Brüsseler Spitzen, Woll-, Baumwoll- und Seidenwaren, Teppiche und Porzellan. Auch kulinarische Produkte wie edle Schokolade und Pralinen sowie – in der Heimatstadt des sagenhaften Königs Gambrinus nahezu eine Selbstverständlichkeit – vor allem das Bier haben einen großen Stellenwert. Obwohl Brüssel reich an Sehenswürdigkeiten ist und als »Hauptstadt Europas« und Sitz der NATO viel internationale Beachtung findet, steht die belgische Hauptstadt im Schatten der Metropolen Paris, London und Amsterdam. Dabei ist Brüssel ein hochinteressantes, unvergleichliches Reiseziel: leicht chaotisch und nicht immer schön, gut erreichbar und nie überlaufen. Besonders sehenswert sind die Manneken Pis, die weltbekannte

Prächtige Giebelhäuser säumen den Kornmarkt mit St.-Bavo-Kathedrale und imposantem Belfried in Gent.

Der begehbare Stadtturm von Brügge, auch als Belfried bekannt, ist seit dem Jahr 1990 UNESCO-Weltkulturerbe.

YACHTDREEF GENT

Dieser ist ein einfacher, gebührenfreier Platz ohne Versorgungseinrichtungen. Er hat ganzjährig geöffnet und ist ein guter Standort, um die Innenstadt von Gent zu besuchen (zwei Kilometer zu Fuß zum Korenmarkt).

Yachtdreef, 9000 Gent
GPS 51.046765, 3.701175

PARKING KANAALEILAND

Der kostenpflichtige, sehr gepflegte Stellplatz ist mit allen notwendigen Ver- und Entsorgungseinrichtungen ausgestattet. Ganzjährig geöffnet. EIn guter Standort, um die Innenstadt von Brugge zu besuchen (Fußweg bis zum Großen Markt: 1,8 Kilometer).

Bargeplein, 8000 Brugge
GPS 51.196113, 3.225742

Brunnenfigur und das Stadtwahrzeichen aus dem Jahr 1619, die Grand Place, einer der schönsten Plätze Europas und UNESCO-Weltkulturerbe mit dem Hôtel de Ville (gotisches Rathaus mit aufwändig gestalteter Fassade), die gotische Cathédrale St.-Michel, das Centre Belge de la Bande dessinée, ein Comic-Museum im Jugendstilgebäude, das Grand Magasin »Old England«, ein verspielter Jugendstilbau, die Musées Royaux des Beaux Arts mit einer herausragenden Sammlung alter und neuer Meister von Brueghel bis Magritte, das Hôtel van Eetvelde, ein Prunkbau des ausgehenden 19. Jahrhunderts, das Hôtel Hannon, Maison Cauchie und Maison St.-Cyr, drei Beispiele Brüsseler Wohnarchitektur des Jugendstils, das Musée Charlier mit Kunst des 20. Jahrhunderts in einem Art-nouveau-Bau, das Musée du Cinquantenaire mit Kunstwerken vom Mittelalter bis zum 19. Jahrhundert, die Place du Grand Sablon mit Galerien und Antiquitätenläden (am Wochenende Antiquitätenmarkt!) und die Place du Jeu de Balle im multikulturellen Marollenviertel.
Wen es nun Richtung Nordsee zieht, der kommt auf dem Weg nach Brügge zunächst durch Aalst, dem »Tor nach Flandern«.

15 Aalst

Diese Stadt steht ganz im Zeichen der Schwerindustrie und – als Kontrapunkt dazu – der Schnittblumen. Jeden Morgen ist auf dem Grote Markt Blumenmarkt. Die schönsten gotischen Häuser gruppieren sich um den Marktplatz der Stadt.

16 Gent

Seit dem Mittelalter ein Zentrum der Textilindustrie, ist Gent dieser Tradition bis heute treu geblieben. Der Obst-, Gemüse- und Blumenanbau ist das zweite wichtige Standbein der Stadt. Die bedeutendsten Sehenswürdigkeiten liegen im gut erhaltenen historischen Stadtkern zwischen der Grafenburg und der etwas erhöht stehenden und von Weitem sichtbaren St.-Bavo-Kathedrale aus dem 14. Jahrhundert mit dem »Genter Altar« der Brüder Hubert und Jan van Eyck (15. Jahrhundert) als größtem Kirchenschatz. Der gegenüberliegende 95 Meter hoch aufragende Glockenturm Belfort (Belfried) galt im 14. Jahrhundert als Symbol des aufstrebenden Bürgertums. Der Belfort ist 88 Meter hoch und beherbergt die frühere städtische Schatzkammer. Er ist mit 47 Turmglocken ausgestattet. Einen Besuch wert sind die Tuchhalle, die Große Fleischhalle, die Grafenburg und das Rathaus.
15 Kilometer entfernt von Gent liegt zwischen Deinze und Gent das Wasserschloss Ooidonk, eine Anlage aus dem 17. Jahrhundert. Der Name des Schlosses bedeutet »hoch gelegener Platz im Sumpfland«, was auf das ältere niederfränkische »hodonk« zurückgeht. Sowohl das Flämische als auch das Niederländische sind Realisationen einer Sprachwurzel, die ins fränkische Reich zurückreicht. Auf dem Weg nach Brügge kommt man auch durch Eeklo, in dessen traditionsreicher Genever-Brennerei Jeneverhuis Van Hoorebeke der Wacholderschnaps hergestellt wird. Der Genever schmeckt würziger als der ähnliche englische Gin, und der Oude Genever ist gelblich.

17 Brügge

Die Hauptstadt Westflanderns ist mit ihrer halbkreisförmigen, von Grachten durchzogenen Altstadt ein Musterbeispiel mittelalterlicher Städtebaukunst. Sie galt nach Venedig als prachtvollste und reichste Stadt der damals bekannten Welt. Alle wichtigen Handelshäuser hatten in Brügge Niederlassungen, die Herzöge von Burgund hielten prunkvoll Hof, und die Kunst hatte einen hohen Stellenwert. Künstler wie Jan van Eyck oder Hans Memling waren als Stadtmaler engagiert. Brügge lässt sich am besten bei einem Rundgang erkunden. Das Stadtzentrum bildet nach wie vor der Grote Markt, der im Mittelalter farbenprächtige Ritterspiele erlebt hat. Hier erhebt sich auch der Belfort, der 83 Meter hohe Turm. Vom Grote Markt führt die Vlamingstraat in das »Hanseatische Brügge« zu schönen Bürger- und Handelshäusern aus dem 14. und 15. Jahrhundert, zum Alten Zollhaus

und zum Burgplein. Weiter geht es zum Groeninge-Museum, das Exponate der belgischen Moderne zeigt, und zum Gruuthusepalais aus dem 15. Jahrhundert. Er war das prunkvolle Domizil eines reichen Patriziergeschlechtes, das sein Geld durch das Recht verdiente, Steuern auf die Zutaten der Bierbrauerei, die »Gruute«, zu erheben. Die gotische Onze Lieve Vrouwekerk (Liebfrauenkirche), deren wuchtiger, etwa 122 Meter hoher Turm an ungewöhnlicher Stelle an der linken Seite der Hallenkirche aufragt, birgt einen der größten und wichtigsten Kunstschätze der Stadt: die sogenannte Brügger Madonna (um 1503), die als erstes Werk Michelangelos zu Lebzeiten des berühmten Künstlers über die Alpen gelangt war und heute in einer Kapelle der Kirche steht. Interessant ist auch das alte Schleusenhaus, das am Südende des Wijngaardplaats zu finden ist. Es hat bis heute die Aufgabe, den Wasserstand der Stadtkanäle zu regulieren.

Typisch für das Landschaftsbild in Flandern sind die zahlreichen Kanäle.

AUSFLUGSZIELE

Brügges Umland

Von Brügge aus kann man ideal Ausflüge ins Umland und an den Strand unternehmen. Zum Beispiel nach Damme, und zwar auf einer Kanalfahrt oder mit dem Wasserrad-Dampfschiff. Auch mit dem Fahrrad lässt es sich wunderbar den Kanal entlangfahren, in 30 Minuten ist man dann in Damme. Lissewege ist ebenfalls sehr gut für einen Abstecher geeignet: Hier gibt es die typischen weiß gestrichenen Polderhäuser der flämischen Dörfer; die Backsteinkirche Mariä Heimsuchung prägt der Stil der Küsten-Gotik. Auch lohnt sich eine Radtour in die Westhoek (Felder), in denen viel Natur und Ruhe sowie idyllische Gasthöfe und Restaurants auf die Besucher warten. Auch die wenige Kilometer entfernten Nordseebäder Knokke, Zeebrugge, Blankenberge oder Oostende locken zu einem Ausflug. In einer wunderschönen Dünenlandschaft nahe der niederländischen Grenze liegt Knokke-Heist, neben Oostende das eleganteste belgische Seebad. Der Sandstrand ist zwölf Kilometer lang. Besonders schön sind die Spazierwege »Bloemenwandeling« durch den Villenvorort Het Zoute, »Landelijke Knokke« sowie »Polderwandeling« durch die schöne Dünenlandschaft. In Heist ist das Polderen Visserijmuseum Sincfala mit Exponaten zu Fischerei, Handwerk und Alltagsleben an der Küste einen Besuch wert.

ROUTE 03

TOUR START
Camping De Bregman
Alkmaar
Hoorn
Purmerend
Edam
Volendam
Monnickendam
ZAANSTAD
Beverwijk
IJmuiden
Amsterdam City Camp
AMSTERDAM 01
HAARLEM
Zandvoort
02
Amstelveen
Hoofddorp
Noordwijkerhout 04
03
Hillegom
Lisse
Recreatiecentrum de Noordduinen
Noordwijk
Katwijk
Sassenheim
Wassenaar
Voorschoten
05 LEIDEN
Alphen a.d. Rijn
Hilversum
UTRECHT
06
Scheveningen
DEN HAAG
'S-GRAVENHAGE 07
ZOETERMEER
Camperpark Den Haag
Pijnacker
Gouda
Nieuwegein
08 Delft
Hoek van Holland
ROTTERDAM 09
Vlaardingen
Schiedam
Krimpen a/d IJ.
10
Camperpark Kinderdijk
Alblasserdam
Spijkenisse
DORDRECHT
Gorinchem
Hellevoetsluis
Middelharnis
N E D E R L A N D
N.P. De Biesbosch
Oosterhout
Yachthaven Turfvaart
BREDA 11
TILBURG
Roosendaal
Bergen op Zoom
Middelburg
Vlissingen
Goes
Zierikzee
Domburg
N.P. Oosterschelde
Knokke-Heist
Blankenberge
Terneuzen
Kalmthout
Brecht
Turnhout
BRUGGE 17 (BRUGES)
Parking Kanaaleiland
Maldegem
Eeklo
(ANVERS) ANTWERPEN 12
Camperpark Vogelzang
St.-Niklaas
Lier
Mechelen (Malines)
13
Yachtdreef Gent
16 GENT (GAND)
Aalst (Alost) 15
Dendermonde
Roeselare
Kortrijk (Courtrai)
Leuven (Louvain)
Mouscron
Tourcoing
Roubaix
France
B E L G I Ë
BRUXELLES BRUSSEL 14
Halle
Waterloo
Wavre
20 km

ROUTE 04

BRAČ UND HVAR

Ach, was tut das gut, mal wieder blauen Himmel zu sehen und die Sonne auf der Haut zu spüren. Schon auf der Fähre von Split nach Supetar auf Brač stellt sich das Feriengefühl ein. Die Fähre benötigt ca. 50 Minuten, und schon sind die Camper in einer anderen Welt. Die Straßen winden sich die Hänge hinauf oder führen durch enge Täler. Die Fahrt von Supetar nach Bol wird man so schnell nicht vergessen. Der letzte kurvenreiche Abschnitt von der Hochfläche hinunter an die Küste ist ein wahrer Augenschmaus. Immer wieder gleitet der Blick hinüber zur Nachbarinsel Hvar, die als zweite Etappe der Route auf dem Programm steht. Von Bol hat man es nicht weit zum Zlatni Rat, dem »Goldenen Horn«, einem der beliebtesten und wohl meistfotografierten Strände Kroatiens. Von Bol geht es weiter nach Sumartin am Ostrand der Insel und anschließend hinüber aufs Festland nach Makarska. Entlang der malerischen Makarska Riviera macht die Jadranska Magistrala ihrem Ruf als eine der schönsten Küstenstraßen Europas alle Ehre. Die Strecke ist kurvenreich, die Ausblicke fantastisch. In Drvenik angekommen, führt eine Fähre auf die Insel Hvar. Das langgezogene sonnige Eiland lebt vom Tourismus sowie vom Wein- und Olivenanbau. Nach der Erkundung der Insel geht es mit derselben Fähre wieder ans Festland, um zurück in den kühlen Norden zu reisen.

WARUM IM FRÜHLING?

Weil in der Hochsaison Kroatien zu heiß und zu voll ist. Aber ein Campingjahr ohne Kroatien geht eben auch nicht. Im Frühjahr ist dort die schönste Zeit, wenn die Natur noch grün ist und Blütenteppiche in die Landschaft zaubert.

Bei diesem Blick kommt Urlaubsfeeling auf: Klares Wasser, mediterrane Vegetation, einsame Fischerboote – Hvar ist ein wahres Idyll.

Campingträume in Türkis

Wenn süddeutschen Campern das grau-grieselige Wetter auf die Stimmung schlägt, steigen sie gern auch mal spontan in ihr Wohnmobil und machen sich auf nach Kroatien. Vor allem im Frühjahr.

Die Kathedrale Sv. Duje erhebt sich in Split direkt neben dem Peristyl. Um das Gotteshaus herum scharen sich Restaurants und Cafés.

ROUTE 04

Streckenlänge: ca. 400 km
Zeitbedarf: ca. 7–9 Tage
Routenverlauf (Hauptorte): Split, Supetar, Bol, Makarska, Jelsa, Starigrad, Hvar, Ploče
Charakteristik: Die Route wird den Geldbeutel nicht schonen. Die Inseln sind vergleichsweise teuer, auch die Fährkosten sind je nach Größe des Wohnmobils empfindlich hoch. Dennoch ist die Tour sehr lohnenswert.
Informationen:
www.hvarinfo.com/de/
www.bracinfo.com/de/

Hier geht's zum GPS-Track

01 Split

Das Besondere an der Altstadt Splits ist, dass sie innerhalb der Mauern des Diokletianpalastes liegt. Der Kaiser hatte seine Festung nämlich so groß bauen lassen, dass sowohl der Hofstaat als auch die komplette Garde darin Platz fanden. So entdeckt der Besucher heute ein dicht besiedeltes historisches Zentrum inmitten steinerner Paläste, trinkt einen Cappuccino oder probiert die lokalen Spezialitäten in den kleinen Restaurants der Altstadtgassen – und sitzt währenddessen mitten in einem Baudenkmal. Vom Buchladen bis zu Märkten findet sich alles neben oder direkt in den denkmalgeschützten Palastgebäuden. Hier gibt es übrigens auch die kleinste Straße der Welt, die »Pusti me proći«. Im Laufe der Jahrhunderte wurden immer wieder neue Mauerringe um die wachsende Stadt gezogen, von denen viele heute noch erhalten sind.

02 Insel Brač

Das Weiße Haus in Washington hat ihn, der Reichstag in Berlin hat ihn auch: den weißen Marmor von Brač. Der ist jedoch gar kein richtiger Marmor, sondern ein extrem weißer Kalksandstein, der sich durch Bodenerosionen gebildet hat. Deswegen brauchen ihn die Arbeiter auch nicht herauszuschlagen, sondern lediglich abzutragen. Schon zu römischen Zeiten gab es an der Küste Steinbrüche, Sklaven wuchteten den Sandstein in großen Blöcken auf die Schiffe für den Verkauf. Heute wird er vor allem an der Nordküste, in Pučišća, abgebaut und bearbeitet. Brač ist eine Insel der Bauern und Fischer. Nur eine einzige Quelle versorgt alle mit Trinkwasser. Touristisch ist das hügelige Hinterland für diejenigen interessant, die es still, ursprünglich und ohne wirkliche Sehenswürdigkeiten und großen Trubel mögen oder einfach irgendwo am Strand entspannen möchten.

03 Supetar

Der größte Fährhafen der Insel Brač liegt an der Nordküste, der Hafenstadt Split direkt gegenüber. Feine Sand- und Kiesstrände, glasklares Meer, Hotels und Restaurants an der Uferpromenade machen Supetar zu einem beliebten Badeziel für die Bewohner Splits und internationale

Supetar ist der Hauptort der Insel Brač, die Fahrzeit mit der Fähre beträgt von Split etwa eine Stunde. Der Name des Städtchens geht auf die Kirche Sv. Petar zurück, an der sich die ersten Siedlungen bildeten.

Feriengäste. Reizvoll ist auch das Hinterland: Rund um das Dörfchen Mirca prägen Olivenhaine die Landschaft mit ihrem silbrigen Grün. Im Museumsdorf Škrip erleben Besucher, wie die Inselbewohner früher lebten. Nach Osten schmiegt sich das malerische Pučišća an eine tiefe Bucht: In der Umgebung der Stadt liegen die meisten Steinbrüche, in denen »Bračer Marmor« abgebaut wird. Pučišća selbst scheint fast ausschließlich aus dem weiß schimmernden Stein erbaut. Die bekannte Künstlerfamilie Jakšić arbeitet und lebt in Donji Humac: Sie bearbeiten den Marmor als Bildhauer, Architekten und Schmuckdesigner; besonders die weißen Marmorskulpturen von Lovre Jakšić faszinieren.

04 Milna

Als die Insel noch zur Republik Venedig gehörte, nannte man den pittoresken Ort an der Westküste auch »Valle di mille navi« – Bucht der 1000 Boote. Und auch heute noch trifft diese Bezeichnung durchaus zu. Neben den zwei Marinas, in denen sich Nautiker der ganzen Welt treffen und Besucher die Schiffe und

BUNJA CAMP, SUPETAR

Klein, aber edel ausgestattet. Alle Parzellen haben Strom-, Wasser- und Abwasseranschlüsse und sind mit WLAN ausgestattet. Die Stellflächen sind mit feinem Kies bestreut und mit Natursteinmauern oder Grün eingegrenzt. Es gibt drei Zonen. In der exklusivsten und teuersten steht man direkt am Meer. Das Zentrum von Supetar ist etwas mehr als zwei Kilometer entfernt. Geöffnet ab April.

Babin Laz, 21400, Supetar
www.campingbunja.com/de, GPS 43.380849, 16.578166

CAMPING ALOA, BOL

Wenn man Kitesurfen erlernen will – in der angeschlossenen Schule dieses Campingplatzes hat man die Gelegenheit dazu. Die Anlage ist mit allem notwendigen Komfort ausgestattet, und viele Stellflächen des terrassierten Geländes bieten einen freien Blick auf das Meer. Die Schatten spendenden Bäume machen die Sommerhitze erträglicher.

Put Zlatnog rata, 21420, Bol
www.camping-bol.com, GPS 43.264703, 16.610603

CAMPING KITO BOL

Kleiner, familiär geführter Campingplatz am Nordrand des Ortes etwas abseits des Meeres. Kein Trubel, sehr ruhig. Ideal für Camper, die es ganz entspannt angehen möchten.

Bračka cesta, 21420, Bol; www.camping-brac.com
GPS 43.264222, 16.648038

AUSFLUGSZIELE

Wandern auf Brač

Im Sommer ist es viel zu heiß dafür, aber im Frühling ist Brač ein ausgesprochenes Wanderparadies. Zu den schönsten Trails gehört der Lovrečina-Weg, er führt von Postira nach Lovrečina und verwöhnt den Wanderer mit herrlichen Aussichten. Schon das Küstenörtchen Postira zeigt Kroatiens schönste Seite mit seinen idyllischen Straßen und kleinen Häusern. Von dort verläuft der Weg durch Olivenhaine, Weinrebenfelder und trifft immer wieder ans Meer. Etwa in der Bucht Trstena, wo sich Wanderer über einen kleinen Strand freuen und Hundebesitzer noch mehr, denn dort gibt es sogar einen Hundestrand.

Boote bestaunen, locken historische Bauten, ganz im für die Insel typischen barocken Stil, in die engen Gassen der Altstadt. Hungrige Mägen füllt man am besten mit traditionellen Fischgerichten, die besonders an der Uferpromenade vielfältig angeboten werden. Am besten lässt man sich von der Ruhe und Gemütlichkeit anstecken.

05 Škrip

Wer die Insel Brač besucht, kommt in erster Linie wegen des einzigartigen Sandstrands und goutiert das Nachtleben. Der Ort Škrip kann weder mit dem einen noch mit dem anderen dienen, liegt er doch 10 Kilometer im Landesinneren. Auch Bars, Kinos oder gar Discotheken wird man dort vergeblich suchen. Dennoch: Wer nicht dort war, hat etwas versäumt. Denn nirgendwo anders kann man tiefer in die Geschichte der Insel eintauchen. Das 3000 Jahre alte Škrip ist eigentlich ein großes Freilichtmuseum, das allerdings bewohnt ist. Hier geben sich die Kulturen der Illyrer, der Griechen, der Römer und Kroaten ein Stelldichein. Das Dorf ist gepflastert mit kulturhistorischen Schätzen: illyrische Zyklopenmauern, ein Mausoleum, Sarkophage, der größte Römerfriedhof der Region, das Schloss und die zum Schutz vor Türkeneinfällen gebaute Burg, die St.-Helena-Kirche oder das Museum der Insel Brač. Ein Muss für jeden Genießer: Das Ölmuseum zeigt, wie früher feinstes kalt gepresstes Olivenöl hergestellt wurde. Ein einziger Genuss also, dieses Örtchen.

06 Blaca

Die Südküste der Insel Brač besticht durch idyllische Buchten und schöne Strände. Viele schwärmen von der Bucht Blaca, die sich nicht nur durch einen wunderbaren Strand auszeichnet, sondern auch durch einen dichten Kiefernwald. Wem es zum Schwimmen und Schnorcheln noch zu kalt ist, kann sich auf eine kleine Expedition begeben: Ein rund zwei Kilometer langer, teilweise steiler Waldweg mündet in ein ehemaliges

Kloster. Gegründet wurde es um 1550 von Mönchen, die Zuflucht vor den Türken suchten. Aus dem Kloster entwickelte sich eine Einsiedelei. Besondere Erwähnung verdient der letzte Mönch, Pater Nikola Miličević, der von 1887 bis 1963 lebte. Er war passionierter – und studierter – Astronom, dem mehrere Entdeckungen gelangen. Fern von Rom konnte er seiner Leidenschaft relativ ungestört frönen. Heute ist die Eremitage ein Museum, in dem neben anderen persönlichen Gegenständen das Teleskop und der Flügel von Pater Nikola gezeigt werden und das zudem tiefe Einblicke in das frühere Klosterleben bietet.

07 Bol

Neben dem Goldenen Horn besitzt Bol weitere reizvolle Strände und eine hübsche, wenn auch kleine Altstadt. An ihrem östlichen Rand erhebt sich auf der Halbinsel Glavica das spätgotische Dominikanerkloster in sehr fotogener Lage – übrigens kann man auch hier wunderbar baden. Die Einsiedelei Blaca, die im 16. Jahrhundert von Mönchen, die vor den Osmanen vom Festland geflohen waren, nahezu komplett in den Fels geschlagen wurde, erreicht man von Bol aus entweder zu Fuß im Rahmen einer anspruchsvollen Wanderung oder per Boot vom Wasser aus.

08 Makarska

Zurück auf dem Festland: Blaues Meer, eine Küstenpromenade mit Palmen, dahinter weiße Häuser, die eine steil emporragende Gebirgskette scheinbar vom Rest der Welt

Oben: Der Frühling ist perfekt für ausgiebige Wanderungen auf der Insel Brač.

Links unten: Palmen, blauer Himmel und dazwischen ein nettes Städtchen namens Milna.

Unten: 1475 wurde das Dominikanerkloster in Bol unmittelbar am Meer gegründet. Heute befindet sich darin ein lohnendes Museum.

Bildleiste von oben:
Bei Jelsa auf Hvar locken schattige Stellplätze mit wunderschönem Meerblick.

Am traumhaften Strand Dubovica, kann man wunderbar die Seele baumeln lassen. Diese Bucht ist allerdings nur über einen steilen Fußweg zu erreichen.

Lavendel, Agaven und einsame Buchten – Hvar ist ein Paradies für Naturliebhaber.

AUSFLUGSZIELE

Brač und die Hrapočuša-Torte

Torte und harter Fels – irgendwie passt das nicht zusammen, es sei denn, der Zuckerbäcker hat das Rezept gründlich vermasselt. Und doch dienten Steine als Vorbild für die wunderbare Hrapočuša-Torte der Insel Brač. Sie ist so berühmt, dass sie seit 2012 zu den immateriellen Kulturgütern der Republik Kroatien zählt. Sogar ein eigenes Fest ist ihr gewidmet, die Hrapočuša-Nacht. Jede Familie hat ihr eigenes Rezept – und das wird gehütet wie ein Schatz. In die Torte kommt nur das Beste, was die Insel zu bieten hat. Auf einen Biskuitboden, bei dem Rum nicht fehlen darf, kommt eine reiche Füllung aus Walnüssen, Zucker, Eiweiß, Zitronensaft und etwas Zitronenschale, wobei die Walnüsse karamellisiert werden, sodass die Beschaffenheit des Kuchens tatsächlich dem rauen örtlichen Stein ähnelt. Ein Tipp nicht nur für Schleckermäulchen: Dem Kuchen sagt man eine aphrodisierende Wirkung nach. Kein Wunder, dass er sowohl bei Einheimischen als auch den Gästen so begehrt ist.

Goldenes Horn

Eine Attraktion für Wasserratten und Sonnenanbeter ist der Strand Zlatni rat, der auch gern »Goldenes Horn« genannt wird. Die sichelförmige Landzunge ragt 400 Meter weit ins azurblaue Meer hinein. Von einem nahezu weißen Strand umsäumt, erstreckt sich in ihrem Inneren ein grüner Pinienwald. Je nach Jahreszeiten und Meeresströmungen wird die Spitze immer wieder anders geformt.
GPS 43.25534, 16.63403

abschneidet – Makarska liegt in einer Bucht der Halbinsel Sv. Petar am Fuß des Biokovo, der für eine dramatische Kulisse sorgt. Im Gegensatz zu den anderen dalmatinischen Stränden aus Kies oder Felsen gibt es hier etwa 50 Kilometer Sand – was die »Riviera von Makarska« zum beliebtesten Badeort Dalmatiens macht. Neben Beachlife und Bootstouren gibt es auch Historisches zu erkunden. Sehenswert sind die palmenumsäumte Uferpromenade, die schöne Altstadt mit zahllosen kleinen Geschäften sowie der Franziskanerkonvent, der um 1400 entstand. Das Malakologische Museum verfügt über einen außergewöhnlichen Bestand: eine umfangreiche Muschel- und Schneckensammlung mit außergewöhnlichen Exponaten aus aller Welt.

FRÜHLINGSTIPP: Wunderschöne Panoramablicke auf die frühlingsgrüne Landschaft ermöglicht der Skywalk Biokovo. Er ist rund 31,6 Kilometer von Makarska entfernt und bietet einen Blick auf das Biokovo-Gebirge.

09 Drvenik

Das ursprüngliche Drvenik wurde 1962 nach einem Erdbeben verlassen. Heute besteht das Dorf aus zwei Ortsteilen, die sich über zwei Buchten erstrecken: Gornja Vala und Donja Vala. Der Hafen befindet sich an der östlichen Spitze der Insel Hvar, fast direkt gegenüber. Daher kann man von Drvenik aus problemlos die Insel mit der Fähre erreichen. Ein Tagesausflug dorthin lohnt sich auf jeden Fall. Eine weitere Fährverbindung existiert nach Korkula. Drvenik ist ideal für einen ruhigen und stressfreien Urlaub. Der Strand in der Bucht von Donja Vala besteht aus feinem Kies, der bei warmen Temperaturen zum Baden einlädt, auf dem der Urlauber aber auch einfach mal die Beine ausstrecken und Sonne und Meer genießen kann. Direkt hinter dem Strand verläuft die von Palmen gesäumte Uferpromenade, die zu einem Spaziergang nach Gornja Vala einlädt. Auch diese Bucht ist nicht zu verachten, denn die hier gedeihenden Aleppokiefern ermöglichen das Faulenzen im Schatten. Gerühmt werden übrigens die Campingplätze von Drvenik. Es lohnt sich also doppelt, dem Ort einen Besuch abzustatten.

10 Insel Hvar

Nach der Fährüberfahrt von Drvenik auf die Insel Hvar empfangen den Urlauber dort viele Düfte: Lavendel, Zypressen, Oleander, Orangen- und Zitronenbäume, aber auch Feigenbäume runden das toskanische Flair der viertgrößten Adriainsel ab. Auch mit durchschnittlich 2718 Sonnenstunden im Jahr liegt Hvar in der Gunst der Touristen ziemlich weit vorn. Da das Gebirge der Nachbarinsel Brač das Eiland vor der Bora, dem böigen Fallwind, schützt, herrscht fast überall mildes Klima. Subtropische Vegetation verleiht den kleinen charmanten Buchten einen ganz besonderen Reiz.

11 Jelsa

Ein typisch dalmatinischer Hafenort: Pastellfarbene Häuser reihen sich entlang des Hafenbeckens aneinander, der schlanke Kirchturm der Kirche Sv. Marija spiegelt sich im Wasser, bewaldete Hänge rahmen die Stadt schützend ein. Im Gegensatz zu Vrboska beginnt Jelsas Geschichte bereits in der Antike: Illyrer siedelten hier, und griechische Einwanderer, die die Insel Hvar zur neuen Heimat erwählt hatten, errichteten um das 4. Jahrhundert v. Chr. auf dem Hügel südlich der Bucht einen Beobachtungsposten, den später die Römer übernahmen. Die Siedlung unten am Meer ist seit dem 14. Jahrhundert beurkundet. Auch hier mussten sich die Bewohner Piratenattacken erwehren, weshalb sie ihre Kirche Sv. Marija mit einer zinnenbewehrten Mauer befestigten. Im Dorfkern an der Kirche Sv. Ivan aus dem 17. Jahrhundert lockt ein schö-

CAMPING RESORT MALA MILNA, HVAR

Es ist eine sehr einfach gehaltene Anlage, doch sie punktet mit wunderschönen Stellplätzen direkt am Meer. Wer Camping in seiner ursprünglichen Form ohne Glamour, Animation und Freizeiteinrichtungen liebt, ist hier bestens aufgehoben. Zur Inselhauptstadt sind es vier Kilometer.

Mlina 5, 21450, Hvar
www.camping-mala-milna.com, GPS 43.162661, 16.486856

CAMP VIRA, HVAR

Schattige und sonnige Stellflächen mit Blick auf das Meer bietet dieser Campingplatz. Die Parzellen sind bis 90 Quadratmeter groß, teilweise aber leicht geneigt. Strom- und Wasserversorgung ist nicht an allen Plätzen vorhanden. Der Blick in die Bucht ist traumhaft. Ab Mai geöffnet.

Ulica Uvala Vira 7, 21450, Hvar
campvira.com, GPS 43.189791, 16.430014

CAMP VITER, MAKARSKA RIVIERA

122 Plätze gibt es, ausreichend bemessen, aber nicht so groß wie auf anderen Plätzen. Aufgrund der städtischen Randlage kann es mitunter etwas lauter werden; dafür ist der Platz mit allem Komfort ausgestattet, und die Wege zu den Restaurants in der Nähe sind kurz. Ab April geöffnet.

A.K.Miošića 1, 21334, Zaostrog
www.camp-viter.com, GPS 43.139314, 17.280572

CAMPING BAĆINSKA JEZERA

Der Platz liegt an einem der Baćina-Seen. Wohltuend und schon fast ungewohnt für Kroatien ist die große Rasenfläche, auf der man als Wohnmobilist zum Stehen kommt. Der Süßwassersee lädt zum Baden und Paddeln ein. Die Sanitär- und Versorgungseinrichtungen sind auf der Höhe der Zeit. Einkaufsmöglichkeiten gibt es vor Ort nicht.

Baćinska Jezera 21, 20340, Baćina
camping-bacinskajezera.com
GPS 43.073254, 17.418959

Rechts: Die Pakleni Otoci sind alle individuell geformt, doch eines haben sie gemein – goldene Strände und ein bewaldetes Inselinneres.

Unten: Die Altstadt von Hvar breitet sich weit auf ihrem Festungshügel in einer geschützten Bucht aus.

ner Renaissance-Platz mit einigen Cafés. Eine sehr ungewöhnliche archäologische Stätte verbirgt sich im Tal Starigradsko polje im Hinterland von Jelsa. »polje« heißt Feld, und auf diesem Feld beziehungsweise dieser Ebene betrieben bereits die ersten griechischen Siedler Landwirtschaft. Die Struktur dieser antiken Felder und einige Grenzmarken haben überdauert und werden von den Bauern bis heute genutzt.

12 Vrboska

Die Stadt an der Nordküste von Hvar besitzt ein eigenwilliges Gotteshaus, das wie ein steinernes Schiff mit Glockenturm wirkt: Zuerst stand die Kirche, dann baute man eine Festung um sie herum – gegen die türkischen Piraten. Die so entstandene Wehrkirche ist wegen ihrer eigentümlichen Architektur einmalig im Mittelmeerraum. Malerisch breitet sich die Altstadt entlang eines schmalen, tief ins Land greifenden Meeresarms aus, den mehrere Brücken überqueren. »Klein-Venedig« nennen die Einheimischen deshalb liebevoll das Städtchen. Früher spielte der Fischfang hier eine wichtige Rolle, woran das bescheidene Fischereimuseum mit historischem Fanggerät und

AUSFLUGSZIELE

Pakleni Otoci

Die grün bewaldeten »Hölleninseln«, wie sie übersetzt heißen, sind eigentlich für ihre himmlischen Badebuchten bekannt. Aber weil hier früher Pech zum Abdichten der Boote gewonnen wurde, kamen die Pakleni Otoci zu ihrem höllischen Namen. Am besten gelangt man mit dem Wassertaxi von Hvar aus dorthin, allein die 30-minütige Fahrt über die blaue Adria ist schon ein Erlebnis. Das Taxi steuert mehrere versteckte Buchten und Strände an, letzte Station ist die Hölleninsel Sv. Klement. Sie ist wegen ihres feinen Sandstrandes und der schönen Restaurants bei Besuchern besonders beliebt. **GPS 43.17560, 16.38789**

INFOS ZU DEN FÄHREN

Fähre Split (Festland) nach Supetar (Brač)
Die Überfahrt von Split dauert ca. 50 Minuten mit der Linie 631 nach Supetar. Erwachsene ca. 4,40 Euro, Kinder ca. 2,20 Euro. Wohnmobil bis 5 Meter Länge ca. 37 Euro, bis sieben Meter 47 Euro, über sieben Meter 60,10 Euro für die einfache Überfahrt.

Fähre Sumartin (Brač) nach Makarska (Festland)
Dauer der Überfahrt: ca. 60 Minuten. Erwachsene ca. 4,40 Euro. Wohnmobil bis 5 Meter Länge ca. 36,80 Euro, bis 7 Meter: ca. 47 Euro, über 7 Meter: ca. 60 Euro

Fähre Drvenik (Festland) nach Sucuraj (Hvar)
Die Überfahrt vom rund 90 Kilometer von Split entfernten Drvenik dauert gut 35 Minuten. Die Preise für Erwachsene betragen in der Hauptsaison 2 Euro und 1 Euro für Kinder. Wohnmobile bis 5 Meter kosten 25 Euro, bis 7 Meter 31 Euro, ab 7 Meter 40 Euro.

Aktuelle Fährinfos sind unter **www.kroati.de/kroatien-infos/faehren-faehrpreise.html** zu finden.

Schwarzweiß-Aufnahmen erinnert. Heute ist Vrboska Sitz mehrerer Winzer, die auf den umliegenden fruchtbaren Hängen feinen Wein wie den spritzigen weißen Bogdanjuša anbauen. Schöne Strände wie der Kiesstrand Soline liegen etwas außerhalb der Stadt.

13 Stari Grad

Diese Bucht verspricht Geborgenheit und Schutz: Immer schmaler wird sie zum Ende hin, an ihren Seiten erstrecken sich terrassierte, grüne Hänge. Ein Anblick, dem auch die Griechen einst verfielen. Doch sie hatten nicht mit dem Widerstand der Einheimischen gerechnet – und eroberten erst nach schweren Gefechten und Schlachten auf See das heutige Stari Grad. Die Römer machten später darauf alles dem Erdboden gleich, die Venezianer bauten den Ort dann wieder auf. Heute ist er ruhiger als Hvar-Stadt, aber ebenso schick.

14 Ebene von Stari Grad

In der Ebene von Stari Grad im Westteil der Insel Hvar erhielten sich viele Spuren aus der Zeit ihrer Besiedlung durch ionische Griechen im 4. Jahrhundert v. Chr. Ihren Namen erhielt die Ebene von der ihr vorgelagerten Hafenstadt, die um 385 v. Chr. von den Griechen auf der Insel Paros gegründet wurde. Stadt und Ebene liegen an einer sechs Kilometer ins Inselinnere reichenden Meeresbucht, die bereits im Neolithikum Seefahrern als Zufluchtsstätte bei Unwettern gedient hatte. Nach der Eroberung Hvars durch die Römer 228 v. Chr. wurde Stari Grad (Alte Stadt) fast vollkommen zerstört. Gleichwohl zählen die Überreste der Kolonie zu den ältesten erhaltenen Zeugnissen antiker Siedlungskultur. Aufgrund ihrer günstigen Lage und des milden Klimas wurde die Region rasch zum Hauptanbaugebiet und Handelszentrum der Insel. So sind einige Stücke der antiken Stadtmauer erhalten, ebenso außerhalb des Orts kleinere, aus Stein errichtete Bauwerke. Der fruchtbare Boden der Ebene wurde von den Griechen nach streng geometrischen Gesichtspunkten aufgeteilt. Auch nach über 24 Jahrhunderten finden sich hier noch Überreste der antiken Grenzmarkierungen.

15 Hvar-Stadt

Auch wenn es um eine Stadt geht – den ersten Blick auf Hvar und seinen Hafen sollten Besucher vom Meer aus genießen. Palmen säumen die Uferpromenade am Hafen, oberhalb des Ortes ragen gleich zwei Festun-

Links: Vor allem in warmen Sommernächten wird es in der Altstadt von Hvar trubelig.

Rechts oben: Die Küste bei Ploče ist von zahlreiche Meeresarmen und Seen durchzogen.

Rechts: Zwar gehört Ploče zu den größeren Hafenstädten in Dalmatien, doch ist die Stadt angenehm beschaulich geblieben.

gen in den Himmel: Die erste ist die Burg Španjol, die »Spanische Festung«. Wie sie zu diesem Namen kam, weiß wohl niemand genau. Noch über ihr ist die Festung »Napoleon« errichtet, die während der französischen Herrschaft von 1806 bis 1812 erbaut worden ist. Der Ort hat ein autofreies Zentrum und ist mit seinen vielen Treppen in den Gassen, Familienwappen an den Häusern und Fassaden mit venezianisch-gotischen Fenstern ein beliebtes Touristenziel.

16 Grapčeva spilja

Wer für Stalaktiten und Stalagmiten schwärmt und ein Faible für frühgeschichtliche Fundorte hegt, darf Grapčeva spilja nicht verpassen. Schon der Weg zur Höhle auf 239 Metern über dem Meer ist ein Erlebnis. Die Höhle ist ein wichtiger Fundort für Keramiken und andere Gegenstände aus der Jungsteinzeit, aber auch aus der Zeit zwischen dem 5. und 4. Jahrhundert vor Christus. Auf Anfrage lässt sie sich auch außerhalb der Hochsaison besichtigen.

FRÜHLINGSTIPP: Herrlich wandern zwischen saftigen Blumenfeldern lässt es sich zur Grotte. Ausgangspunkt ist die alte Hirtensiedlung Humac mit Steinhäusern aus dem 15. Jahrhundert. Vorbei an Lavendel, Salbei, Ginster und Erika zieht sich der durchaus anspruchsvolle Pfad – mitten durch eine Explosion der Gerüche.

17 Ploče

Ploče ist so etwas wie ein Geheimtipp für Urlauber, die gerne unter Einheimischen sind, aber es dennoch etwas lebhafter möchten. Gleichzeitig finden sich auch ruhigere Plätze und verträumte Lagunen. Die rund 6500 Einwohner zählende Stadt ist bekannt für ihre Feigenprodukte. Auch die Mandarinen, die im fruchtbaren Tal der Neretva gedeihen, werden von Kennern geschätzt.

FRÜHLINGSTIPP: Die Umgebung mit ihren Seen eignet sich zum Radeln und zu Wanderausflügen. Ebenso kommen Kanu- und Kajakfreunde auf ihre Kosten.

ROUTE 04

TOUR START
SPLIT 01
02 Brač
03 Supetar
Milna 04
05 Škrip
Pustinja Blaca (Eremitage Blaca) 06
07 Bol
11
Vrboska 12
13 Stari Grad
14
Hvar 15
16 Grapčeva špilja
Hvar 10
Bunja Camp, Supetar
Camping Kito Bol
Camping Aloa, Bol
Camp Vira, Hvar
Camping Resort Mala Milna, Hvar
Dioklecijanova palača
Sv. Frane
Split
Solin
Solin (Solona)
Klis
KAŠTELA
Stobreč
Mravince
Žrnovnica
Dugopolje
Podstrana
Jesenice
Dugi Rat
Omiš
Kaštelanski zaljev
Splitski kanal
Brački kanal
Hvarski kanal
Korčulanski
Gospa Prizidnica
Dube
Pajo
Ribolovac
Piramide
Lučice
Hrapoćuša (Brač Kuchen)
Sv. Vice
Sv. Juraj
Pučišća
Postira
Splitska
Sutivan
Mirca
Ložišće
Bobovišća
Bobovišća na moru
Dračevica
D. Humac
Nerežišća
Pražnice
G. Humac
Zmajeva pećina
Dominikanski samostan
Zlatni rat
Sv. Mihovil
Selca
Sumartin
Sv. Kuzma
Mala Crljivica Stecci UNESCO WHS
Cetina-Donji Tok
Stanići
Kabal
Tatinja
Starogradsko Polje (Ebene von Stari Grad)
Tvrdalj Petra Hektorovića
Jelsa
Vrbanj
Svirče
Pitve
Vrisnik
Zavala
Humac
Arsenal
Vela Garška
Sv. Klement
Hvarska tvrdava
Franjevački samostan
Otok Stambedar
Pakleni Otoci
Brusje
Milna
Velo Grablje
Špilja Sv. Nedija
Sv. Nedjelja
Mostir
Vis
Jadransko more
Adriatische Meer
0
5
10km

Svib
M. Svib
Golosija 723
Zavelim
Zagorje
Sutina
Vir
Ko tija glava 863
Marića Doci
Vučipolje
Sutina
Bile stine 1661
Studenci
Bitić
Podbila
Cera
Tribistovo
Mratnja a 1227
Oruga 1138
Udiljak
753
Ričice
Jezero Ričice
V o l i j a k
V. Galići
Čitluk
1133
1148
Sutina
Cerovi Doci
O tra kosa 1209
G. Britvica
Cista Provo
G. Proložac
715
G. Vinjani
Posušje
Rastovača
Mrnjavci
Nikolići
Bakovci
Postranje
Čitluk
Širića Brijeg
Ugrova a
Lovreć
Opanci
Gradina 798
Prolo ko blato
D. Proložac
G. Glavina
628
P o s u š k o p o l j e
Osoje
Crne Lokve
Ku anovac
Sido 849
Medovdolac
Lokvičić
D. Glavina
Imotski
Kladinu a (732)
Batin
Brotnjac
Vrani (715)
1117
D. Britvica
I m o t s k o p o l j e
D. Vinjani
Gradac
901
Rujan
Žeževica
Dundići
Orlja a 909
Čaglji
Krivodol
Grubine
Kamenmost
Gorica
Sovići
Podvranić
Ljubotići
Grabovac
Mikote (636)
Poljica
Drum
Zmijavci
Bobanova Draga
Cere
Kočerin
Čikeš
Zagvozd
Pilјeva a 868
Rakić
G. Mamići
Privalj
Lončari
254
Badulovići
Grude
Miletnjak 1619
Sv. Križ
Krstatice
Podbablje
Runović
Dubrava
Bostan
Dužice
Biokovsko Selo
Razmilova špilja
Blaževići
Podosoje
Sebišina
M. Ploča
Drinovci
Dragičina
Brela
Topići
Sv. Ilija 1642
Župa Srednja
Velim
Ružići
Pajike
D. Mamići
B e k i j a
Bast
Turija (715)
Platnica 761
Nogata pećina
Slivno
Vrdoljaci
Mlini
Garište
Cerov Dolac
a Voda
aško Polje
Promajna
Sv. Jure 1762
Park prirode Biokovo
B i o k o v o
Župa
Talaji
G. Raščane
Vranješi
Poljica
Tihaljina
Tihaljina
Putiševica
Borajna
Krvavica
V. Brdo
887
Mijaca
822
L j u b e
Poljane
Katedrala Sv. Marka
D. Raščane
Opački
953
Dole
Klobuk
08 Makarska
Makar
Kotišina
Kimet 1536
V. ibenik 1324
K r u š e v i c a
Vojnići
Klobuk 478
Kapetanovića dom
Franjevački samostan
Kozica
Kašće
Šipovača
Vitina
G. Tučepi
Sv. Ilija (897)
Vuletići
Grljušići
Veljaci
Tučepi
Kozica (730)
Zavojane
Stilja
Debelo brdo 635
Orah
Proboj
Otok
Rt Dra evac
Supin 1033
G. Igrane
Vlaka
Dragljane
Banja
Grab
Radišići
V. Vidovica 910
Prapatnica
Matokit 1062
Ravča
Vrgorac
Orahovlje
Vašarovići
Podgora
Drašnice
Čačkova pećina
316
R a s t o k a
Podprolog
U. Klokun
Hrastovac (601)
Duge Njive
Kokorić
Kotezi
Prolog
Brikva
Susvid 1158
Veliki Prolog
Crveni Grm
Rt Komolja a
Igrane
Živogošće
Duba
Sokoli 789
Selo
Višnjica
Vina
Dusina
Umčani
Otrić
Blato
Kosovići
Sapa nik 920
Draževitići
M. Prolog
09 Drvenik
Pasičina
Camp Viter, Makarska Riviera
Zaostrog
Straševica
Dubrave
Franjevački samostan
Podaca
Baranovac
Matica
Zara e
Likova glava 417
U. Mo ev ica
Udbina 246
Rt Bad
Sućuraj
Brist
Jerkovići
Gdinj
Bristova
Kamena kula
Sv. Ilija 773
Ričica
Bonkovići
Bogomolje
Selca
Gradac
404
Dugi Dolac
Zaglav
Bačina
Rudine
Podhova špilja
Lučica
U. Smrska
U. Smokvina
Kozja u
L. Mrtinovik
U. Rasovatica
Rt Kokuljica
Ba inska jezera
Medvidina
Pračko Blato
Tanki rt
Camping Baćinska Jezera
Ploče
17
Stablina
Šarić Struga
N e r e t v a n s k i k a n a l
Neretva
Rt Vi njica
Rt Lovi te
60
U. Rasoha
U. V. Bezdija
Mirce
Rt Duba
P e l j e š a c
Loviste
Duba Pelješka
Veli vrh 474
Trpanj
Luka
U. V. Prapatna
Blace
Pelinovjak 773
D. Vrućica
Rt Osi ac
Nakovanj
Sv. Ilija 960
Viter 629
G. Vrućica
Oskorušno
k a n a l
Pelje ki kana
Gospa od Karmena
Franjevački samostan
Stanković
Supine 695
Go 400
Kućište
Šišovica špilja
Crkvice
Osobjava
Goljak
Viganj
Z. Trstenica
Orebić
D. Banda
Kuna Pelješka
Podgorje
Podstup
Sestrice
Sv. Juraj 554
Sreser
Kor ula
Kne a
Račišće
Majsan
Borje
Pijavičino
ilanski rat
Babina
Gradina 555
Kneža
Pupnat
Tvrdava Korčula
Prvo Selo
Korčula
Badija
Planjak
Podobuče
Potočine
Potomje
Zaostrog
Janjina
Drače
Zaciči
BOSNIEN UND HERZEGOWINA
KROATIEN

ROUTE 05

SIZILIEN-RUNDREISE

Nach der kalten Jahreszeit erfreuen die Sonnenstrahlen auf Sizilien das wintergeplagte Gemüt. Perfekt zum Wandern und um spannende Entdeckungen zu machen. Wer die größte Insel des Mittelmeers auf der 850 Kilometer langen Küstenstraße umrundet, erhält einen umfassenden Eindruck von ihrer Geschichte und dem Reichtum an Baudenkmälern und Landschaften. Ergänzt wird die Reise durch Abstecher ins Landesinnere und auf die vorgelagerten Inseln. Auf den Straßen dieser Insel geht es etwas turbulenter zu. In Palermo und den anderen großen Städten klopft auch schon mal der Sozius auf der Vespa an den Aufbau. Nicht um Sie zu ärgern, sondern nur um auf sich aufmerksam zu machen. Aber so chaotisch es manchmal zugeht, so nachsichtig ist man auch bei den Fahrfehlern des anderen. Natürlich mit laut geschimpften Kommentaren. Außerhalb der großen Städte ist die Fahrweise gemächlicher und die Verkehrsdichte nicht hoch. Im Inselinneren stellen nur die zuweilen sehr schmalen Straßen den Fahrer vor ein Problem. Hier kommen oftmals zwei breite Fahrzeuge im Gegenverkehr nicht aneinander vorbei. Da muss man unter Umständen zur nächsten Ausweichstelle zurück oder, bei vorausschauender Fahrt, rechtzeitig an einer anhalten.

WARUM IM FRÜHLING?

Siracusa, der südöstliche Zipfel der Insel, ist das Zitronenparadies Siziliens. Wo es im Frühsommer gelb in den Bäumen leuchtet, durchzieht im Frühjahr ein zauberhaft süßer Duft die aufblühende Landschaft. Ab April kann auch schon gebadet werden.

Die Zitronen haben zwar noch nicht ihre gelb leuchtende Farbe, aber für eine landschaftliche Besonderheit sorgen die weißen Blüten der Zitronenbäume.

Bella Sicilia!

Den Frühling verlängern? Auf nach Sizilien, dort gibt es nicht nur Dolce Vita und den Duft von Zitronenbäumchen, sondern vielleicht schon Temperaturen, bei denen man sich traut, den großen Zeh ins Meer zu stecken.

Oben: Cefalù wird von Felsen überragt – und vom Dom, dem ältesten Sakralbau der Insel. Mitte: Von der Wallfahrtskirche in Tindari hat man einen spektakulären Blick, der bis zu den Liparischen Inseln reicht.

ROUTE 05

Streckenlänge: ca. 850 km
Zeitbedarf: mind. 10 Tage
Routenverlauf (Hauptorte): Messina, Cefalù, Palermo, Segesta, Trapani, Selinunt, Agrigento, Ragusa, Noto, Syrakus, Catania, Taormina
Charakteristik: Turbulent geht es auf den Straßen zu – insbesondere in den Städten. Hier braucht es beim Fahren viel Gelassenheit und teilweise gute Nerven.

Informationen:
www.visitsicily.info
www.turismo.comune.palermo.it

Hier geht's zum GPS-Track

01 Messina

So wie diese nur knapp drei Kilometer vom italienischen Festland entfernt gelegene Hafenstadt seit ihrer Gründung durch die Griechen im 8. Jahrhundert v. Chr. den meisten Eroberern als erster Stützpunkt fungierte, so dient sie auch heute als »Tor zur Insel«. Die Stadt wurde mehrmals zerstört: 1783 und 1908 durch Erdbeben und 1943 durch Bombenangriffe im Zweiten Weltkrieg. Aus alter Zeit herübergerettet hat sich die kleine Normannenkirche Santa Annunziata dei Catalani. Sehr schön ist das Panorama von den höher gelegenen Stadtbezirken über die schachbrettartigen Straßen und die Hafenanlagen hinweg auf die berühmt-berüchtigte Meerenge und die nahen, bewaldeten Hügel Kalabriens. Über die so kurven- wie aussichtsreiche Uferstraße erreicht man die Nordküste und nach insgesamt 80 Kilometern eines der berühmtesten Wallfahrtsziele Siziliens.

02 Tindari

Von der 260 Meter hohen Felsklippe, auf der das moderne Heiligtum mit der wundertätigen schwarzen Madonna thront, genießt man einen herrlichen Blick hinab auf die Sandbänke und hinüber zu den Liparischen Inseln. Nicht minder prachtvoll ist die Aussicht vom benach-

PARCHEGGIO LA RUOTA

Dieser ist ein sehr einfacher, kostenpflichtiger, aber dafür sicherer Platz am Strand ohne Ver- und Entsorgungseinrichtungen. Ganzjährig geöffnet. Der Platz ist ein guter Standort für eine Besichtigung der Altstadt, die man zu Fuß bequem erreichen kann.

Lungomare Giuseppe Giardina, 90015 Cefalù
GPS 38.03594, 14.01710

Bis ins 19. Jahrhundert hinein war Vulcano auf den Liparischen Inseln unbesiedelt – zu gefährlich schien der Feuer spuckende Berg zu sein.

barten Ruinenfeld des antiken Tyndaris, von dem noch Reste des Theaters, der römischen Basilika, der Wohnbezirke und der Stadtmauern erhalten sind. Auf der viel befahrenen SS113 Richtung Westen passiert man abwechselnd Strände, Felsklippen und Badeorte. Nach 130 Kilometern erreicht man Cefalù.

03 Cefalù

Das unter einem mächtigen Kalkfelsen geduckte Fischerstädtchen wäre allein wegen seiner orientalisch anmutenden Altstadt und des Sandsstrand einen Zwischenstopp wert. Immerhin wartet es mit der Ruine eines antiken Heiligtums, mit arabischen Waschhäusern und – im Museo Comunal Mandralisca – einer reizvollen privaten Kunstsammlung auf. All dies wird aber im wahrsten Sinne des Wortes vom Dom in den Schatten gestellt. Den Grundstein für diesen ältesten Sakralbau Siziliens aus der Normannenzeit ließ König Roger II. im Jahr 1131 legen. Allein der Anblick der Fassade mit ihrem romanisch-strengen Bogenportal und den beiden Wehrtürmen gräbt sich tief ins Gedächtnis des Besuchers ein. Absolut überwältigend ist auch der hohe, schlanke Innenraum. Meister aus Konstantinopel schufen im Chorbereich noch zu Lebzeiten des Stifters herrliche, golden gleißende Mosaike. Seit dem Jahr 2015 gehört die Kathedrale daher zum Welterbe der UNESCO.

AUSFLUGSZIELE

Liparische Inseln

Ein lohnender Ausflug führt vom Fährhafen Milazzo (40 Kilometer nordwestlich von Messina) oder auch von Cefalù auf die Liparischen Inseln. Der aus erstarrter Lava und vulkanischem Tuff bestehende Archipel ist das mythische Reich von Äolus, dem Windgott und Erfinder der Segelschifffahrt. Seine fast durchwegs steilen, von Menschenhand unversehrten Küsten locken mit winzigen Buchten, die oft nur mit Booten zu erreichen sind. Touristisch am dichtesten erschlossen ist die Hauptinsel Lipari (4500 Einwohner). Wegen zweier Strandbuchten und der Heilkraft der schwefelhaltigen Schlammbäder viel besucht ist auch Vulcano. Agrarisch geprägt zeigt sich Salina, wo insbesondere Kapern und der süße Malvasier gedeihen. Abseits der großen Touristenströme liegen Filicudi, Alicudi und Stromboli. Der aktive Vulkan auf Letzterer fasziniert mit seinen regelmäßigen Auswürfen von glühendem Magma. Mit Abstand größte kulturelle Attraktion der Inselgruppe ist das in der Akropolis von Lipari eingerichtete, mit antiken Funden gut bestückte Nationalmuseum.

AUSFLUGSZIELE

Palermos Märkte & Kirchen

Im »Bauch Palermos« befindet man sich auf dem lebhaften Vucciria-Markt an der Piazza Caracciolo im Stadtviertel Loggia. Er ist der bekannteste Markt der Stadt und einer der ältesten Europas. Auf dem Mercato di Capo, dem zweitgrößten Markt von Palermo, reihen sich wie in einem orientalischen Souk Stände und Geschäfte mit frischer Feinkost aneinander. Das im Jahr 1368 gegründete Castello Sforzesco war einst das Schloss der Visconti und Sforza und beherbergt das Museo d'Arte Antica. Südwestlich des Nordbahnhofs versteckt sich die Kirche Santa Maria delle Grazie. Ihren Chor und die sechsseitige Kuppel gestaltete Bramante ab 1492 zum schönsten Beispiel der Mailänder Frührenaissance um. Im Refektorium des angrenzenden ehemaligen Dominikanerklosters ist Leonardos berühmtes »Abendmahl« zu sehen. Südlich steht die aus dem Jahr 1560 stammende Kirche San Vittore. Die bereits im Jahr 379 gegründete Kirche Sant'Ambrogio ist ein Hauptwerk der lombardischen Romanik. Hier wurden neun Kaiser mit der »Eisernen Krone der Langobarden« zu lombardischen Königen gekrönt. Auch die Kirche San Lorenzo Maggiore geht auf das 4. Jahrhundert zurück, ihr heutiges Gewölbe entstand im 11./12. Jahrhundert. Der Portikus ist der bedeutendste Überrest des römischen Mediolanum.

04 Bagheria

Der Ort war im 17. und 18. Jahrhundert die bevorzugte Sommerfrische der Adelsfamilien aus Palermo. Hier, wo eine Meeresbrise Kühlung versprach, entstanden inmitten idyllischer Zitronen- und Olivenhaine zahlreiche barocke Landpaläste. Einige der Residenzen sind nach wie vor zu besichtigen, u.a. die Villa Palagonia mit ihrem manierierten Skulpturenschmuck. Von Bagheria sind es noch 14 Kilometer bis Palermo.

05 Palermo

Diese Stadt war im Ersten Punischen Krieg Hauptstützpunkt der karthagischen Flotte und erlebte in der Folge unter Arabern, Normannen und Staufern kulturelle Blütezeiten sondergleichen. Aus all diesen Epochen hat sich ein immenser Schatz an Baudenkmälern erhalten. In der Altstadt stehen byzantinische Kirchen neben Moscheen, barocke und katalanische Paläste neben klassizistischen Kasernen und arabischen Lustschlössern. Glanzstücke sind die gewaltige Kathedrale und der Normannenpalast mit der mosaikgeschmückten Cappella Palatina. Sehenswert sind auch die Kirchen San Cataldo, La Martorana, San Giovanni degli Eremiti, der Palast La Zisa, das Teatro Massimo, die Katakomben des Kapuzinerkonvents sowie die Nationalgalerie und das Archäologische Museum. Vor 200 Jahren noch eine der prächtigsten Residenzstädte Europas, schien Palermo nach dem letzten Krieg dem Verfall preisgegeben. In den 1990er-Jahren streifte »die Schöne« das Stigma mafiöser Dekadenz ab. Seither wird emsig renoviert. Bester Beweis: die exotisch bunten Märkte sowie die Flaniermeilen und Plätze.

06 Monreale

Kein Aufenthalt in Palermo ist denkbar ohne die Fahrt hinauf in das acht Kilometer entfernte Bischofsstädtchen Monreale. Von der Anhöhe des Monte Caputo hat man die sizilianische Hauptstadt mit ihrer wie mit dem Zirkel gezogenen Bucht, der Conca d'Oro, unvergleichlich schön vor sich liegen. Hauptsehenswürdigkeit ist die berühmte Kathedrale. Im Jahr 1172 hatte Wilhelm II. hier in luftiger Höhe eine Benediktinerabtei gestiftet, um die sich alsbald eine Stadt bildete. In ihrem Zentrum ließ er einen Dom bauen – eine dreischiffige Basilika, die den Triumph des Christentums über den Islam symbolisieren sollte. Diese mit einer Länge von 102 Metern und einer Breite von 40 Metern größte Kirche Siziliens ruht auf 18 antiken Säulen. Sie enthält die Sarkophage der Könige Wilhelm I. und II. sowie herrliche Bronzeportale und Marmorfußböden. Die große Sensation sind freilich ihre einzigartigen Mosaike, die auf einer Fläche von 6300 Quadratmetern mit beispielloser Pracht biblische Geschichten erzählen. Sehenswert ist

Oben links: Besitzer eines mobilen Marktstandes in Palermo.

Mitte: Die Kathedrale von Monreale mit ihren berühmten Mosaiken.

Unten: Am höchsten Punkt von Palermo steht der Palazzo dei Normanni.

PARCHEGGIO COMUNALE

Der asphaltierte, kostenpflichtige Parkplatz befindet sich in unmittelbarer Nähe der Kathedrale mit schönem Blick auf Palermo. Der Platz ist ganzjährig geöffnet.

Via Florio, 9, 90046 Monreale
GPS 38.07791, 13.28948

auch der Kreuzgang mit seinen 216 Säulenpaaren. Die SS113 führt von Palermo aus anschließend ins Landesinnere nach Segesta.

07 Segesta

In der heute unbewohnten Hügellandschaft hatten sich in der Antike die Elymer, angebliche Nachkommen der Trojaner, niedergelassen. Von der Stadt dieses Volkes sind ein majestätischer, jedoch unvollendeter dorischer Tempel und ein prachtvoll gelegenes Amphitheater erhalten.

08 Trapani

Die auf einer Landzunge gelegene Provinzhauptstadt bildet den westlichen Endpunkt der SS113 und der A29. Drepanon, so der Name ihrer antiken Vorgängerin, diente den Karthagern und Römern als Flottenstützpunkt. Unter normannisch-staufischer Herrschaft stand die Stadt als religiöse Freistadt für alle Mittelmeervölker und als Haupthandelshafen für Salz, Fisch und Wein in Blüte. Vom alten Wohlstand zeugen heute in der vom Stil des Barock geprägten Altstadt noch zahlreiche Prachtbauten. Einen Besuch lohnt auch die Wallfahrtskirche Santuario dell'Annunziata: Sie ist ein wuchtiger Kolossalbau im katalanisch-gotischen Stil. Wer etwas Zeit hat, unternimmt einen Ausflug nach Erice oder San Vito Lo Capo.

09 Ägadische Inseln

Von Trapani aus kann man einen schönen Tagesausflug auf diese drei Inseln vor der Westspitze Siziliens machen, die einst als Piratennester berühmt-berüchtigt waren. Marettimo ist ein unberührtes Wandergebiet. Auf Levanzo harrt die Grotta del Genovese mit steinzeitlichen Höhlenmalereien der Bewunderung. Und Favignana ist für die im Frühjahr veranstaltete »Mattanza«, eine Thunfischjagd, berühmt.

10 Marsala

Die Stadt gab dem Dessertwein seinen Namen. Der nahe dem Capo Lilibeo, Siziliens westlichstem Punkt, von den Phöniziern angelegte Hafen hält noch mehr bereit: einen schönen, barocken Kern mit einer repräsentativen Piazza, einen ursprünglich normannischen Dom, ein mit flämischen Gobelins bestücktes Museum und eine archäologische Fundstätte aus der Römerzeit. Sein orientalisch anmutendes Stadtbild verdankt der Ort dem im Jahr 827 von den Arabern neu gegründeten Mars al-Allah, dem »Hafen Gottes«.

11 Mazara del Vallo

Die einstige Verwaltungshauptstadt des Val di Mazara, eines mehrheitlich von Muslimen bewohnten Emirats, hat zwei Seiten: eine ziemlich abweisende in Form eines riesigen Fischereihafens (größte Fischereiflotte Italiens!) und eine schöne in Form einer barock geprägten Innenstadt mit einer idyllischen Piazza samt üppig dekoriertem Dom.
Richtung Landesinneres erhebt sich ein architektonisches Juwel etwa 3,5 Kilometer westlich des Städtchens Castelvetrano: das über 900 Jahre

LA PINETA

Inmitten eines schattigen Pinienwaldes liegt dieser Komfort-Campingplatz direkt am Meer. Ausgestattet mit allen nötigen Ver- und Entsorgungseinrichtungen, Waschmaschinen, Trocknern, WiFi, Restaurant und zwei großen Swimmingpools. Ganzjährig geöffnet. Der Platz ist ideal zum Überwintern. Angemessene Preise.

Via del Secco 90, 91010 San Vito Lo Capo
www.campinglapineta.it, GPS 38.17476, 12.73943

AREA CENTRO TURISTICO

Auf dem gebührenpflichtigen, halbschattigen Stellplatz in Strandnähe gibt es Ver- und Entsorgungseinrichtungen. Geöffnet von April bis Oktober. Ein kostenloser Shuttlebus fährt nach Marsala.

Contrada Fossarunza 205, 91025 Lido Signorino
GPS 37.74680, 12.47820

PARCO ARCHEOLOGICO DI SELINUNTE

Der kostenlose, sonnige Platz befindet sich vor dem Eingang des Archäologischen Parkes. Hier gibt es Frischwasserver- und Abwasserentsorgung. Ganzjährig geöffnet.

Piazzale Iole Bovio Marconi, 91022 Selinunte
GPS 37.58421, 12.83677

Bildleiste von oben:
Zwischen Trapanis Häusern und dem türkisfarbenen Meer zieht sich die Mura di Tramontana Ovest am Ufer entlang.

Hohe Palmen stehen in Mazara del Vallo vor der malerischen Kathedrale Santissimo Salvatore.

alte, von den Normannen errichtete Kuppelkirchlein Santa Trinità. Unbedingt ansehen!

12 Selinunte

Die Stadt, die einst dank des Handels mit Weizen zu den wichtigsten griechischen Orten auf Sizilien zählte, wurde im 7. Jahrhundert v. Chr. von Dorern gegründet und 250 v. Chr. von den Karthagern zerstört. Trotz etlicher Erdbeben und des Missbrauchs als Steinbruch haben sich auf dem riesigen Ruinengelände imposante Relikte erhalten. Auf der Akropolis und zwei Hügeln wurden insgesamt neun Tempelanlagen freigelegt. Einige sind wiederhergestellt und bilden Paradebeispiele für monumentale Heiligtümer der klassisch-griechischen Zeit.

Auf der landschaftlich reizvollen Nebenstraße nimmt man nun, der Küste folgend, Kurs Richtung Südost. Nächste Stationen sind Sciacca, aus dessen Boden eine schon von den Römern geschätzte Thermalquelle sprudelt, und – über einen kurzen Umweg ins Landesinnere – Caltabellotta, ein spektakulär auf einem fast 1000 Meter hohen Felsen klebendes »Falkennest«, von dessen normannischer Burgruine man einen atemberaubenden Panoramablick über weite Teile der Insel hat. Zurück an der Küste, wartet nach ca. zwölf Kilometern die nächste antike Sehenswürdigkeit.

CAMPING VALLE DEI TEMPLI

Dieser ist ein Komfort-Campingplatz mit allen notwendigen Ver- und Entsorgungseinrichtungen, Waschmaschinen, Wäschetrocknern, WiFi und Pool. Ganzjährig geöffnet. Das Valle dei Templi ist 2,5 Kilometer entfernt und lässt sich bequem mit dem Fahrrad erreichen.

Viale Emporium 49, 92100 Agrigento
GPS 37.27530, 13.58565

13 Eraclea Minoa

Die spärlichen Grundmauern und das schöne Theater dieser im 6. Jahrhundert v. Chr. gegründeten Stadt liegen auf einem Plateau, das mit schneeweißen, 80 Meter hohen Kreideklippen senkrecht zum Meer abbricht.

14 Agrigento

Die 30 Kilometer weiter gelegene Provinzhauptstadt hinterlässt anfangs einen zwiespältigen Eindruck: Allzu unschön haben Hochhäuser und Industrie den breiten Abhang überwuchert. In der überwiegend barocken Altstadt verbergen sich jedoch so manche gemütlichen Plätzchen und bauliche Juwele – allen voran der im Kern normannische Dom.

15 Valle dei Templi

Das »Tal der Tempel«, genau genommen ein langgestreckter Bergrücken, fasziniert durch die harmonische Verschmelzung von klassischer Architektur und mediterraner Landschaft. Wie Perlen sind die Kultbauten des antiken Akragas, das im 5. Jahrhundert v. Chr. neben Syrakus zur stärksten Macht Siziliens aufgestiegen war, aneinandergereiht – monumentale Tempel im klassisch-dorischen Stil. Über die Hafen- und Industriestadt Gela, die wegen der altgriechischen Wehrmauern und des gut bestückten Archäologischen Museums einen Zwischenstopp lohnt, gelangt man in den Südosten Siziliens, dem Land der kargen Karstgebirge und des üppigen Barock. Vittoria und Comiso heißen die beiden ersten Städte entlang der Strecke ins Landesinnere (SS115). Sie geben einen Vorgeschmack auf die schwelgerischen Formen der hiesigen Architektur.

16 Ragusa

Diese Stadt bildete schon unter den Sikulern, den antiken Bewohnern Ostsiziliens, ein wichtiges Zentrum. Nach dem verheerenden Erdbeben von 1693 wurde sie komplett neu er-

Links oben: Auf einem 500 Meter hohen Hügel wurde die Unterstadt Ragusa Ibla errichtet. Hier stand einst auch die antike Altstadt. Ganz Ragusa steht unter dem Schutz der UNESCO.

Links: Im sogenannten Valle dei Templi ragen die Säulen des Dioskurentempels in den Himmel.

Rechts: Campen inmitten von Korkeichen und Ziegen – sizilianischer kann man es sich kaum erträumen.

Bildleiste von oben: Eines der sehenswertesten Gebäude Modicas ist der Duomo di San Pietro.

Viele Stufen führen zum barocken Dom San Nicolò in Noto hinauf.

baut. Ihr östlicher Teil, Ragusa-Ibla, drängt sich mit seinen winkeligen Gassen auf einem schmalen Felssporn und wird von der Basilika San Giorgio (erbaut 1744–1775) überragt. In der westlichen Stadthälfte befinden sich die 1760 fertiggestellte Kathedrale, einige repräsentative Palazzi und das Museo Archeologico Ibleo. Beide Bezirke bieten ein barockes Stadtbild par excellence. Die Stadt zählt zu den von der UNESCO geschützten »spätbarocken Städten des Val di Noto«.

17 Modica

Fast noch malerischer an die Steilhänge zweier Karstschluchten ge-

schmiegt und ebenso einheitlich dem Barockstil verschrieben präsentiert sich das altehrwürdige Städtchen Modica. Seine Hauptattraktion ist der Dom San Giorgio. Alle bisherigen Stationen waren allerdings nur eine Art Vorspiel für das, was 50 Kilometer östlich auf die Sinne wartet ...

18 Noto

Das auf einem flachen Ausläufer der Iblei-Berge erbaute Städtchen gilt als schönstes urbanes Gesamtkunstwerk des sogenannten sizilianischen »Nach-Beben-Barock«. Die Hauptachse des rechtwinkeligen Straßenrasters, das, in Terrassen abgestuft, den Hang überzieht, bildet der Corso Vittorio Emanuele. Franziskanerkirche, Kapuzinerkonvent, Dom San Nicolò, Rathaus, Erzbischöfliches Palais – die reich stuckierten Fassadenfronten schaffen hier im Verbund mit Freitreppen, Parks und Plätzen eine Kulisse von kaum überbietbarer Theatralik. Und von reizvoller Morbidität: Denn die ganze vornehm goldgelb getönte Pracht ist akut vom Verfall bedroht. Sandstein und Gips zerbröseln. Die Denkmalschützer kommen mit dem Restaurieren fast nicht mehr nach.

FRÜHLINGSTIPP: Farbenfroh feiern die Sizilianer im Frühjahr ihre Feste. Das wohl bunteste Fest ist das Blumen-Festival von Noto. Auf der Prachtstraße der Altstadt, der Via Nicolaci, haben tausende von helfenden Händen dann Blumen sorgfältig zu Ornamenten drapiert, so dass die gesamte Straße einem einzigen Teppich gleicht. Die Infiorata findet am dritten Sonntag im Mai statt.

19 Syrakus (Siracusa)

Beim ersten Blick auf die gesichtslosen Neubauten von Syrakus mag man kaum glauben, dass diese Provinzhauptstadt vor 2300 Jahren einmal eine Million Einwohner zählte. Oder dass sie einst die mächtigste der griechischen Städte in Süditalien war – Brennpunkt des Handels, aber auch der Philosophie und Wissenschaft. Doch ein Gang durch die malerische Altstadt öffnet die Augen. Denn jene Insel namens Ortigia, auf der von der Gründung durch die Korinther um 740 v. Chr. bis heute das historische Herz von Syrakus schlägt, besitzt etliche Relikte der einstigen Blüte – einen Apollo-Tempel zum Beispiel, die Arethusa-Quelle und auch

NOTO PARKING

Auf dem gebührenpflichtigen, videoüberwachten Stellplatz gibt es alle notwendigen Ver- und Entsorgungseinrichtungen sowie Duschen, WiFi und Stromanschlüsse. Es ist ein schattiger Platz mit Zitrusbäumen. Der Fußweg nach Noto beträgt zwei Kilometer.

Contr. Faldino, 96017 Noto
GPS 36.89089, 15.07065

CAMPING CAPTAIN

Dieser Campingplatz an der Südspitze Siziliens bietet direkten Zugang zum Strand. Der Platz ist mit allen notwendigen Ver- und Entsorgungseinrichtungen ausgestattet.

Isola delle Correnti, 96010 Portopalo di Capo Passero
www.campeggiocaptain.it, GPS 36.64543, 15.07750

CAMPING JONIO

Der Campingplatz im Norden der Stadt liegt an einer Felsküste aus Lavagestein mit freiem Blick auf das Mittelmeer. Alle notwendigen Ver- und Entsorgungseinrichtungen, Waschmaschinen, Trockner und WiFi sind vorhanden. Ganzjährig geöffnet. Die Innenstadt ist drei Kilometer entfernt.

Via Villini a Mare 2, 95126 Catania
www.campingjonio.com, GPS 37.53374, 15.12134

AREA LAGANI PARKING

Der ruhige Platz ist mit allen notwendigen Ver- und Entsorgungseinrichtungen – inklusive Waschmaschinen, Trocknern und WiFi – ausgestattet. Ganzjährig geöffnet. Es sind 300 Meter bis zum Strand, sechs Kilometer bis Taormina. Stündlich fährt ein Bus in die Stadt (Fahrzeit 20–30 Minuten). Es gibt in Taormina keine geeigneten Parkplätze für Wohnmobile.

Viale Stracina 22, 98035 Giardini Naxos
www.parkinglagani.it, GPS 37.82095, 15.26745

einen dorischen Tempel, den man im 7. Jahrhundert n. Chr. zum heutigen Dom ausbaute. Von der antiken Neapolis auf dem Festland ist ebenfalls einiges erhalten geblieben. Der archäologische Park auf ihrem Gelände umfasst u. a. ein römisches und ein griechisches Theater, eine Vielzahl von Katakomben, den riesigen, aus dem weichen Kalkstein gemeißelten Altar Hierons II. und eine große Grotte, das »Ohr des Dionysios«. Neben den Überresten des Altertums lohnen aber auch Attraktionen aus dem Mittelalter und der Neuzeit wie die Regionalgalerie oder das Castello Maniace einen Besuch.

20 Catania

Siziliens zweitgrößte Stadt liegt weniger als 30 Kilometer Luftlinie vom Hauptgipfel des Ätna entfernt und hatte unter dieser engen Nachbarschaft oft zu leiden. Im Lauf ihrer fast 3000-jährigen Geschichte haben Lavaströme und Erdbeben sie wiederholt zerstört. Ende des 17. Jahrhunderts wurde sie nach einem verheerenden Beben streng nach Plan aus dunklem Lavagestein in spätbarockem Stil wieder aufgebaut. Aus der Vielzahl pompöser Paläste und Kirchen ragt der Dom heraus. Ebenfalls besuchenswert sind das Städtische Museum im Castello Ursino und das Römische Theater. Bellinis Geburtshaus, das nach ihm benannte Teatro und die kolossale Barockkirche San Nicolò sind weitere Ziele.

21 Taormina

Zum Grande Finale geht es, auf halbem Weg von Catania nach Messina, hinauf in den meistbesuchten

Gemeinsam mit dem Besucher blickt die Kathedrale Sant'Agata in Catania aufs Meer hinaus.

Nicht nur der größte, sondern auch der höchste aktive Vulkan Europas ist der 3323 Meter hohe Ätna auf Sizilien – und der Feuerberg, der so oft ausgebrochen ist wie kein zweiter in der Geschichte. Er ist fantastisch anzuschauen.

Ort der Insel. Seine traumhafte Hanglage auf einem Felsen und das antike Amphitheater bescherten dem 11 000-Einwohner-Ort Taormina bereits im 19. Jahrhundert einen Gästeboom. Im vierten vorchristlichen Jahrhundert gegründet, war die Stadt mehr als 200 Jahre lang griechisch, ehe sie schließlich im Jahr 215 v. Chr. an Rom fiel. Vom Teatro Greco, das im 2. Jahrhundert v. Chr. auf den Fundamenten eines hellenistischen Vorgängerbaus errichtet wurde, weitet sich der Blick bis zum Vulkan. Diese ist wohl eine der schönsten Theaterkulissen der Welt! Ein weiterer guter Aussichtspunkt ist auch die rund 200 Meter über dem Meer gelegene Terrasse der Piazza IX Aprile. Beeindruckende Paläste und Klöster ziehen Besucher ebenso nach Taormina wie die urigen Gässchen und gemütlichen Plätze. 1787 besuchte schon Johann Wolfgang von Goethe diesen Ort und schwärmte in seiner »Italienischen Reise« davon.

PARCHEGGIO RIFUGIO SAPIENZA

Dieser gebührenpflichtige Parkplatz liegt am Fuße des Ätna auf 1900 Metern Höhe. Er hat keine Versorgungseinrichtungen, aber ein gutes Restaurant. Ganzjährig geöffnet. Der Platz ist ein ausgezeichneter Standort, um sich dem Vulkan auf einer Wanderung zu nähern (ca. acht Kilometer, 1300 Meter Höhenunterschied).

Loc Rifugio Sapienza, 95019 Etna
GPS 37.74856, 15.00910

FRÜHLINGSTIPP: Ende April/Anfang Mai steht in Taormina alles im Zeichen des bunten carrettu, des alten Karrens. Bunt bemalte, nostalgische Karren werden dann in einem Festumzug durch die Straßen gezogen.

ROUTE 05

ROUTE 06

NORDWALES

Eyriri – Adlerhorst – lautet der walisische Name des Snowdonia Nationalparks. Und tatsächlich kann man sich wie im Reich der Adler fühlen, wenn man von den Gipfeln der Berge die spektakuläre Aussicht genießt. Besonders, wenn im Mai die Rhododendren die Gegend in ein pinkfarbenes Blütenmeer tauchen. Derart hohe Berge wie im Norden von Wales gibt es in ganz England nicht – nicht einmal im Lake District. In der Vergangenheit waren die felsigen Gipfel rund um den »Schneeberg« (Snowdon) oft letzte Zufluchtsstätte. Hier verschanzten sich die keltischen Druiden gegen die Römer, hier kämpften im Mittelalter die mächtigen Könige von Gwynedd gegen die englischen Eindringlinge. Unsere Tour führt zunächst vom englischen Chester an die walisische Nordküste mit ihren Seebädern. Danach geht es über die Kleinstadt Bangor und die historische Britanniabrücke auf die Insel Anglesey. Wieder auf dem Festland wartet mit Caernarfon Castle einer der gewaltigen Festungsbauten, mit denen König Edward I. einst die Unterwerfung der Waliser sicherte. Danach geht es in den Snowdonia National Park. Wer nicht wandert, sollte zumindest die Zahnradbahn auf den Snowdon nehmen und dann der hochattraktiven, aber trotzdem bequem zu fahrenden Strecke ostwärts über Capel Curig nach Betsw-y-Coed folgen, bevor er in Shrewsbury wieder englischen Boden betritt.

WARUM IM FRÜHLING?

Der Wonnemonat Mai macht im Snowdonia-Nationalpark seinem Namen alle Ehre. Nicht nur wegen der Rhododendrenblüte – das Wetter ist dann zumeist auch schön mild, und ein erstes, sattes Frühlingsgrün überzieht die Hänge.

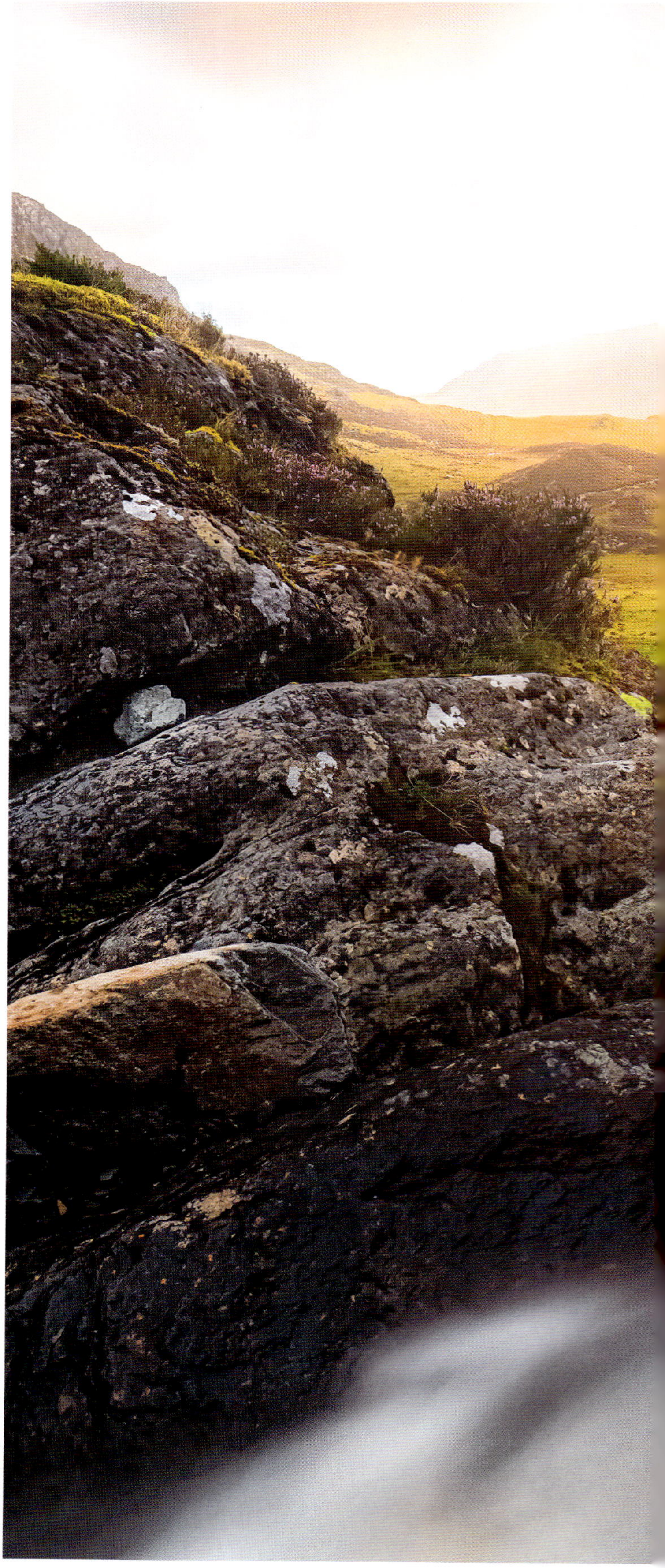

Blick vom Gipfel des Snowdon über die herrliche Landschaft des Nationalparks.

Blütenfeuer in Wales

Wenn sich die Hänge rosa färben, dann beginnt in Wales die Rhododendronblüte. Ein Naturschauspiel, das dieser Route den krönenden Farbtupfer gibt. Am besten starten Wohnmobilisten im Wonnemonat Mai zu dieser Tour.

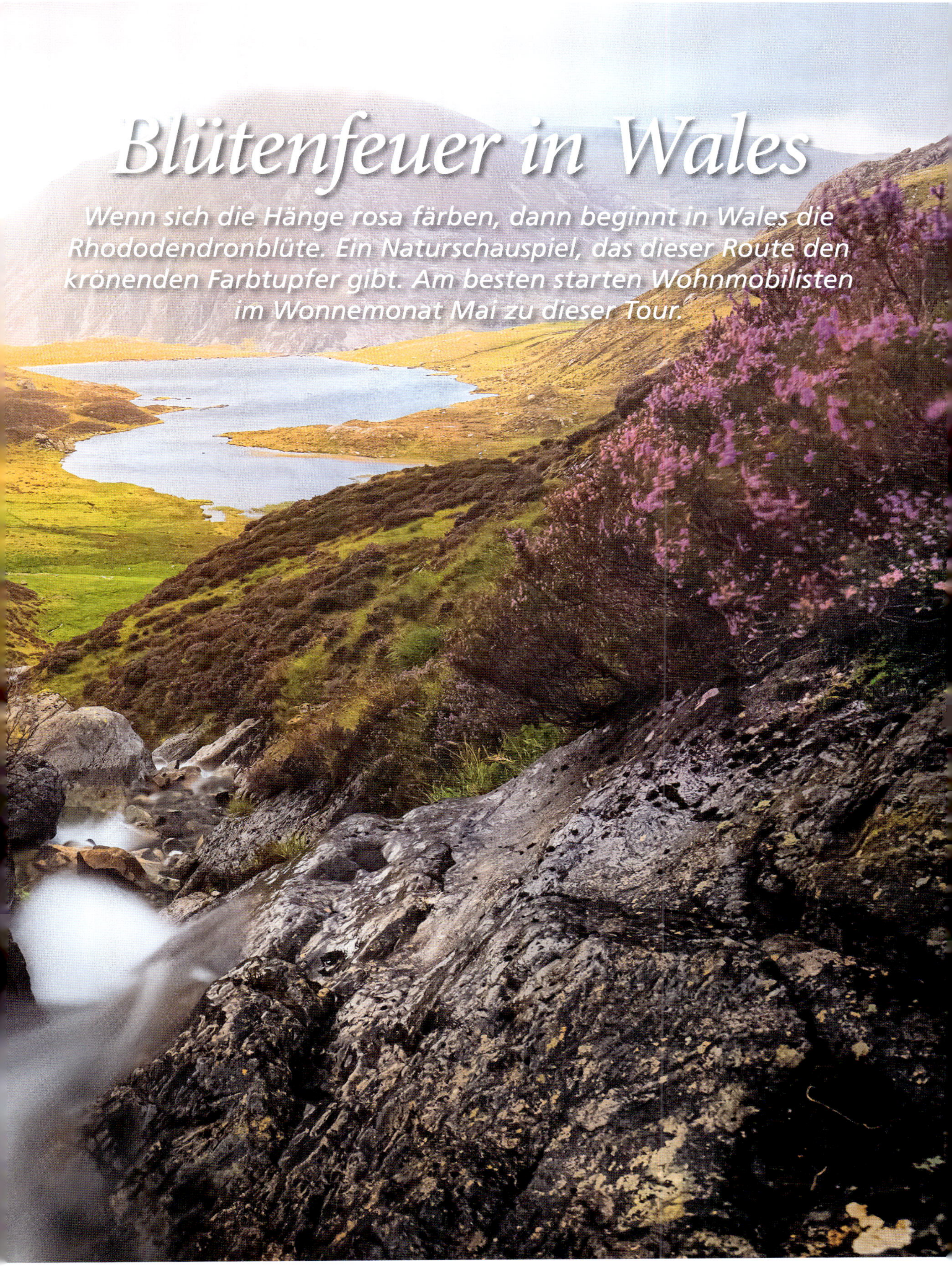

Bei einem Spaziergang durch die Straßen von Chester, die historische Hauptstadt der Grafschaft Cheshire, fühlt man sich in die Vergangenheit zurückversetzt.

ROUTE 06

Streckenlänge: ca. 550 km
Zeitbedarf: ca. 10 Tage
Routenverlauf (Hauptorte): Chester – Bangor – Caernarfon – Porthmadog – Aberystwyth – Shrewsbury

Charakteristik: Runde durch Nordwales: Fahrt – auch durch den Lake District – auf gut ausgebauten Hauptrouten.

Informationen:
www.visitsnowdonia.info
www.visitanglesey.co.uk/en
www.visitwales.com/destinations/mid-wales

Hier geht's zum GPS-Track

01 Chester

Sie gilt zu Recht als eine der schönsten Städte des Vereinigten Königreichs. Die Häuser präsentieren sich als ein Gemisch aus Tudor und späteren viktorianischen Formelementen inklusive einer gotischen Kathedrale aus rotem Sandstein – nicht alles ist Original, aber das tut der imposanten Wirkung keinen Abbruch. Der Fluss Dee bietet die Möglichkeit, mit dem Kajak oder SUP vor denkbar schöner Kulisse zu paddeln.

02 Llandudno

Malerisch liegt der Badeort Llandudno auf einer Landspitze an der »Golden Coast« von Wales. Die Vorsilbe *Llan* im Walisischen bedeutet »Kirche«, und sie wird häufig in Verbindung mit Heiligen verwendet – so auch bei Llandudno, der »Kirche des heiligen Tudno«. Sankt Tudno soll hier im 6. Jahrhundert in einer Felsenhöhle gelebt und die Kirche von Cyngreawdr, das ist der walisische Name für den Berg »Great Orme Head« bei Llandudno, gegründet haben. Die an der Küste zwischen Conwy und der Bucht von Colwyn gelegene Stadt gilt als das renommierteste – und größte – Seebad von Wales. Bereits im 19. Jahrhundert war es – für die, die es sich damals leisten konnten – ein beliebtes Ziel für die Sommerfrische. 13 Kilometer südlich erstreckt sich der Bodnant Garden, ein herrlicher Park, der schon seit dem Jahr 1874 besteht.

03 Conwy

Auf einem Felssporn erhebt sich die mächtige Burg mit ihren acht Türmen über dem Conwy River. Sie war die erste und wichtigste Festung Edwards I. in Nordwales und wurde ab 1283 in nur fünf Jahren unter der Leitung seines Baumeisters James of St George errichtet. Das Herzstück des »Iron Ring« stellt nichts anderes als eine Machtdemonstration dar: den Anspruch, Wales zu kontrollieren. Trotzdem war sie mit ihren zwei Höfen und den königlichen Apartments recht komfortabel ausgestattet. Nicht minder beeindruckend ist die zeitgleich gebaute Stadtmauer, die sich direkt an die Burg anschloss und den Engländern eine sichere Basis im Feindesland schuf. Leider wirkt die mächtige Burgruine heute ziemlich zwischen Straßen- und Eisen-

Die Uferpromenade des mondänen Badeortes Llandudno zieht im Sommer viele Besucher an.

bahnbrücken eingeklemmt. Dafür entschädigt aber der herrliche Rundgang auf der gut erhaltenen Stadtmauer. Auch das hübsche Küstenstädtchen selbst, in dessen Hintergrund sich die Berge von Snowdonia erheben, lohnt einen Besuch.

04 Bangor

In der Kleinstadt ist vor allem die Kathedrale einen Besuch wert. Der Bau des Gotteshauses geht auf das 6. Jahrhundert zurück. In Bangor können Besucher außerdem ausgiebig einkaufen, denn die Stadt rühmt sich, die längste High Street in ganz Wales zu besitzen. Eine weitere Attraktion ist zweifelsohne das etwas außerhalb gelegene Penrhyn Castle. Doch hinter der Bilderbuchfassade verbirgt sich eine unschöne Realität: Das pompöse viktorianische Interieur und die ausgedehnte Parkanlage von Penrhyn sind nämlich den Verdiensten der Douglas-Pennant-Familie aus dem Sklaven- und Zuckerhandel auf Jamaika zu verdanken. Die Familie hatte das Castle im 17. Jahrhundert erworben und in den darauffolgenden Jahrhunderten um- und ausgebaut.

05 Anglesey

Im Nordwesten von Wales, ganz in der Nähe des Snowdonia-Bergrückens, liegt die Insel Anglesey, die mit dem Festland durch zwei Brücken verbunden ist. Hier befand sich einst auch ein Kultzentrum der Druiden, doch 61 n. Chr. zerstörten die Römer das Heiligtum und töteten alle Druiden, um den Widerstand der keltischen Bevölkerung zu brechen. Die Insel – insbesondere die hübsche Halbinsel Llanddwyn – gilt bis heute als ein Ort, dem magische Kräfte zu-

PENISAR MYNYDD CARAVAN PARK

Günstiger, aber sehr gepflegter und gut ausgestatteter Platz zwischen Chester und Llandudno in den Clwydian Hills bei der schmucken Ministadt St Asaph. Weiter Blick, Wanderwege direkt ab Platz, Entfernung zur Küste 9 Kilometer. Ganzjährig geöffnet.

Caerwys Road, Rhuallt, St. Asaph LL17 0TY, www.penisarmynydd.co.uk, GPS 53.28222, -3.36172

TRWYN YR WYLFA CARAVAN & CAMPING SITE

Sehr gut ausgestatteter und gepflegter Platz mit wunderbarem Meerblick westlich von Conwy. Camperküche mit Mikrowelle und Gefrierschrank, Waschmaschinen, großes Spielfeld. Direkt am Coastal Path, zwei hübsche Küstendörfer (Dwygyfylchi und Penmaenmawr) mit ihrer Infrastruktur und Stränden fußläufig zu erreichen. Ende März bis Anfang Oktober.

Conwy Old Road, Penmaenmawr, Conwy LL34 6YF, www.coastalview-camping-conwy-northwales.co.uk, GPS 53.27263, -3.90846

AUSFLUGSZIELE

Bodnant Garden
Wer Rhododendren liebt, wird hier ein Paradies erleben: Bodnant Garden ist bekannt für seine Vielfalt an Rhododendronpflanzen. Die Pflanzensammlung geht zurück auf 2. Lord Aberconway, der im beginnenden 20. Jahrhundert entschieden hat, dass diese Pflanzen perfekt in die walisische Landschaft passen. In seinem Gut begann er, sie zu kultivieren und auch seltene Exemplare zu züchten. Deswegen ist die Vielfalt dieser Art bis heute einmalig auf dem englischen Kontinent und zur Blütezeit im Mai und Juni ein wirkliches Spektakel. Nicht nur wegen der Rhododendren lohnt sich der Besuch in dem 32 Hektar großen Gelände, das sich rund um das Herrenhaus erstreckt. Dort erfreuen nicht nur die Rhododendren die Herzen der Gartenfreunde, sondern auch blühende Magnolien, Kamelien sowie die terrassenmäßig geformte Anlage mit barocken Stilelementen wie Brunnen und Ziertreppen. Teiche und Staudenbeete runden das Bild ebenso ab wie die verschiedenen Gebäude, die sich auf dem Gelände finden.
www.bodnantgarden.co.uk

National Slate Museum
In den viktorianischen Werkstätten des ehemaligen Schieferbergwerks Dinorwig liegt das National Slate Museum. Das Schiefermuseum gibt einen Einblick in das Leben der Arbeiter, ihrer Familien und die damaligen Arbeitsbedingungen. Ein Informationsfilm, das größte Wasserrad Großbritanniens sowie tägliche Vorführungen mit Schieferspaltung erwecken die Geschichte des Schieferbergbaus wunderbar zum Leben. Wiederaufgebaute Häuser von Bergleuten, die ehemalige Gießerei und die Vorführung der originalen Dampflokomotive einer Feldbahn runden das Bild ab.
museum.wales/slate, GPS 53.12150, -4.11518

gesprochen werden, wozu auch einige Megalithanlagen beitragen. Berühmtheit erlangte die Insel auch durch den Ort Llanfairpwllgwyngyllgogerychwyrndrobwllllantysiliogogogoch, der den längsten Ortsnamen Europas trägt.

06 Caernarfon Castle
Gwynedd ist eine raue Region im Norden von Wales, die jahrhundertelang von kleinen Adelsgeschlechtern regiert wurde. An der Mündung des Flusses Seiont entstand ab dem Jahr 1283 unter Edward I. Caernarfon Castle, nachdem seine Truppen das zuvor noch unabhängige Wales unterworfen hatten. Der etwa 13 Kilometer südlich von Bangor gelegene Bau ist mit seinen achteckigen Türmen eine der eindrucksvollsten Burganlagen in Wales. Die Burg sollte nicht nur als Teil des »Eisernen Rings« der Verteidigung dienen, sondern war zugleich Residenz des Königs und Sitz seiner Regierung. 1284 kam dort Edwards ältester Sohn, der spätere König Edward II., der erste Prince of Wales, zur Welt. 1969 wurde König Charles dieser Titel auf der Burg feierlich verliehen.

07 Snowdonia National Park
Es war einmal der böse Riese Rhudda, der auf einem Berg hauste und sich mit einem Mantel aus den Barthaaren der Könige, die er erschlagen hatte, kleidete – bis König Artus ihn tötete. Seither, so sagt es die Legende, ruht Rhudda auf seinem Berg, den die Waliser daher Grabmal nennen – »Yr Wyddfa«. Auf Englisch heißt er Snowdon und ist nicht nur der Namensgeber, sondern auch der Höhepunkt des Nationalparks im

Rechts: Holy Island westlich von Anglesey mit dem South Stack Lighthouse.

Beaumaris Castle ist ein schönes Beispiel einer mittelalterlichen Burganlage.

KINGSBRIDGE CARAVAN PARK

Großer, gut ausgestatter Platz, drei Kilometer nördlich von Beaumaris Castle. Beheizte Sanitärgebäude, Waschküche, großes Areal für Ballspiele, Spielplatz, Geschäfte in Llanfaes in wenigen Minuten fußläufig erreichbar. Anfang März bis Ende Oktober.

Llanfaes, Beaumaris, Isle of Anglesey LL58 8LR, www.kingsbridgecaravanpark.co.uk, GPS 53.28464, -4.09270

PENGRAIG CAMPSITE

Einsamer, romantischer Platz im äußersten Nordwesten von Anglesey, 10 Kilometer nördlich von Holyhead. Grüne Hügel, Meerblick, Wanderwege, Sternenhimmel und sonst nicht viel. Toiletten und Waschmöglichkeit, aber keine Duschen. 40 Minuten zu Fuß (oder 5 mit dem Auto) nach Church Bay, wo es Restaurants und einen Sandstrand gibt – und eine etwas zivilisationsnähere Camping-Alternative (www.churchbaycottages.com). Anfang März bis Ende Oktober.

Pengraig, LLanfairynghornwy, Holyhead LL65 4LS, www.facebook.com/PengraigCampsite, GPS 53.38859, -4.55405

MAES CARAFANAU HENDY CARAVAN PARK

Ruhiger Platz mit ordentlicher Grundausstattung und befestigten Stellplätzen auf einer Milchfarm südlich von Caernaforn. Caernarfon Castle und das Ortszentrum sind über einen Fußweg am Fluss in 20 Minuten zu erreichen. Ansonsten guter Ausgangspunkt sowohl für Wanderungen wie auch Touren ans Meer und in die Berge. Ende März bis Ende Oktober.

Hendy Farm, Pant Road Caernarfon LL54 5RL, de.facebook.com/hendy.caernarfon, GPS 53.12771, -4.27862

GWERN GOF ISAF FARM

Uriger Campingplatz vor fantastischer Bergkulisse. Wohnmobile sind willkommen, dürfen aber nicht auf der Wiese stehen. Wohnwägen sind nicht gestattet. Sehr gute Grundausstattung mit heißen Duschen, Waschmaschinen und Trockner, Toaster und Wasserkessel, aber nur wenige Stellplätze mit Strom. Perfekter Ausgangspunkt für Bergtouren, etwa auf den Glyder Fawr (12,5 Kilometer), aber auch zahlreiche nähere, niedrigere Gipfel. Ganzjährig geöffnet.

Capel Curig, Betws-y-coed, Conwy, LL24 0EU, www.gwerngofisaf.co.uk, GPS 53.12177, -3.96581

MYNYDD MAWR CAMPSITE

Großzügiger Wiesenplatz auf der Spitze der Halbinsel LLyn. Wunderbarer Weitblick über das Meer, aber windgeschützt gelegen. Möglichkeit zum Frühstücken, Lunch und Tee im eigenen Panoramacafé. Direkter Zugang zum Coastal Path, 2,3 Kilometer zum nächsten Strand, 4 Kilometer nach Aberdaron, Boot-Trips zur »heiligen« Insel Bardsey. Anfang März bis Ende Oktober.

LLandllawen Fawr, Aberdaron, Pwlheli L53 8BY, www.aberdaroncaravanandcampingsite.co.uk, GPS 52.79434, -4.75682

Norden von Wales. Unergründlich blau sind seine Gebirgsseen, geistergrün seine Berghänge. Doch oft werden alle Farben vom Nebel und von den Wolken geschluckt. Mehr als fünf Meter Niederschlag fällt hier jedes Jahr, heiß sind die Sommer, bitterkalt die Winter, und vor den Winden gibt es keine Rettung.

08 Betws-y-Coed

»Tor zu Snowdonia« wird der kleine typisch walisische Ort in den Bergen auch genannt. Als Zentrum des Snowdonia National Park und inmitten magischer Naturlandschaften gelegen, bildet er einen idealen Ausgangspunkt für Ausflüge. Richtung Nordosten gelangt man zu den spektakulären Swallo Falls. Der Wasserfall wurde im frühen 20. Jahrhundert zur Stromerzeugung für Betws-y-Coed eingesetzt und ist seit den 1930er-Jahren eine berühmte Touristenattraktion. Auch südöstlich von Betws-y-Coed ist die Landschaft herrlich verwunschen, besonders in der mystischen Fairy Glen, einer märchenhaften Schlucht, sowie um die Conwy Falls, einem ebenso sagenhaften Wasserfall.

FRÜHLINGSTIPP: Die immergrüne Wald- und Seenlandschaft des Gwydir Forest bildet zudem ein fabelhaftes Wanderparadies.mit herrlichen Wegstrecken.

09 Porthmadog

Auf eine stolze Vergangenheit kann das kleine Städtchen im Nordwesten von Wales zurückblicken. Als Gründer von Porthmadog gilt William Madocks. Er ließ im Jahr 1811 einen Deich bauen, durch den wiederum der Afon Glaslyn beträchtliche Wassermengen in die Bucht schwemmte. So bildete sich ein natürlicher Hafen, der ohne Probleme hochseetaugliche Schiffe aufnehmen konnte. Porthmadog entwickelte sich daraufhin während des 19. Jahrhunderts zu einem enorm wichtigen Ha-

Verwunschen wirkt der Snowdonia National Park, wenn abends langsam die Sonne untergeht.

AUSFLUGSZIELE

Snowdon, Y Lliwedd und Cnicht

So überschaubar die Höhen der drei bedeutendsten Gipfel im Snowdonia National Park auch scheinen, niemand sollte eine Bergtour in dem zerklüfteten Gelände unterschätzen. Hinzu kommt das wechselhafte Wetter, das unvergessliche Momente schaffen kann, oft aber auch mit Nebel jede Aussicht versperrt. Zumindest für die sieben Wanderrouten auf den 1085 Meter hohen Mount Snowdon gibt es eine bequeme Alternative: Eine Zahnradbahn bringt die Besucher von Llanberies bis kurz unterhalb des Gipfels. Nicht weit entfernt liegt der auffällige Y Lliwedd, der mit seinen steilen Felsflanken bei Kletterern beliebt ist. Einige Kilometer südlich davon erhebt sich die markante Spitze des Cnicht.

www.visitsnowdonia.info, GPS 53.06899, -4.07619
www.mudandroutes.com, GPS 53.05968, -4.05767 /GPS 53.00089, -4.01882

Glyder Fawr

Der Glyder Fawr ist durch raue Felswände gekennzeichnet und daher bei Kletterern sehr beliebt. Auch mehrere Wanderrouten führen hinauf, viele von ihnen schließen auch die Nachbargipfel ein. Ein besonders eindrucksvoller Rundwanderweg führt zum Glyder Fawr sowie zu den benachbarten Gipfeln Glyder Fach und Tryfan und vorbei an der »Devil's Kitchen«. Die Bergkuppe ähnelt einem Schornstein, und bei wolkigen Wetterverhältnissen scheint es auch tatsächlich so, als stiege Rauch auf. Das raue Klima der Gegend, gepaart mit den unscheinbaren Wanderwegen, stellt für Wanderer eine besondere Herausforderung dar. Bei Nebel oder Schnee ist äußerste Vorsicht geboten, damit sich niemand verirrt.

www.alltrails.com/de/trail/wales/gwynedd/glyder-fawr-and-glyder-fach-circular, GPS 53.10211, -4.02850

AUSFLUGSZIELE

Zip World

Klettergärten sind auch in Großbritannien populär geworden und Seilrutschen *(ziplines)* noch viel mehr. Eine besonders spektakuläre findet sich im alten Bergbaugebiet von Blaenau Ffestiniog. In bequemen Hängesesseln gesichert können vier Personen parallel über einen Kilometer gen Tal rutschen und dabei das einstige Schiefer-Abraumgebiet von oben erleben. Außerdem gibt es einen Klettersteig mit Seilrutschen unter Tage, sowie unterirdische Trampolins und Führungen durch die aufgelassenen Schieferminen. Der Wermutstropfen dabei: Das Vergnügen ist ganz schön teuer. **www.zipworld.co.uk/location/slate-caverns, GPS 53.01021, -3.94048**

Llyn Peninsula

Nach den rauen Felsgipfeln von Snowdonia kommt die Halbinsel Llyn sanft daher. Doch der Blick über ihre hügeligen Küsten mit den vielen Buchten ist herrlich, und so ist die Küste auch als Heritage Coast und die ganze Halbinsel als Area of Outstanding Natural Beauty klassifiziert. Steilufer wechseln sich mit Dünen und Sandstränden ab, dazu malerische Dörfchen und Cottages. Hier lässt sich bestens Wassersport treiben oder relaxen. Besonders beliebt zum Beachen sind Llanbedrog, Abersoch und Porth Neigwl im Südwesten. **www.visitwales.com/destinations/north-wales/snowdonia/hidden-beauty-exploring-llyn-peninsula-aonb, GPS 52.91021, -4.50198**

fen- und Handelsstützpunkt für Schiefer. Der Ort wurde danach allmählich zu einem Einkaufs- und Urlaubsort und wird heute als solcher gerne besucht.

10 Portmeirion

Die einen finden es skurril, die anderen genial: Alles folgt hier der Illusion eines italienischen Dorfes, so, als läge Portmeirion am Mittelmeer und nicht auf einer Landzunge an der stürmischen walisischen Küste. Gegründet wurde es 1925 als eine Art Feriendorf von Clough Williams-Ellis, einem exzentrischen Architekten, der die wenigen Häuser in Unterkünfte verwandelte. 50 Jahre lang arbeitete er an dieser Wunderwelt, wobei viele Bauelemente von abgerissenen Gebäuden stammen. Bei näherer Betrachtung erweist sich fast alles als knallbunte Kulisse und merklich kleiner als in der Realität.

FRÜHLINGSTIPP: Wanderfreunde machen hier etwas länger Pause und gehen den berühmten Küstenpfad Wales Coast Path mit seinen herrlichen Panoramapfaden.

11 Aberystwyth

Die Universitätsstadt bildet das Verwaltungszentrum der Westküste von Wales. Die Stadt, deren Einwohner sie kurz »Aber« nennen, erstreckt sich zwischen drei Hügeln und zwei Stränden. Auf einem der Hügel, dem Pen Dinas, findet man noch heute die Überreste eines Forts aus der Eisenzeit. Auf dem Constitution Hill, auf den eine historische Standseilbahn fährt, wurde neben einem Café-Restaurant eine »Camera Obscura« eingerichtet, in der man die Stadt und die Landschaft als Projektion sehen kann, denn von hier oben hat man einen herrlichen Blick über den Ort und die Küste. Auf dem Penglais Hill haben die walisische Nationalbi-

Oben: Wales oder vielleicht doch Italien? Zum Verwechseln ähnelt Portmeirion mediterranen Küstenstädten.

Unten: Über 240 Meter war der Royal Pier an der Strandpromenade von Aberystwyth einmal lang, heute sind es noch gut 90 Meter.

bliothek und die Universität ihren Sitz, deren berühmtester Absolvent Prinz Charles ist. Ein Spaziergang an der viktorianischen Promenade (1864 erbaut) ist ein Muss, ebenso wie ein Besuch im Aberystwyth Arts Centre und in der National Library of Wales.

12 Powis Castle

Ein Höhepunkt jeder Walesreise ist der Besuch dieser außergewöhnlichen Schlossanlage unweit der englischen Grenze. Mit ihrem roten Sandstein leuchten Türme und Mauern von einem Bergrücken hinab auf die weltberühmten Gärten. **FRÜHLINGSTIPP: Die blühenden Terrassen mit ihren uralten Lebensbäumen ziehen sich wunderschön hinab zu den heckenbestandenen Rasenflächen und einem kleinen Landschaftspark.** Die massive Burg wurde um 1200 errichtet und immer wieder umgebaut, um sie komfortabler zu gestalten. Sie blieb von Zerstörungen verschont, sodass sie sämtliche Baustile bis ins 19. Jahrhundert aufweist. Prägend waren vor allem Henrietta Herbert, Tochter des damaligen Lord Powis, und ihr Mann, Baron Edward Clive. Auf sie gehen die Gartenanlagen zurück, während er als Gouverneur in Indien vielfältige Schätze sammelte, die im Museum ausgestellt sind.

13 Shrewsbury

An drei Seiten von einer Schleife des Severn umschlossen, ist die Altstadt mit über 600 Fachwerkhäusern bis heute erhalten. Eine Burg aus dem 10. Jahrhundert sicherte den Landzugang.

LLECH CAMPING & TOURING SITE

Idyllischer kleiner Campingplatz am Mündungstrichter des Afon Dwyryd gegenüber Portmeirion gelegen, mit Blick auf den Snowdon. Gute Grundausstattung mit geheiztem Sanitärgebäude, kleinem Kiosk und Picknicktischen. Direkt am Coastal Path, Möglichkeit zum Paddeln und zur Wanderung zur Gezeiteninsel Ynys Gifftan. Anfang April bis Ende Oktober.

Llechollwyn, Ynys, Talsarnau LL47 6TH, llechcamping.co.uk, GPS 52.90143, -4.08782

TYN CORNEL RIVERSIDE CAMPSITE

Wunderschön gelegener Campingplatz im südöstlichen Teil des Snowdonia National Park direkt am Ufer des Afon Tryweryn. Direkter Flusszugang für Kajaks und Kanus. Raftingmöglichkeiten. Wanderweg ab dem Campingplatz. Gut ausgestattet mit Shop, vielen Picknickplätzen und großer Spielfläche für Kinder. Mitte April bis Ende Oktober.

Frongoch, Bala, Gwynedd LL23 7NU, www.tyncornelcamping.co.uk, GPS 52.94558, -3.64468

MIDFIELD HOLIDAY AND RESIDENTIAL PARK

Oberhalb der Stadt am Hang gelegen, mit wunderbarem Blick auf die Küste von jedem der großzügigen Stellplätze aus, wobei man auf den obersten Terrassen ziemlich im Wind stehen kann. Ausstattung eher einfach, Stadt fußläufig erreichbar. Anfang März bis Ende Oktober.

Southgate, Aberystwyth, Ceredigion SY23 4SX, www.midfieldcaravanpark.co.uk, GPS 52.39795, -4.06457

WIGMORE LAKES

Idyllischer Platz, der auf halbem Weg zwischen Powis Castle und Shrewsbury an zwei Angelteichen liegt. Beide Teiche waren ursprünglich Tongruben und werden heute als Fischereigebiet gepflegt. Alle Standplätze mit Elektro-, Wasser- und TV-Versorgung. Beheizte Sanitärgebäude, Camperküche und Aufenthaltsraum. Kleiner Laden und Imbiss direkt nebenan. Ganzjährig geöffnet.

Wattlesborough, Shrewsbury SY5 9DU, www.wigmorelakes.co.uk, GPS 52.69751, -2.96357

AUSFLUGSZIELE

Harlech Castle

Hoch über dem goldenen Sandstrand klebt eine Festung wie ein Greifvogelhorst an den Klippen. Harlech Castle (13. bis 14. Jahrhundert) bewachte einst den dazugehörigen Hafen in der Tremadog Bay. Das mittelalterliche Ensemble ist bis heute fast unverändert geblieben. Lediglich die Landschaft ist nicht mehr dieselbe. Über eine Treppe gelangten die Burgherren damals ans Meer, das sich früher direkt unter der Klippe befand. Doch die Küste versandete zunehmend im Laufe der Jahrhunderte.

cadw.gov.wales/visit/places-to-visit/harlech-castle, GPS 52.85995, -4.10847

Als Harlech Castle erbaut wurde, stand es in der Tremadog Bay hoch über dem Hafen.

ROUTE 06

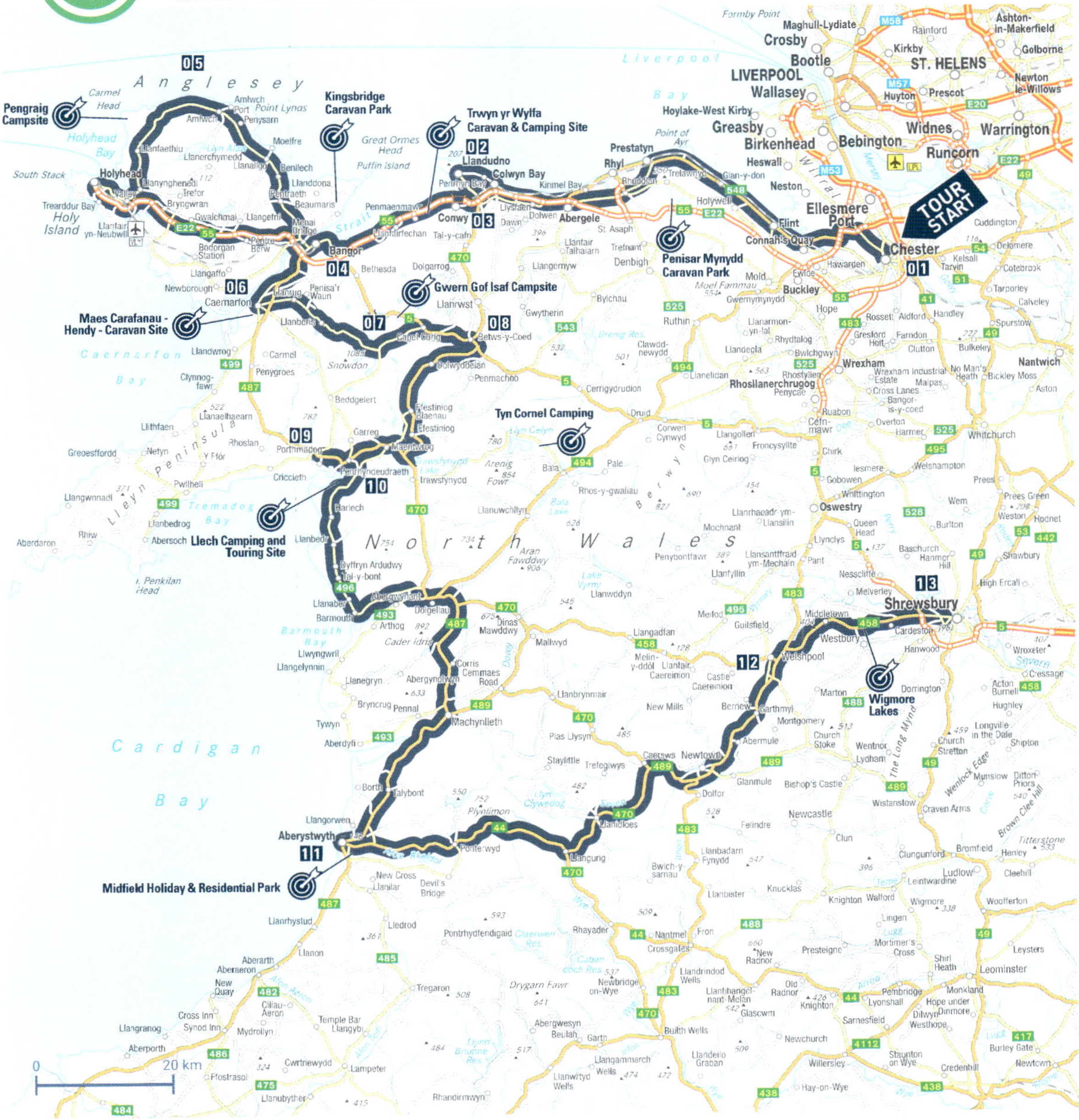

Sommer

Mittsommer in Schweden feiern und in Bullerbü-Romantik schwelgen oder in Dänemark von der Ostsee an die Nordsee reisen. Oder ganz klassisch zur Lavendelblüte in die Provence – es gibt viele Möglichkeiten, den Sommer mit dem Camper zu genießen.

Bydgoszcz ist ein wichtiger Wasserknotenpunkt und am besten entlang der Brda zu erkunden, denn der Weichselzufluss zwischen Alt- und Neustadt wird an beiden Ufern von schönen Promenaden gesäumt.

ROUTE 07

VON MALMÖ NACH KALMAR

Schweden mag mit klaren Seen, putzigen Dörfern mit bunten Holzhäuschen werben – am Ende ist das erste Bild, das wohl fast jedem bei der Erwähnung des Landes in den Kopf schießt, das eines kleinen taffen Mädchens mit zwei roten, waagrecht vom Kopf abstehenden Zöpfen. Schön daher, dass diese erste Tour von Malmö in der Provinz Skåne über Blekinge aus direkt nach Småland führt, der Bilderbuch-Ansicht Schwedens. Skåne bildet die südlichste Provinz des Landes, und die Stadt Malmö steht für moderne Urbanität. Die Künstler- und Kneipendichte ist groß, die Lebenslust und der Freizeitwert ebenso. Von dort aus startet die gut 400 Kilometer lange erste Route mit dem Wohnmobil. Eine Strecke, die selbstredend auch an einem Tag gefahren werden könnte – doch wer will das schon? Es gibt viel zu viel zu entdecken auf dieser Fahrt entlang der Küste. Die Straßenverhältnisse sind, wie meist in Schweden, nahezu perfekt, und es gibt immer wieder Möglichkeiten, auf einem unbefestigten Stellplatz am Meer für eine kleine Pause stehenzubleiben. Allerdings tragen einige der Straßen direkt am Ufer mitunter die Bezeichnung »Sträßchen« zu Recht. Im Falle von Gegenverkehr muss man mit dem Camper kurz stehen bleiben. Längst in Småland, endet diese Tour in der lebhaften Stadt Kalmar.

WARUM IM SOMMER?

Weil die Tage dann nie enden wollen, besonders zu Mittsommer liegt abends ein zauberhaftes Licht über der Landschaft; Seen und Meer locken noch bis tief in den Abend hinein zu Schwimm- oder Bootspartien.

Die 59 Steine von Ale, auf Schwedisch Ales stenar, markieren – so besagt es eine von vielen Theorien – wikingerzeitliche Gräber.

Im Land des Mittsommers

Sommerfrische – was einst Dichter und Adelige gemacht haben, bietet sich auch für Wohnmobilisten an: Schweden ist der ideale Platz, um vor den sengenden Temperaturen zu flüchten und dennoch den Sommer in seiner schönsten Form zu genießen – bei Ferien auf den Schären.

Das Zentrum von Malmö wird abends stimmungsvoll beleuchtet. Auf einer Bootstour durch die Kanäle kann man die Stadt wunderbar kennenlernen.

ROUTE 07

Streckenlänge: ca. 425 km
Zeitbedarf: 1–2 Wochen

Routenverlauf (Hauptorte): Malmö, Falsterbo, Trelleborg, Ystad, Sandhammaren, Österlen, Simrishamn, Kivik, Åhus, Kristianstad, Listerlandet, Karlshamn, Ronneby, Karlskrona, Brömsebro, Kalmar, Öland

Charakteristik: Malerische Strecke an der Küste entlang, sehr gut ausgebautes Straßennetz.

Hier geht's zum GPS-Track

01 Malmö

Ende des 20. Jahrhunderts sah es in der drittgrößten Stadt Schwedens nicht gut aus: Die alten Werften und Industrieanlagen wurden nicht mehr genutzt und verfielen, viele Bewohner zogen aus der Stadt weg. Doch Malmö schaffte schließlich doch noch den Sprung in die Moderne: Mit einem Zentrum für Wissenschaft und Forschung putzten sich verlassene Gebäude wieder heraus, die im Juli 2000 eröffnete Öresundbrücke (Øresundsbroen) sorgte für Aufschwung. Heute leben etwas über 300 000 Menschen in der Stadt, und so viele Nationalitäten wie sonst nirgends in Schweden treffen hier zusammen. Historische Fachwerkhäuser stehen neben modernen Gebäuden, und gerade das Zusammenspiel macht Malmö so interessant. Vom Rathausplatz Stortorget aus kann man die alten Prachtbauten in der Altstadt bewundern, im Südwesten sticht der Lilla Torg ins Auge. Der Platz diente im 16. Jahrhundert Händlern als Markt, heute finden sich ringsum nette kleine Lokale, die ihn zur Ausgehmeile werden ließen.

02 Falsterbo

Lange Sandstrände, hellblaue Badehäuschen in den Dünen, viel Grün – die Halbinsel Falsterbo, die den südwestlichsten Zipfel Schwedens bildet, ist ein echtes Urlaubsparadies. Der gleichnamige Hauptort Falsterbo ist mit dem Nachbarstädtchen Skanör zusammengewachsen. Beide zählen zu den ältesten Städten des Landes, die schon im 12. Jahrhundert einen wichtigen Handelsplatz für die Heringsfischerei darstellten. Obwohl die Landzunge mit ihren drei Küsten bestens auf Tourismus eingestellt ist, braucht man dort keine Angst vor Urlaubermassen zu haben. Die Besucher verteilen sich gut, entspannen beim Wandern oder Baden, gehen segeln oder spielen Golf.

SOMMERTIPP: Anfang Juli zieht es Pferdeliebhaber und Reitsportler zur jährlichen Falsterbo Horse Show. Tausende Reiter zeigen ihr Können. Die Prominenz der Szene fehlt dabei ebenso wenig wie vorzügliches Essen.

03 Trelleborg

In der rund 40 Kilometer südöstlich von Malmö gelegenen Hafenstadt

Das Rathaus von Malmö war das größte, das im 16. Jahrhundert in Schweden gebaut wurde.

legen Fähren aus Rostock, Swinemünde und Sassnitz an. Für die meisten Besucher bildet sie eine Durchgangsstation auf ihrem Weg in die schonische Hauptstadt. Trelleborg liegt an der Europastraße 22 Richtung Stockholm und ist gleichzeitig der Ausgangspunkt der Europastraße 6, die über Malmö, Göteborg und Oslo bis nach Kirkenes im hohen Norden Norwegens führt. Obwohl die Stadt auf eine mehr als tausendjährige Geschichte zurückblicken kann, finden sich kaum historische Sehenswürdigkeiten. Eine erst 1991 ausgegrabene und teilweise rekonstruierte Wikingerburg ist fast das einzige Relikt aus der Vergangenheit. Sie wurde vermutlich um 980 errichtet und ist die bis heute einzige bekannte ihrer Art im ganzen Land. Oberhalb der Höllvik,15 Kilometer nordwestlich von Trelleborg, wurde ein Wikingerdorf rekonstruiert, das mit Living-History-Veranstaltungen ein anschauliches Bild des Alltags der Nordmänner vermittelt. Foteviken, so der Name der Siedlung, wird oft als bestes Freilichtmuseum Südschwedens gerühmt.

STELLPLATZ MALMÖ

Fünf Kilometer südwestlich vom Stadtzentrum von Malmö befindet sich dieser Stellplatz für 30 Wohnmobile direkt am Wasser. Für Wohnmobile sind Ver- und Entsorgungsanlagen vorhanden, Sanitäranlagen sind gegen Bezahlung benutzbar.

Vaktgatan, 216 13 Limhamn
GPS 55.59619, 12.93350

TRELLEBORG STRAND CAMPING

Der sehr ordentliche Campingplatz ist schön mit Bäumen und Sträuchern bewachsen und verfügt über einen Steg zum Meer. Die circa 150 Stellplätze sind mit Strom und Kabel-TV-Anschlüssen ausgestattet. Minigolf-, Tennis- und Spielplätze sowie eine Sauna runden das Angebot ab.

Dalköpinge strandväg 2, 231 32 Trelleborg
GPS 55.36383, 13.20970

STÄLLPLATSER ALES STENAR

Für die touristische Attraktion Ales Stenar wurde in Löderup speziell für Wohnmobile eine Wiese abgesteckt. Bis 19 Uhr ist das Parken gratis, danach wird eine Gebühr von 10 Euro verlangt. Auf dem Platz gibt es Stromanschlüsse, WCs und Müllcontainer, jedoch keine Ver- und Entsorgungseinrichtungen für Wohnmobile.

Ales Väg 2, 27646 Löderup
GPS 55.38899, 14.06327

Bildleiste von oben:
Am Strand von Skanör med Falsterbo stehen solch hübsche Strandhütten.

Die Gassen in Ystad mit ihren bunt gestrichenen Häusern sind im Sommer dekorativ bepflanzt.

Aufgrund ihres stimmungsvollen Lichtes bezeichnet man die Region Österlen auch als »Toskana Schwedens«.

04 Ystad

Die Hafenstadt im äußersten Süden Schwedens hat als Heimat der von Henning Mankell geschaffenen Romanfigur des Kommissars Kurt Wallander Weltberühmtheit erlangt. Viele Tausende seiner Fans pilgern alljährlich begeistert zu den Orten, an denen Wallander auf Verbrecherjagd ging.

SOMMERTIPP: Die Touristeninformation bietet mittlerweile sogar geführte »Wallander-Krimi«-Touren an. Denn die in den Büchern genannten Straßen und Restaurants existieren wirklich und können im Rahmen dieser besonderen Stadtführungen besichtigt werden. Auch die Filmstudios der Wallanderkrimis lohnen einen Besuch.

Ein Bummel durch Ystad ist aber natürlich nicht nur für Krimileser ein Vergnügen. Dank eines in sich geschlossenen Ensembles von 300 historischen Fachwerkhäusern aus dem 17. und 18. Jahrhundert zählt der Ort mit seinen etwa 30 000 Einwohnern zu den schönsten Städten Schwedens.

05 Sandhammaren

Wer hier nicht ins Schwärmen gerät, dem ist nicht mehr zu helfen! Der Strand von Sandhammaren liegt, wenn man so will, am »letzten Eck« der Küste Schwedens, genau genommen am südöstlichsten Punkt. Er ist mit seinem weißen Sand ganz einfach ein Traum. Es ist deshalb auch gar nicht erstaunlich, dass er zu einem der beliebtesten Strände des Landes zählt. Das allerdings war nicht immer so, denn die gefährlichen Strömungen und die Sandbänke rund um den Küstenstreifen ließen so manchen Seemann an seinen Navigationskünsten zweifeln. Das Meer vor Sandhammaren ist der größte Schiffsfriedhof Schwedens, gut 1000 Wracks liegen vor den Ufern dieses Strandes für alle Zeiten am Meeresgrund.

06 Österlen

Ganz im Osten der Provinz Schonen liegt die Region Österlen. Sie reicht von Ystad im Westen über Löderup mit seinem prächtigen feinsandigen Strand bis hinauf nach Sandhammeren, Borrby Strand, Kivik und Brösarp im Norden. Die Schweden sagen, in Österlen trifft der Himmel auf das Meer. Sie verbringen hier gern ihren Urlaub und treffen sich mit der ganzen Familie. Im Frühsommer leuchten weite Rapsfelder knallgelb, und wer den Süden Schwedens vollkommen flach erwartet, dürfte von dem 97 Meter hohen Stenshuvud begeistert sein. Das »Steinerne Haupt«, wie er übersetzt heißt, erhebt sich direkt über der Ostsee. In Österlen gibt es eine Gartenroute, auf der man von Ort zu Ort reisen kann. Es gibt Jazz- und Gourmetfestivals und – nicht zu vergessen – verschiedene Kunstveranstaltungen, wie etwa das international besetzte »Street Art Österlen«.

07 Simrishamn

Der idyllische kleine Ort an der schwedischen Südostküste ist dank eines vergleichsweise milden Klimas, kilometerlanger Strände und einer reizvollen, wald- wie seenreichen Umgebung ein beliebtes Urlaubsziel. Simrishamn hat sich um die dem Schutzpatron der Seefahrer geweihte und bereits im 12. Jahrhundert erwähnte St.-Nicolai-kyrka entwickelt. Die hübschen kleinen, in verschiedenen Pastelltönen gestrichenen Häuser, die das Ortsbild prägen, stammen allerdings zumeist aus dem 19. Jahrhundert. In der Nähe von Simrishamn liegt – nur wenige Kilometer landeinwärts – Glimmingehus, eine der besterhaltenen mittel-

AUSFLUGSZIELE

Ales Stenar

Heute ist der mythische Ort ein beliebtes Ziel für Touristen. Ales Stenar, das »schwedische Stonehenge«, ist eine aus 59 Steinen bestehende Kultstätte und liegt auf einem etwa 37 Meter hohen Hügel an der Ostseeküste beim Ort Käseberga im Süden Schonens. Die gewaltigen Granit- und Sandsteine stehen aufgerichtet und zeichnen die Silhouette eines Schiffes nach. Schon der Aufstieg auf die Anhöhe überrascht: Die größten Steine sind mehr als drei Meter hoch, beinahe jeder von ihnen wiegt knapp zwei Tonnen. 67 Meter lang und 19 Meter breit, ist die Schiffssetzung und rund 1000 Jahre alt. Damit ist Ales Stenar die größte erhaltene Schiffssetzung in Schweden und eine der populärsten Sehenswürdigkeiten von Skåne. Legenden ranken sich um das Plateau über dem Meer. Vermutet wird eine Verbindung zum Sonnenkalender, da die Sonne zu Mittsommer an der nordwestlichen Spitze des »Schiffes« untergeht und zur Wintersonnenwende gegenüber wieder auftaucht; eine weitere Interpretation besagt, es handle sich um das Grab eines Wikingerhäuptlings. Beim Besuch kann man der Fantasie freien Lauf lassen: Was könnte der geheimnisvolle Ring, den die 59 Felsen bilden, noch bedeuten?

Glimmingehus

Sie gilt als die am besten erhaltene mittelalterliche Burg Skandinaviens, Baustart war 1499. Interessant an dem von dem deutschen Architekten Adam van Düren konstruierten heutigen Gebäude ist das Verschmelzen eines für die damalige Zeit äußerst modernen Wohnhauses mit einer ausgeklügelten Wehranlage. Gesinderäume, Küche, Wohnbereiche und Schatzkammer sind gut zu erkennen. Glimmingehus ist zu besichtigen.

AUSFLUGSZIEL

Stenshuvud-Nationalpark

Der Name »Steinernes Haupt« beschreibt den sagenumwobenen Berg Stenshuvud. Dieser macht den wesentlichen Teil des Nationalparks aus, welcher der am weitesten südlich gelegene Schwedens ist und mit seiner Steilküste beeindruckt. Denn dort, wo der Höhenzug Linderödsåsen in die Ostsee ragt, stürzen die Berghänge fast 100 Meter tief hinab. An dieser Stelle ist der Nationalpark 1986 eingerichtet worden. Er ist fast vier Quadratkilometer groß und liegt in der Provinz Skåne län. Vom Parkplatz aus bieten sich verschiedene Wandermöglichkeiten an, so führt eine etwa zwei Kilometer lange Tour durch Eichen- und Hainbuchenwälder zum rund 97 Meter hohen Gipfel. Von dort aus öffnet sich ein weiter Blick über Heidelandschaften. Bei guten Wetterverhältnissen ist sogar der Blick bis zur dänischen Insel Bornholm möglich.

alterlichen Burgen Skandinaviens. Sie wurde Ende des 15. Jahrhunderts errichtet und überstand die Kriege zwischen Dänemark und Schweden um die Vorherrschaft über Schonen unversehrt. Der nördlich von Simrishamn gelegene Stenshuvud-Nationalpark ist ein beliebtes Ausflugsziel.

08 Kivik

Kivik grenzt an den nördlichen Rand des Stenhuvud-Nationalparks. Der Ort, für Radfahrer übrigens bestens über den Radwanderweg Sydostleden zu erreichen, ist Schwedens Apfelmetropole.

SOMMERTIPP: Bekannt ist der im Sommer stattfindende »Kiviks marknad«, einer der größten Jahrmärkte Schwedens.

Wer sich für Geschichte interessiert, besucht das Königsgrab aus der Nordischen Bronzezeit (ca. 1000 v. Chr.). Zwar darf bezweifelt werden, inwieweit die Rekonstruktion der Realität entspricht; beeindruckend ist die im Durchmesser 75 Meter große Anlage mit ihren Grabkammern und Felszeichnungen aber allemal. Prominenter Gast Kiviks war übrigens Kurt Tucholsky. Der deutsche Schriftsteller hielt sich während seiner Sommerfrische im Jahr 1928 in dem Örtchen auf.

09 Åhus

Åhus hat so ziemlich alles, was man sich von einem Ferienort erhofft: zwei Badestrände, ein Freibad, einen alten Stadtkern aus dem Mittelalter und – für Sportfans – eines der größten Beachhandballturniere der Welt. Gut 1000 Mannschaften treten gegeneinander an. Der Name Åhus geht auf eine ältere Form – »Aos« (Flussmündung) – zurück, da hier einst der Helge å ins Meer floss. Heute besitzt er längst einen anderen Mündungsbereich. Bereits in der Wikingerzeit siedelten die ersten Menschen in Åhus, das heute vom Tourismus geprägt ist: Im Sommer sind auf den Straßen und den Stränden dreimal so viele Urlauber wie Einheimische zu finden. Berühmt ist der Ort auch für den Absolut Vodka, der in der Stadt aus Winterweizen hergestellt wird.

10 Kristianstad

Der im Nordosten von Schonen gelegene und rund 35 000 Einwohner zählende Ort gilt als die dänischste Stadt Schwedens. Kristianstad wurde zu Beginn des 17. Jahrhunderts von Christian IV. von Dänemark als Festungsstadt errichtet und sollte das damals zu Dänemark gehörende Schonen vor Angriffen schwedischer Truppen schützen. Obwohl die Stadt bereits 1658 mit dem Frieden von Roskilde an Schweden fiel, ist die Erinnerung an den Dänenkönig immer noch präsent: Sein Wappen ziert das Stadtemblem, den Giebel des im Jahr 1891 errichteten Rathauses schmückt eine Statue des Monarchen, die die Bürger Kristianstads grüßt. Kristianstad wurde damals als renaissancezeitliche Idealstadt angelegt. Der alte Kern ist von einem Netz rechtwinkelig aufeinander zulaufender Straßen durchzogen. Große Teile der Bebauung stammen allerdings aus dem 19. Jahrhundert.

TOBISVIK

Zusätzlich zum Campingplatz Tobisvik bietet eine Wiese Stellplätze für Wohnmobile. Die Nutzung von Duschen und WCs, Küche und Waschküchen ist im Preis enthalten. Strom gibt es nicht.

Tobisvägen 38, 272 94 Simrishamn
GPS 55.58076, 14.33451

FIRST CAMP ÅHUS-KRISTIANSTAD

Die 18 Hektar große Rasenfläche bietet Platz für über 200 Wohnmobile. Unweit vom Platz befindet sich ein wunderschöner Sandstrand, und auch das Zentrum von Åhus liegt in unmittelbarer Nähe. Sauna, Whirlpool und Dampfbad sorgen für Entspannung.

Täppetleden 201, 296 33 Åhus
GPS 55.94179, 14.31506

Bildleiste von oben:
In der Apfelgemeinde Kivik kann man beim jährlichen der Frucht gewidmeten Fest sogar riesige Kunstwerke aus Äpfeln sehen.

Das Renaissanceschloss Maltesholm in Kristianstad besitzt einen wunderschönen Park, der zum Verweilen einlädt.

Der Stenshuvud-Nationalpark umfasst ein kleines, aber feines Wandergebiet mit urwaldähnlichen Buchen- und Eichenwäldern.

11 Listerlandet

Nicht zuletzt dank einiger schöner Badestrände hat sich die Halbinsel im Westen von Blekinge zu einem populären Feriengebiet entwickelt. Besonders Familien mit Kindern machen hier gerne Urlaub. In den Küstengewässern um Listerland finden Segler ideale Bedingungen vor. In der Marina von Hällevik herrscht den Sommer über Hochbetrieb. Sölvesborg, der an der Grenze zu Schonen gelegene Hauptort der Region, präsentiert sich als charmantes kleines Landstädtchen. Hier lohnt besonders die mittelalterliche Backsteinkirche St. Nicolai, die mit Kalkmalereien des 15. Jahrhunderts aufwarten kann, eine Besichtigung. Nördlich von Listerland mündet, in der Nähe des gleichnamigen Ortes, die Mörrum, einer der lachsreichsten Flüsse der Welt, in die Ostsee.

SOMMERTIPP: Zwischen Mai und Juni, wenn die Fische zu ihren Laichgründen flussaufwärts ziehen, kann man zahlreichen Sportanglern beim Fischen zusehen und beobachten, wie sie riesige Exemplare des Blanklachses aus dem Wasser ziehen. Angelscheine können online gebucht werden.

Das Laxens Hus in Mörrum informiert über die Lebensweise des Edelfischs.

12 Karlshamn

Der knapp 20 000 Einwohner zählende Ort an der Europastraße 22 ist durch seinen Hafen, von dem aus im 19. Jahrhundert Hunderttausende von Schweden nach Nordamerika emigrierten, bekannt geworden. Ein aus einer Folge von vier Romanen bestehendes Epos von Vilhelm Moberg befasst sich mit dem Schicksal der Auswanderer in der Neuen Welt. In Karlshamn erinnert das Utvandrar-Monument, eine von Axel Olsson geschaffene Skulptur, die die beiden Hauptfiguren des Epos darstellt, an die Auswanderungswelle. Die Anfänge von Karlshamm gehen auf einen Marinestützpunkt zurück, den Karl X. Gustav hier 1658 errichten ließ. Das auf einer vorgelagerten Insel errichtete Kastell stammt aus dieser Zeit. Nachdem der Sitz der königlichen Flotte 1679 nach Karlskrona verlegt worden war, entwickelte sich Karlshamn zu einem wichtigen Seehandelshafen. Heute ist die Stadt der Endpunkt wichtiger Fährverbindungen nach Litauen und Lettland. Obwohl Karlshamn über keine besonderen Sehenswürdigkeiten verfügt, lohnt sich ein Besuch. Die überaus charmante Altstadt wartet mit zahlreichen historischen Fachwerkbauten des 18. Jahrhunderts auf. Das in einer ehemaligen Branntweindestillerie untergebrachte Punschmuseum ist weltweit einzigartig und gibt Einblick in die Spirituosenproduktion. Zwischen Karlshamn und Ronneby lockt unweit der Europastraße 22 der Eriksberg Natur- und Wildpark, in dem man freilaufende Wisente, Hirsche und andere Wildtiere bequem vom Wohnmobil aus beobachten kann.

13 Ronneby

Der einige Kilometer landeinwärts am Ronnebyån gelegene, rund 12 000 Einwohner zählende Ort ist in Schweden als Stadt der Töpfe und Pfannen bekannt. Im 19. Jahrhundert siedelten hier einige bedeutende Betriebe der Eisen verarbeitenden Industrie. Werkstätten, die Geschirr aus Eisen produzieren, spielen bis heute eine nicht unbedeutende Rolle in Ronnebys Wirtschaftsleben. Auch als Spurenelement hat das Metall der Stadt Glück gebracht. Denn dank der eisenhaltigen Quellen, die bereits im 18. Jahrhundert entdeckt wurden, entwickelte sich Ronneby

AUSFLUGSZIELE

Mittsommer

Schweden im Sommer ist quirlig. In Malmö etwa sitzen die Menschen bis spät in die Nacht beim Picknick in den Parks der Stadt, am berühmtesten ist der Folkets Park für seine Feiern. Neben dem obligatorischen Blumenkranz im Haar gehören auch leichte, luftige Sommerkleider in die Szenerie. Es werden Spiele wie Sackhüpfen oder Krocket gespielt und Trinklieder gesungen, mindestens ein »skål« sollten Gäste über die Lippen bringen können. Wie Alkohol gehören auch Matjes und Erdbeeren unbedingt in den Mittsommer-Picknickkorb; die Schweden sind übrigens davon überzeugt, dass ihre Erdbeeren die besten sind, weil sie während der langen und kühlen Frühlingsnächte ihren Zucker nicht so schnell aufbrauchen. Wer richtig ausgelassene Mittsommerpartys sucht, der wird auf der Schäreinsel Sandhamn fündig. Aber nicht nur private Picknicks und Zusammentreffen finden zur kürzesten Nacht des Jahres statt, sondern auch viele Open Air Konzerte, Kunsthandwerkermärkte und Trachtenveranstaltungen. Doch nicht nur zu Mittsommer feiern die Schweden groß, sondern eigentlich den ganzen Sommer über. Im Ort Kiviks findet mit Kiviks marknad übrigens der größte Jahrmarkt des Landes statt. Es lohnt sich ein Besuch!

Burg Eketorp

Burg Eketorp ist heute ein archäologisches Freilichtmuseum in Gestalt einer vollständig restaurierten frühgeschichtlichen Ringburg. Die Ausstellung innerhalb der hohen Ringmauer ist äußerst authentisch. Angefangen bei den Gebäudedetails über die Mitarbeiter in historischer Kleidung bis hin zu frei laufenden Schweinen, Schafen oder Hühnern alter schwedischer Landrassen.

Bildleiste von oben:
Das Küstenstädtchen Karlshamn mit seinen historischen Holzhäuschen liegt malerisch an der Ostsee.

Das fröhliche und bunte Treiben beim Mittsommer in Schweden zu erleben, gehört bei einer Reise im Sommer dazu.

Wer nicht gerade den berühmten Brunnspark besucht, flaniert am hübschen Kanal von Ronneby entlang.

Bildleiste von oben:
Die Trefaldighetskyrka (Dreifaltigkeitskirche) in Karlskrona, ein nach dem Vorbild des römischen Pantheons errichteter Kuppelbau, stammt von Nicodemus Tessin d. J., dem wohl bedeutendsten Barockbaumeister Schwedens. Davor wacht eine Statue Karls XI.

Auf manchen Streckenabschnitten sollte man sich vor Wildtieren auf der Fahrbahn in Acht nehmen.

Das Gräberfeld Gettlinge ist mit einer Länge von fast zwei Kilometern eines der größten Gräberfelder auf der schwedischen Insel Öland. Es durchzieht im Süden der Insel die Dörfer Gardstorp, Gettlinge und Klinta. Auf dem Areal gab es ursprünglich etwa 250 Gräber, heute sind noch etwa 200 erhalten.

AUSFLUGSZIEL

Blekinge Eka

Die Provinz Blekinge liegt im Südosten Schwedens. Ein landschaftlicher Schatz ist der sogenannte Schärengarten von Blekinge, ein Areal, das sich über 210 000 Hektar erstreckt und nahezu 1000 Inseln umfasst. Wer sich hier über das Wasser fortbewegen will, der benötigt ein Boot, das wendig ist und nicht allzu viel Tiefgang hat. Dieser Bootstyp nennt sich Blekingseka. Vermutlich hat er sich bereits im 17. Jahrhundert entwickelt. Es handelte sich dabei ausschließlich um Segel- und Ruderboote, die zumeist vollständig aus Eiche gebaut waren. Die Menschen nutzten das Material, das vor ihrer Haustür zu haben war, und viele der Wälder sind nun einmal Eichenwälder. Die Boote kamen vor allem in der Küstenfischerei zum Einsatz. Noch heute sieht man die charmanten Schiffchen ab und zu in den Schären.

zu einem über die Grenzen Schwedens hinaus bekannten Kurort. Zwar sind diese Zeiten längst vorbei, Ronnebys Brunnspark ist aber nach wie vor eine Touristenattraktion. Die zauberhaften Themengärten, die hier angelegt wurden, laden zu Spaziergängen ein. Die sehr sehenswerten Kuranlagen auf dem Gelände stehen unter Denkmalschutz.

14 Karlskrona

Blekinges Hauptstadt liegt auf einer Insel im Inneren des der Küste im Osten der Provinz vorgelagerten Schärengartens. Sie wurde ab 1680 unter Karl XI. als Marinestützpunkt angelegt und in den Jahrhunderten danach immer wieder ausgebaut. Das historische Karlskrona gilt als herausragendes Beispiel eines planvoll angelegten Marinestützpunkts des 17. Jahrhunderts. Große Teile der Bebauung wie die Hafenanlagen, Werften, die Versorgungseinrichtungen und Unterkünfte oder das Kungsholm Fort stehen deshalb seit 1998 auf der UNESCO-Welterbeliste. Karlskronas Straßen und Plätze bestechen durch ihre Weitläufigkeit. Sie verleihen dem heute rund 35 000 Einwohner zählenden Ort eine großstädtische Aura. Der Stortorget, ein riesiger Platz im Zentrum der Stadt, wird von Meisterwerken schwedischer Barockarchitektur gesäumt.

15 Brömsebro

Das Dörfchen Brömsebro ist das beste Beispiel dafür, dass selbst ein unscheinbarer Ort den Hauch der Geschichte atmen kann. Davon zeugt noch heute der sogenannte Friedensstein von Brömsebro. Er wurde im Jahr 1915 an der Stelle der Vertragsunterzeichnung aufgestellt und ist für die 200 Einwohner ein wichtiges Mahnmal gegen Kriege. Das Dorf lag im Brennpunkt zweier Mächte, genau an der Grenze zwischen Dänemark und Schweden. Während im Jahr 1541 hier noch ein Bündnis zwischen den beiden Staaten gegen die Hanse unterzeichnet wurde, endete durch den sogenannten Frieden von Brömsebro der Torstenssonkrieg. Im Jahr 1643 waren die Schweden in Dänemark eingefallen, zwei Jahre später wurden die Kampfhandlungen mit dem Friedensabkommen beendet.

16 Kalmar

Der etwa 36 000 Einwohner zählende Ort an der der Insel Öland gegenüberliegenden småländischen Küste

RÖNNINGE HUSBILSSTÄLLPLATS

Der gebührenpflichtige Stellplatz für 33 Mobile liegt am Ortsrand von Ronneby auf einem Parkplatz am Waldrand. Der überwiegend ebene, teilweise schattige Platz verfügt über alle notwendigen Ver- und Entsorgungsanlagen, Sanitäranlagen und WLAN.

Reddvägen 14, 372 73 Ronneby
GPS 56.19035, 15.29749

STADSMARINA KARLSKRONA

24 Mobile finden in einem speziell ausgewiesenen Asphaltbereich auf dem Hafenparkplatz in zwei Reihen Platz. Zum Hafenbüro mit Duschen, Toiletten, einer Cafeteria, Fahrradverleih und WLAN sind es rund 300 Meter. Das Stadtzentrum ist 700 Meter entfernt.

Östra Hamngatan 4, 37132 Karlskrona
GPS 56.16349, 15.59667

SANDHAMN STÄLLPLATS

Der schöne Platz mit Restaurant, Café und Bar befindet sich direkt am Wasser. Fahrräder können kostenlos ausgeliehen werden. Alle notwendigen Ver- und Entsorgungsanlagen sind vorhanden, WCs und Duschen sind sehr sauber.

Brändaskärsvägen 5, 370 42, Torhamn
GPS 56.09335, 15.85619

präsentiert sich als bezaubernde Kleinstadtidylle. Der Stortorget mit Dom und Rathaus bildet den Mittelpunkt des historischen Zentrums, das nach dem Großbrand von 1648 auf der Insel Kvarnholmen neu angelegt und mit Festungsmauern umgeben wurde. Auch das Netz rechtwinkelig aufeinander zulaufender Straßen, das das Viertel auch heute durchzieht, stammt aus dieser Zeit. Das in einer historischen Dampfmühle untergebrachte Kalmar Länsmuseum wartet mit den Überresten des 1676 vor Öland gesunkenen Schiffs »Kronan« der königlichen Marine auf. Der »Schatz« wurde erst 1980 entdeckt und von Archäologen geborgen. Zu sehen sind nicht nur Kanonen, Steuerruder und Navigationsgeräte, sondern auch eine wertvolle Goldmünzensammlung, die in dem Wrack gefunden wurde. Die einstige Festungs- und Verteidigungsstadt wird heute oft zur Sommerstadt Schwedens gekürt. In den wärmeren Monaten lässt es sich hier wunderbar durch die hübschen Straßen schlendern und in einem der zahlreichen Cafés typisch schwedische Süßigkeiten kosten.

17 Öland

Seit 1972 ist die Insel Öland mit dem Festland verbunden. Die sechs Kilometer lange Brücke führt über den schmalen Kalmarsund, der das beliebte Sommerziel vom Festland trennt. Aufgrund seiner zahlreichen Sandstrände bietet sich das Eiland optimal für einen Badeurlaub an, auch die schwedische Königsfamilie verbringt hier gerne ihren Sommerurlaub. Das flache Eiland lädt zu Radtouren ein, die zu den Wahrzeichen der Insel, den Windmühlen, führen. Einst gab es 2000 davon, heute sind noch 400 erhalten. Die Natur ist von kargem Charme und wirkt südländisch. Die einzigartige Heidelandschaft, Stora Alvaret, wächst auf einem Bett aus Kalkstein. Nicht viele Bäume können sich hier halten. Sehenswert sind die Rekonstruktion der Burg Eketorp, in der man den Alltag vor rund 1500 Jahren erleben kann, sowie das Gettlige-Grabfeld, vor allem für Archäologiebegeisterte. Orchideenliebhaber kommen hingegen im südlichen Teil der Insel auf ihre Kosten.

BLÄSINGE HAMN

Von Anfang Mai bis Ende Oktober können auf dem überwiegend geschotterten Platz bis zu zehn Wohnmobile parken und die Aussicht auf das weite Meer zu ihren Füßen genießen. Die Benutzung der Sanitäranlagen ist im Preis enthalten, der Anschluss an Strom kostet einen Aufpreis.

Bläsinge hamn 293, 386 96 Färjestaden
GPS 56.62005, 16.70251

WOHNMOBILSTELLPLATZ ÖLANDSKAJEN

Der ganzjährig nutzbare Stellplatz befindet sich auf einem Parkplatz, weshalb der Untergrund überwiegend eben ist. Das Zentrum von Kalmar lässt sich gut zu Fuß erreichen.

Ölandskajen 9, 39126 Kalmar
GPS 56.66050, 16.36166

Sehenswert ist die Schlosskirche in Kalmar (oben rechts). Das Schloss selbst (oben) wirkt im Morgenlicht wie in Gold gehüllt.

ROUTE 07

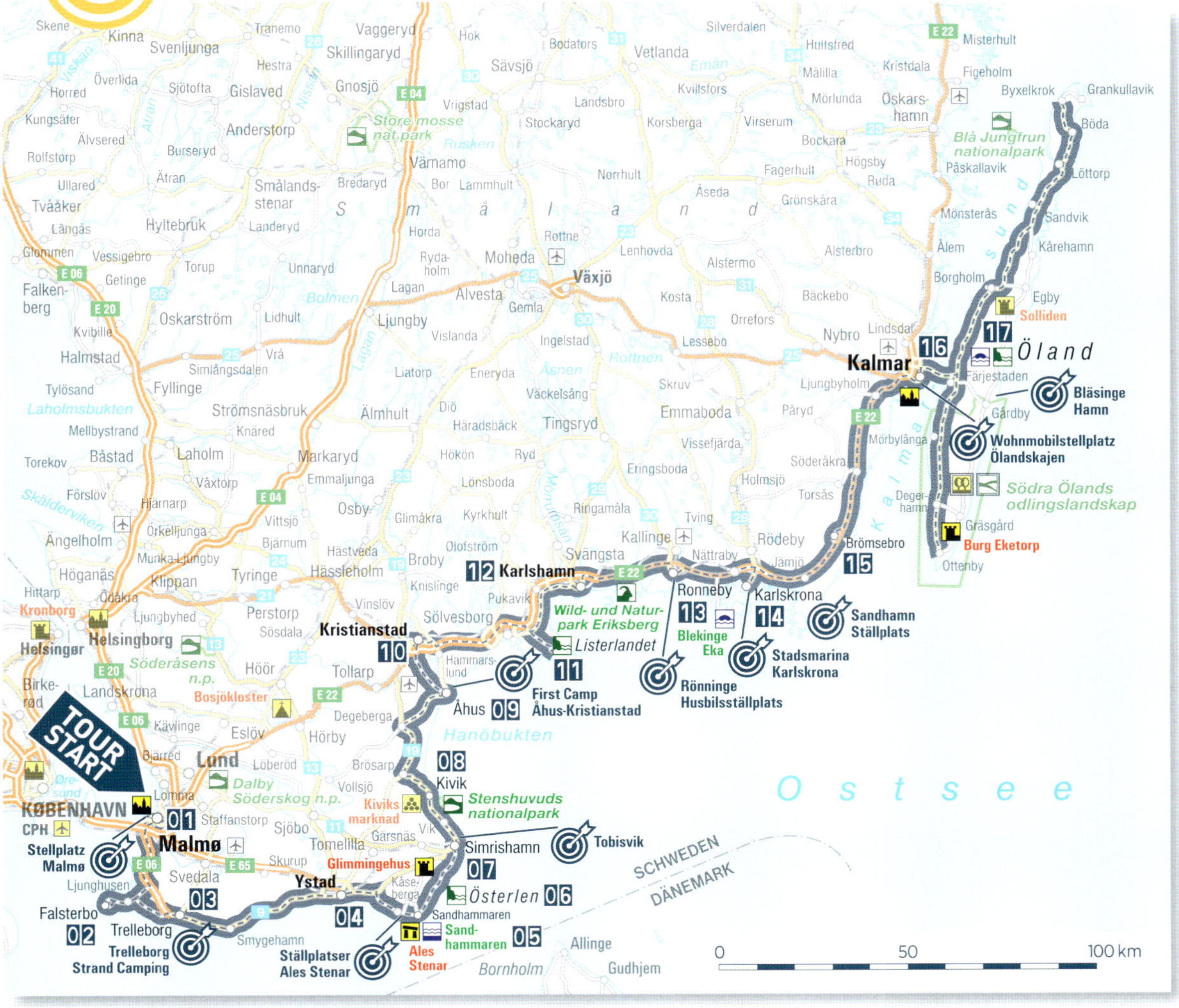

TOUR START
01 Malmø
02 Falsterbo
Trelleborg Strand Camping
03
04 Ystad
Ställplatser Ales Stenar
05 Sandhammaren
06 Österlen
07 Simrishamn
Tobisvik
08 Kivik
Stenshuvuds nationalpark
09 Åhus
First Camp Åhus-Kristianstad
10 Kristianstad
11 Listerlandet
12 Karlshamn
Wild- und Naturpark Eriksberg
13 Ronneby
Blekinge Eka
Rönninge Husbilsställplats
14 Karlskrona
Stadsmarina Karlskrona
Sandhamn Ställplats
15 Brömsebro
16 Kalmar
17 Öland
Bläsinge Hamn
Wohnmobilstellplatz Ölandskajen
Södra Ölands odlingslandskap
Burg Eketorp
Solliden
Blå Jungfrun nationalpark
Store mosse nat.park
Söderåsens n.p.
Dalby Söderskog n.p.
Kronborg
Helsingør
Helsingborg
KØBENHAVN
CPH
Stellplatz Malmø
Lund
Bosjökloster
Glimmingehus
Kiviks marknad
Ales Stenar
Växjö
Småland
Ostsee
Hanöbukten
Laholmsbukten
Skälderviken
Öresund
Kalmarsund
SCHWEDEN
DÄNEMARK
Bornholm
0 50 100 km

ROUTE 08

VON BERGEN NACH OSLO

Diese Strecke garantiert spektakuläre Aussichten, etwa am Hallingskarvet-Gebirgskamm und durch das Hallingdal. Der Küste und den Inseln vor der Stadt Bergen den Rücken zu kehren, bedeutet längst nicht, dass im Landesinneren das Wasser keine Hauptrolle mehr spielt! Die beeindruckendsten Wasserarme liegen in östlicher Richtung unweit der Hafenstadt: Hardanger, Aurlandsund Nærøyfjord. Letzterer, ein Seitenarm des Sognefjords, sollte unbedingt einmal mit dem Schiff befahren werden, alleine wegen der schmalen Einfahrt und der hohen Felswände. Entlang des Sognefjords stehen viele gut erhaltene Stabkirchen: Urnes, Kampanger, Hopperstad und Undredal, um nur einige zu nennen. In Flåm heißt es das Wohnmobil einmal abstellen. Stattdessen besteigt man die faszinierende Flåmbahn. Anschließend führt der Weg durch den riesigen Nationalpark Hallingskarvet oder die historische Landschaft Hallingdal langsam in Richtung Hauptstadt. Die schicken Vororte Asker und Sandvika rücken die Natur für einen Moment zu Gunsten von Restaurants und Geschäften in den Hintergrund. In Oslo gilt es Kultur zu tanken, beispielsweise auf der Museumshalbinsel Bygdøy, im Vigeland Park mit seinen vielen Skulpturen oder ganz modern im Stadtviertel Bjørvika in Bahnhofsnähe.

WARUM IM SOMMER?

Die Strecke ist im Sommer perfekt: Dann laden Wege zum Wandern ein, Seen zum Baden, die Bergstraßen sind frei von Eis und Schnee, und unbeschwertes Fahrvergnügen wartet auf die Wohnmobilisten an Tagen, die scheinbar nie zu Ende gehen.

Malerisch spiegelt sich der Himmel im Wasser des Sognefjords, des längsten und tiefsten Fjords Europas.

Natur pur!

Schmale, hohe Felswände, weite Fjorde und ein Fährennetz, das verlässlich ist – der Sommer ist ideal, um Norwegen zu erkunden. Von manchen Bergen weht noch ein Hauch Schneeluft herunter, und mit etwas Glück lässt sich die Mitternachtssonne blicken.

In aller Pracht spiegelt sich die Szenerie im Nærøyfjord, wenn sich tiefschwarze Wolken und heller Lichtschein am Himmel abwechseln, die Berge golden leuchten und die weißen Häuser aufs Wasser blicken.

ROUTE 08

Streckenlänge: ca. 510 km
Zeitbedarf: ca. 1 Woche

Routenverlauf (Hauptorte): Bergen, Dale, Voss, Nærøyfjord, Flåm, Kjosfossen, Aurlandsfjord, Gol, Hallingdal, Sysle, Tyrifjord, Drammen, Drammenfjord, Asker, Sandvika, Oslo

Charakteristik: Gut befahrbare Strecke mit vielen Gelegenheiten zur Rast, um die herrliche Natur zu genießen.

Hier geht's zum GPS-Track

01 Bergen

Der Startpunkt der Tour ist die geschichtsträchtige Stadt Bergen. Ihr altes Handelsviertel Bryggen mit den bunt angestrichenen Holzhäusern wurde 1979 von der UNESCO zum Weltkulturerbe erklärt. Mittlerweile haben sich viele Künstler im Viertel niedergelassen. Die steinerne Marienkirche mitten in Bryggen wurde im 12. Jahrhundert gebaut.

SOMMERTIPP: Der Fischmarkt auf dem Marktplatz Torget ist ein Muss für jeden Besucher. Neben Fisch direkt vom Kutter gibt es hier auch frisches Obst und Gemüse sowie viel Kunsthandwerk aus der Region.

Unweit des Marktplatzes ragt der mächtige Turm der Domkirche St. Olav in den Himmel. Das Langschiff des Gotteshauses wurde Ende des 12. Jahrhunderts im romanischen Stil erbaut. Der gotische Chor und der untere Teil des Turmes stammen aus dem 13. Jahrhundert. Als Kulturmetropole beherbergt Bergen zahlreiche interessante Museen. Allein am Lille Lungegårdsvann, dem Stadtsee, befinden sich mehrere sehenswerte Gemäldegalerien. Das in einem imposanten Jugendstilbau spielende Nationaltheater Den Nationale Scenen zählt zu Bergens Wahrzeichen. Für einen ganz besonderen Ausblick über die Stadt lohnt eine Fahrt mit der Standseilbahn auf den 399 Meter hohen Fløyen, einem der sieben Berge, die die Stadt umgeben.

02 Dale

Eingebettet in die Berge Vestlands liegt das hübsche Dorf am westlichen Ausläufer des Bergdalen. Es ist über die Europäische Route E16 gut zu erreichen. Die kurvigen Strecken versprechen entspanntes Fahrvergnügen, zum Beispiel auch von Dale aus über die Fv 314 bis hin zu den Seen Bergsvatnet oder Hamlagrøvatnet. Der Ortsname Dale ist bekannt für die traditionellen norwegischen Strickwaren mit ihren Norwegermustern, die hier hergestellt und vor Ort, nahe dem Bahnhof, verkauft werden. Inzwischen sind sie international bekannt.

03 Voss

Der Ort ist vor allem bekannt für das 1928 eingerichtete Freilichtmuseum. Dieses bewahrt die Tradition der Umgebung. Die hölzernen Gebäude aus dem 17. bis 19. Jahrhundert spiegeln

Nicht immer herrschen in Norwegen Einsamkeit und Stille. Rentiere queren des Öfteren die Fahrbahn; da sollten Wohnmobilisten aufpassen!

die traditionelle Bauweise und den Lebensrhythmus der Menschen im Fjordgebiet wider. Zu den Ausstellungsstücken gehören Geräte, Einrichtungsgegenstände und Bilder.

04 Nærøyfjord

Dieser Meeresarm gehört zu den dramatischsten des Landes. An seiner engsten Stelle misst er nur 250 Meter, an seiner breitesten einen Kilometer. Nicht aber seine metrischen Daten sind es, die ihn zum Weltnaturerbe der UNESCO machten, sondern seine beispielhafte Prägung als Fjord. Der Nærøyfjord steht für eine einzigartige Artenvielfalt, für klare Wildbäche und Wasserfälle, die sich ihren Weg über steile Felsen suchen, für eine Vielfalt der geologischen und der klimatischen Verhältnisse. Rund 1200 Meter hohe Felsen ragen hier fast senkrecht ins Wasser. Laub- und Nadelwälder wechseln sich ebenso ab wie verschiedene Pflanzenformen. Die vielfältige Natur bietet einen idealen Lebensraum für viele Tiere: Polarfüchse und Luchse, Rentiere, Otter und Weißrückenspechte fühlen sich in der oftmals noch unberührten Landschaft wohl. Die Gewässer sind Heimat der Schweinswale.

BERGEN CAMPING PARK

14 Kilometer von der Stadt entfernt ist hier Platz für 35 Wohnmobile. Viele Leistungen und Einrichtungen sind inklusive, und im Sommer werden an der Rezeption Lebensmittel und Fast Food verkauft. Im Umfeld lassen sich Berge, Wälder und das Ufer des Sørfjords erwandern.

Nordre Bruras 26, 5111 Breistein
GPS: 60.48491, 5.38109

BOBILPARKERING BERGENSHALLEN

Dieser ist ein guter Platz, um Bergen zu besuchen (300 Meter zur Straßenbahn; Fahrt in die Stadt: 14 Min.). Er bietet ebene parzellierte Asphaltflächen und liegt bei der Eissportstätte Bergenshallen. Auf dem kostenpflichtigen Platz sind alle notwendigen Ver- und Entsorgungseinrichtungen vorhanden. Einige Plätze haben Stromanschlüsse.

Vilhelm Bjerknes' vei, 5081 Bergen
GPS: 60.35438, 5.35944

VOSS CAMPING

Das baumbestandene Areal liegt direkt am Vangssee. Der Ort Voss ist nur fünf Minuten zu Fuß entfernt. Kochmöglichkeiten, ein überdachter Grillplatz – und das Beste: ein beheizter Swimmingpool mit Rutsche! Ganzjährig geöffnet, Sonderpreise in der Nebensaison.

Idrottsvegen 5, 5700 Voss
GPS: 60.62502, 6.42258

05 Flåm

Das Städtchen Flåm am Ende des Aurlandsfjords ist die Endstation einer berühmten Eisenbahnstrecke: der Flåmsbahn. Ihre Strecke führt durch eine der imposantesten Landschaftsformationen des Landes. Auf der 50-minütigen Fahrt nach Myrdal am Rande der Hardangervidda überwindet der Zug 868 Höhenmeter und passiert 20 Tunnel. Manche der Bergunterführungen sind spiralförmig in den Stein gewunden. Sie sind Meisterleistungen der Ingenieurskunst. Die Eisenbahnstrecke wurde zwischen 1935 und 1938 gebaut und ist seither auch eine Touristenattraktion.

SOMMERTIPP: Die Flåmbahn gilt als eine der steilsten Bergbahnen der Welt, die auf Normalspur verkehrt. Alte Bahnhofsgebäude, liebliche Almen und rauschende Wasserfälle, schneebedeckte Gipfel und steile Berghänge gehören zur Kulisse, vor der die Bahn sich durch die Landschaft kämpft.

06 Kjosfossen

Untrennbar verbunden sind die berühmte Flåmbahn und der Kjosfoss. Dem spektakulären Wasserfall ist nämlich eine eigene Haltestelle gewährt. Auf jeder Fahrt zwischen Flåm und Myrdal hält der bekannte Touristenzug hier an, kein Fahrgast bleibt sitzen. Alle wollen sich das rauschende Spektakel ansehen, das durch Musik und Licht eindrucksvoll in Szene gesetzt wird. Im Sommer treten zudem Schülerinnen der Norwegischen Ballettschule auf und stellen in Gesang und Tanz die mythologischen Naturgeister Huldra dar. Wer eine Regenjacke dabeihat, der wird sich glücklich schätzen, denn die Wassertropfen springen an den Felswänden nach oben und verteilen sich gerne weiträumig in der Luft. Die Fallhöhe des Kjosfoss beträgt 225 Meter, doch diese Strecke überwindet das Wasser nicht senkrecht fallend, sondern in mehreren Stufen, sodass die Länge des Wasserfalls an die 700 Meter misst.

07 Aurlandsfjord

Der Name klingt ein wenig wie das Auenland aus Tolkiens Literaturklassiker »Herr der Ringe«. Tatsächlich erinnert die Landschaft mit ihren sanft geschwungenen Hügeln und den sattgrünen Wiesen an das bekannte Fantasy-Epos. Schneegipfel und glattpolierte Felsen prägen das Bild. Der rund 29 Kilometer lange Fjord beginnt hinter Fresvik und hat selbst auch noch einen Seitenarm, den Nærøyfjord, der an seiner engsten Stelle nur 250 Meter misst. Besonders spektakulär ist eine Fahrt über die Passstraße Aurlandsvegen. Sie führt bis auf 1300 Meter, und weil sich selbst im Sommer oft Schnee am Straßenrand befindet, wird sie im Volksmund auch als »Schneestraße« bezeichnet. Die Auto- und Wohnmobilfahrer passieren den nervenkitzelnden Aussichtspunkt Stegastein, denn die begehbare Rampe ragt dort mehr als 30 Meter über den Abgrund. Nur eine Glasscheibe trennt am Ende die Besucher vom grandiosen Panorama. 650 Meter über dem Fjord zeigt sich spätestens hier, wer schwindelfrei ist. Eine weitere Sehenswürdigkeit ist der Hof Stigen, der so steil in den Bergen liegt, dass er einst nur über Leitern – Stiegen – erreicht werden konnte.

TVINDE CAMPING AS

Hier übernachtet man direkt an einem Wasserfall: Der Platz liegt am 150 Meter hohen Tvindefossen und hat dadurch eine einzigartige Kulisse. WLAN und moderne sanitäre Anlagen verstehen sich auf dem 3-Sterne-Platz nahe der E16 von selbst.

Tvinde, 5710 Skulestadmo
GPS: 60.72651, 6.49069

FLÅM CAMPING OG VANDRARHEIM

Der freundlich geführte Platz ist etwas teurer, dafür wird auf den ökologischen Hintergrund geachtet, denn dies war vor 50 Jahren ein Bauernhof. Eingerahmt von hohen Bergen und einem Wasserfall, bieten die gut angeordneten Stellplätze Erholung pur. Bei Regen stehen drei große, überdachte Picknick-Einrichtungen zur Verfügung.

Nedre Brekkevegen 12, 5743 Flåm
GPS: 60.86313, 7.11070

LUNDE CAMPING

80 Wohnmobile finden hier Platz. Viele Stellflächen liegen direkt am Fluss Aurland. Gute Standardausstattung mit den üblichen Einrichtungen wie Waschräume mit Trocknern sowie Küchen. Auf Wunsch gibt es Kabelfernsehen. Bis Oktober geöffnet.

Skulevegen 50, 5745 Aurland
GPS: 60.90003, 7.20730

Das Wohnmobil abstellen und ein Stück mit dieser berühmten Bahn fahren – das sollte man sich nicht entgehen lassen! Der kleine grüne Zug sieht eigentlich ganz unspektakulär aus – dabei kämpft er sich teils über Steigungen von mehr als 55 Prozent nach oben (links).

Dem Kjosfossen, ein spektakuläres Naturwunder, hat man eine eigene Haltestelle an der Flåmbahn eingerichtet (rechts).

GOL CAMPINGSENTER

Diese ganzjährig geöffnete Campinganlage hat insgesamt 600 Plätze, einige davon liegen am Fluss. Ein À-la-carte-Restaurant, ein Freibad, eine Saunalandschaft sowie Musikveranstaltungen zeichnen das Campingcenter aus. Es gibt WLAN und Kabelfernsehen, Waschräume mit Trocknern, drei große Küchen und sehr gepflegte sanitäre Anlagen.

Heradvegen 189, 3550 Gol
GPS: 60.69981, 9.00537

HOKKSUND CAMPING AS

Bei Drammen gelegener, ganzjährig geöffneter 4-Sterne-Platz, dessen Einrichtungen 2017 umfassend renoviert wurden. Ein Café und ein Lebensmittelladen stehen für das leibliche Wohl zur Verfügung. Die sanitären Einrichtungen sind exzellent. Propangasflaschen werden vor Ort verkauft.

Stryken 73, 3300 Hokksund
GPS: 59.77369, 9.91724

HALLINGDAL FERIEPARK

Der Platz gehört zur Topcamp-Gruppe und ist daher bestens ausgestattet. Selbst an einer Aufladestation für Elektroautos fehlt es nicht. Es gibt Klettereinrichtungen, eine Fahrrad-Cross-Bahn, beleuchtete Skipisten und sogar eine Schlittschuhbahn.

Myrovegen 15, 3570 Ål
GPS: 60.62466, 8.54221

08 Gol

Der langgezogene Ort Gol an einem Verkehrsknotenpunkt ist einer der beliebtesten Wintersportorte Norwegens mit guten Parkmöglichkeiten. Daneben ist ein Besuch der aufwendig verzierten Stabkirche ein Muss! Zwar steht hier nicht mehr das Original aus dem 13. Jahrhundert, sondern eine originalgetreue Kopie. Die ist aber ebenso schön und wird daher gerne für Hochzeiten genutzt. Der ursprüngliche Bau befindet sich auf der Halbinsel Bugdøy, in einem Teil des Norwegischen Volksmuseums von Oslo.

09 Hallingdal

Das etwa 120 Kilometer lange, weitläufige Tal zwischen den jeweils 1900 Meter hohen Bergen Folarskardnuten und Høgeloft bietet Ruhe und Entspannung. Andererseits hält es ein großes Angebot an Aktivitäten für die ganze Familie bereit. Die lange Geschichte, in der die Zugehörigkeit und Bevölkerung inklusiver eigener Dialekte häufig wechselten, lässt sich weit zurückverfolgen. Darüber erfährt man in den Dorfmuseen und im Hallingdal-Museum viel Interessantes. Das Tal ist durch die Eisenbahnstrecke

AUSFLUGSZIELE

Stabkirche Borgund

Die Stabkirche von Borgund zählt zu den ältesten Holzbauten Europas. Und vielleicht zu den am meisten besuchten Stabkirchen des Landes. Von den einst um die 1000 ihrer Art, die in Norwegen, aber auch andernorts existierten, sind heute nur noch knapp 30 erhalten. Sie entstanden in einer Zeit, als die Menschen noch mit Naturreligionen lebten und das Christentum es schwer hatte mit seiner Verbreitung im Land. Deshalb finden sich in ihrer Ausschmückung neben den biblischen Bildern und Schnitzereien auch immer wieder Motive aus den nordischen Sagen. Heidnische Fabelwesen und Runen zieren Balken, am Portal finden sich Schutzzeichen, und wer in das Innere will, der muss eine Schwelle übertreten, die das Böse außen vor lässt. Das Gotteshaus von Borgund stammt aus dem Jahr 1180, Kanzel und Altar wurden in späteren Jahrhunderten hinzugefügt.

Hallingskarvet-Nationalpark

Gewaltige Gipfelformationen als Überreste der Eiszeit prägen das Bild in Hallingskarvet. Dieser Nationalpark breitet sich 135 Kilometer östlich von Bergen aus. Seine Gipfel ragen bis zu 1933 Meter in die Wolken. Das Herz des Schutzgebietes ist der Flakavatnet-See, das Gewässer liegt auf einer Höhe von 1453 Metern und gilt damit als der höchstgelegene See Norwegens. Schützenswert ist dieses Stück Natur vor allem wegen seiner Pflanzenwelt. Auf der von grasigen Matten bedeckten Hochebene finden sich mehr als 300 teilweise seltene arktische Arten von Gräsern, Farnen und Blütenpflanzen. Und auch die Fauna ist arktisch-alpin geprägt: Das weite Gelände bietet Tieren wie Polarfüchsen, Schneehasen, Elchen, großen Bergrentierherden und auch Vögeln wie Steinadlern einen guten und vor allem geschützten Lebensraum.

Bergensbanen und den besonders für Selbstfahrer günstigen Riksvei Rv7 bestens angebunden.

SOMMERTIPP: Wanderungen durch die eindrucksvolle Landschaft, wilde Tiere bestaunen, Husky-Schlitten fahren, angeln – hier ist alles möglich. Informationen an der örtlichen Touristinfo.

10 Sysle

Gen Süden führt die N 280 zum winzigen Ort Sysle. Früher gab es hier einen Bahnhof, dessen Bau immerhin noch ein malerisches Fotomotiv abgibt. Genau wie die Nachbardörfer Vikersund oder Geithus ist Sysle landschaftlich schön am Fluss Snarumselva und mit Blick auf mehrere Berggipfel gelegen.

11 Tyrifjord

Mit fast 140 Quadratkilometern ist der Tyrifjord in der Provinz Viken Norwegens fünftgrößter See. Der Artenreichtum an Fischen ist hier besonders groß, und wenn man sich eine Genehmigung holt, darf man auch angeln. Außer der häufig vorkommenden Forelle kann man hier mit Glück stattliche Hechte aus dem Wasser holen. Leider ist einer der Arme des Sees, der Holsfjord, weltweit mit unschönen Erinnerungen verbunden, denn an seinem Eingang liegt die Insel Utøya, auf der 2011 grausame Morde an Jugendlichen verübt wurden.

Eine originalgetreue Kopie der Stabkirche von Gol ist im Gordarike-Familienpark zu besichtigen (rechts oben).

Weit geht der Blick über einen See im Hallingskarvet-Nationalpark. In vielen Wasserläufen des Parks kann man auch nach Herzenslust angeln (rechts, Mitte).

Wie idyllisch auch die Einsamkeit sein kann, lehrt einen die Drammensmarka (rechts). Der dichte Wald wird nur von Seen wie dem Urdevann unterbrochen und bietet sagenhafte Ruhe inmitten der Natur.

OSLO SJØLYST MARINA BOBIL PARKERING

Auf dem großen, kostenpflichtigen Parkplatz am Jachthafen können mehr als 100 Mobile parken. Es gibt ebene parzellierte Asphaltflächen. Alle notwendigen Ver- und Entsorgungseinrichtungen sind vorhanden. Der Platz ist ganzjährig geöffnet. Die Innenstadt von Oslo ist mit dem Fahrrad über den Vigelandsparken bequem zu erreichen.

Drammensveien 164, 0277 Oslo
GPS: 59.92042, 10.67591

12 Drammen

Dem Holzhandel hat Drammen es zu verdanken, dass es heute eine verhältnismäßig große Stadt ist – und der günstigen Lage an der Mündung des Drammenselva in den Drammensfjord. Zu den besonderen Highlights der Stadt gehört der Spiraltunnel, der sich mit sechs übereinander liegenden Spiralen auf ein Plateau hinaufschraubt, auf dem ein Freilichtmuseum zu finden ist. Der Drammensfjord ist etwa 30 Kilometer lang und ein beliebtes Erholungsgebiet, nicht nur für die Städter. Auch Angler wissen den Fischreichtum im Fjord zu schätzen, darunter besonders die Meeresforellen, die Jahr für Jahr hierherkommen.

13 Asker

Auf dem Weg nach Oslo empfiehlt sich unbedingt ein Stopp im Vorort der Hauptstadt. Am Oslofjord gelegen, kombiniert Asker Badeort- und Kleinstadt-Atmosphäre. Im Sommer finden sich schicke Jachten in der Marina Vollen ein. Die fünf Strandbäder sind der ideale Platz, um die langen, hellen Sommertage zu genießen. Im Fjord liegen zwei große Inseln. Nach Nesøya, Wohnsitz einiger Prominenter und Wohlhabender, gelangt man über eine Brücke.

SOMMERTIPP: Die Insel Brønnøya ist im Sommer mit einer Kabelfähre zu erreichen. An Mittsommer allerdings verkehrt die Fähre nicht.

Die Insel bietet mit ihren Ruinen und kleinen Siedlungen ein schönes Ausflugsziel. Das ruhigere Hinterland, die Vestmarka, ist bewaldet und lädt zu langen Wanderungen ein.

14 Sandvika

An der Gabelung der E 16 und der E 18 befindet sich Sandvika, nur noch 15 Kilometer von Oslo entfernt. Ebenfalls direkt am Fjord gelegen, ist das Städtchen inzwischen allerdings besonders durch das größte Einkaufszentrum Skandinaviens bekannt, das Sandvika Storcenter auf einer Fläche von ca. 50 000 Quadratmetern. Über 200 Geschäfte und zahlreiche Restaurants und Cafés bieten jede Menge Auswahl, auf einem der rund 2500 Parkplätze kann man sicher auch sein Wohnmobil abstellen.

15 Oslo

Die Hauptstadt Norwegens liegt ungefähr 100 Kilometer vom offenen Meer entfernt, am nördlichen Ende des malerischen Oslofjords. Ihre besondere Attraktivität verdankt sie ihrer Lage in einer von dichten Wäldern, zahlreichen Seen und Stränden geprägten Naturlandschaft sowie ihrem Großstadtflair. Die Stadtgründung erfolgte im Jahr 1048 unter Harald III. Schon 1299 machte König Håkon V. Oslo zur norwegischen Hauptstadt. Im Mittelalter entwickelte sich die Stadt zu einer der bedeu-

Oben: Über die Skyline schweift der Blick vom Oslofjord über Aker Brygge, über das Königliche Schloss und das Rathaus zum Gebäudekomplex »Barcode«.

Das Dach des Osloer Opernhauses ist eine beliebte Aussichtsplattform mit herrlichem Blick über die Stadt und den Fjord.

tendsten Residenz- und Kaufmannsstädte in ganz Skandinavien. Die norwegische Metropole zählt heute zu den teuersten Städten der Welt und führt seit Jahren regelmäßig die Liste der Metropolen mit dem höchsten Preisniveau an. Die älteste skandinavische Hauptstadt zeigt sich zudem offen für Kunst und Design, wovon ihre hochkarätigen Museen zeugen. Oslo ist außerdem eine Hochburg für Wintersport. Im Jahr 1952 fanden hier beispielsweise die Olympischen Winterspiele statt. Die alljährlich auf dem Holmenkollen,

ROUTE 08

einem Berg bei Oslo, ausgetragenen Skisprungwettbewerbe zählen ebenso wie die 2011 fertiggestellte Großschanze zu den bedeutendsten der Welt.

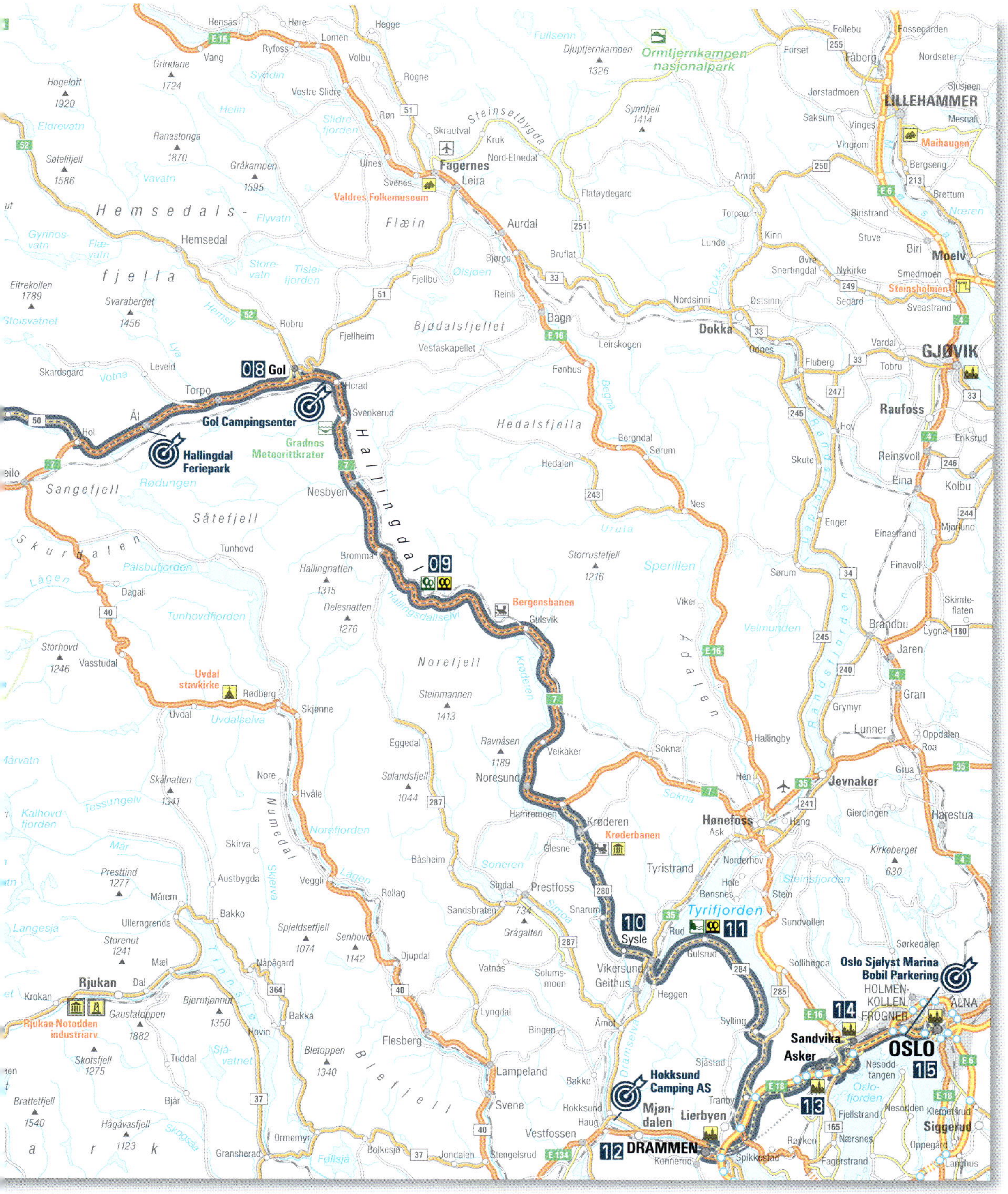

ROUTE 09

PROVENCE

Es gibt sie, die provenzalischen Straßen wie aus dem Werbeprospekt. Sie laufen an blühenden Lavendelfeldern entlang (nur im Hochsommer) oder führen als schier endlose Platanenalleen zu versteckten Weingütern oder Olivenölmühlen. Unsere Tour startet in Marseille mit seinem typischen Mix der Kulturen und dem Hafenflair. Von dort geht es zu einer der schönsten Städte Frankreichs, das wunderbare Aix-en-Provence, die Verkörperung des Traums von der Provence. Nördlich der Durance verläuft die Landstraße zunächst durch das Luberongebirge, um dann entlang der Weinberge südlich von Apt allmählich auf das Lavendel-Hochplateau von Sault zuzusteuern. Die einstige Papstresidenz Carpentras und das von der römischen Antike stark geprägte Vaison-la-Romaine liegen etwas abseits der Touristenströme. Allmählich nähert sich die Route dann dem Tal der Rhône, in dem das päpstliche Avignon und die antiken Monumente in Orange und Nîmes sowie der Pont du Gard keinesfalls links liegen gelassen werden sollten. Spätestens in den Alpilles, dem niedrigen Kalksteinmassiv, das die mächtige Burgruine von Les Baux-de-Provence umschließt, tauchen die langen, fotogenen Platanenalleen auf. Nach dem Besuch von Arles kehrt die Tour durch die Camargue wieder ans Meer zurück.

WARUM IM SOMMER?

Zwischen Ende Juni und Mitte August steht der Lavendel in voller Blüte. Orte wie Montélimar oder Sault feiern große Feste mit Sichelschneidewettbewerben und Leckereien. Am schönsten ist es kurz vor Sonnenuntergang in der Natur, wenn die Farben mit dem letzten Licht fast explodieren.

In der Provence warten im Sommer riesige violettfarbene Blütenteppiche auf Besucher. Der Lavendelduft betört dabei alle Sinne.

Ziemlich dufte!

Zwischen duftenden Zweigen stehen und diesen Blick genießen: Die Landschaft ist mit einem leuchtend-blauvioletten Teppich überzogen. Zur Lavendelblüte ist diese Route durch Südfrankreich ein einmalig duftendes Erlebnis.

Oben links: Im Alten Hafen von Marseille, der Hauptstadt der Region Provence-Alpes-Côte d'Azur, schlägt das Herz der Stadt. Oben rechts: In Aix-en-Provence gibt es kaum eine Ecke, die nicht schön ist.

ROUTE 09

Streckenlänge: ca. 450 km
Zeitbedarf: ca. 2 Wochen
Routenverlauf (Hauptorte): Cassis, Aix-en-Provence, Carpentras, Vaison-la-Romaine, Pont du Gard, Avignon, Les Baux-de-Provence, Arles, Saintes-Maries-de-la-Mer
Charakteristik: Die Landstraßen auf dieser Route sind gut ausgebaut und problemlos zu befahren, nur um Aix und Avignon ist der Verkehr recht dicht. Eng sind die Straßen durch den Luberon und bei einem Abstecher auf den Mont Ventoux (gesperrt Mitte November bis Mitte April).
Informationen:
www.myprovence.fr
www.arlestourisme.com
www.camargue.fr
aixenprovencetourism.com

Hier geht's zum GPS-Track

01 Cassis

Es wirkt wie die kleine, verträumte Schwester des schnell gewachsenen Saint-Tropez. Farbenfrohe Häuser liegen direkt am schönen Hafenbecken, und es gibt eine Promenade, auf der immer irgendetwas los ist: Tatsächlich schätzen viele Besucher die Atmosphäre von Cassis, weil es sie an das frühe Saint-Tropez erinnert. Eine Atmosphäre, die schon die britische Schriftstellerin Virginia Woolf begeisterte. Im Hafenviertel von Cassis lässt es sich gemütlich an den vielen Cafés und Restaurants entlangschlendern, es geht unaufgeregt und lässig zu. Die Felsen, die den Ort wie ein Schutzwall umschließen, strahlen Wärme auch in den Wintermonaten ab. Schließlich gehört Cassis zu den Orten mit den meisten Sonnenstunden des Landes. Das wirkt sich auch günstig auf den Weinbau aus; die Trauben aus dem Anbaugebiet der Gemeinde werden zu exzellenten Weißweinen gekeltert.

02 Aix-en-Provence

Aix-en-Provence gilt als eine der schönsten Städte Frankreichs. Die Bäder- und Universitätsstadt war jahrhundertelang die Hauptstadt der Provence. Auf der keltisch-ligurischen Siedlung Entremont gründeten die Römer um 122 v. Chr. die Kolonie Aquae Sextiae Saluviorum. Seit Ende des 12. Jahrhunderts Hauptstadt, wurde Aix schnell ein Zentrum für Künstler und Gelehrte. Die Altstadt erstreckt sich zwischen dem Cours Mirabeau, einer Platanenallee mit schönem Stadtpalais aus dem 18. Jahrhundert, und der eindrucksvollen Kathedrale Saint-Sauveur (12. bis 17. Jahrhundert) mit einem Baptisterium aus der Merowingerzeit. Interessante Sehenswürdigkeiten sind das Rathaus (17. Jahrhundert), das Musée des Tapisseries und das Atelier de Paul Cézanne. Bei einem eigens ausgewiesenen Stadtrundgang begibt man sich auf die Spuren des Malers. Erholung findet man anschließend in den Thermes Sextius.

03 Carpentras

Die Päpste, die im 14. Jahrhundert fast 70 Jahre außerhalb Italiens residierten, hatten sich zunächst für Carpentras entschieden, bevorzugten aber letztlich Avignon. Auch

wenn sie somit keine bedeutenden Bauten hinterließen, hat Carpentras doch einen sehenswerten mittelalterlichen Ortskern zu bieten. Die gewaltige Stadtmauer, die noch höher als die von Avignon gewesen sein soll, ist allerdings verschwunden. Natürlich hat auch Carpentras römische Wurzeln, doch die Besucher kommen vor allem wegen der bedeutenden Kathedrale Saint-Siffrein. Gotische Bauformen gibt es im Süden Frankreichs nicht allzu häufig zu bestaunen, das Südportal der Kathedrale zeigt jedoch reinste spätgotische Verzierungen. Aber auch in Carpentras findet sich an prominenter Stelle Römisches. Ein Ehrenbogen, der im Mittelalter kurzerhand dem Nordportal der Kathedrale als Vorhalle diente und sich dadurch gut erhalten hat, zeigt – wie auch die Bögen von Orange oder Saint-Remy – die Darstellung gefangener Gallier an den Schmalseiten.

SOMMERTIPP: Jenseits der Route liegt Sault, eines der Zentren des Lavendelanbaus der Region. Es gibt sogar ein eigenes Lavendelfest (15. August), das über die Grenzen der Stadt hinaus bekannt ist. Nördlich des Ortes erstreckt sich zudem ein etwa vier Kilometer langer Lavendelwanderpfad.

04 Vaison-la-Romaine

Das antike Vasio ist erstaunlich gut im heutigen Vaison-la-Romaine abzulesen, was vor allem daran liegt, dass die Siedlung nach dem Untergang des Römischen Reiches ebenfalls für Jahrhunderte von der Landkarte verschwunden war. Im Mittelalter entstand wieder eine Ansiedlung, die aber viel kleiner ausfiel als ihr antiker Vorgänger, deshalb wurden die verschütteten römischen Reste nicht neu überbaut. Zahlreiche Funde kamen seit dem 19. Jahrhundert wieder ans Tageslicht. Das antike Vasio muss sehr wohlhabend gewesen sein, wie die freigelegten großen Villenanlagen reicher Römer beweisen, etwa das »Haus des Pfaus«, benannt nach einem Mosaik, das einen Pfau zeigt. Ein Theater, das

AUSFLUGSZIELE

Marseille

Die zweitgrößte Stadt Frankreichs kann auf eine 2500 Jahre alte Geschichte zurückblicken. Als Massalia wurde sie von Griechen aus Kleinasien auf dem Hügel gegründet, auf dem heute die Kirche Notre-Dame-de-la-Garde steht. Mit den Römern war man zunächst verbündet, 49 v. Chr. eroberte dann Julius Cäsar die griechische Republik. Den ersten großen Aufschwung erlebte Marseille im 12. Jahrhundert, als sich die Kreuzritter von hier aus nach Jerusalem einschifften. In den folgenden Jahrhunderten war Marseille der wichtigste Hafen am Mittelmeer. Das Herz der Stadt schlägt bis heute am Vieux Port, dem Alten Hafen, umgeben von Cafés und Restaurants. In seiner Verlängerung erschließt die Prachtstraße Canebière die Stadt. Die Einfahrt zum Alten Hafen flankieren auf der Nordseite das Fort Saint-Jean, auf der Südseite das Fort Saint-Nicolas. Auf einer Felseninsel vor Marseille steht die Festung Château d'If, die als Gefängnis des »Grafen von Monte Christo« literarisch verewigt wurde.
GPS 43.29530, 5.37401

noch heute für Freilichtaufführungen dient, und das Archäologische Museum sollten ebenso besucht werden wie die romanische Kathedrale Notre-Dame-de-Nazareth aus dem 12. Jahrhundert.

SOMMERTIPP: Es gibt noch einen weiteren triftigen Grund, nach Vaison zu kommen: der riesige Wochenmarkt, der immer dienstags stattfindet.

05 Pont du Gard

Der römische Brückenaquädukt über den Fluss Gard ist ein Meisterwerk römischer Ingenieurskunst und war seinerzeit bautechnisch gewagt. Er war Bestandteil einer rund 50 Kilometer langen Wasserleitung, die vom Quellteich der Eure nach Nîmes führte, und wurde zwischen den Jahren 40 und 60 n. Chr. unter der Herrschaft der Kaiser Claudius und Nero errichtet. Die Arkadenreihen der drei Stockwerke, deren oberstes eine Länge von 275 Metern erreicht, wurden leicht versetzt angelegt. Die unterste besteht aus sechs zwischen 15 und 24 Meter breiten Bögen, die mittlere aus elf Bögen. Die 35 kleineren, etwa fünf Meter breiten

Links oben: Das römische Theater in Vaison-la-Romaine bot Platz für mehrere Tausend Zuschauer.

Links unten: Die Montagne Sainte-Victoire war Cézannes Lieblingsmotiv, das er über 80 Mal malte.

CAMPING LE DEVANÇON

Der sehr gepflegte Campingplatz liegt in der Natur zwischen Aix-en-Provence und Aubagne und ist daher ein idealer Standpunkt für die Erkundung der abwechslungsreichen Region. Geöffnet April bis Ende Oktober.

451 chemin de Pourrachon, 13790 Peynier
www.ledevancon.fr; GPS 43.442165, 5.629524

CAMPING LES HAUTES PRAIRIES

Die 4-Sterne-Anlage erfreut vor allem die Kinder, denn die Poollandschaft mit ihren spektakulären Wasserrutschen ist ein Highlight. Die Stellplätze sind mit hohen Hecken abgetrennt. Das wunderschöne Dorf Lourmarin mit seinem Freitagsmarkt liegt nur fünf Minuten zu Fuß entfernt. Geöffnet Mitte April bis Mitte September.

28 route de Vaugines, 84160 Lourmarin
www.campasun.eu/lourmarin; GPS 43.768111, 5.372484

PAUSADO DOMAINE DES CHÊNES BLANCS

Etwas versteckt im Eichenwald des Luberongebirges liegt diese 3-Sterne-Campinganlage. Der große Poolbereich lockt, doch auch in der Umgebung gibt es viel zu entdecken, etwa Gordes oder Roussillon, die beide zu den »schönsten Dörfern Frankreichs« gehören. Geöffnet Ende April bis Anfang November.

Chemin des Lombards; 84490 Saint-Saturnin-les-Apt
www.luberon-camping.fr; GPS 43.920733, 5.341218

CAMPING LE VENTOUX

Der Blick auf den höchsten Berg der Provence, den Mont Ventoux, bietet sich von fast überall auf diesem von Weinbergen umgebenen Campingplatz östlich von Carpentras. Ein Restaurant mit ambitioniertem Küchenchef rundet den Besuch ab. Ganzjährig geöffnet.

1348 chemin de la Combe, 84380 Mazan
www.camping-le-ventoux.com/homede
GPS 44.081055, 5.113207

AUSFLUGSZIELE

Montagne Sainte-Victoire

Viele hat das schroffe Kalksteinmassiv östlich von Aix-en-Provence schon in seinen Bann gezogen, allen voran Paul Cézanne. In Aix geboren und zeitlebens in seiner Kunst der Provence verhaftet, studierte und malte er viele Dutzende Male den Berg, dessen Name »Sainte-Victoire« an den »heiligen Sieg« erinnert, den die Römer hier unter ihrem Feldherrn Marius im Jahr 102 v. Chr. gegen die Teutonen errangen. Wer sich von Süden nähert (auf der D 17 über Le Tholonet), der kann ihn malerisch und steil vor sich aufragen sehen. Wer die nördliche Route von Aix nimmt (auf der D 10 Richtung Vauvenargues), kann sie sogar ohne große Probleme – aber mit mehreren Stunden einzuplanender Wanderzeit – besteigen. Der Blick aus 1100 Meter Höhe am Croix de Provence ist zweifellos der schönste Rundblick über fast die gesamte Provence.
GPS 43.52322, 5.56802 (D 17; parking du Bouquet)
GPS 43.54124, 5.53210 (D 10; parking Barrage Bimont)

CAMPING DE L'AYGUETTE

Umgeben von Weinbergen liegt der Campingplatz mitten in der Natur, doch Vaison-la-Romaine, bekannt ebenso für seine römische Vergangenheit wie auch für seinen großen Wochenmarkt, ist nur wenige Kilometer entfernt. Eine schöner Pool leistet in den heißen Monaten gute Dienste, während ein Sportplatz für Bewegung sorgt. Geöffnet Mitte April bis Mitte Oktober.

Quartier de l'Ayguette, D 86, 84110 Faucon
www.ayguette.com; GPS 44.262314, 5.129519

CAMPING LE BARRALET

Am Zusammenfluss von Alzon und Gardon und nur wenige Kilometer vom berühmten Pont du Gard entfernt, erstreckt sich die Campinganlage mit großem Pool direkt oberhalb des Flusses Gardon. Kajakfahrten bis zum Pont du Gard sind sehr beliebt. Das Restaurant serviert regionale Küche, von der Terrasse hat man einen schönen Blick aufs Flusstal. Geöffnet April bis Ende September.

Chemin des Grès, 30210 Collias
www.camping-barralet.de
GPS 43.958305, 4.487265

CAMPING BAGATELLE

Von der Insel La Barthelasse in der Rhône, auf der sich der Campingplatz befindet, bieten sich vor allem am Spätnachmittag grandiose Blicke hinüber auf das Stadtpanorama von Avignon. Wassersport wie Stehpaddeln oder Kajakfahren mit der Brücke von Avignon im Blick ist möglich. Auf der Anlage gibt es ein Restaurant und eine Bar, die Altstadt ist nicht weit. Ganzjährig geöffnet.

25 Allée Antoine Pinay, Île de la Barthelasse, 84000 Avignon
www.campingbagatelle.com/de; GPS 43.9522972, 4.799195

Bögen der obersten Brücke trugen die Wasserleitung. Baumaterial waren ohne Mörtel zusammengefügte Muschelkalksteine. Ab dem 4. Jahrhundert verfiel der Aquädukt, im Mittelalter wurden die Pfeiler der mittleren Ebene verjüngt, damit man sie als Straßenbrücke nutzen konnte.

06 Avignon

Die unter Benedikt XII. und Clemens VI. ab dem Jahr 1334 errichtete Papstresidenz in Avignon ist einer der bedeutendsten gotischen Paläste der Welt. Die Privatgemächer und Räumlichkeiten haben ein Volumen, das dem von vier Kathedralen gleicht. Auch liturgische Räume wie die Sacristie Nord mit Gipsfiguren von Würdenträgern und die von Matteo Giovanetti prächtig ausgemalten Kapellen umfasst der Komplex. Der Ehrenhof des Palastes ist heute die Kulisse des berühmten

Rechts: Der Pont d'Avignon ragt nur noch als Stumpf in die Rhône. Kriege und Überschwemmungen haben die Brücke zerstört, ab 1668 wurde sie aufgegeben.

Unten: Ockergelb leuchten die Häuser von Lourmarin im Abendlicht der Provence.

AUSFLUGSZIELE

Lourmarin

Albert Camus wählte den vor den kalten Mistralwinden geschützten Ort im Süden des Luberon schon in den 1950er-Jahren als Wohnsitz; sein 1888 geborener Schriftstellerkollege Henri Bosco wuchs hier auf. Das etwas außerhalb der charmanten Dorfgassen mit ihren zahlreichen Galerien, Läden und Restaurants stehende Renaissanceschloss gilt als ältestes der Provence; es wurde auf den Fundamenten einer mittelalterlichen Festung erbaut. Das Schloss birgt die Kunstsammlung des letzten Besitzers, eines Kosmetikfabrikanten aus Lyon, und ist Sitz der nach seinem Tod im Jahr 1925 gegründeten Stiftung zur Förderung junger Musiker und bildender Künstler.

SOMMERTIPP: Der pittoreske Bauern- und Kunsthandwerksmarkt zählt zu den größten seiner Art in der Provence und bietet nicht nur Melonen, Pfirsiche und Tomaten, sondern auch Lavendelerzeugnisse und Spielzeug.

GPS 43.76332, 5.36228

Mont Ventoux

Das gewaltige, fast 2000 Meter hohe Bergmassiv durchzieht das Département Vaucluse von West nach Ost. Es ist als UNESCO-Biosphärenreservat ausgewiesen. An seinen üppig bewachsenen Kalksteinhängen vereinigt der »Gigant der Provence« sämtliche in Europa vorkommenden Klima- und Vegetationszonen, von maritim bis kontinental. Am Fuß des Berges erstreckt sich das Weinbaugebiet Côtes du Ventoux, das für exquisite Rotweine bekannt ist. Für Wanderer sowie Touristen, die mit dem Auto den Gipfel erklimmen wollen, ist der Berg ein wunderschöner Naturspielplatz mit atemberaubender Aussicht; Radfahrern bietet die Auffahrt zum Gipfel spannende Herausforderungen. Jeder, der hier auf zwei Rädern bergauf fährt, fühlt sich womöglich genauso glücklich und erschöpft wie die Teilnehmer der Tour de France: Seit mehr als 60 Jahren gehört das Massiv zu einer der kräftezehrendsten Etappen des dreiwöchigen Rennens.

GPS 44.17356, 5.27843

CAMPING MAS DE NICOLAS

Die sehr gepflegte Anlage liegt unweit des schicken Ortes Saint-Rémy-de-Provence, vor dessen Toren Vincent van Gogh einst in einer Nervenklinik einsaß und malte. Der große Mittwochsmarkt in der gesamten Altstadt ist sehr sehenswert, wie auch leichte Wanderungen in den Alpilles zu empfehlen sind. Die Stellplätze im Schatten von Pinien und Olivenbäumen sind hervorragend. Geöffnet Anfang April bis Ende September.

Avenue Plaisance du Touch, 13210 Saint-Rémy-de-Provence
www.camping-masdenicolas.com; GPS 43.796180, 4.838454

CAMPING SAINT GABRIEL

Eine »Mas provençal«, ein provenzalisches Herrenhaus aus dem 16. Jahrhundert, bildet das Zentrum dieses Campingareals am Fuß der Alpilles. Die romanische Kapelle Saint-Gabriel liegt um die Ecke, und Städte wie Arles oder Tarascon sind schnell zu erreichen. Ein großer Poolbereich sorgt in den heißen Sommermonaten für Erfrischung. Geöffnet Ende März bis Mitte November.

Route de Fontvieille, 13150 Tarascon-en-Provence
www.campingsaintgabriel.com; GPS 43.767007, 4.692930

Festivals von Avignon. Insgesamt sieben Päpste residierten in Avignon in der Zeit zwischen 1309 und 1376, sie fanden in der südfranzösischen Stadt Schutz vor den politischen Wirren in Rom. Im 14. Jahrhundert wurde die Stadt von einer fast fünf Kilometer langen Mauer umgeben.

SOMMERTIPP: Ein Museum, das sich dem Lavendel widmet, gibt es im kleinen Ort Coustellet. Es bietet Einblick in die Geschichte des Lavendelanbaus, die Entwicklung der Pflanze, die verschiedenen Arten und gibt Auskunft über Anwendungsbereiche, Heilkräfte und kulinarische Bedeutung der Duftpflanze.
www.museedelalavande.com

07 Saint-Rémy-de-Provence

In dem typischen Provence-Städtchen wurde im Jahr 1503 Nostradamus geboren, und Vincent van Gogh malte hier 1889 sein Bild »Kornfeld mit Zypressen«. So sind in Saint-Rémy sowohl das Geburtshaus von Nostradamus als auch das Hôtel d'Estrine mit einem Van-Gogh-Zentrum zu besichtigen. Auch in dem einstigen Kloster findet man noch Spuren des Malers. Vorläufer des heute bei Touristen beliebten Saint-Rémy war die römische Stadt Glanum, etwa ein Kilometer südlich des heutigen Zentrums gelegen. Sie gehört zu den bedeutendsten archäologischen Stätten der römischen

AUSFLUGSZIELE

Nîmes

Nîmes besitzt die meisten antiken Bauwerke in ganz Frankreich. Das Amphitheater, im 1. Jahrhundert nach dem Vorbild des Kolosseums in Rom erbaut, ist die Hauptsehenswürdigkeit, gefolgt vom römischen Tempel Maison Carrée. Zugleich zeigt sich Nîmes aber auch als junge, quirlige Stadt, deren Einwohner gern feiern. Sie weist viele spanische Elemente auf – so ist Nîmes etwa eine Hochburg des Stierkampfs in Frankreich. Während der »Férias« genannten Stierkampffeste steht hier alles im Zeichen der Toreros. Am beliebtesten sind auch heute noch die Stierkämpfe in der antiken Arena. Neben der blutigen gibt es in der Provence auch eine unblutige Variante: Bei den »Courses Camarguaises« versucht der Matador, dem Tier eine zwischen den Hörnern befestigte Kokarde zu entreißen. Aus Nîmes stammt übrigens auch der strapazierfähige Stoff Denim (eigentlich: »de Nîmes«), aus dem der Jeans-Erfinder Levi Strauss seine berühmten blauen Hosen fertigen ließ.
GPS 43.83502, 4.35985

Orange

Auf dem Gebiet einer eroberten keltischen Siedlung im Rhônetal gründeten die Römer einst die Stadt Arausio. Aus dieser Zeit sind noch zahlreiche Gebäudereste vorhanden, darunter das Théâtre Romain – mit seiner 103 Meter langen und 37 Meter hohen Fassadenfront eines der größten und besterhaltenen Amphitheater der Antike. Wegen der spektakulären Lage an einem Hügel mussten einige Gänge in den Fels gegraben werden. Bis zu 10 000 Zuschauer konnten auf eine Bühne mit prächtig dekorierter Szenenwand blicken und Komödien, Jonglagen oder Pantomimen zusehen. Nach jahrhundertelangem Verfall wurde das Amphitheater im 19. Jahrhundert restauriert. Heute wird es wieder für Festspielaufführungen genutzt. Der um 25 n. Chr. vollendete Triumphbogen gilt als das am vollständigsten erhaltene römische Bogentor auf dem Gebiet Galliens. Er ist 22 Meter hoch und trug einst eine Quadriga, bestehend aus vier Statuen. Jeden Donnerstag ist Markttag in der Altstadt.
GPS 44.13621, 4.80872

Antike in Frankreich. Aus der Römerzeit stammen auch das Mausoleum und der Triumphbogen aus der Zeit von Kaiser Augustus. Die Lage des Ortes mitten im Regionalen Naturpark Alpilles ermöglicht Naturfreunden und Wanderern zahlreiche Aktivitäten im Grünen.

08 Les Baux-de-Provence

Auf einem 900 Meter langen und 200 Meter breiten Felsrücken, der steil aus der Hügelkette der Alpilles herausragt, thront das Dorf Les Baux-de-Provence. In der einst stolzen Festung trugen im Mittelalter Troubadoure ihre höfischen Liebeslieder vor. Die einzigartige Lage der Burg auf dem Felsen und der grandiose Blick über die Weite der Camargue und des Rhônedeltas ziehen jährlich unzählige Besucher in den autofreien Ort. Ein Besuch verspricht wunderbare Ausblicke auf die mit Olivenbäumen und Ginster bewachsene Landschaft. Im Dorf selbst gibt es schön restaurierte Häuser und enge Gässchen, in denen Kunstgalerien und Souvenirshops zu Hause sind. Zentrum ist die hübsche Kirche Saint-Vincent aus dem 12. Jahrhundert, aber auch die Chapelle des Pénitents Blancs lohnt einen Besuch.

09 Arles

In Arles wird man unweigerlich an Vincent van Gogh erinnert: das »Gelbe Haus«, die Kopfsteinpflasterstraßen

Bildleiste von oben: Das Amphitheater von Arles, das einst 20 000 Zuschauern Platz bot, steht mitten im Zentrum der Stadt.

Die Mitte des 18. Jahrhunderts im Auftrag von Ludwig XV. gebauten klassizistischen Jardins de la Fontaine in Nîmes gelten als einer der ersten öffentlichen Parks in Europa.

Im Amphitheater von Orange sind noch heute auf der gewaltigen Bühnenwand (103 × 37 Meter) Reste der originalen Verzierungen zu erkennen.

CAMPING SUNELIA LE CLOS DU RHÔNE

Mehr Meer geht kaum, denn dieser 4-Sterne-Platz liegt am südlichsten Zipfel der Camargue direkt am Meer. Der Strand ist nur ein paar Schritte entfernt, es gibt aber auch einen großen Poolbereich mit Wasserrutsche. In den Ort Saintes-Maries-de-la-Mer mit Geschäften und Restaurants läuft man etwa 20 Minuten. Geöffnet Anfang April bis Anfang November.

Route d'Aigues-Mortes, CD 38, 13460 Saintes-Maries-de-la-Mer
www.camping-leclos.fr/de; GPS 43.448883, 4.401676

Abendstimmung in der Camargue. Die Landschaft im Delta der Rhône besteht größtenteils aus Lagunen, Salzflächen und Dünen.

und Gärten. In über 300 Bildern hat der Maler in den Jahren 1888/89 Stadt und Umgebung porträtiert. Wo er seine Staffelei damals aufstellte, verrät heute der markierte Van-Gogh-Weg durch das Rhône-Städtchen. Bereits im 1. Jahrhundert v. Chr. hatten die Römer in der Nähe einer einstigen griechischen Siedlung die Kolonie Arelate gegründet – Reste des antiken Theaters, des Forums samt Kryptoportikus sowie des Konstantinpalasts sind erhalten.

10 Saintes-Maries-de-la-Mer

Die Legende der Christianisierung der Provence durch die drei Marien, unter ihnen auch Maria Magdalena, begann im 1. Jahrhundert hier am Strand. Berichtet wird von einem aus Palästina kommenden Boot, das außer den heiligen Frauen auch noch Trophimus, den späteren Bischof von Arles, und Lazarus an Land setzte. Dieses Ereignis wird zweimal im Jahr in einer bedeutenden Wallfahrt gefeiert. Die romanische Kirche im Zentrum birgt die Reliquien der Marien sowie ihrer Dienerin Sara, die den Sinti und Roma in ganz Europa heilig ist. Saintes-Maries-de-la-Mer ist der am meisten besuchte Ort der Camargue; im Sommer wird das Städtchen wegen seiner Strände und Naturschönheiten von Touristen besucht.

AUSFLUGSZIELE

Aigues-Mortes

Salz ist das bestimmende Element in diesem Ort: Vor der Stadt türmen sich weiße Berge auf, dort wird das Fleur de Sel noch oftmals per Hand und Rechen gewonnen wie schon seit der Antike. Und vielleicht ist auch das Salz namensgebend gewesen, als der Ort »Tote Wasser« genannt wurde. König Ludwig IX. (der Heilige) hatte die Stadt 1248 als Bastide und Militärhafen errichten lassen und war von dort aus zu seinen Kreuzzügen nach Ägypten (1248–1254) und Tunis (1270) aufgebrochen. Noch heute umschließen die Mauern, die er damals errichten ließ, die Altstadt – zusammen mit den Türmen, allen voran dem Tour de Constance, gehören sie zu den touristischen Höhepunkten. Einige Türme wurden während der Hugenottenkriege in Gefängnisse für Protestanten umgewandelt. Nach einer Besichtigung bietet sich ein Genussstopp am Place Saint-Louis an.

GPS 43.56632, 4.19126

ROUTE 09

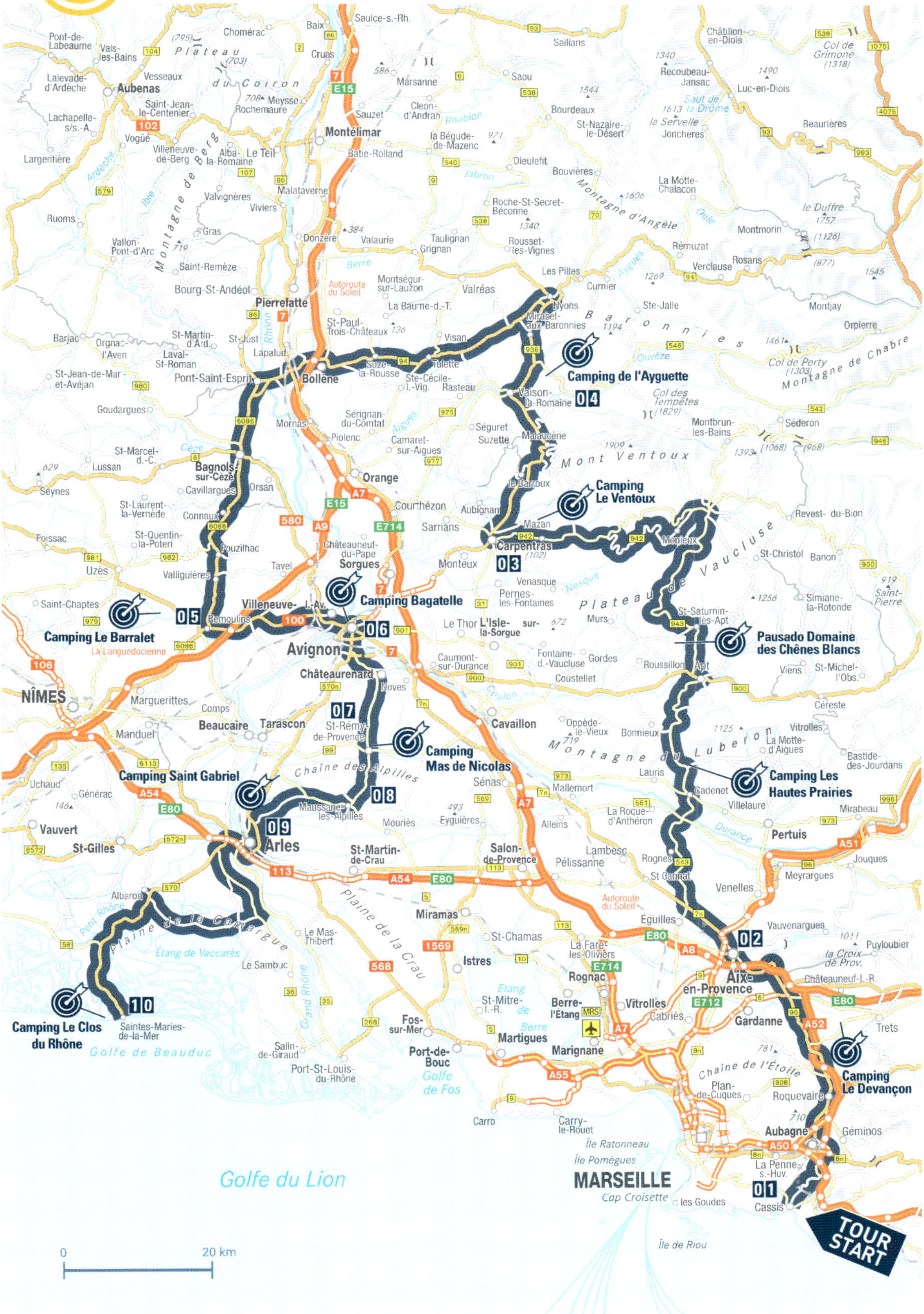
01
Cassis
TOUR START
02
Aix-en-Provence
Camping Le Devançon
Aubagne
MARSEILLE
03
Carpentras
Camping Le Ventoux
04
Camping de l'Ayguette
Vaison-la-Romaine
Nyons
05
Camping Le Barralet
La Languedocienne
Remoulins
06
Avignon
Camping Bagatelle
Sorgues
07
St-Rémy-de-Provence
Camping Mas de Nicolas
08
Maussane-les-Alpilles
09
Arles
Camping Saint Gabriel
10
Saintes-Maries-de-la-Mer
Camping Le Clos du Rhône
Pausado Domaine des Chênes Blancs
Camping Les Hautes Prairies
NÎMES
Orange
Montélimar
Pierrelatte
Bollène
Cavaillon
Apt
Pertuis
Mont Ventoux
Plateau de Vaucluse
Montagne du Luberon
Chaîne des Alpilles
Plaine de la Camargue
Plaine de la Crau
Golfe du Lion
Golfe de Fos
Golfe de Beauduc
Étang de Berre
Étang de Vaccarès
0
20 km

WESTFALIA
ZION
Don't mess with Texas
CAPITOL REEF
NATIONAL PARK
MAMMUT
ROUTE
US
66
Friends in High Places
Go Local.
GO TEXAN.
gotexan.org
OSPREY
TEA TOUR
AUG

WISSENSWERTES

DAS WOHNMOBIL RICHTIG BELADEN UND EINRÄUMEN

Um es zunächst einmal auf eine ganz einfache Formel zu bringen: Weniger ist mehr. Das klingt nach einer Philosophenweisheit, die aber den Praxistest längst bestanden hat. Ganz bestimmt jedenfalls, wenn es um das richtige Beladen (und Einräumen: dazu kommen wir später) des Wohnmobils geht.

Natürlich gibt es auch noch kompliziertere Formeln, wie man die Zuladung berechnet und damit ein Übergewicht vermeidet, was ja schließlich das vornehmliche Ziel der richtigen Beladung ist. Da kommen Achslasten ins Spiel, das Leer- und das erlaubte Gesamtgewicht. Denn: Die Zuladung ergibt sich aus der Differenz von zulässigem Gesamtgewicht und der Leermasse. Was dann wieder zwingend zu unserer eingangs genannten Formel führt: Weniger ist mehr.

In jedem Fall ist es empfehlenswert, sich genauer mit diesem Thema zu beschäftigen, weil das zum einen das Fahren sicherer macht und weil zum anderen eine überladene Achse zu empfindlich hohen Geldbußen führen kann.

Sicherheit ist auch das oberste Gebot, wenn es um das richtige Einräumen des Wohnmobils geht. Um das auch hier auf einen möglichst kleinsten gemeinsamen Nenner zu bringen: einräumen ja, sichern unbedingt! Wer möchte schon bei einem Bremsmanöver von fliegenden Gegenständen getroffen werden? Gute Tipps findet man zum Beispiel hier: www.promobil.de/tipps/wohnmobil-richtig-beladen-packen/

Das richtige Beladen des Wohnmobils ist eine Wissenschaft für sich. Grundsätzlich gilt: Schwere Gegenstände kommen nach oben, leichte nach unten. Und alles muss gut gesichert werden – innen wie außen.

ROUTE 10

MASUREN

Diese Route richtet sich gleichermaßen an Wasserratten wie auch an Aktivtouristen und Naturliebhaber. Sie alle kommen unterwegs auf ihre Kosten, egal, ob sie auf Polens größtem See, dem Spirding, die Segel hissen, eine Radtour durch die Rominter Heide unternehmen oder sich einfach am Strand sonnen möchten. Los geht die Reise in Bydgoszcz, Nordpolens wichtigstem Wasserknotenpunkt. Von der Pommerschen Seenplatte führt die Route schnell in das riesige Gebiet der Masurischen Seenplatte, die von Iława im Westen bis an die Grenze zur Woiwodschaft Podlaskie reicht. Die Route endet in der weniger bekannten Seenplatte um die Kleinstädte Suwałki und Augustów. Das wichtigste Urlaubsziel ist die Region der Großen Masurischen Seen um die großen Segelzentren Mikołajki und Giżycko. Sie ist touristisch bestens erschlossen. Mit der Johannisburger und der Rominter Heide befinden sich entlang der Route zwei der größten Waldgebiete in Nordpolen. Traumhaft schön und bei Wasserwanderern außerordentlich beliebt sind die Kajakrouten auf der masurischen Krutynia sowie auf der Rospuda und der Czarna Hańcza im nördlichen Podlasie. Den Oberland- und den Augustów-Kanal, eine ingenieurtechnische Meisterleistung des 19. Jahrhunderts, können Interessierte auch mit dem Ausflugsschiff erleben.

WARUM IM SOMMER?

Die beste Jahreszeit für die Masuren ist der Sommer, denn überall lockt das Wasser. An vielen Plätzen ist es nicht so voll wie andernorts, so dass sich diese Route hervorragend für alle eignet, die keine Lust auf Hochsaisonstress und Gedrängel haben.

An einem von Tausenden Masurischen Seen findet jeder sein Lieblingsplätzchen für tiefenentspannende, meditative Momente.

Im Land der tausend Seen

Kristallklares Wasser und tiefe Wälder machen die Großen Masurischen Seen zu einem Paradies für Segler und Kajaktouristen. Weniger bekannt, aber nicht weniger schön sind die westlichen und östlichen Ausläufer der Seenplatte.

Imposante rote Backsteinbauten prägen weite Teile des Stadtbilds von Bydgoszcz. Auf der Mühleninsel sind aber auch Fachwerkbauten zu entdecken, und um den Stary Rynek in der Altstadt dominieren barocke Fassaden.

ROUTE 10

Streckenlänge: ca. 740 km
Zeitbedarf: ca. 2,5 Wochen
Routenverlauf (Hauptorte): Bydgoszcz, Iława, Ostróda, Mrągowo, Mikołajki, Giżycko, Kętrzyn, Gołdap, Augustów
Charakteristik: Die masurischen Straßen sind zwar sehr gut ausgebaut, mitunter aber schmal. Je weiter es in den dünn besiedelten Nordosten geht, umso eher ist mit schlechteren Straßenverhältnissen zu rechnen.
Informationen: www.mazury.travel
www.visitbydgoszcz.pl
www.podlaskie.travel

Hier geht's zum GPS-Track

01 Bydgoszcz

Die 340 000-Einwohner-Stadt ist Nordpolens bedeutendster Wasserknotenpunkt und ein wichtiges Kulturzentrum. Mit der Pommerschen Philharmonie und der Opera Nova sind hier bedeutende Spielstätten beheimatet, dazu kommen Museen und Galerien. Am besten entdeckt man Bydgoszcz von der Brda aus, die kurz hinter der Stadt in die Weichsel mündet. Der 240 Kilometer lange Fluss trennt Alt- und Neustadt voneinander. Dazwischen liegt die Mühleninsel, auf der Museen, Ausstellungsorte und Restaurants in die historischen Speicher eingezogen sind. Zentrales Objekt sind die Rother-Mühlen. Gegenüber der Insel ziehen Bars und Restaurants von Klein-Venedig im Sommer scharenweise Gäste an.

SOMMERTIPP: Wer etwas mehr Zeit hat, unternimmt eine Kajaktour stromaufwärts. Sie ist buchbar bei der örtlichen Touristeninformation.

Einen Ausflug in die Architekturgeschichte des 19. und frühen 20. Jahrhunderts kann man auf der Prachtstraße Ulica Gdańska unternehmen.

02 Iława/Eylauer Seenplatte

Irgendwie scheint er kein Ende zu nehmen, der Jezioro Jeziorak. Mit mehr als 27 Kilometern ist er Polens längster See. Am Südende des zum Oberlandkanal gehörenden Gewässers liegt der Ferienort Iława, das einstige Eylau, die ideale Ausgangsbasis für Ausflüge. Die Seenplatte umfasst die westlichsten Ausläufer der Masurischen Seen. Am Jeziorak und den anderen Seen gibt es viele Anleger mit Bootsverleih und kleine Badestrände. Eindrucksvoll sind die Ruinen der Ordensburg Schönberg am nahen Jezioro Szymbarskie. Die auf einem 75 Meter mal 92 Meter großen Grundriss errichtete Backsteinfestung wurde im 17. Jahrhundert im Stil der Renaissance umgestaltet und 1945 von abrückenden sowjetischen Truppen zerstört. Im Jahr 1996 nutzte Volker Schlöndorff die Anlage als Kulisse für seinen Film »Der Erlkönig«. In einem gut ein Kilometer entfernt gelegenen Wäldchen befindet sich der Familienfriedhof derer von Finckenstein, die das Anwesen von 1699 bis 1945 besaßen.

Am Ufer des Jezioro Drwęckie in Ostróda kommen auch Spaziergänger auf ihre Kosten.

03 Ostróda

Wasser ist das bestimmende Element des beliebten Ferienortes, in dem der Oberlandkanal endet. Mehr als ein Dutzend großer und kleiner Seen wie auch die wald- und hügelreiche Umgebung der Eylauer Seenplatte bieten viel Raum für aktive Erholung. Direkt unterhalb der historischen Altstadt liegt die ausladende Bucht des Jezioro Drwęckie. Ein Uferweg führt vom Süden durch Parkanlagen bis zum Bismarckturm und Stadtstrand im Norden. Auf dem Weg dorthin laden Cafés und Restaurants zu Genuss samt Seeblick ein. Oberhalb der hölzernen Seebrücke steht die ursprünglich 1370 errichtete Ordensburg. Die dreiflügelige Anlage beherbergt heute Kultureinrichtungen sowie das Regionalmuseum.

04 Mrągowo

Die günstige Lage im Herzen der Masurischen Seenplatte macht das einstige Sensburg zum idealen Ausgangspunkt für Touren zu Wasser und an Land. Während auf den beiden Hausseen Jezioro Czos und Jezioro Juno vor allem Segeln angesagt ist, befindet sich im nahe gelegenen Sorkwity der Einstieg zur Krutynia-Route, einer der schönsten Kajakstrecken Polens.

SOMMERTIPP: Ende Juli lockt das »Piknik Country«, Polens größtes Festival der Country- und Westernmusik, Musikfans hierher.

CAMPING HOTEL CASUS

Zu der Anlage am Jezioro Łasińskie führt nur eine schmale Zufahrtsstraße. Dafür ist der Platz preisgünstig, und es gibt ein Restaurant sowie einen Strand vor Ort.

ul. Sportowa 25, 86-320 Łasin, www.holiday-casus.pl
GPS 53.5107945, 19.079599

CAMPING PAJDA MAZUR

Auf Wohnmobile wartet im Vier-Sterne-Resort am Jezioro Szeląg Duży eine großzügige Naturwiese mit einzelnen Bäumen und Ausblick auf den See. Das Restaurant setzt auf italienische Rezepte.

Kątno 30b, 14-133 Stare Jabłonki, www.pajdamazur.pl
GPS 53.704047, 20.077836

OSTOJA STARA BAŚN

Für wenig Geld gibt es hier einen hübschen Wiesenplatz mit Seeblick und Strandzugang. Auch für Verpflegung ist vor Ort gesorgt.

Kosewo 90, 11-700 Mrągowo, www.mazurylatem.pl/starabasn
GPS 53.829218, 21.383098

AUSFLUGSZIELE

Oberlandkanal

Auf dem Kanał Ostródzko-Elbląski fahren die Schiffe auch über Land. 1860 für den Lastenverkehr von Westmasuren zur Ostsee erbaut, ist er heute eine reine Touristenattraktion. Ingenieur Georg Steenke löste das Problem des Höhenunterschieds von fast 100 Metern auf dem Weg von Ostróda ins 84 Kilometer entfernte Elbląg mittels Hydraulik: Die Boote gleiten im Wasser auf eine achträdrige Plattform, die von einem dicken Stahlseil auf Schienen über eine grasbewachsene schräge Ebene gezogen wird – angetrieben nur von der Kraft des Wassers. An der Schleuse in Buczyniec gibt es ein kleines Museum, das dem Kanal gewidmet ist.

Przystań Żeglugi Ostródzko – Elbląskiej
www.zegluga.com.pl
GPS 53.702323, 19.959850

Grunwald

Wenige Kilometer vor den Toren von Olsztynek spielte sich 1410 eine der größten Schlachten des europäischen Spätmittelalters ab. Auf den Feldern zwischen Grunwald und Stębark unterlag das Heer des Deutschen Ordens den vereinten polnisch-litauischen Streitmächten. Diesen Anfang vom Ende des Ordensstaates lassen jedes Jahr Tausende Anhänger der Reenactmentszene in einer Großinszenierung wieder lebendig werden. Vor Ort zeigt ein Museum Grabungsfunde, Rekonstruktionen und Ausstellungen zu den Hintergründen der Schlacht.

Stębark 1, 14-107 Gierzwałd
www.muzeumgrunwald.fbrothers.com
GPS 53.490165, 20.119150

Kajaktour auf der Krutynia

Langsam gleitet das Boot über spiegelglattes Wasser. Rechts und links wachsen uralte Baumriesen in den Himmel und bilden ein dichtes Dach. Über der traumgleichen Stille liegt das sanfte Brummen der Libellen. Ein Ausflug in eine verwunschene Welt. Im Kontrast dazu stehen die Fahrten über die größeren Seen. Hier liefern sich die Paddler schon mal eine Wettfahrt mit kleineren Segelschiffen. Wer Wasserspaß sucht, mietet sich im kleinen Touristendorf Krutyń eine Tagestour mit dem Kajak oder lässt sich gemütlich im traditionellen masurischen Stakboot über den Fluss schippern.

AS-Tour, Krutyń 4, 11-710 Piecki, www.e-kanu.de
GPS 53.687838, 21.497934

Außer dem städtischen Amphitheater dient auch die Seebrücke im Jezioro Czos als Konzertkulisse. Zum oberhalb am alten Marktplatz stehenden historischen Rathaus führt eine kurze Promenade. In dem schlichten Bau befindet sich das Heimatmuseum. Die Altstadt lohnt einen kleinen Spaziergang.

05 Mikołajki

Noch heute erinnert das Wappentier von Mikołajki an die Anfänge des quirligen Segelsportzentrums. Der Sage nach zerstörte der Stinthengst, der »König der Maränen«, so lange Netze und Boote der Fischer, bis die ihn schließlich fingen und an eine Kette legten. Wo die Dorfbewohner einst mit dem Fischfang ihren Lebensunterhalt bestritten, bevölkern heute im Sommer Hunderte Segel, Motor- und Tretboote den Jezioro Tałty und den Jezioro Śniardwy. Der Spirdingsee zeigt erst hinter Popielno seine volle Größe. 114 Quadratkilometer Fläche machen ihn zum größten See Polens und bescherten ihm den Beinamen »Masurisches Meer«. Ein Refugium der Ruhe ist der nahe Jezioro Łuknajno. Das Vogelparadies ist als UNESCO-Biosphärenreservat ein streng geschützter Lebensraum für eine der größten Höckerschwankolonien in Europa.

06 Puszcza Piska

Wer tief in den Wald hineingeht, kann im Morgengrauen schon mal

Rechts oben: Eine Kajaktour auf der beliebten Krutynia ist mitunter ein geselliges Vergnügen.

Mitte: Auf dem Oberlandkanal fahren Schiffe sogar über grüne Wiesen.

Unten: Von Mikołajki aus fahren Ausflugsschiffe über den Jezioro Śniardwy und Jezioro Tałty.

Links: Tausende Seen, Abertausende Buchten, ungezählte Stege und idyllische Ankerplätze – die Masurische Seenplatte.

einem Elch begegnen oder Wölfe aus der Ferne beobachten. Mit einer Fläche von über 1000 Quadratkilometern ist die Puszcza Piska, die Johannisburger Heide, Masurens größter zusammenhängender Wald. Sie umfasst die gut besuchten Großen Masurischen Seen genauso wie weite Sumpfflächen oder langgestreckte Sander. Die wertvollsten Teile stehen auf 55 Quadratkilometern als Masurischer Landschaftsschutzpark unter strengem Schutz. Dazu gehören ebenso Teile des Spirdingsees, wie auch ein Abschnitt der Krutynia. Benannt ist das Waldgebiet nach der Kleinstadt Pisz, heute eines der wichtigen Touristenzentren südlich der Großen Seen. Hier lohnt ein Besuch auf dem historischen Marktplatz. Die 1843 an den älteren Turm angebaute Johanniskirche gilt als Masurens größte Fachwerkkirche.

07 Ryn

Der Ferienort liegt ideal zwischen zwei Seen. Vom kleinen Hafen am Rheinsee sind es nur ein paar Schritte zur ehemaligen Burg des Deutschen Ordens. Sie entstand ab 1377 als Sitz eines Komturs und wurde in den folgenden Jahrhunderten zu einer mächtigen vierflügeligen Anlage ausgebaut. Heute beherbergt sie ein Luxushotel, in dem jedes Jahr wichtige Wettbewerbe der polnischen Gourmetszene stattfinden.

08 Giżycko

Masurens Sommerzentrum liegt malerisch zwischen Jezioro Niegocin und Jezioro Kisajno, einem Teil des Mauersees. Der lebendige Ferienort hat viel in die touristische Infrastruktur investiert und sich zu Polens heimlicher Hauptstadt der Segelsportfans entwickelt. Erhalten ist die Drehbrücke über den Łuczański-Kanal, der die beiden Seen miteinander

CAMPING-PENSION SEEBLICK

Der Name ist hier Programm: Damit alle etwas von der schönen Aussicht haben, ist die große Wiese mit den Stellplätzen terrassenförmig gestaltet. Wer will, bleibt hier länger und genießt die wunderbar hügelige Seenlandschaft zu Fuß oder mit dem Rad.

Ruska Wieś 1, 11-700 Mrągowo
www.facebook.com/camping.seeblick.5
GPS 53.942604, 21.320486

CAMPING WAGABUNDA

Im Sommer kann es hier schon sehr voll werden. Dafür ist man jeweils in wenigen Minuten im Ortszentrum und auf den schönsten Waldwegen am Jezioro Mikołajskie.

Leśna 3, 11-730 Mikołajki, www.wagabunda-mikolajki.pl
GPS 53.795753, 21.564414

CAMPING KAMA

Schön ist es hier allemal, doch direkt am Wasser bietet dieser Vier-Sterne-Campingplatz nur wenige Stellflächen. Mehr Platz gibt es im zweiten Teil auf der anderen Seite der schmalen Zufahrtsstraße. Wer genug vom Wandern hat, kann hier auch ein Motor- oder Segelboot mieten und den Jezioro Tałty unsicher machen.

Tałty 36, 11-730 Tałty, www.kama.mazury.pl
GPS 53.844404, 21.559137

OŚRODEK TURYSTYKI WODNEJ PTTK

Der Waldcamping gehört zum traditionsreichen Touristenverein PTTK. Wer seine Freizeit auf dem Wasser genießen will und mit den geringen Standards der eingefleischten Wanderfreunde klarkommt, ist hier richtig.

Al. Wczasów 17, 12-220 Ruciane-Nida, www.pttkruciane-nida.pl
GPS 53.639276, 21.5445323

CAMPING ZAMEK

Der kleine Platz direkt am Hotel St. Bruno neben der Bahnbrücke bietet nur begrenzt Stellplätze. Für einen Kurzaufenthalt mit Ortsbesichtigung und Törn reicht es aber allemal.

ul. Św. Brunona 1, 11-500 Giżycko, www.hotelstbruno.pl
GPS 54.034413, 21.760957

Das Masurische Meer

Leinen los und die Segel hissen … Was könnte es im Sommer Schöneres geben? Klar, ein echtes Meer ist der Jezioro Śniardwy nicht, aber bei seiner Größe, wechselnden Winden und Wasserständen kann der Wellengang im Sommer durchaus anspruchsvoll werden. Der Spirding- und der nur wenig kleinere Mauersee sind durch andere Seen und verschiedene Kanäle miteinander verbunden, sodass Segelfans hier mehrtägige Törns unternehmen können. Dabei müssen sie häufig den Mast umlegen, denn es geht auch unter Brücken durch. Zudem sind immer mehr Hausboote in Masuren unterwegs, deren kleinere Ausgaben führerscheinfrei gefahren werden dürfen.
Kowalska 3, 11-730 Mikołajki
www.mikolajki.com.pl
GPS 53.799196, 21.572962

verbindet. Sie muss für durchfahrende Boote noch immer wie bei ihrer Einweihung 1889 mit der Handkurbel geöffnet werden. Die benachbarte, allerdings nur noch teilweise aus dem 14. Jahrhundert stammende Deutschordensburg dient heute als Hotel. Etwas außerhalb befindet

Rechts: Auf den Seen um Giżycko sollten Wassersportler die geltenden Vorfahrtsregeln kennen.

Unten: Ryn liegt herrlich zwischen Jezioro Ołów und Jezioro Ryńskie.

Święta Lipka

Ein Verbrecher aus Rastenburg soll im 14. Jahrhundert zum Dank für seine Begnadigung eine handgefertigte Marienfigur an einer Linde aufgehängt haben. Daran erinnert heute die Kopie an einem symbolischen Baumstamm in der prachtvollen Kirche der barocken Wallfahrtsstätte. Die wurde bis 1730 vom Jesuitenorden errichtet und wie der angrenzende Kreuzgang mit eindrucksvollen Fresken bemalt. Das schönste Stück ist die riesige Barockorgel mit 36 Registern. Wenn die fast 4000 Pfeifen beim Spiel erklingen, drehen sich die kunstvoll geschnitzten Sterne, spielen Engel auf himmlischen Instrumenten, neigen Maria und die Erzengel gnädig ihr Haupt.

Święta Lipka 29A, 11-440 Święta Lipka
www.swlipka.pl
GPS 54.025108, 21.217033

Wilczy Szaniec

Eine neu gestaltete Ausstellung erinnert an das vor Ort gescheiterte Attentat vom 20. Juli 1944. Adolf Hitler hatte die »Wolfsschanze« unter strengster Geheimhaltung als Führerhauptquartier und Basis für den Krieg gegen die Sowjetunion erbauen lassen. 1940–44 entstanden auf dem etwa 2,5 Quadratkilometer großen und gut getarnten Areal rund 200 Gebäude und Bunkeranlagen sowie ein eigener Bahnanschluss und Flugplatz. Das größte Bauwerk war der Führerbunker mit bis zu acht Meter starken Wänden. Im November 1944 wurde die Wolfsschanze angesichts der heranrückenden Front aufgegeben, ihre Sprengung gelang nur zum Teil.

Gierłoż 5, 11-400 Kętrzyn
www.wilczyszaniec.olsztyn.lasy.gov.pl
GPS 54.080532, 21.494100

sich die mächtige Feste Boyen. Das 1844–59 erbaute Festungspolygon, das lange als uneinnehmbar galt, beherbergt heute das Festungsmuseum mit ständigen und wechselnden Ausstellungen sowie weitere kulturelle Einrichtungen.

09 Kętrzyn

Am Rande der Masurischen Seenplatte gelegen, ist das frühere Rastenburg beliebter Ausgangspunkt für Wanderungen in die nahe gelegenen Waldgebiete und zum »Führerhauptquartier Wolfsschanze«. Die Entstehung der Kleinstadt ist eng mit dem Deutschen Orden verbunden. Die Historie dokumentiert das Museum in der Ordensburg des späten 14. Jahrhunderts. Etwas früher ließ der Orden an der Stadtmauer die Wehrkirche St. Georg errichten, eines der besterhaltenen Beispiele sakraler Backsteingotik in Masuren. Ihr kunstvolles Sterngewölbe stammt aus dem frühen, die barocke Kanzel aus dem späten 16. Jahrhundert.

10 Sztynort

SOMMERTIPP: Vom Van ins Boot – Der Ort ist bei Segelfans beliebt, die die ländliche Ruhe zu schätzen wissen. Nichtbootseigner können in der Marina stunden- oder wochenweise Jachten mieten.

Eleonore Gräfin von Lehndorff ließ auf der Landzunge zwischen Jezioro Mamry und Jezioro Dargin im Jahr 1695 ein barockes Schloss erbauen. Der letzte Besitzer, Heinrich von Lehndorff, wurde nach dem misslungenen Hitlerattentat 1944 als Mitverschwörer hingerichtet. In der Parkanlage blieben das Mausoleum von 1812 und das nach Plänen von Carl Ferdinand Langhans errichtete Teehaus erhalten. Die Taverne im Wirtschaftsgebäude ist beliebter Treffpunkt der regionalen Kulturszene.

CAMPING BYSTRY

Auf Wohnmobilisten warten hier 73 Parzellen mit Strom- und Wasserversorgung. Direkt nebenan sind der Gemeindestrand, ein Restaurant und die Haltestelle für den Bus nach Giżycko.

Bystry 2A, 11-500 Giżycko, www.bystrycamping.pl
GPS 54.021576, 21.807552

CAMPING ECHO

Das hübsche Wiesengrundstück am Jezioro Niegocin bietet Platz für rund 40 Wohnmobile, auch mit mehr als sechs Meter Länge. Gästen stehen ein Beachvolleyball-Platz und ein Bootsverleih zur Verfügung.

www.campingecho.pl, Mazurska 48, 11-513 Rydzewo
GPS 53.967042, 21.776315

CAMPING WILCZY SZANIEC

Der ruhige und einfache Campingplatz befindet sich direkt vor dem Hotel an der Wolfsschanze. Das ganze Gelände gehört seit 2020 der regionalen Forstverwaltung, die viel in die Modernisierung des Museums und des touristischen Angebots investiert.

Gierłoż 5, 11-400 Kętrzyn, www.wilczyszaniec.olsztyn.lasy.gov.pl
GPS 54.080460, 21.494028

Oben: Die Natur bemächtigt sich der Bunker in Hitlers Hauptquartier Wolfsschanze (Wilczy Szaniec).

Mitte links: Die wasserreiche Umgebung von Kętrzyn ist bei Kanuten beliebt.

Mitte rechts: Die Marina in Sztynort lockt Segler aus aller Welt.

Unten: Egal, ob beim Essen oder Abwasch – der Seeblick ist inklusive.

11 Węgorzewo

Das ehemalige Angerburg ist Ausgangspunkt für Abstecher ins nahe gelegene Kaliningrader Gebiet wie auch für Wanderungen um den Jezioro Mamry. Der mit 104 Quadratkilometern zweitgrößte See Polens lädt aber auch zu ausgedehnten Segeltörns ein. Im Freilichtmuseum an der Ulica Portowa wird die Geschichte der masurischen Landbevölkerung vor 1945 und der ostpolnischen Neuankömmlinge nach dem Zweiten Weltkrieg dokumentiert.

12 Puszcza Romincka

Die Rominter Heide zieht sich weit bis in die russische Exklave Kaliningrad hinein. Der polnische Teil ist aber groß genug, um hier locker einen ganzen Tag wandern zu können, ohne einer Menschenseele zu begegnen. Im 19. Jahrhundert entdeckte Kaiser Wilhelm II. das abgelegene Waldgebiet für sich, später machte Hermann Göring es zu seinem privaten Jagdgrund. Verschiedene Fuß- und Radwanderwege führen vom Kurort Gołdap durch die östlich gelegene Heide, auch vorbei an den Kaisersteinen. Überall, wo der Monarch einen kapitalen Jagderfolg zu verzeichnen hatte, setzte er seine in Stein gemeißelte Markierung. Beim 20-Ender-Stein von 1908 befinden sich die eindrucksvollen Bahnviadukte von Stańczyki. Die beiden bis zu 36 Meter hohen und 150 Meter langen Bauwerke entstanden 1918 auf der Bahnstrecke Gołdap–Gumbinnen und können gegen ein Eintrittsgeld besichtigt werden.

CAMPING RUSAŁKA

Der einfache Waldplatz am Jezioro Święcajty ist schon etwas in die Jahre gekommen. Schöne Lage und viel Raum auch für große Wohnmobile können aber überzeugen. Auf den letzten Metern wird die Zufahrt allerdings etwas eng.

ul. Leśna 2, 11-600 Węgorzewo, www.rusalka.cmazur.pl
GPS 54.186217, 21.772502

CAMP PARK SONATA

Nicht nur Reisende mit Vierbeinern haben es hier gut, weil die auf dem einfachen, aber riesigen Platz am Jezioro Dargin kostenfrei sind. Die wunderbare Lage zwischen drei Seen machen den Campingplatz zur idealen Ausgangsbasis für Ausflüge in den nördlichen Teil der Großen Masurischen Seen.

Harsz Kolonia 40, 11-61011-610 Pozezdrze
www.masuren-campingplatz.de
GPS 54.147239, 21.747886

SŁONECZNY ZAKĄTEK

Direkt am Jezioro Gołdap gelegener Platz, der zum neu gestalteten Gelände des städtischen Sport- und Freizeitzentrums gehört, mit Badestrand, Sportmöglichkeiten, Anleger, Bootsverleih und kleiner Bar.

ul. Promenada Zdrojowa 12, 19-500 Gołdap
www.osirgoldap.pl/infrastruktura/sloneczny-zakatek
GPS 54.320893, 22.336585

13 Jezioro Hańcza

Hinter der Grenze zur Woiwodschaft Podlaskie geht die Masurische Seenplatte nahtlos in die Seenlandschaft von Suwałki und Augustów über. Einzigartig ist der Jezioro Hańcza, dem der gleichnamige Fluss Czarna Hańcza entspringt. Der See gilt mit 113 Metern als Polens tiefstes Binnengewässer. Steile Uferwände und nährstoffarmes Wasser lassen hier

Oben: Um die Masurischen Seen stehen noch einige der regional typischen, traditionellen Holzhäuser.

Unten: Der Augustów-Kanal ist eine technische Meisterleistung des 19. Jahrhunderts.

AUSFLUGSZIELE

Augustów-Kanal

Der 1824–39 erbaute, aber nie vollendete Kanal sollte Memel und Weichsel miteinander verbinden, um für das russische Teilungsgebiet eine Alternative zur zollpflichtigen Nutzung der preußischen Gewässer zu schaffen. Heute verlaufen 82 Kilometer auf polnischem und etwa 20 Kilometer auf belarussischem Staatsgebiet. Mithilfe von 18 Schleusen wird auf der Strecke ein Höhenunterschied von 55 Metern überwunden. Der Kanal nutzt dabei natürliche Flussläufe wie die Netta oder die Czarna Hańcza. Gleich hinter Rygol können Paddler auf diese beliebte Kajakroute abbiegen.

Żegluga Augustowska
ul. 29 Listopada 7, 16-300 Augustów
www.zeglugaaugustowska.pl
GPS 53.844856, 22.994411

ein Klima entstehen, das dem der Hunderte Kilometer südlich gelegenen Gebirgsseen gleicht. Wegen der besonderen Fauna und Flora ist er ein beliebtes Ziel für Tauchsportler. Die Czarna Hańcza verbindet den See mit dem Augustów-Kanal und gehört wie die Rospuda zu einer der schönsten Kajakrouten in Polens Osten. Die Rospuda gilt als einer der letzten naturbelassenen Flussläufe des Landes, der vielen bedrohten Tier- und Pflanzenarten als Lebensraum dient. Besonders schön ist das Rospuda-Tal, das sich über 52 Kilometer bis nach Augustów zieht.

14 Augustów

Die glasverspiegelte Touristeninformation wirkt auf dem großen Marktplatz wie ein Fremdkörper. Sonst umgeben die quadratische Parkanlage fast nur hübsche Bürgerhäuser im Stil des Spätklassizismus. Im Sommer herrscht reger Betrieb vor den Gaststätten und Cafés. Denn die vielen Seen, Flüsse und Wälder der Umgebung ziehen nicht nur Kurgäste in das Mineral- und Heilbad, sondern auch viele Familien und Aktivtouristen.

SOMMERTIPP: Augustów ist ideal als Ausgangsort für Kajaktouren auf der Czarna-Hańcza-Route und dem nach der Stadt benannten Augustów-Kanal.

Dessen Geschichte dokumentiert das Regionalmuseum in der alten Hafenmeisterei mit vielen Originaldokumenten und Liebe zum Detail.

ROUTE 10

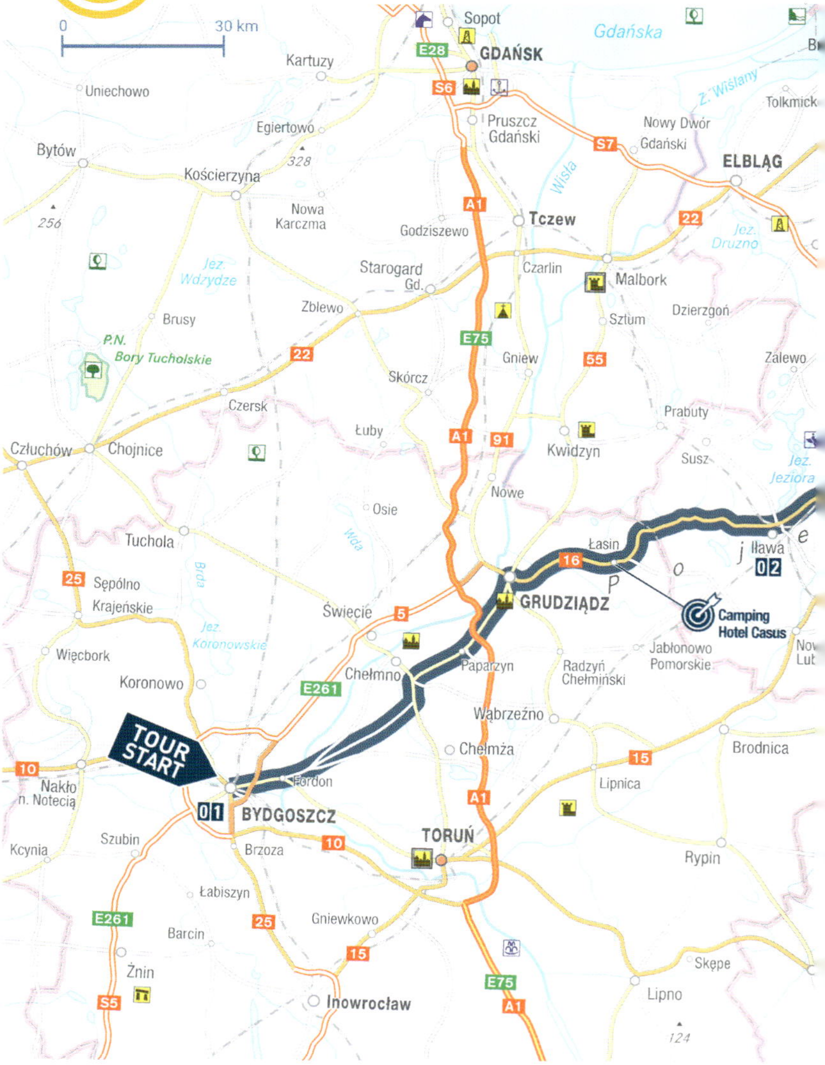

Links oben: Die Rospuda durchfließt in der Gegend um Augustów neun Seen und ist ideal für Paddler.

Links unten: Die Touristeninformation in Augustów ist die erste Anlaufstelle für Gäste.

PLAC REKREACYJNY NAD JEZIOREM POBONDZIE

Direkt auf einer großen Wiese am neu gestalteten Freizeitplatz hat die Gemeinde Rutka-Tartak einige voll ausgestattete Stellflächen für Wohnmobile eingerichtet. See und Rutsche sind die Highlights.

16-406 Rutka-Tartak
GPS 54.312850, 22.955915

CAMPING NECKO

Der kleine Privat-Campingplatz liegt auf einer Wiese am Jezioro Necko. Die Kajaks für die rund 4 Kilometer lange Fahrt ins Zentrum von Augustów kann man sich gleich vor Ort ausleihen.

ul. Sportowa 1, 16-300 Augustów
GPS 53.862286, 23.001530

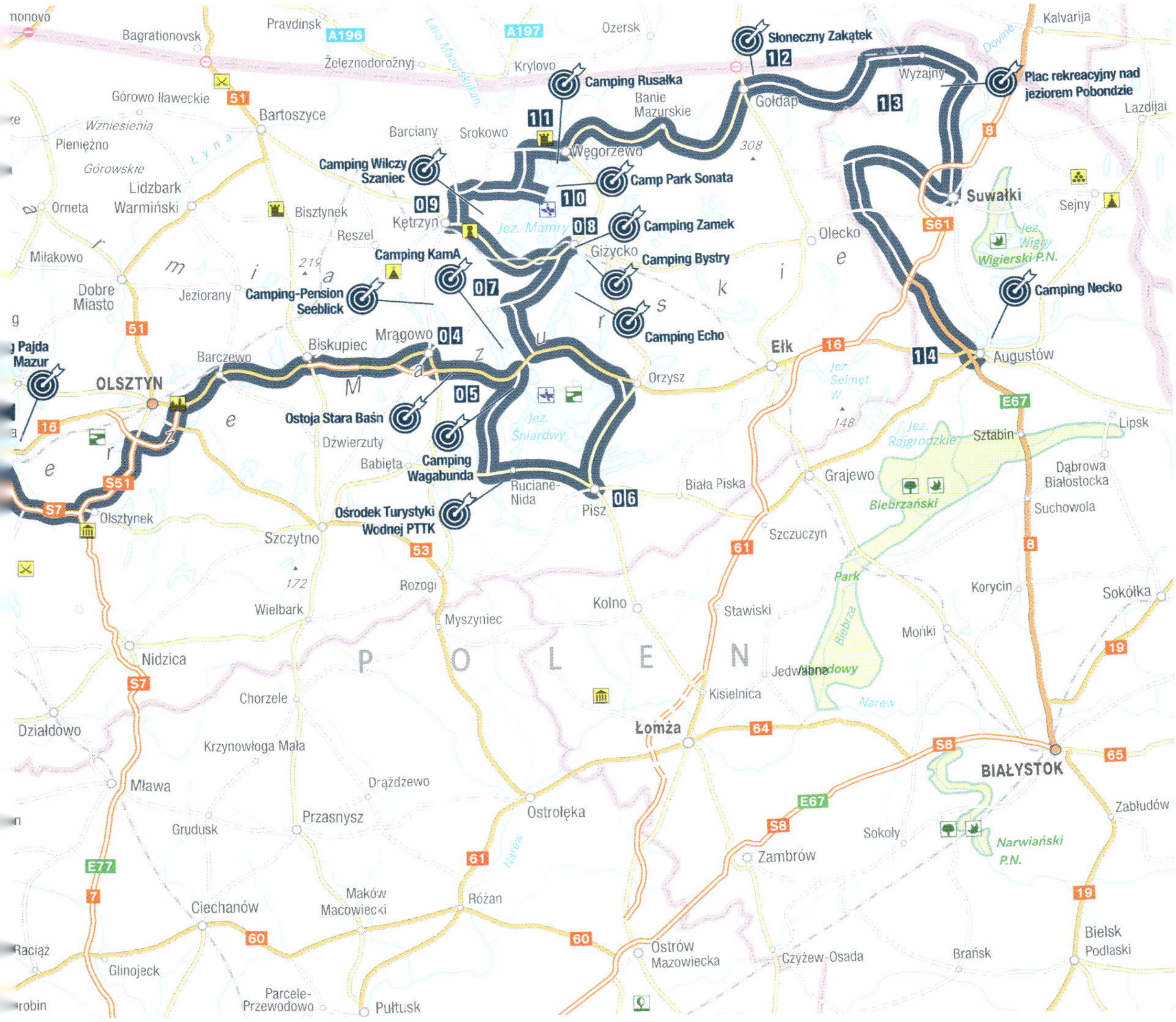

ROUTE 11

SÜDBRETAGNE

Die Südküste der Bretagne lockt mit ihren Gegensätzen. »Finistère«, Ende der Welt, heißt das westlichste Departement der Bretagne, und wer an der Pointe du Raz steht, weiß warum. Von Crozon, auf der Halbinsel südlich von Brest gelegen, umfährt die Tour zunächst die Bucht von Douarnenez, um dann auf einsamen Landstraßen auf die Pointe du Raz zuzusteuern. Spektakulär zerfurchte Granitmassen bilden die Pointe du Raz. Wieder Ruhe kehrt ein auf dem Weg an die Südküste, die Côte de Cornouaille. Hier sind es nun die Surfer, die sich den anrollenden Wellenbergen stellen. In den geschützten Hafen von Le Guilvinec kehren täglich die Fischer mit ihrem Tagesfang zurück. Im Landesinneren lockt die Hauptstadt des Finistère, das typisch bretonische Quimper, geprägt von Fachwerkhäusern und der größten Kathedrale der Bretagne. Die winzige Festungsstadt Concarneau wird von begeisterten Touristen erobert. Das Gleiche gilt für Pont-Aven, das malerische Dorf, dessen Charme Ende des 19. Jahrhunderts Künstler wie Paul Gauguin erlagen. Die berühmten Steinreihen von Carnac entführen in die Jungsteinzeit, und in Vannes, wo im schmalen Binnenhafen die Segeljachten schaukeln, endet die Tour entlang der bretonischen Südküste.

WARUM IM SOMMER?

Es ist die ideale Jahreszeit für die Bretagne: Es weht immer ein leichter Wind, das Wasser ist herrlich warm und die Küste ist so weitläufig und abwechslungsreich, dass sich garantiert ein schönes Plätzchen findet. Außerdem: Es ist nicht zu heiß, sondern hier lässt sich selbst der Hochsommer gut aushalten.

Teilweise stürmisch und wild geht es an der bretonischen Küste zu. Zerklüftet ist diese Küstenlinie und geprägt von Ebbe und Flut.

Frankreichs wilder Westen

So viel Küste! So viel Tidenhub! Und so schönes Hinterland! Die Bretagne ist perfekt für den Sommer, denn in irgendeiner Bucht findet sich immer ein schönes Plätzchen jenseits des Ferientrubels. Zwischen Cap de la Chèvr und der Halbinsel von Quibéron locken traumhafte Orte mit großem Sonnenuntergangskino.

Oben links: Die Halbinsel Crozon ist berühmt für ihre Sonnenuntergänge.
Oben rechts: Der Blick von der Pointe du Raz ist insbesondere in den Abendstunden schlicht überwältigend.

ROUTE 11

Streckenlänge: ca. 400 km
Zeitbedarf: ca. 2 Wochen
Routenverlauf (Hauptorte): Crozon, Pointe du Raz, Pointe de Penmarc'h, Concarneau, Pont-Aven, Quiberon, Carnac, Vannes
Charakteristik: Die Strecke nutzt die sehr guten Landstraßen entlang der West- und Südküste. An der Pointe du Raz und vor allem um Carnac und die Quiberon-Halbinsel drängelt sich in den Sommermonaten der Verkehr.
Informationen:
www.bretagne-reisen.de
www.carnactourismus.de
www.pointeduraz.com/de

Hier geht's zum GPS-Track

01 Crozon

Steile Felsküste, türkisblaues Meer und ein Klima, das vom Golfstrom beeinflusst wird: Die Halbinsel rund um den Ort Crozon bietet faszinierende Naturerlebnisse. Zwischen steilen Felsen liegen herrliche Sandstrände, die malerischen Meeresgrotten können per Boot besichtigt werden. Insgesamt vier Landzungen mit imposanter Felsküste hat die Halbinsel zu bieten – fantastische Reviere zum Wandern inklusive. Auf einer liegt Camaret-sur-Mer, einst der wichtigste Hummer- und Langustenhafen Frankreichs. Sehenswert ist zudem das Château Vauban, eine nach Plänen von Sébastien Le Prestre de Vauban – der Baumeister Ludwigs XIV. – errichtete Festung. Westlich von Camaret-sur-Mer befinden sich die Alignements des Lagatjar – in drei Reihen u-förmig angeordnete Quarzit-Menhire. Herrliche Aussicht genießt man von der Pointe de Penhir.

02 Douarnenez

Der Ort ist ein unaufgeregter Fischerhafen, in den sich selten viele Touristen verirren, dabei gehört er sicher zu den bretonischsten aller Küstenorte der Bretagne. Lohnend ist der Spaziergang auf dem Boulevard am Ufer entlang, der vom Port Rhu zur Rade de Guet mit Blick auf die vorgelagerte Île Tristan führt. Nach dem kleinen Strand Plage des Dames wendet sich der Boulevard vom Wasser ab und biegt in die Altstadt ein. Einige der bedeutenden Fischkonservenfabriken liegen am Weg, doch nicht alle sind mehr in Betrieb. Eingebettet in ein Netz schmaler Straßen steht die sehenswerte Markthalle, in der gleich das Angebot an frisch gefangenem Fisch ins Auge fällt. Auf der Ostseite von Douarnenez liegt der Port de Rosmeur, an dessen Quai sich die Restaurants drängeln.

03 Pointe du Raz

Der 70 Meter hohe Felsen liegt ganz im Westen Frankreichs und zählt zu den meistbesuchten Orten der Bretagne. Den halbstündigen Aufstieg über den Felskamm zur Spitze unternehmen täglich viele Urlauber. Und das zu Recht, denn von oben öffnet sich ein Blick auf eine Urlandschaft aus Felsen und Riffen, umbrandet von den stürmischen Wellen des Atlantik. Vorgelagert blitzt die kleine Insel Île de Sein am Horizont auf. Sie ist weitgehend flach und besitzt

kaum Vegetation, aber die Häuser der Insel leuchten weiß herüber. Und weit draußen im Meer weist der mächtige, 1881 auf einem Riff erbaute Leuchtturm Phare d'Ar-Men den Schiffen den Weg.
SOMMERTIPP: Am schönsten ist der Besuch an der Pointe du Raz übrigens abends, wenn die Sonne untergeht – denn die Landzunge ist perfekt gen Westen ausgerichtet.

04 Pointe de Penmarc'h

Kein Wunder, dass der Leuchtturm (phare) von Eckmühl, benannt nach einem General der napoleonischen Armeen, schon von Weitem zu erkennen ist. Er streckt sich 65 Meter in den Himmel und gehört zu den höchsten Leuchttürmen an Frankreichs Küsten. Seine kantige Form, aufgemauert aus dem ortsüblichen Granit, lässt ihn im Gegensatz zu

AUSFLUGSZIELE

Cap de la Chèvre

Wer einen eindrucksvollen Vorgeschmack auf die Erkundung der langgestreckten Halbinsel von Sizun bekommen möchte, der fährt von Crozon aus zum Cap de la Chèvre, dem »Ziegenkap«, denn von hier aus fällt der Blick in die Ferne bis hinüber zur berühmten Pointe du Raz. Doch das Cap de la Chèvre ist weniger schroff und dramatisch, sondern sanft von Heidekraut überwuchert und von schmalen Pfaden durchzogen, auf denen sich während eines Spaziergangs immer neue Perspektiven auf den Atlantik eröffnen. Zudem tummeln sich hier weit weniger Touristen und man kann das Panorama in Ruhe auf sich wirken lassen. Andere Besucher trifft man höchstens am Mémorial de l'Aéronautique Navale – dem Gedenkmonument, das an die gefallenen französischen Marineflieger erinnert. In Form eines Flugzeugflügels, der aus dem Granit geschlagen wurde, ist das Monument in die Überreste einer ehemaligen deutschen Flakbatterie des Atlantikwalls eingefügt.
GPS 48.17163, -4.55176

Locronan

Eigentlich besteht der winzige Ort, der zu den schönsten Dörfern Frankreichs gehört, nur aus drei Straßen, die zudem für den Autoverkehr gesperrt sind und so nur Zulieferer sowie eine Menge an Touristen sehen, die übers Kopfsteinpflaster flanieren. Es ist also zu empfehlen, sich rechtzeitig nach einem guten Parkplatz umzusehen. An den Hauptplatz drängt sich die im 15. Jahrhundert aus düsterem Granit errichtete Kirche mit ihrem gewaltigen Turm und einer direkt anschließenden Kapelle. Verehrt wird hier der Heilige Ronan, dessen Gang, den er der Legende nach jeden Morgen über fünf Kilometer weit barfuß zurückgelegt haben soll, in einer der bekanntesten Wallfahrten der Bretagne alljährlich abgeschritten wird. Neben vielen gläubigen Pilgern zieht sie vor allem auch Schaulustige an. In der kleinen Kapelle werden die Reliquien des Heiligen aufbewahrt. Der Bildschmuck an der Kanzel und einige Skulpturen erzählen von seinem heiligen Einsiedlerleben.
GPS 48.09803, -4.21222

Links: Der »Sémaphore«, auch »Vieille Tour« genannt, steht als Vorgängerbau des Phare d'Eckmühl ganz vorn an der Pointe de Penmarc'h. Rechts: Die Wendeltreppe führt über 307 Stufen hinauf zur Laterne des Eckmühl-Leuchtturms.

seinen runden Artgenossen strenger und monumentaler erscheinen. Die über 300 Stufen einer Wendeltreppe zu erklimmen lohnt sich, will man von der oberen Plattform aus einen herrlichen Blick aufs Meer und die Küstenlinien genießen. Von hier aus erkennt man bereits die nur wenige Hundert Meter entfernt liegende kleine Kirche Notre-Dame-de-la-Joie, die gefährlich nah am Wasser steht, aber von einer starken Mauer vor den Herbststürmen bewahrt wird. Im Inneren des einschiffigen Kirchenbaus hängen einige bunte Schiffsmodelle aus Holz, die als Votivgaben an die gefahrvolle Arbeit der Fischer auf dem unberechenbaren Atlantik erinnern.

05 Le Guilvinec

Als unbestrittene Attraktion dieses wichtigen Fischereihafens gilt das Zentrum Haliotika (Informationen unter: www.haliotika.com). Direkt am Hafen und über der Fischauktionshalle (»Criée«) gelegen, wurde Haliotika als didaktisch hervorragend inszeniertes Dokumentationszentrum zum Leben der Fischer, ihrer modernen Boote und des Fischfangs ganz allgemein konzipiert.

SOMMERTIPP: Jeden Nachmittag (außer an Wochenenden) drängeln sich die Besucher auf der großen Terrasse oberhalb der Quais und erwarten das Defilee der Fischerboote, die vom Meer zurückkehren und ihren Tagesfang für den anschließenden Verkauf in der Criée entladen. Das bunte Spektakel wird begleitet vom Geschrei der Möwen, die auf Beute hoffen.

06 Concarneau

Rundum vom Meer umgeben ist die Altstadt von Concarneau. Die Ville Close, also der historische Stadtkern,

Oben: Die Fischerboote im Hafen von Guilvinec laufen immer noch täglich zum Fang aus.

Unten: Die Ville Close von Concarneau war als Festung angelegt.

CAMPING SITES & PAYSAGES LE PANORAMIC

127 Stellplätze stehen zur Auswahl zwischen sonnig, Halbschatten oder Schatten und sind mit bis zu 160 Quadratmetern großzügig bemessen. Die 4-Sterne-Anlage besteht aus terrassierten Hügeln mit Panoramablick auf die Bucht von Douarnenez und den fast zwei Kilometer langen Sandstrand Trez Bellec, wohin es nur 700 Meter sind. Geöffnet Ende April bis Mitte September.

130 route de la Plage le Penker, 29560 Telgruc-sur-Mer
www.camping-panoramic.com/de; GPS 48.224128, -4.372685

CAMPING TREZMALAOUEN

Kleine und einfache Campinganlage, die unmittelbar am breiten Sandstrand von Trezmalaouen nördlich von Douarnenez liegt. Die Stellplätze liegen auf einem terrassierten Gelände. Wassersportaktivitäten werden hier großgeschrieben. Clubs für Kinder und Jugendliche bieten spannende Programme. Für Verpflegung sorgt allabendlich ein Food Truck. Geöffnet Mitte April bis Mitte September.

20 route de la Baie, 29550 Plonévez-Porzay
vacances-andretrigano.com/camping/finistere/trezmalaouen-plonevez-porzay; GPS 48.109876, -4.278984

CAMPING DE KERSINY-PLAGE

Sehr einfache, aber familiär geführte Anlage an der Südküste des Cap Sizun. Die Stellplätze mit Meerblick sind besonders begehrt, aber der Strand ist nie weit. Einfache regionale Küche wird hier angeboten. Von Audierne, das nur wenige Kilometer entfernt liegt, fahren Schiffe zur Île de Sein. Geöffnet Anfang April bis Ende September.

1 rue Nominoé, 29780 Plouhinec
www.kersinyplage.fr; GPS 48.007386, -4.507088

FLOWER CAMPING LA CORNICHE

Die Anlage La Corniche liegt etwas im Inland beim Dorf Plozévet, doch eine schöne Sandstrandbucht ist nur 1,5 Kilometer entfernt. Baden lässt sich auch in der großen Poollandschaft unter freiem Himmel. Lebensmittelläden und Restaurants oder Crêperien gibt es im Dorf. Geöffnet Anfang März bis Anfang November.

Chemin de la Corniche, 29710 Plozévet
www.campinglacorniche.com; GPS 47.980574, -4.430176

CAMPING DE LA TORCHE

Natürlich wirbt dieser Campingplatz mit seiner Nähe zu einem der bekanntesten Surfspots an der Pointe de la Torche. An diesem herrlichen, aber nicht ganz ungefährlichen Strand organisiert die Anlage auch Kurse bei den Surfschulen. Wem das zu sportlich wird, der bleibt am beheizten Schwimmbad, spielt Pétanque oder nutzt die Bibliothek. Geöffnet Anfang Mai bis Anfang November.

Roz An Tremen, 29120 Plomeur
www.campingdelatorche.fr; GPS 47.832689, -4.326922

zählt zu den bedeutenden Sehenswürdigkeiten der Bretagne, denn sie ist eingerahmt von einer Festung. Ein Rundgang auf den Mauern, Les Remparts, gehört ebenso zum Pflichtprogramm wie das Schlendern durch die engen Gassen. Dort stoßen Besucher immer wieder auf Zeugnisse des Fischfangs, der die Region jahrhundertelang ernährt hat. Immerhin ist die Stadt der drittgrößte Fischereihafen Frankreichs. Im Musée de la Pêche erfährt man alles über Fischfang und die Geschichte der Stadt, die einst als Festung geplant wurde.

SOMMERTIPP: Lohnenswert ist ein Besuch des Festes »Fête des Filets Bleus«. Es ist eines der größten Trachtenfeste der Region und findet jedes Jahr Mitte August statt.

CAMPING LE HELLES

Ideale Lage mit direktem Zugang zum feinsandigen Strand von Sainte-Marine, dem Seebad Bénodet gegenüber. Die familienfreundliche Anlage verfügt auch über ein großes beheiztes Schwimmbad, das immer einige Grade wärmer als die Meerestemperatur ist. Von Bénodet lassen sich Ausflüge auf die karibisch anmutenden Îles des Glénan unternehmen. Geöffnet Anfang April bis Ende September.

55 rue du Petit Bourg, 29120 Combrit/Sainte-Marine
www.le-helles.com; GPS 47.868020, -4.128904

CAMPING PENHOAT CÔTÉ PLAGE

An einer der schönsten Landspitzen der Südbretagne gelegen, verfügt die Anlage zwar nicht über ein Schwimmbad, aber bis zum schneeweißen Sandstrand sind es nur 300 Meter. Wanderungen lassen sich auf dem Küstenpfad unternehmen. Im kleinen Restaurant gibt es neben Crêpes auch Meeresfrüchteplatten zu kosten. Geöffnet Anfang April bis Mitte September.

15 route du Grand Large, 29170 Fouesnant
www.camping-penhoat.com; GPS 47.851439, -4.035383

07 Pont-Aven

Vermutlich wäre Pont-Aven auch ohne die Künstlerfigur Paul Gauguin ein beliebtes Ausflugsziel geworden, denn es liegt malerisch am Flüsschen Aven, das sich seinen Weg durch mächtige Granitbrocken bahnt. Unzählige Wassermühlen drehten sich einst an seinen Ufern. Dann beruhigt sich der Wasserlauf, und ein kleiner Binnenhafen bietet Segelbooten

Unten beide Seiten: Geprägt wird Quimper nicht nur durch den Fluss Odet, sondern auch durch die mächtige Kathedrale Saint-Corentin und die vielen hübschen Fachwerkhäuser.

AUSFLUGSZIELE

Notre-Dame-de-Tronoën

Nur wenige Kilometer entfernt von den Stränden nördlich der Pointe de la Torche, die für Surfer aus aller Welt beliebte Anziehungspunkte darstellen, liegt versteckt die von der Salzluft des nahen Atlantik arg angegriffene Kirche Notre-Dame-de-Tronoën. Es ist vor allem ihr »Calvaire« mit den unterhalb des gekreuzigten Christus angeordneten szenischen Darstellungen, der auf dem Vorplatz die Besucher anzieht. Die aus dem harten Granit gemeißelten biblischen Geschichten der Passion Christi sind die ältesten der Bretagne und stammen bereits aus der Zeit um 1450. Auch wenn oftmals die Gesichter der Figuren und weitere Formen von Wind und Wetter bis zur Unkenntlichkeit verwittert erscheinen, so ist der Bildzyklus auf dem 4,50 Meter langen und 3,50 Meter breiten Steinquader dennoch fast vollständig und fasziniert durch seine Erzählfreude.

GPS 47.857889, -4.328403

Quimper

Die Hauptstadt des Finistère ist eine hübsche alte Stadt mit einigen nur für Fußgänger zugänglichen Straßen, die von mittelalterlichen Häusern und eindrucksvollen Kirchtürmen gesäumt werden. Sehenswert ist besonders die gotische Kathedrale Saint-Corentin mit ihren prachtvollen Glasfenstern (15. Jahrhundert) und ihren beiden 76 Meter hohen Türmen, zwischen denen die Reiterstatue des legendären Stadtgründers König Gradlon aufragt. Das Musée départemental breton gibt einen umfassenden Überblick über die bretonische Geschichte und Kultur. Zum gemütlichen Bummeln lädt das Zentrum zwischen den Flüsschen Odet, Frout und Steir ein: Läden verkaufen bretonische Literatur, Musik und Trachten, es gibt den angeblich besten Cidre und die besten Crêpes und natürlich die Fayencen von Quimper, ein gelb-blau verziertes Geschirr mit Schmuckmotiven.

GPS 47.995951, -4.102791

AUSFLUGSZIELE

Quimperlé

Eingebettet in das üppige Grün der Cornouaille, wie diese Landschaft der Bretagne heißt, beherrscht das Wasser die Stadt Quimperlé. Doch nicht das Meer, sondern die beiden Flüsse Isole und Ellé prägen das Bild. Die granitfarbenen Häuser spiegeln sich darin. Malerisch auf einer Landzunge gelegen, bietet die Stadt hübsche alte Häuser mit schönen Giebeln und Erkern. Den Mittelpunkt bildet die romanische Rotundenkirche Sainte-Croix, die aus dem 11. Jahrhundert stammt. Gleich neben der Kirche liegt die Markthalle, in der die örtlichen Landwirte und Fischer ihre Köstlichkeiten feilbieten. Zum wichtigen Kulturerbe gehört auch das Maison des Archers, in dem heute wechselnde Kunstausstellungen stattfinden. Doch am besten lässt sich die Stadt vom Wasser aus erkunden.
GPS 47.872956, -3.544547

Ankerplätze. Doch Gauguin war nun einmal gegen Ende des 19. Jahrhunderts hier, um die Ursprünglichkeit der damals bitterarmen Bretagne, ihre Traditionen und ländlichen Motive in seine Malerei zu übersetzen, und schon zu seinen Lebzeiten reisten erste Touristen nach Pont-Aven, um die Künstlerkolonie in Augenschein zu nehmen. Gauguin war nicht der erste und schon gar nicht der einzige Künstler hier auf Suche nach Inspirationen. Es bildete sich eine Gruppe junger Avantgardemaler um den Anführer Gauguin, die künstlerische Konventionen über den Haufen warf und der reinen Farbe huldigte. Das Museum im Ort besitzt zwar nur ein einziges Originalbild von Gauguin, ist aber überaus sehenswert, da die sogenannte Schule von Pont-Aven mit Werken von Paul Sérusier, Henry Moret oder Émile Bernard durchaus gut vertreten ist.

08 Quiberon

Die Halbinsel Quiberon war vor langer Zeit eine Insel. Jetzt verbindet sie lediglich ein schmaler Isthmus mit dem Festland. Umbrandet vom Meer, das hier sowohl wilde Steinküste als auch Sandstrände bietet, hat sie sich zum Ferienparadies erster Klasse entwickelt. Auf Quiberon gibt es vielfältige Angebote für Badeurlaub und Wassersport. Wind- und Kitesurfer, aber auch Strandsegler lieben die Region. An der Ostküste liegen breite Sandstrände, die sich gut für geruhsame Familienurlaube eignen. Bei den kleinen Feriengästen besonders beliebt sind die kulinarischen Spezialitäten der Region, etwa die Niniches – kleine Pralinen. Groß wie Klein liebt die Karamellcreme Calidou. Wer auf den Radwegen der Halbinsel die Côte Sauvage erkundet – ein zerklüftetes Felsband, das immer wieder von Sandbuchten unterbrochen wird – hat die Kalorien auch schnell wieder abgearbeitet.

09 Carnac

Sie stehen in Reih und Glied: Kilometerlange Steinreihen beherrschen das Antlitz dieser kleinen Stadt am Meer. Obwohl Carnac auch einen

CAMPING LES EMBRUNS

Seit knapp 40 Jahren ist dieser Campingplatz in Familienbesitz und hat sich zu einer 5-Sterne-Luxusanlage mit eigenem Restaurant gemausert. Der Sandstrand von Le Pouldu liegt ganz in der Nähe. Die Betreiber haben in ultramoderne Sanitäranlagen investiert, und auch sonst bietet der Platz alle Annehmlichkeiten wie einen kleinen Lebensmittelladen und einen von Teichen durchzogenen kleinen Tierpark. Geöffnet Anfang April bis Mitte September.

2 rue de Philosophe Alain, 29360 Clohars-Carnoët/Le Pouldu
www.camping-les-embruns.com/de; GPS 47.768561, -3.545168

FLOWER CAMPING LE BOIS D'AMOUR

Fast an der Spitze der Halbinsel von Quiberon liegt diese 4-Sterne-Anlage in 150 Meter Entfernung vom Südstrand Plage du Goviro. Zwei große Pools laden aber auch auf dem Gelände zum Schwimmen ein, und das Restaurant mit offener Terrasse hat auch lokale Spezialitäten im Angebot. Geöffnet Anfang April bis 1. November.

Rue Saint-Clément, 56170 Quiberon
de.quiberon-camping.com; GPS 47.476453, -3.103925

FLOWER CAMPING LE CONLEAU

Strategisch günstig gelegen für Ausflüge mit dem Boot über das riesige Binnenmeer Golfe du Morbihan. Das beheizte Hallenbad lädt zum Schwimmen ein, doch ein kleiner Strand ist auch schnell zu erreichen. In 15 Minuten lässt sich die pittoreske Altstadt von Vannes mit dem öffentlichen Bus erreichen – oder man spaziert hierfür am Golf entlang. Geöffnet Anfang April bis 1. November.

188 avenue Maréchal Juin, 56000 Vannes
de.vannes-camping.com; GPS 47.633503, -2.779741

Bildleiste von oben: Gleich zwei Flüsse durchqueren Quimperlé.

In Pont-Aven entstand eine Malerschule um Paul Gauguin, und auch heute noch zieht der idyllische Ort Künstler an.

Insbesondere die Westküste der Halbinsel Quiberon ist wild und unberührt. An der Ostküste, die windgeschützter liegt, kann man hingegen ungetrübte Badefreuden genießen.

AUSFLUGSZIELE

Locmariaquer

Wer schon Carnac bewundert hat, sollte sich nach Möglichkeit Locmariaquer auch nicht entgehen lassen, befindet sich hier doch der größte aller Menhire mit (ursprünglich) über 20 Meter Höhe. Nur leider steht er nicht mehr aufrecht, sondern liegt in drei Teile zerbrochen am Boden. Direkt daneben konnte ein bedeutendes Dolmengrab aus der Jungsteinzeit rekonstruiert werden, der »Table des Marchands«. In der Dunkelheit dieses Ganggrabs tauchen spärlich für die Besucher angeleuchtete Gravierungen und sehr flache Reliefs auf, die an wiegende Kornähren erinnern. Vermutlich verweisen sie auf einen früheren Fruchtbarkeitskult. An der nahen Landspitze Pointe de Kerpenhir lässt sich gut das während der Gezeiten in den Golfe du Morbihan ein- oder ausströmende Wasser beobachten. Mit dem gegenüberliegenden Port Navalo bildet die Pointe die enge Passage, durch die sich der Golf zum Atlantik hin öffnet. Gut bestaunen lassen sich dann auch die Boote, die die Gezeitenströmungen geschickt zum Navigieren nutzen.

GPS 47.57157, -2.95204

ROUTE 11

Tausende Menhire sind rund um das Städtchen Carnac zu finden. Die D 196 führt direkt an den Steinreihen der Stätte Ménec vorbei.

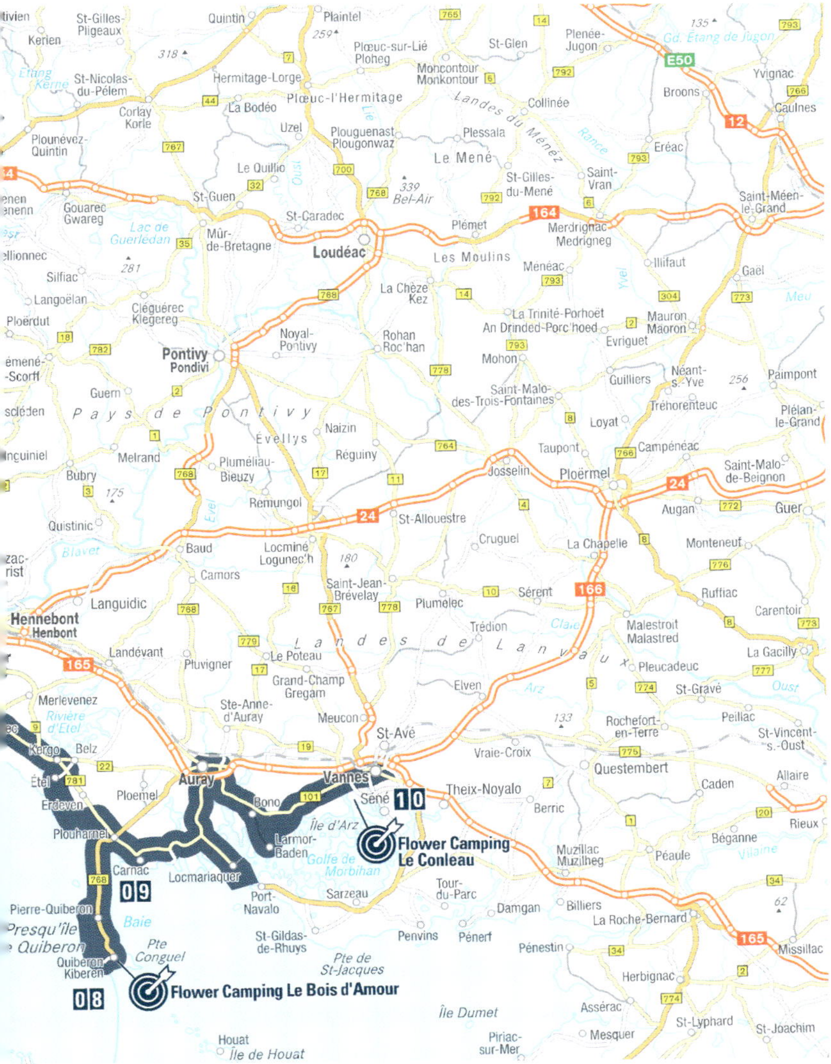

schönen Sandstrand zu bieten hat, ist es eher sein Hinterland, das die Besucher nahezu magisch anzieht. Der Grund dafür ist das größte Megalithenfeld der Welt, das sich in Carnac befindet. Rund 3000 Menhire verteilen sich dort auf mehrere Anlagen. Sie sind heute größtenteils eingezäunt und werden immer nur partiell für Besucher geöffnet. Am größten und schönsten sind die Alignements von Kerzhero. Entstanden sind die steinernen Zeugen der Vergangenheit in der Zeit von 4000 bis 2000 v. Chr. Außer den Steinen – die auch in Crucuno, Erdeven und auf der Halbinsel von Locmariaquer zu finden sind, locken prähistorische Hünengräber, wie etwa der zwölf Meter hohe Tumulus von Saint-Michel.

10 Vannes

Die Hauptstadt von Morbihan ist ein lohnendes Ziel für Romantiker. Tatsächlich ziehen die mittelalterlichen Gassen, die teilweise erhaltene Ringmauer mit ihren malerischen Türmen und die vielen hübschen Fachwerkhäuser jedes Jahr Tausende von Besuchern an. Besonders stimmungsvoll sind die dort stattfindenden Open-Air-Aufführungen. Wertvolle archäologische Schätze aus der Region zeigt das Musée d'Archéologie du Morbihan, das in den Mauern des Château Gaillard aus dem 15. Jahrhundert untergebracht ist. Die Kathedrale aus dem 15. Jahrhundert zählt ebenso zum touristischen Pflichtprogramm wie der Place Maurice-Marchais sowie das Château de l'Hermine.

ROUTE 12

DURCH DEN SÜDEN JÜTLANDS

Der Ausgangsort dieser Wohnmobil-Tour befindet sich direkt an der Grenze zu Deutschland. Gestartet wird in Kruså, einer typisch dänischen Kleinstadt. Von Kruså geht es auf der landschaftlich herrlichen Küstenstraße Fjordvejen nach Broager, dessen mächtige, weithin sichtbare Kirche aus dem 13. Jahrhundert einst auch als Seezeichen diente. Die Gegend ist leicht hügelig und eröffnet von der Strecke aus oftmals weite Blicke, bis in Dybbøl die Windmühle »Dybbøl Molle« in Sicht kommt. Das Wohnmobil steuert nun auf Sønderborg zu, das malerisch am Als Sund liegt. Von Sønderborg aus erkunden Camper die beliebte Urlaubsinsel Als mit ihren Steilküsten im Osten sowie Fjorden und Buchten im Westen. Von dort geht es weiter ein Stück auf der »Margeritruten«, Dänemarks längster Sehenswürdigkeit: Die Route schlängelt sich über 3500 Kilometer abseits der Hauptstraßen quer durch das kleine Königreich. Nach einem Abstecher nach Rømø, Dänemarks größter Nordseeinsel mit wundervollen Stränden, geht es entlang des Wattenmeers nach Højer und weiter nach Møgeltønder. Der Ort besitzt eine der schönsten Dorfstraßen Dänemarks. Von dort aus führt die Strecke über Tønder wieder zurück zum Ausgangspunkt der Tour.

WARUM IM SOMMER?

Dänemark im Sommer ist einfach entspannt. Das Wetter ist nicht brüllend heiß, so dass auch ohne Klimaanlage eine entspannte Nacht garantiert wird. Diese Route verbindet die Ost- mit der Nordsee und führt durch Landstriche, die jetzt so richtig aufblühen.

Dünen, Strand, Meer und dann lange nichts – die Insel Rømø besticht durch ihre endlos langen Sandstrände.

Dänisches Sommerglück

Wälder, Dünen, Heideflächen und liebenswerte Kleinstädte prägen Dänemarks Süden. Diese als Rundkurs durch Jütland angelegte Tour führt von Kruså aus zunächst auf die Ferieninsel Als an der Ostseeküste und quer durch Südjütland zur Nordseeinsel Rømø mit ihren Dünen und Stränden.

Wild und ursprünglich ist die Küste bei Broager. Ein schöner Spazierweg führt einmal um die Halbinsel herum – immer mit freiem Blick auf die Flensburger Förde.

ROUTE 12

Streckenlänge: ca. 220 km
Zeitbedarf: ca. 1–2 Wochen
Routenverlauf (Hauptorte): Kruså, Gråsten Slot, Broager, Sønderborg, Apenrade, Løgumkloster, Hjemstedt Oldidspark, Rømø, Højer, Møgeltønder, Tønder, Kruså

Charakteristik: Vorwiegend Landstraßen mit wenig Verkehr, weite Teile der Strecke führen durch leicht wellige Landschaft. Die Tour verbindet Nord- und Ostsee.

Informationen:
www.visitdenmark.de

Hier geht's zum GPS-Track

01 Kruså

Der Ort ist geprägt von vielen kleinen Seen – wer gen Kruså steuert, wird beim Blick aus dem Wohnmobilfenster immer wieder silbrig glänzende Flächen in der Landschaft erblicken, die wie runde Spiegel wirken. Die Eiszeit mit ihren Endmoränen formte diese leicht wellige Landschaft. Auch das Tunneltal ist ein Produkt der Eiszeit; ein langgestrecktes Tal, durch das der Fluss Kruså fließt, der den Niehuuser See mit dem Mühlensee verbindet. Wem nach Wandern ist, der läuft auf dem Gendarmenpfad von Kruså rund fünf Kilometer bis nach Kollund Strand – ein Weg, den schon die alten Zöllner gegangen sind. Kruså selbst ist ein kleiner Ort mit nur 1500 Einwohnern. Sehenswert ist dort vor allem die alte Wassermühle mit dem angrenzenden Teich, besonders schön ist der Anblick bei Sonnenuntergang.

02 Gråsten Slot

Unweit von Sønderborg zieht die stattliche Anlage der Sommerresidenz der Königsfamilie alle Blicke auf sich. Von dem Barockbau, der im 17. Jahrhundert ein Jagdschloss war, ist nach einem Brand nur die Kirche übrig geblieben. Hauptgebäude und Südflügel wurden bis zum 18. Jahrhundert errichtet, 1935 wechselte das Schloss in den Besitz der königlichen Familie. Da es sich immer noch in königlichem Privatbesitz befindet, kann Gravenstein, wie Gråsten Slot auf Deutsch heißt, nicht besichtigt werden. Nur die Kirche und der Park sind für den Publikumsverkehr geöffnet – vorausgesetzt, die Könige sind nicht zu Hause. Und das ist daran zu erkennen, ob eine Flagge vom Dach des Gebäudes weht. Fehlt die Flagge, fehlen auch die Könige.

SOMMERTIPP: Immer im Juni legt die königliche Jacht in Sønderborg an, und die Königin wird nach Gravenstein chauffiert. Dort findet während ihres Aufenthalts immer mittags um 12 Uhr eine Wachablösung statt, und jeden Freitag wird im Schlosshof ein Konzert dargeboten.

03 Broager

Mit dem Wohnmobil könnte man schnell durchfahren, und auch auf den touristischen Landkarten ist

Schloss Gråsten ist die Sommerresidenz der dänischen Königsfamilie. Geschwungene Pfade, Seen und Blumenbeete prägen den Schlossgarten.

Broager keine Größe. Doch vielleicht macht grade diese Normalität den Charme aus. Broagers Historie ist eng mit der Tradition der Ziegelproduktion verbunden, denn dort gab es einst 70 Ziegeleien. Die charakteristische Silhouette des Ortes wird von den Doppeltürmen der imposanten Kirche geprägt; sie steht auf dem höchsten Punkt der Halbinsel und geht auf das Jahr 1209 zurück. Die Türme sind übrigens statisch zu fragil, um Kirchenglocken zu tragen, deswegen baute man 1650 noch ein freistehendes, hölzernes Glockenhaus auf das Gelände. Auf dem zugehörigen Friedhof lassen sich die traurigen Momente der deutsch-dänischen Geschichte nachempfinden, denn dort finden sich viele Soldatengräber aus den Kriegen zwischen beiden Ländern.

04 Sønderborg

Schöner kann eine Stadt kaum liegen: Der Als Sund trennt die Insel Als vom Festland. Über diesen Weg gelangt auch das Wohnmobil nach Sønderborg – also unbedingt den Blick aus dem Fenster genießen, während das Auto den Sund überquert. Und dann kommen auch schon bald die ersten kleinen bunten Häuser der Altstadt in Sicht. Es lohnt sich übrigens, den Baustil etwas genauer zu betrachten, denn Sønderborg gilt als bedeutendste Jugendstil-Stadt Dänemarks; viele der Häuser sind bereits zur Jahrhundertwende entstanden. Die schönsten Schmuckstücke finden sich zwischen Rathaus und Schloss. Also aussteigen und etwas bummeln gehen. Immer wieder wird man an den Häusern dabei auch deutsche Namen

DCU-CAMPING KOLLUND

Neben seinem alten Baumbestand punktet dieser Campingplatz vor allem durch seine Lage. Von vielen Stellen ist ein schöner Blick auf die Flensburger Förde möglich. Hecken schützen die Parzellen vor Wind und erlauben ein Stückchen Privatsphäre.

DCU-Camping Kollund, Fjordvejen 29-A, 6340 Kollund
www.dcu.dk/de/dcu-camping/dcu-camping-kollund
GPS 54.846121, 9.468977

LÆRKELUNDEN CAMPING

Ein eigenes überdachtes Schwimmbad, Spielmöglichkeiten für Kinder. Und die Lage? Direkt am Wasser! Besser geht es kaum, da ist es auch nicht schlimm, wenn ein wenig Schatten fehlt, denn Bäume sind auf diesem Platz Fehlanzeige. Dafür liegt der Sandstrand direkt vor der Wohnmobil-Tür.

Lærkelunden Camping, Nederbyvej 25, 6300 Gråsten
www.laerkelunden.dk/de/
GPS 54.9000674, 9.5724733

AUSFLUGSZIELE

Danfoss Universe

Der Mittelpunkt dieses Freizeitparks ist ein recyceltes Gebäude: Der isländische Pavillon, der auf der Expo 2000 Vulkane, Blitze und Geysire simuliert hat, wurde nach dem Ende der Weltausstellung nach Dänemark gebracht, um rundherum einen neuen Freizeitpark zu errichten. Das Danfoss Universe ist ein Freizeitpark, in dem vor allem die moderne Technik ausprobiert werden kann. Kleine und große Besucher können dort beispielsweise versuchen, ein Auto anzuheben, Wasserraketen bauen oder Autoscooter fahren. Eine Segwaybahn gehört ebenso zum Angebot wie Raketenbauworkshops oder der Plausch mit einem Roboter. Alle Angebote haben Wissenschaft und Technik als übergreifendes Thema.
www.universe.dk/de
GPS 55.04085, 9.809654

und Bezeichnungen lesen können – es gibt in dieser Region eine große deutschsprachige Minderheit. Ein lohnenswerter Spazierweg ist auch die Strecke zwischen Schloss und Hafen, entlang vieler geduckter, kleiner Häuser bis zum Wasser.

05 Sønderborg Slot

Imposant ragt das vierflügelige Renaissanceschloss, das aus dem 16. Jahrhundert stammt, hinaus in Sønderborgs Als Sund. Von den Wehrtürmen ist kaum etwas übrig geblieben, nur im kopfsteingepflasterten Innenhof, in dem manchmal Konzerte stattfinden, stehen drei zierliche Treppentürme. Bewohnt ist das Schloss nicht, stattdessen ist ein Museum eingezogen. Es zeigt kulturhistorische Sammlungen von Silber, Handwerk und Kunst aus Nordschleswig. Der 34 Meter lange Rittersaal steht zur Besichtigung offen, genau wie die Schlosskapelle und der Kerker. Einen Schwerpunkt legt das Museum auf die Geschichte Südjütlands und Nordschleswigs vom Mittelalter bis heute, inklusive der Deutsch-Dänischen Kriege, und es zeigt Stammbäume und Porträts der Adelsfamilien.

06 Aabenraa

Direkt an der Förde bettet sich Aabenraa hübsch in die hügelige Landschaft ein. Wer einen Überblick über die Stadt gewinnen möchte, macht sich auf zum Galgenberg; von seiner erhöhten Lage genießt man einen schönen Panoramablick. Perfekter Startpunkt für einen Stadtbummel ist der Marktplatz Storetorv. Dort flattern rot-weiße Dänen-Fähnchen über den Gassen und sorgen gleich für das passende Ambiente. Am liebsten gleich einziehen möchte man in eines der vielen niedrigen Handwerkshäuser mit ihren typischen spitzen Giebeln und den verglasten Erkern. Aabenraa rühmt sich auch der längsten Fußgängerzone Dänemarks, zahlreiche kleine Läden, Cafés und Galerien verführen den Besucher zum Einkehren und Shoppen. Schloss Brundlund liegt etwas außerhalb des Zentrums, doch der Abstecher lohnt sich, denn das Anwesen ist von einer hübschen Gartenanlage umgeben. Angrenzend an den Schlosspark plätschert eine alte Wassermühle. Ganz in der Nähe, in den Wäldern befindet sich das Ganggrab von Hostrupskov (3500–2800 v. Chr.), das ebenso zu einem Stopp verleitet wie die nahegelegenen Runddolmen.

07 Løgumkloster

Der Name deutet auf die Entstehung hin: Im 12. Jahrhundert wurde an dieser Stelle mit dem Bau einer Zisterzienserabtei begonnen. Der Ost- und Nordflügel der Kirche mit

Bildleiste von oben: Wann kann man hier einziehen? Ein echtes dänisches Wohnidyll erwartet den Besucher in Sønderborg.

Das backsteinrote Schloss Sønderborg beherbergt heute ein Museum.

Viele hübsche Häuser reihen sich in der Altstadt von Aabenraa aneinander.

Rechts: Ein virtueller Geysir spuckt im Freizeitpark Danfoss Universe Wasser.

Schnitzereien, einem Altar aus dem 15. Jahrhundert und dem alten Mönchsgestühl stehen noch heute. Der Klosterbetrieb wurde im 16. Jahrhundert eingestellt. Um die Kirche herum entwickelte sich im Mittelalter der Ort Løgumkloster. Mit wechselnd dänischer und deutscher Geschichte kann er auf wirtschaftlich erfolgreiche Zeiten zurückblicken, so z. B. auf den über die Grenzen bekannten Spitzen- und Textilhandel. Der große alte Marktplatz lädt noch heute zum Einkaufen ein – oder auf einen gemütlichen Stopp bei Kaffee und Plundergebäck. Dann aber noch schnell zur Schlosswiese schlendern, denn dort befindet sich ein 25 Meter hoher, 1973 errichteter Turm, der das größte Glockenspiel Nordeuropas beherbergt.

BROAGER STRAND CAMPING

Die seichte Ostsee plätschern hören und den weiten Blick genießen, das können Wohnmobilisten auf diesem Platz. Er ist sehr schön gelegen, direkt an der Flensburger Förde, die Umgebung ist ruhig und frei von Durchgangsverkehr. Wandermöglichkeiten sind ebenso vorhanden wie Fahrradrouten.

Broager Strand Camping, Skeldebro 32, 6310 Broager
GPS 54.867486, 9.74416

AUGUSTENHOF STRAND CAMPING

Wer das Danfoss Universe besuchen möchte und in der Nähe einen Campingplatz sucht, ist hier gut aufgehoben. Das Wohnmobil steht in Ostseenähe, mit etwas Glück kann man aufs Meer sehen. Der Platz ist mit Hecken parzelliert, und an einigen Stellen sorgen Bäume für Schatten.

Augustenhof Strand Camping, Augustenhofvej 30
6430 Nordborg, www.augustenhof-camping.dk
GPS 55.078604, 9.723296

AABENRAA AUTOCAMPER P-PLADS

Manchmal muss es gar kein Campingplatz sein, manchmal ist auch ein Stellplatz charmant. In Aabenraa liegt eine solche Übernachtungsmöglichkeit direkt am Jachthafen. Strom sowie Wasserver- und -entsorgung sind gewährleistet, Sanitäranlagen sind ebenfalls vorhanden.

Kystvej 55, 6200 Aabenraa, www.aabenraa-sejlclub.dk
GPS 55.0360662, 9.4239087

FIRST CAMP LAKOLK

Mit dem Wohnmobil direkt auf den Strand fahren – für den einen ist es ein Traum, der andere hat Angst vor Salz und Rost. Wer es dennoch wagen möchte und einen Platz ganz in der Nähe des Strandes sucht, der ist im First Camp Lakolk gut aufgehoben. Nur die Dünen trennen einen hier vom Wattenmeer. Es ist ein großer Platz mit 650 Plätzen.

First Camp Lakolk, Strand-Rømø, Lakolk 2, 6792 Rømø
www.firstcamp.de/destination/lakolk-strand-romo/
GPS 55.1452335, 8.4893289

08 Rømø

Die südlichste der dänischen Wattenmeerinseln kann über einen fast zehn Kilometer langen Damm vom Festland aus mit dem Wohnmobil erreicht werden. Obwohl sie nur eine Fläche von knapp 130 Quadratkilometer umfasst, präsentiert sie sich als abwechslungsreiche Naturlandschaft. Das bei Ebbe trockenfallende Watt im Osten bildet einen scharfen Kontrast zu der dem offenen Meer zugewandten Westküste, im Inselinneren geht die Marsch in Heide und Kiefernwälder über. Nicht zuletzt dank des bis zu 1000 Meter breiten Sandstrands, der sich die gesamte Westküste entlangzieht, hat sich Rømø zu einem der beliebtesten Urlaubsziele Dänemarks entwickelt. Alljährlich werden mehr als eine Million Übernachtungen gezählt.

SOMMERTIPP: Der in seiner südlichen Hälfte komplett befahrbare (!) Lakolk Strand ist nicht nur ein Paradies für Sonnenanbeter, sondern auch für Fans trendiger Strandsportarten: Die Südspitze ist für Strandsegler, der darauffolgende Abschnitt für Kitebuggy-Fahrer reserviert. Hier kann man mit seinem Wohnmobil tatsächlich bis ans Wasser fahren. Achtung: Es ist nur eine Höchstgeschwindigkeit von 30 km/h erlaubt, auch erfolgt das Befahren auf eigenes Risiko.

Aber auch abseits des Strandes finden sich Gelegenheiten für zahlreiche sportliche Aktivitäten wie Radeln, Wandern, Golfen oder Reiten. Zwischen 1650 und 1850 war Rømø eine Walfängerhochburg. Bis heute zeugen einige stattliche reetgedeckte Gehöfte, die Kommandeurhöfe,

Warum nicht mal Kaffee und Kuchen in einem historischen Pferdestall genießen – auf Schackenborg Slot ist das möglich.

Wer das Wohnmobilbett zwischendurch gegen eine andere Schlafstätte eintauschen möchte – im Løgumkloster kann man auch nächtigen.

AUSFLUGSZIELE

Schackenborg Slot

Das Barockschloss liegt kurz hinter der dänisch-deutschen Grenze im malerischen Dorf Møgeltønder. In seiner heutigen Form entstand es im 17. Jahrhundert auf dem Fundament einer ehemaligen Burg unter dem Feldherrn Hans Schack, der später geadelt wurde. Ganze elf Generationen der Familie bewohnten Schackenborg, bis der letzte kinderlose Sohn es 1987 an den dänischen Prinzen Joachim übergab, der damals erst neun Jahre alt war. Auch heute noch bewohnt er mit seiner Familie dort Gemächer, hat das Schloss inzwischen aber an eine Stiftung verkauft. Einige der kostbar eingerichteten Räume können auf Führungen und bei Veranstaltungen besichtigt werden, ebenso seit Kurzem der Park. Lohnenswert ist auch der Besuch des nahe gelegenen historischen Wirtschaftsgebäudes Slotsfeltscheune in fast sakraler Architektur.

schackenborg.dk

GPS 54.94277, 8.80874

CAMPING KOMMANDØRGÅRDEN

Wer ein wenig Luxus sucht, ist hier goldrichtig: Hallenbad und Wellnessbereich sind auf diesem Platz vorhanden, Dampfbad und Sauna ebenso. Ein nahe gelegener Fahrradverleih und Reitmöglichkeiten runden das Angebot ab – also einfach mal verwöhnen lassen.

Havnebyvej 201, 6792 Havneby
www.kommandoergaarden.dk
GPS 55.1009089, 8.5196185

VADEHAVS CAMPING

Vom Strand aus hat man einen schönen Blick auf die nahegelegene Insel Sylt: Dieser Campingplatz liegt wunderschön am Wattenmeer und lädt zu ausgiebigen Erkundungen der Natur ein.

Vadehavs Camping, Emmerlev Klev 1, 6280 Højer
www.vadehavscamping.dk/de/
GPS 54.988843, 8.679666

von dem Reichtum, den die Jagd nach den Meeressäugern den Inselbewohnern einst bescherte. In einem dieser Anwesen ist heute die Touristeninformation, in einem anderen das Nationalmuseet Kommandørgård – eine Außenstelle des dänischen Nationalmuseums – untergebracht. Die größten Ortschaften der Insel, die insgesamt nicht mehr als 600 Einwohner zählt, finden sich an der Südostküste. In Havneby, einem modernen Fischereihafen, starten die Fähren nach List auf Sylt. Hier wurde mit dem »Rømø Lege og Hesteland« ein großer Freizeitpark für Kinder mit Streichelzoo und Spaßbad angelegt.

09 Højer

Ganz im Westen Dänemarks, nahe der deutschen Grenze, besticht Højer mit einer Mischung aus Bädercharme und typisch friesischen Häusern. Zu den baulichen Wahrzeichen gehört zudem die Holländermühle aus dem Jahr 1857. Mit ihren ca. 22 Metern Höhe ist sie die größte Holzwindmühle Nordeuropas. Hübsch fügt sie sich in das angrenzende Ensemble mit dem Mühlenhaus ein. Noch viel älter ist die St. Petri-Kirche, die mit ihrer quaderförmigen Bauweise auf das 12. Jahrhundert zurückgeht. Wie das Alltagsleben in Højer einst ausgesehen hat, darüber informiert das Freilichtmuseum Bådfolk ved Vidåen. Eine große Rolle spielte bei der Entwicklung des Ortes auch der Hafen, den man heute kaum noch erahnen kann, da sich der Ort aufgrund der Landgewinnung inzwischen sehr viel weiter im Landesinneren befindet.

Rechts: Wer kann schon die größte Holzwindmühle Nordeuropas sein Eigen nennen? Die Einwohner von Højer sind stolz auf sie.

Unten: Der Lakolk Strand auf Rømø ist so groß, dass sich selbst die parkenden Autos darauf verlieren.

10 Møgeltønder

Westlich von Tønder liegt das wohl schönste Dorf Dänemarks mit seinen 30 reetgedeckten Friesenhäusern: Die Schlossstraße, Slotsgaden, gilt als absolutes Kleinod. Sie ist kopfsteingepflastert, und an ihren Bürgersteig reihen sich Backsteinhäuser, reetgedeckt und derart niedrig, dass man die Traufen mit den Händen berühren kann. Zu den Höhepunkten gehört auch die Dorfkirche. Sie ist eine der größten ihrer Art in ganz Dänemark. Der Gasthof Schackenborg Slotskro befindet sich ebenso wie das zauberhafte Rokokoschloss Schackenborg im Besitz der dänischen Königsfamilie. Sehenswert sind auch das Kloster und die Kirche von Løgumkloster.

11 Tønder

Der nur wenige Kilometer von der deutsch-dänischen Grenze entfernte Ort präsentiert sich als ein dänisches Kleinstadtidyll, das mit einer sehenswerten Altstadt und vielen Einkaufsmöglichkeiten lockt. Tønder blickt auf eine wechselvolle Geschichte zurück. Im Mittelalter war es der bedeutendste Handelsplatz der Region. Als der Hafen infolge eines Deichbaus im 16. Jahrhundert versandete und der wirtschaftliche Niedergang begann, verlegten sich Tønders Kaufleute auf das Geschäft mit der Spitzenklöppelei, das der Stadt im 17. und 18. Jahrhundert eine neue Blütezeit bescherte. Die gut erhaltenen Patrizierhäuser in der

Oben links: Die kleine Stadt Tønder besitzt viele Häuser in Ziegelbauweise, die man bei einem Stadtbummel bewundern kann.

Oben rechts: Prächtig geht es in der Nähe des Marktplatzes zu. Hier lässt die Architektur den Glanz vergangener Zeiten aufleben.

Links: Møgeltønder ist als eines der malerischsten Dörfer des Landes bekannt.

TØNDER-CAMPING

Stadtnah und doch neben einem Bauernhof liegt dieser Campingplatz, der mal nicht mit Meeresnähe punktet, dafür aber mit einem schön parzellierten Platz, bei dem Hecken Sicht- und Windschutz bieten. Ein kleines Schwimmbad gehört ebenso zu den Annehmlichkeiten wie die Fußnähe zum schönen Zentrum des Ortes.

Sønderport 4, 6270 Tønder
www.tonderhallerne.dk
GPS 54.9356679, 8.8814964

MØGELTØNDER CAMPING

Wer Action braucht, ist auf diesem Campingplatz richtig: Eine große Wasserrutsche mit Schwimmbecken sorgt dafür, dass es auch im Landesinneren nicht langweilig wird. Die Radwege in der Umgebung laden zu Erkundungen ein. Groß anstrengen braucht man sich dabei nicht, da die Gegend eher flach ist.

Møgeltønder Camping, Sønderstrengvej 2, 6270 / Tønder
mogeltondercamping.dk/de/willkommen/
GPS 54.937493, 8.800259

Fußgängerzone zeugen bis heute von dem Reichtum. Das Herz des alten Tønder schlägt heute noch am Marktplatz, dem Torvet. Der Torvet wird von beeindruckenden historischen Bauten wie dem spätgotischen Klosterbagerens Hus, dem barocken Rathaus und der Gamle Apothek aus dem 17. Jahrhundert gesäumt. Die 1592 geweihte Kristkirke an der Ostseite des Platzes beeindruckt durch kunstvolle Schnitzereien in ihrem Inneren. Das im Torhaus des 1750 abgerissenen Schlosses residierende Tønder Museum verfügt über eine Sammlung von Kunst- und Gebrauchsgegenständen aus allen Epochen der lokalen dänischen Geschichte.

12 Kruså

Wieder zurück am Ausgangsort in Kruså angekommen, lohnt es sich, von hier noch einen Ausflug an die Küste zu unternehmen oder an einem der vielen Seen den Sonnenuntergang zu genießen, bevor es wieder gen Heimat geht.

Von Kruså aus lässt sich ein schöner Ausflug entlang des Fjordvejen unternehmen. Idyllische Anwesen wie dieses hier liegen auf der Strecke.

ROUTE 12

Augustenhof Strand Camping
Aabenraa Autocamper P-Plads
DCU-Camping Kollund
Lærkelunden Camping
Broager Strand Camping
TOUR START
01
02
03
04
05
06
Vojens
Haderslev
Aabenraa
Rødekro
Tinglev
Padborg
Harrislee
FLENSBURG
FLENSBORG
Gråsten
SØNDERBORG
Augustenborg
Nordborg
Als
Assens
Helnæs
Barsø
Årø
Glücksburg (Ostsee)
Sønderborg Bugt
Flensburger Förde
Aabenraa Fjord
Als Fjord
Helnæs Bugt
Geltinger Bucht
Margueritruten
Kruså
Kollund
Broager
Dybbøl
Egernsund
Hørup Hav
Kegnæs
Kelstrup
Hoptrup
Genner
Løjt Kirkeby
Stolling
Hostrupskov
Varnæs
Sundeved
Ulkebøl
Fynshav
Mommark
Knudshoved
Augustenhof
Købingsmark
Havnbjerg
Holm
Broballe
Guderup
Sønderballe
Frøslev
Ellund

Herbst

Wenn das Meer noch warm ist und die Erntezeit beginnt, bieten sich Touren in den Süden an: Spanien, Kroatien, Portugal und Griechenland sind jetzt ideal für einen Urlaub mit dem Wohnmobil. Oder wie wäre es mit den Alpen, um sich schon mal auf den Winter herunterzukühlen?

Das Pustertal wird auch das »Grüne Tal« genannt, im Herbst wäre die Bezeichnung Orange oder Feuerrot auch sehr passend.

ROUTE 13

COSTA BRAVA

Nirgends ist die Küste Spaniens so vielfältig wie hier an der Costa Brava. Die gelben Hügel kontrastieren mit dem Blau des Mittelmeers, dazwischen liegen malerische Fischerdörfer. Sant Feliu de Guíxols war einst ein solches, der Jachthafen dominiert inzwischen, trotzdem blieben mittelalterliche Bauten erhalten. Kunstinteressierte zieht es nach Figueres, der Geburtsstadt von Salvador Dalí, das mit einem interessanten Museum den Künstler ehrt, oder nach Sitges, der malerischen Kleinstadt zwischen Bergen und Meer, wo sich Ende des 19. Jahrhunderts die künstlerische Avantgarde traf. Metropolen und Mittelmeerflair gibt es in Barcelona, und ein Abstecher ins Hinterland versetzt den Reisenden ins Mittelalter mit Dörfern, in denen die Häuser wie übereinander geschachtelt stehen. Sogar große Städte wie Girona warten mit Gassengewirr auf. Tarragona war die zweitwichtigste Stadt im Römischen Reich. Vogelfreunde werden im Ebro-Delta auf ihre Kosten kommen, wo viele Zugvögel Station machen. Und meist ist das Meer noch warm genug für ein paar Schwimmzüge. Mit Geduld, flexibler Planung und Fahrspaß bieten sich die Straßen in Küstennähe an. Streckenweise sind sie gut ausgebaut, abschnittweise schmal und holprig. Schnell überbrücken lassen sich solche Strecken auf der Autobahn im Landesinneren.

WARUM IM HERBST?

Das Wetter ist ideal, die Temperaturen sind mild und das Wasser oft noch warm genug zum Baden. In einigen Regionen lässt sich zudem die Weinlese begleiten und neue Tropfen können probiert werden.

Von den Römern gegründet, später ein typisches Fischerdorf, lockt Cambrils heute mit Meer, Sonne und entspanntem Flair nicht nur Wohnmobilisten an.

Wilde Küstenträume

Dort, wo die Pyrenäen ins Mittelmeer tauchen, beginnt die Costa Brava: Steilklippen, blaues Meer und Fischerdörfer versprechen Urlaubsgefühle wie aus dem Bilderbuch. Mittelalterliche Dörfer warten im Hinterland – ein Traum, um den Sommer zu verlängern.

Gironas Lage unmittelbar am Fluss bezaubert jeden Betrachter: In der Abendsonne spiegeln sich die pastellfarbenen Wohnhäuser in den träge dahinfließenden Fluten des Onyar, hinter ihnen spitzt der Turm der Kathedrale hervor.

ROUTE 13

Streckenlänge: ca. 425 km
Zeitbedarf: ca. 2 Wochen
Routenverlauf (Hauptorte): Figueres, Girona, Blanes, Barcelona, Tarragona, Amposta, Ebro-Delta

Charakteristik: Die Strecke führt über dicht befahrene Küstenstraßen. Wer abschnittsweise schneller vorankommen möchte, wählt die einige Kilometer landeinwärts verlaufende Autobahn AP-7.

Informationen:
www.catalunya.com
www.barcelonaturisme.com

Hier geht's zum GPS-Track

01 Figueres

Über viele Jahrhunderte war Figueres eher eine recht bescheidene Stadt, blickt aber auf eine lange Geschichte zurück. Die industrielle Revolution brachte dem Ort eine günstige Position als wichtiger Verkehrsknotenpunkt nahe der französischen Grenze. Heute ist Figueres das Zentrum der Region Alto Ampurdán, Handel und Tourismus spielen eine große Rolle. Die mit Abstand bedeutendste Attraktion ist das Dalí-Museum, nach dem Prado in Madrid das meistbesuchte Museum in ganz Spanien. Die Region ist heute auch bekannt für ihre Weine. Außerhalb der Mauern liegt die imposante Burg Castell de Sant Ferrán. **HERBSTTIPP: Im September feiert die Stadt ihr großes Weinfest mit vielen Leckereien und Live-Musik.**

02 Girona

Girona bezaubert durch sein mittelalterliches Gassengewirr, eine imposante Kathedrale sowie einige beachtenswerte Museen. Seit dem 5. Jahrhundert als römisches Gerunda besiedelt, später von den Mauren zerstört, erlebte das Städtchen seine Hochblüte im Mittelalter. In dieser Zeit entstand hier eine bedeutende sephardische Judengemeinde, die eine europaweit beachtete kabbalistische Schule hervorbrachte. Ihr Ende kam, als 1492 durch das Alhambra-Edikt alle spanischen Juden des Landes verwiesen wurden. Das jüdische Viertel El Call blieb jedoch unzerstört, sodass man in Girona eines der besterhaltenen jüdischen Viertel Europas besichtigen kann. Ferner bestehen noch Teile der römischen Grundmauern und der mittelalterlichen Stadtbefestigung sowie die sogenannten »Arabischen Bäder«. Bei den Baños Árabes handelt es sich um einen romanischen Komplex (12. Jahrhundert) mit drei großen Sälen für Thermalbäder.

03 Sant Feliu de Guixolsz

Der Ort liegt in einer von Hügeln begrenzten Bucht. Zwar ist er in den letzten Jahren enorm gewachsen (der traditionelle Fischerhafen verschwindet fast unter dem Ansturm der Sportboote an den Molen), trotzdem blieben einige mittelalterliche Bauten erhalten – beispielsweise das Kloster San Benet mit seinem be-

Figueres ist Salvador Dalís Geburtsort und auch seine letzte Ruhestätte. Er selbst wirkte an der Errichtung des Museums in den 1960er-Jahren mit.

rühmten präromanischen Portal, Porta Ferrada, und die Wallfahrtskapelle Sant Elm auf einer Anhöhe über der Stadt. Im Zentrum führt ein Gewirr kleiner Gassen zur schönen Strandpromenade mit ihren vielen Bars oder zur Plaça del Mercat. An der Rambla del Portalet stehen einige Häuser im katalanischen Jugendstil (Modernisme), wie das Casino dels Nois (1899) oder die Villa Casa Patxot aus der gleichen Zeit. Die historische Sammlung des Stadtmuseums informiert über das Mittelalter.

04 Blanes

In den Ferien füllen sich die Apartmenthäuser und Campingplätze, an Wochenenden kommen zahlreiche Tagesausflügler aus Barcelona. Blanes punktet mit einem 3 Kilometer langen Strand, einer gepflegten Meerespromenade und etlichen Fischrestaurants. Ortskern und Hafen liegen in einer halbrunden Bucht, die im Südwesten durch Klippen und im Osten durch die Landspitze Santa Anna begrenzt wird. Die Siedlung entwickelte sich zu Füßen des mittelalterlichen Castell de Sant Joan, das über der Stadt auf dem gleichnamigen Hügel thront. Einst zum Schutz vor Piratenangriffen errichtet, ist die Burg heute eine Ruine mit restauriertem Rundturm, flankiert von einer schneeweißen Kapelle. Wegen der hervorragenden Aussicht lohnt die auch für Wohnmobile praktikable Auffahrt. Hauptattraktion von Blanes ist der Jardí Botànic Marimurtra auf der Punta Santa Anna. Wegen der Vielfalt der Pflanzenarten – etwa 4000 aus aller Welt – zählt er zu den bedeutendsten botanischen Gärten Europas und ist zudem landschaftlich äußerst reizvoll gelegen. Gegründet hatte ihn 1921

CAMPING AQUARIUS

Besticht durch die unmittelbare Strandlage, den eingewachsenen Baumbestand und jede Menge Einrichtungen, die einen längeren Aufenthalt angenehm machen, etwa eine eigene Surfschule. Plus-Stellplätze haben nicht nur Strom, sondern auch Wasser- und Abwasseranschluss. Geöffnet Mitte März bis Ende Oktober.

Camí Platja, 17470 Sant Pere Pescador
www.campingaquarius.com, GPS 42.177394, 3.108059

CAMPING CYPSELA RESORT

Ein familienfreundlicher 5-Sterne-Platz mit Supermarkt und gutem Restaurant. Die Stellplätze werden von ausladenden Pinien beschirmt. Im Zentrum der Anlage befindet sich eine geräumige Badelandschaft. Stündlicher Bustransfer zum zwei Kilometer entfernten Strand (ca. 5 Min. Fahrzeit). Geöffnet Mitte Juni bis Ende September.

C. Rodors 7, 17256 Girona
www.sandaya.fr, GPS 41.985697, 3.182037

AUSFLUGSZIELE

Cadaqués

Dieses Fischerdorf abseits der Reiserouten war bis vor 100 Jahren praktisch völlig unbekannt, doch dann ließ sich Salvador Dalí hier in seinem heute berühmten Haus in Port Lligat nieder, und von da an pilgerten Surrealisten und andere gleichgesinnte Künstler wie Paul Éluard, Marcel Duchamp oder Max Ernst in den Ort inmitten der einsamen Landschaft. Mit dem Ende der Franco-Diktatur entdeckte die »gauche divine«, die »göttliche Linke«, den Ort und verwandelte ihn in ein Zentrum des intellektuellen Widerstands. Cadaqués ist heute ein hübsches Städtchen mit malerischen weißen Häusern, von denen viele als Bars, Restaurants oder Unterkünfte dienen.

GPS 42.28935, 3.27522

der in Barcelona ansässige hessische Kaufmann Karl Faust, der die Anlage aus eigenen finanziellen Mitteln in Zusammenarbeit mit einem katalanischen Botaniker ständig erweiterte. Heute betreut eine Stiftung den Garten.

05 Barcelona

Die zweitgrößte Metropole Spaniens (1,6 Mio. Einwohner) ist schon für sich ein Besuchermagnet und beliebtes Ziel von Städtereisen. Erst recht darf auf einer Reise entlang der Costa Brava eine Stippvisite hier nicht fehlen. Als historische Hauptstadt des mittelalterlichen Katalonien und damals bedeutender Handelsplatz im westlichen Mittelmeer besitzt Barcelona zahlreiche Baudenkmäler, die im Wesentlichen im Stil der Gotik entstanden. 1162 begannen die Bauarbeiten am Palau Reial (königlicher Palast). Die Seu (Kathedrale) entstand ab 1298, zahlreiche Altstadtpaläste wurden erneuert. Im 14. Jahrhundert errichtete man die Kirche Santa Maria del Mar am Hafen und die Llotja (Börse). Im 19. Jahrhundert fasste schließlich ein neuer Architekturstil, der für Barcelona so typische Modernisme (eine Variante des Jugendstils), Fuß. Sein prominentester Vertreter war Antoni Gaudí (1852–1926), dem die Stadt mit der Sagrada Família – einer bis heute unvollendeten Basilika – und dem Park Güell ihre meistbesuchten Sehenswürdigkeiten verdankt. Doch Barcelona besteht nicht nur aus Monumenten, sondern ist voller Leben. Man trifft sich auf den Rambles, einer von Geschäften, Restaurants, Cafés und der opulenten Markthalle Boqueria gesäumten Flaniermeile. Am umtriebigen Hafen und am Stadtstrand vor dem malerischen Viertel Barceloneta ist immer etwas los. Seilbahnen bringen Ausflügler auf den Montjuïc, den 193 Meter hohen, parkartig gestalteten Hafenhügel, wie auch auf den Tibidabo (512 m), einen Aussichtsberg im Rücken Barcelonas. Und

abends frequentiert eine vergnügte Szene die Tapas-Bars und Jazzkneipen im spannenden Viertel El Born.

06 Sitges

Die Römer nannten die Stadt Subur. Der katalanische Name bedeutet »Silos«, weil in Sitges die Getreideernte der Region gelagert wurde. Im Mittelalter stand hier ein befestigter Wachturm; drumherum wuchs dann ein Fischerort heran, der sich später in den quirligen Ferienort von heute verwandelt hat. Seitdem der Künstler Santiago Rusiñol (1861–1931), einer der bedeutendsten Vertreter des Modernisme und Zeitgenosse Picassos, 1891 das Fischerdorf für sich entdeckt hatte, wurde Sitges zum Treffpunkt der künstlerischen Avantgarde. Er und seine Kollegen von der katalanischen Bewegung wählten Ende des 19. Jahrhunderts Sitges zu ihrem Zufluchtsort. 1909 verwandelte der nordamerikanische Millionär Charles Deering die Fischerhäuschen hinter der Kirche Sant Bartomeu i Santa Tecla in den Palau Maricel. Das Museu del Cau Ferrat fängt die Atmosphäre dieser Zeit auf bemerkenswerte Weise ein.

CAMPING SÈNIA CALA CANYELLES

Hier fühlen sich Familien wohl. Für die Kleinen gibt es einen Mini-Club und eine Mini-Disco. An weiteren Annehmlichkeiten sind Restaurant, Bar, Supermarkt und Fitnessbereich vorhanden. In grüner, baumreicher Umgebung gelegen, zum Strand und zum Ortszentrum ist es nicht weit. Geöffnet Ende März bis Ende September.

Av. de Canyelles 12, 17310 Lloret de Mar
www.senia.es, GPS 41.707143, 2.880674

CAMPING GLOBO ROJO BARCELONA

Am Strand von Canet de Mar gelegene 4-Sterne-Anlage, eine komfortable Campingmöglichkeit in der Nähe von Barcelona. Die Stadt ist per Linienbus oder Bahn bequem zu erreichen. Die Parzellen sind zwischen 60 und 80 Quadratmetern groß, bieten Stromanschluss und natürlichen Baumschatten. Geöffnet Anfang Mai bis Mitte Oktober.

C. Drassanes de Pia 46, 08360 Canet de Mar
www.globo-rojo.com, GPS 41.590812, 2.591947

07 Tarragona

Die Stadt, die schon 218 v. Chr. als Tarraco gegründet wurde, stieg schnell zur Hauptstadt Hispaniens auf und wurde dank ihrer Größe unter Augustus sogar zur zweitwichtigsten Stadt des Römischen Reiches. Im Stadtzentrum sind Bauten aus rö-

Links: Ein fast schon erhabenes Gepräge erlangen die Strände von Sitges durch die im Hintergrund aufragenden Kirchen.

Unten: Ein abendlicher Bummel in Cadaqués ist eine nette Unternehmung für den Tagesausklang.

Manche der Strände rund um Cadaqués sind am besten per Boot zu erreichen. Dank des türkisfarbenen Wassers, das sich zwischen den imposanten Felsen erstreckt, fühlt man sich schnell wie Robinson Crusoe.

AUSFLUGSZIELE

Nationalpark La Garrotxa

Zwischen Besalú und Olot erstreckt sich der Nationalpark La Garrotxa, das größte Vulkangebiet auf der Iberischen Halbinsel. Mehr als 40 erloschene Vulkane, u. a. Montolivet, Traiter, Bisarocas, La Garrinada und Croscat sind hier zu erkunden – mit den verschiedensten Kraterformen, einige mit Steilhängen und Basaltformationen. Besonders reizvoll sind der Montsacopa, der hoch über den umgebenden Ortschaften thront, und der Santa Margarida, dessen Krater einen Durchmesser von fast 500 Metern und eine Tiefe von 50 Metern aufweist. Inmitten grüner Wiesen steht hier sogar eine Wallfahrtskirche.

parcsnaturals.gencat.cat
GPS 42.17308, 2.51774

mischer Zeit unübersehbar: u. a. der Arco de Brá, der Aquädukt Puente del Diablo, der Turm der Escipionen, die Burg Tamarit oder das Mausoleum von Centcelles. An der riesigen Terrasse zum Mittelmeer, Balcón del Mediterráneo, beginnt die Rambla Nova, eine belebte Straße; von hier aus erreicht man die Rambla Vella, die zum mittelalterlichen Teil der Stadt führt. Links führt der Weg zum Amphitheater mit Resten der westgotischen Basilika aus dem 5. Jahrhundert.

HERBSTTIPP: Weltrekordverdächtig sind die Menschentürme, die zur Tradition der Gegend gehören und überall aufgeführt werden. Rund um den 25. September wird ein großes Festival in der Arena gefeiert.

Rechts: Im Hinterland von Tarragona liegt das 1151 gegründete Kloster Santa Maria de Poblet, das als das prachtvollste Königskloster des Landes gilt.

Unten: Blick auf die mittlerweile bewaldete Caldera des erloschenen Vulkans Santa Margarida im Nationalpark La Garrotxa.

CAMPING MASNOU

Eher einfache Anlage, aber ideal für einen Besuch in Barcelona und für zwei, drei Nächte durchaus akzeptabel. Eine Bahnstation ist nur 300 Meter entfernt. Wahlweise strampelt man mit dem Fahrrad 11 Kilometer bis in die City. Schattig, vom Strand durch Straße und Bahngleise getrennt.

C. Camil Fabra 33, 08320 Barcelona
www.campingmasnoubarcelona.com
GPS 41.475248, 2.303782

CAMPING GAVINA

Komfortabler Platz in perfekter Lage am breiten, feinsandigen Strand, ideal für einen Badeurlaub. Zusätzlich gibt es noch ein Lagunen-Schwimmbad und zahlreiche Animationsangebote für Familien. Mit 179 Stellplätzen überschaubar groß, Vorausbuchung für die vorderste Strandreihe möglich. Ganzjährig geöffnet.

Av. de la Gavina, 43839 Creixell
www.yellohvillage.de, GPS 41.157083, 1.441355

CAMPING SANGULÍ SALOU

Sicher eine der komfortabelsten Anlagen an der Costa Dorada, 100 Meter vom Strand. Stellplätze für Wohnmobile gibt es in drei Größen, bis zu 130 Quadratmeter. Eigener Stromanschluss vorhanden, zentrale Entsorgungsstation. Jede Menge Animation für Groß und Klein. Geöffnet Ostern bis Ende September.

Pl. de Venus, 43840 Salou
www.sangulisalou.com, GPS 41.075209, 1.117521

08 Amposta

Als »Tor zum Ebro-Delta« liegt Amposta vermutlich am Platz einer römischen Siedlung. Sichere historische Zeugnisse gibt es aber erst aus dem Mittelalter, als sich Mönche des Hospitaliterordens hier niederließen. Stets war Amposta eine wichtige Station auf dem Weg von Barcelona nach Valencia. 1905 entstand die architektonisch interessante Hängebrücke über den Ebro, die damals für kurze Zeit als längste Brücke der Welt galt. Ganz in ihrer Nähe sind die Reste des Castell d'Amposta zu erkennen, das im Mittelalter die Straßenverbindung sicherte. Sehenswert ist außerdem das Museu de les Terres de l'Ebre, das sich der Natur und Kultur des Deltas widmet.

09 Ebro-Delta

Mit seinen fast 1000 Kilometern Länge ist der Ebro, der in Fontibre entspringt, zweifelsohne einer der wichtigsten Flüsse Spaniens. Rund um das Delta de l' Ebro liegen viele sehenswerte Orte: Amposta am rechten Ufer, bekannt durch seine Hängebrücke, sowie Deltebre und Sant Jaume d'Enveja, das am rechten Ufer liegt. Letztere befinden sich auf dem weitläufigen Areal des Parque Natural del Delta de l'Ebre, dem Herzstück großflächiger Feuchtgebiete, die insgesamt als die drittwichtigsten in Europa gelten (nach der Camargue in Frankreich und Coto Doñana am Guadalquivir in Spanien). Der Schutz wertvoller Pflanzen und Tiere (69 Säugetier- und 38 Pflanzenarten) ist ein Hauptanliegen dieses 1980 eingerichteten Naturparks, am eindrucksvollsten ist jedoch die Vogelwelt.

HERBSTTIPP: Nicht weniger als 325 Vogelarten sind im Ebro-Delta vertreten, darunter natürlich viele Zugvögel, aber auch solche, die dauerhaft hier heimisch sind. Das macht den Ort für Vogelgucker im Herbst besonders interessant. Einige Arten erregen wegen ihres prächtigen Gefieders Aufmerksamkeit, vor allem die rosa-pinken Flamingos.

Eindrucksvolles Bauwerk in Amposta ist die Hängebrücke über den Ebro.

Das Ebro-Delta ist ein Paradies – nicht nur für Flamingos.

CAMPING LA TORRE DEL SOL

Ein geräumiger Platz mit schön eingewachsenem Baumbestand und angenehmer Poollandschaft. Die vorderen Stellplätze befinden sich direkt am Strand. Es ist alles vorhanden, was man braucht, u.a. Restaurant, Bar, Supermarkt. Eigener Stromanschluss, Wasser am Gemeinschaftshahn. Geöffnet Ende März bis Anfang Oktober.

N-340 Km 136, 43892 Tarragona
www.latorredelsol.com, GPS 41.037918, 0.974713

ÁREA CAMPER AMPOSTA – LO MAS DE LA CUIXOTA

Übernachtungsplatz für Wohnmobile im Naturpark des Ebro-Deltas mit WC, Wasserver- und -entsorgung, WLAN und Picknicktischen. Es werden verschiedene Aktivitäten organisiert, etwa Fotosafaris oder Fahrten im Traditionsfischerboot durch das Delta. Ideal auch für Radtouren. Ganzjährig geöffnet.

Partida L'Encanyissada, 43870 Amposta
www.lomasdelacuixota.com, GPS 40.659552, 0.674853

ROUTE 13

LLEIDA
07 TARRAGONA
08 Amposta
09 Delta del Ebre (Ebro Delta)
Camping Gavina
Camping Sanguli Salou
Camping La Torre del Sol
Área Camper Amposta-Lo Mas de la Cuixota
Costa Daurada
Depresión Central
Golfo de Sant Jordi
Parque Natural del Delta del Ebre
Parque Natural del Cadí-Moixeró
Serra de Cadí
Montsec d'Ares
Montsec de Rúbies
Serra de la Batalla
Serra del Boix
Santuario de la Peña
Castillo de La Mora
Monestir d'Avellanes
Cueva del Tabac
Santa Maria
Monestir de les Franqueses
Castillo de Ponts
Castillo de Guissona
Torre de Vallferosa
Catedral de Santa Maria
Castell de Cardona
Santuari de Queralt
Sant Pau de Casserres
Castell de Boixadors
Monestir de Montserrat
P.N. de Montserrat
Seu Vella
Roca dels Moros
Reial Monestir de Poblet
Monestir de Santa Maria de Vallbona
Castillo de Queralt
Monestir Santes Creus
Cartoixa d'Escaladei
Reserva Natural de Sebes y Meandro de Flix
Castillo de Flix
Castillo-Monasterio de Escornalbou
Pont del Diable
Tàrraco romana
Convent de San Salvador
Castillo de Carles
Castell de la Suda
Balaguer
Tremp
Graus
Binéfar
Alfarràs
Almacelles
Fraga
Mequinenza
Alcarràs
Torregrossa
Mollerussa
Bellpuig
Tàrrega
Cervera
Agramunt
Guissona
Calaf
Solsona
Cardona
Manresa
Berga
Igualada
Sta. Coloma de Queralt
Montblanc
l'Espluga de Francolí
les Borges Blanques
Valls
Reus
Cambrils
Vila-seca
Salou
Mont-roig del Camp
Móra d'Ebre
Móra la Nova
Riba-roja d'Ebre
Gandesa
Tortosa
Roquetes
Deltebre
l'Ametlla de Mar
el Vendrell
Vilafranca del Penedès
Vilanova i la Geltrú
Sant Sadurní d'Anoia
Capellades
Linyola
Riudoms
la Selva del Camp
Calafell
Cunit

01 Figueres
TOUR START
Castelló d'Empúries
Roses
Cadaqués
La Ciudadela de Rosas
Empuriabrava
Parque Natural de las Zonas Húmedas
Sant Pere Pescador
Camping Aquarius
Golf de Roses
Torroella de Fluvià
Ruïnes d'Empúries
L'Escala
Vilamadat
Colomers
Castell de Montgrí
Verges
l'Estartit
Torroella de Montgrí
Camping Cypsela Resort
Ciutat ibèrica d'Ullastret
Ullastret
Begur
Pals
Vilers
GIRONA 02
la Bisbal d'Empordà
Dolmen de Montagut
Palafrugell
Palamós
Calonge
Sant Antoni de Calonge
Platja d'Aro
Sant Feliu de Guíxols 03
Museu d'Història /Monestir
Canyet
Tossa de Mar
Camping Sènia Cala Canyelles
Lloret de Mar
Blanes 04
Malgrat de Mar
Pineda de Mar
Calella
Sant Pol de Mar
Camping Globo Rojo Barcelona
Canet de Mar
Arenys de Mar
Arenys de Munt
MATARÓ
Vilassar de Mar
Premià de Mar
el Masnou
Camping Masnou
BADALONA
Monestir de Sant Cugat
BARCELONA 05
Parc Güell/Palau Güell
Sagrada Família
L'HOSPITALET de Llobregat
Castelldefels
Costa Brava
Costa del Maresme
Mar mediterráneo
(Mittelmeer)
Llado
Vilafant
Navata
Puente fortificado
Argelaguer
Besalú
Bàscara
Orriols
Cornellà del Terri
Cervià de Ter
Medinyà
Flaçà
Parlavà
Sarrià de Ter
Sant Julià de Ramis
Banyoles
Mieres
Santa Pau
Parc Nat. de la Zona Volcànica de la Garrotxa
Olot
Sant Joan les Fonts
Oix
Sant Pau de Segúries
Vallfogona de Ripollès
Ripoll
Ribes de Freser
Castellar de n'Hug
Gombrèn
Sant Jaume de Frontanyà
Monestir de Santa Maria
Castell de Montesquiu
les Llosses
Sant Quirze de Besora
Sant Agustí de Lluçanès
Lluçà
Sant Hipòlit de Voltregà
Torelló
Sant Pere de Torelló
els Hostalets d'en Bas
Sant Feliu de Pallerols
les Planes d'Hostoles
Sant Martí de Llémena
Sant Gregori
la Cellera de Ter
Anglès
Bescanó
Amer
Sta. Maria de Corcó
Rupit
Sant Pere de Casserres
Pantà de Sau
Pantà de Susqueda
Manlleu
Sant Bartomeu del Grau
Olost
Gurb
Roda de Ter
Vilanova de Sau
Vic
Sant Feliu Sasserra
Santa Eugènia de Berga
Osor
Sant Hilari Sacalm
Santa Coloma de Farners
Castell de Farners
Cassà de la Selva
Caldes de Malavella
Llagostera
Romanyà de la Selva
Santa Eulàlia de Riuprimer
l'Estany
Taradell
Tona
Castillo de Can Boix
Monestir de Santa Maria
Seva
Centelles
Moià
Arbúcies
Turó de l'Home
Castell de Montsoriu
Riudarenes
Maçanet de la Selva
Vidreres
Hostalric
Aiguafreda
Montseny
Parc Natural de Montseny
Castellcir
Castellterçol
Breda
Sant Celoni
Montnegre
Tordera
Sant Llorenç Savall
Sant Feliu de Codines
l'Ametlla del Vallès
la Garriga
Llinars del Vallès
Dolmen de Pedra Gentil
Cardedeu
Sant Llorenç del Munt
Caldes de Montbui
Granollers
Castellar del Vallès
Parets d.V.
la Roca del Vallès
Vilassar de Dalt
Argentona
Mollet del Vallès
Ripollet
Cerdanyola d.V.
Rubí
St Cugat del V.
SABADELL
Vallès
N-260
C-38
C-26
C-17
C-25
C-59
A-26
AP-7
C-66
C-63
E15
C-65
C-31
C-35
N-II
C-32
C-61
C-31
0 10 20km

ROUTE 14

ATTIKA UND PELOPONNES

Wer zum ersten Mal im südlichen Festland, auf Attika und dem Peloponnes, unterwegs ist, der hat vor allem die klassischen Zeugnisse der griechischen Antike wie der römischen, byzantinischen und venezianischen Epoche im Sinn. Die gibt es hier zuhauf und in einer so beeindruckenden Qualität, dass man sich gar nicht genug Zeit dafür nehmen kann. Aber weil es so viele sind, ist ihre Besichtigung eine durchaus schweißtreibende Beschäftigung, die man in der Hauptsaison zudem mit vielen Touristen teilt. Ganz anders dagegen in der Nebensaison: Im Herbst sorgt das mediterrane Klima zumindest an der Küste für mildes Wetter. Mehr Sonnenstunden als in den heimischen Gefilden gibt es auch, aber die Temperaturen können schon mal sinken und heftige Gewitter aufziehen. Einzig die touristische Infrastruktur ist etwas eingeschränkter. Wildcampen ist zwar offiziell verboten, wird aber häufig toleriert – in der Nebensaison noch mehr als im Sommer. (Wer Tisch und Stühle im Fahrzeug lässt, hat in der Regel kein Problem, wenn er im Fahrzeug übernachtet.) Übrigens ist diese Jahreszeit nicht nur ideal zur Besichtigung der klassischen »Sights«, sondern auch zum Wandern. Schon der Anblick der Oliven- und Orangenbäume, die dann abgeerntet werden, ist Labsal für die Seele.

WARUM IM HERBST?

Weil es im Sommer nicht auszuhalten ist vor gleißender Hitze und Überfüllung. Im Herbst sind weniger Besucher vor Ort und es lässt sich noch herrlich baden. Wer Glück hat, kann auf der Strecke viele Zugvögel beobachten.

Delphi mit seinem Orakel war in der Antike von enormer Bedeutung. Bis heute mutet der Ort geradezu magisch an.

Griechenlands Big Five

Die berühmtesten antiken Stätten des Landes vereint diese Tour: Athen, Sparta, Delphi, Korinth, Olympia. Griechenland bleibt Wiege der abendländischen Kultur. Wer im Herbst reist, hat die größten Sehenswürdigkeiten des Landes oft ganz für sich allein.

Von der Akropolis von Athen sind noch der Parthenon (oben, rechts im Bild) und das Odeon des Herodes Atticus (rechte Seite) zu bestaunen. Zu ihren Füßen breitet sich die moderne Großstadt aus.

ROUTE 14

Streckenlänge: ca. 1500 km
Zeitbedarf: 3 Wochen
Routenverlauf (Hauptorte): Athen, Kap Sounion, Theben, Delphi, Korinth, Nauplia, Sparta, Máni, Methóni, Olympia, Patras, Korinth, Athen
Charakteristik: Die Route führt durch grandiose Berg- und Küstenlandschaften zu den wichtigsten Zeugnissen der griechischen Antike. Die Hauptstraßen sind gut ausgebaut, lediglich bei Nebenstraßen oder auf dem Weg zu den Stränden muss man mit Schlaglöchern rechnen.
Informationen: www.visitgreece.gr, www.greeka.com

Hier geht's zum GPS-Track

01 Athen

Die griechische Hauptstadt ist eine pulsierende, moderne Metropole mit über einer halben Million Einwohner. Im Großraum von Athen lebt etwa ein Viertel der Bevölkerung. Es ist eine Stadt der Gegensätze: Verkehrschaos mit täglichen Staus und massive Umweltprobleme, besonders der Smog, prägen und belasten das Zentrum. Die großartigsten Zeugnisse der Antike konzentrieren sich in der südlichen Innenstadt. Athens weithin sichtbares Wahrzeichen ist die Akropolis, der Inbegriff des klassischen Griechenland. Der weltberühmte Burgberg der antiken Stadt wurde um 800 v. Chr. zum heiligen Bezirk umgestaltet und diente vor allem der Verehrung der Göttin Athene, der Schutzpatronin der Stadt. Die Akropolis steht auf einem schroff abfallenden, 156 Meter hohen Tafelberg aus hellem Kalkstein und war für die Bevölkerung in Notzeiten ein wichtiger Zufluchtsort. Erste Anfänge einer Burgmauer sind bereits für das 13. Jahrhundert v. Chr. nachgewiesen. Nach der Zerstörung der archaischen Tempel durch die Perser 480 v. Chr. entstand in der ersten Hälfte des 5. Jahrhunderts v. Chr. das Ensemble monumentaler Marmorbauten mit dem Torbau der Propyläen, dem Nike-Tempel, dem gewaltigen Parthenon (447–432 v. Chr.) und dem ionischen Erechtheion mit seiner Korenhalle. Bedeutende Skulpturen und Reliefs sind im Akropolismuseum ausgestellt. Die starken Zerstörungen am Parthenon stammen aus dem 17. Jahrhundert, als dort eine Granate der Venezianer das türkische Pulvermagazin traf und die Decke in die Luft sprengte.
Die Hauptsehenswürdigkeiten unterhalb der Akropolis sind das Dionysostheater, in dem vor 17 000 Zuschauern Dramen von Aischylos, Euripides und Sophokles uraufgeführt wurden, sowie das römische Odeion (160 n. Chr.), der Bau des reichen Athener Bürgers Herodes Atticus.
Um die Agora, seit 600 v. Chr. der antike Marktplatz und jahrhundertelang das Zentrum des öffentlichen Lebens, gruppieren sich der dorische Hephaistos-Tempel oder Theseion (449–440 v. Chr.); die als Museum wiederaufgebaute Säulenhalle Attalos Stoa, einst ein Zentrum der Handwerker (mit Funden von der antiken Agora); der achteckige Turm der Winde (1. Jahrhundert v. Chr.),

ehemals Wasser- und Sonnenuhr mit einer Wetterfahne; die römische Agora aus der Zeit um Christi Geburt und die benachbarte Fethiye-Moschee (Ende des 15. Jahrhunderts). In der Plaka, der malerischen Altstadt mit ihren engen Gassen, den kleinen Läden, netten Cafés und einladenden Tavernen, stehen mehrere byzantinische Kirchen wie die Kleine Mitropolis (12. Jahrhundert) und die älteste christliche Kirche der Stadt, die Kreuzkuppelkirche Kapnikarea aus dem 11. Jahrhundert an der Geschäftsstraße Ermou. Sehenswert ist auch die Kreuzkuppelkirche Panagía Geogoepíkoös (12. Jahrhundert). Am Monastirakiplatz befinden sich eine kleine Basarmoschee und die Reste der römischen Hadriansbibliothek.

Im modernen Athen rund um den verkehrsreichen Sintagmaplatz sollte man sich das Parlamentsgebäude (Voulí), das 1842 durch den Architekten Friedrich von Gärtner erbaut wurde, ansehen. Auch der im Jahr 1836 angelegte Nationalgarten mit exotischen Gewächsen und das Numismatische Museum im Wohnhaus Heinrich Schliemanns lohnen den Besuch. Aus römischer Zeit stammen die Reste des Hadriantors und des Zeustempels Olympieion. Das für die ersten Olympischen Spiele der Neuzeit im Jahr 1896 rekonstruierte antike Kallimármaro-Stadion ist faszinierend. Im Archäologischen Nationalmuseum wartet eine beeindruckende Sammlung griechischer Kunst der Antike auf den Besucher. Interessant sind auch das Museum für Kykladische Kunst, das Byzantinische Museum und das Benáki-Museum (koptische Textilien, byzantinisches Kunsthandwerk).

In der Umgebung sind die byzantinischen Klöster Kaisariani mit der um 1000 erbauten Marienkirche und Dafni aus dem 11. Jahrhundert mit überaus kunstvollen Blattgoldmosaiken in der Hauptkirche sehenswert. Empfehlenswert sind auch Ausflüge nach Piräus, seit antiker Zeit Hafen von Athen, mit dem Fischerhafen Mikrolimano, Hellenischem Marinemuseum und Archäologischem Museum. Oder man fährt zum Poseidontempel am 67 Kilometer entfernten Kap Sounion und auf die Inseln im Saronischen Golf, Ägina mit Apollon-Tempel und Aphaia-Tempel, oder auf die Inseln Poros und Hydra.

02 Kap Sounion

Die Fahrt führt von Athen zunächst auf der Schnellstraße 91 rund 70 Kilometer nach Süden bis zur äußersten Spitze der Halbinsel.

HERBSTTIPP: Für einen herrlichen Halt entlang der Attischen Küste zwischen Piréas (Piräus) und Soúnio empfehlen sich die traumhaften Strände bei Voúla und Vouliagméni.

Am Fuß des Kaps befindet sich der dem Meeresgott Poseidon geweihte Tempel (444 v. Chr.), von dem aus sich herrliche Ausblicke auf den Saronischen Golf bieten. Von Kap Sounion verläuft die Strecke auf der Ostseite der Halbinsel nach Norden,

CAMPING ATHENS

Auf diesem Campingplatz gibt es Ver- und Entsorgungseinrichtungen, Stromanschlüsse und Internet. Die großen Stellplätze liegen zwischen Olivenbäumen und Palmen. Ganzjährig geöffnet, moderate Preise. Gute Busverbindung ins Zentrum.

Athinon Ave 198–200, Athina 121 36, www.campingathens.com.gr, GPS 38.0087, 23.67171

Links: Ein Rundtempel (Tholos) ist das Wahrzeichen im Heiligtum der Athena Pronaia in Delphi.

Unten: »In der Luft schwebend« bedeutet der Name Metéora in der Übersetzung aus dem Altgriechischen sinngemäß. Das passt gut zur Lage der auf steilen Felsen erbauten, zum UNESCO-Welterbe zählenden Metéora-Klöster (hier rechts im Bild das Kloster Roussanou).

östlich von Athen führt die Fernstraße 54 nach Marathón. In der Marathón-Ebene schlugen die Griechen 490 v. Chr. ein großes Perserheer. Ein Bote in voller Rüstung trug die Siegeskunde nach Athen – die knapp 42 Kilometer lange Strecke ist die Referenzstrecke für die klassische Marathonstrecke der Moderne. Der Küstenstraße nach Norden folgend, bietet sich bei Halkída ein Abstecher zur Insel Évia (Euböa) an.

03 Theben

Von Halkída führt die Fernstraße 44 nach Thíva, dem antiken Theben, das heute ein unbedeutendes Provinzstädtchen ist. Die wenigen Funde aus der berühmten Geschichte der einst mächtigsten Stadt Griechenlands (4. Jahrhundert) zeigt das Archäologische Museum. Auf der Weiterfahrt nach Nordwesten passiert man den Turm einer fränkischen Kreuzritterburg aus dem 13. Jahrhundert. Richtung Delphi nimmt man dann die Fernstraße 3 und biegt danach auf die 48 ab. Die Stadt Livádia liegt inmitten großer Baumwollfelder. Nach Verlassen der Stadt eröffnen sich gen Nordwesten schöne Blicke auf den Parnassós (Parnass).

04 Ósios Loukás

Nach etwa 13 Kilometern zweigt eine Straße nach Süden Richtung Distomo ab. Eine ebenso 13 Kilometer lange Straße führt zum Kloster Ósios Loukás (Hosios Lukas), das als das schönste griechisch-orthodoxe Kloster aus byzantinischer Zeit gilt. Das Kloster besitzt prachtvolle Mosaiken aus dem 11. Jahrhundert. Zurück auf der Fernstraße 48, erreichen wir nach weiteren 24 Kilometern über zum Teil steile Bergstraßen die Stadt Delphi.

05 Delphi

Der Zauber des Orts liegt sowohl in der Mythologie als auch in seiner Lage begründet: Malerisch im Gebirge (540 Meter) am steilen Berghang des Parnassós gelegen, galt der Ort

AUSFLUGSZIELE

Meteóra-Klöster

Ein etwas längerer Abstecher führt uns von Delphi in nördlicher Richtung in das Tal von Méteora. Hier erhebt sich eine Vielzahl einzeln stehender Felskegel, auf denen 24 Klöster errichtet wurden. Sechs von ihnen sind bis heute bewohnt und können besichtigt werden. Das Mégalo-Méteoro-Kloster ist am höchsten gelegen. Es wurde um 1360 vom hl. Athanasios, dem Bischof von Alexandrien, gegründet. 1517 entstand das Varlaam-Kloster, benannt nach jenem Einsiedler, der im 14. Jahrhundert an gleicher Stelle eine Kirche errichtet hatte. Es wurde in den Jahren 1961 bis 1963 zu einem Museum für Klosterschätze umgebaut. Das Kloster Roussanou wird erst seit einiger Zeit wieder von Nonnen bewohnt und erscheint mit seiner achteckigen Kirche wie eine kleinere Version von Varlaam. **https://visitmeteora.travel**

den alten Griechen als der Mittelpunkt der Welt. Das Orakel von Delphi im Apollon-Heiligtum wurde zwischen dem 8. Jahrhundert v. Chr. und 393 n. Chr. regelmäßig befragt. Zu den bedeutendsten Stätten des antiken Delphi zählen das Amphitheater (2. Jahrhundert v. Chr.), von dem aus man einen herrlichen Blick auf den Apollon-Tempel (4. Jahrhundert v. Chr.) hat, die Heilige Straße und das Heiligtum der Athena Pronaia mit dem berühmten Rundtempel (Tholos). Zu empfehlen ist auch ein Besuch des Archäologischen Museums mit einer Rekonstruktion des Heiligtums. Prunkstück ist der lebensgroße bronzene Wagenlenker, der Apollon zum Dank für ein gewonnenes Wagenrennen geweiht worden war (478 v. Chr.).

HERBSTTIPP: Auch wenn es leerer ist, besser einen Wochentag bevorzugen beim Besuch von Delphi, dann hat man das Gefühl, die Anlage für sich ganz allein zu haben.

Von Delphi empfiehlt sich ein rund 235 Kilometer langer Abstecher zu den Meteóra-Klöstern im gebirgigen Zentrum Nordgriechenlands (siehe Ausflugsziele, oben). Wer den Abstecher auslässt, nimmt zunächst den gleichen Weg zurück nach Thíva, folgt der Fernstraße 3 Richtung Athen bis Asprópirgos und biegt anschließend Richtung Westen auf eine kleine, parallel zur Küste verlaufende Straße ab. Die Strecke führt an der Bucht von Salamis entlang, in der die Griechen im Jahr 480 v. Chr. die Perserflotte besiegten. Vorbei an Mégara bieten sich sehr schöne Blicke auf den Golf von Ägina.

06 Korinth

Nach etwa 25 Kilometern erscheint Korinth, dessen antike Vorläuferin im 2. Jahrhundert unter Kaiser Hadrian als schönste griechische Stadt galt. Zu den Hauptsehenswürdigkeiten zählen neben dem Kanal von Korinth der Apollon-Tempel (44 v. Chr.), der Octavia-Tempel und die Straße

Links: Der Apollon-Tempel von Korinth wurde im Jahr 1986 als erster antiker Tempel in die Liste des UNESCO-Weltkulturerbes eingetragen.

Unten: Das Theater von Epidauros bot rund 14000 Zuschauern Platz.

nach Lechaion. Einige Ausgrabungen dokumentieren die gewaltigen Ausmaße der durch ein Erdbeben zerstörten antiken Stadt. Anschließend folgt man der Schnellstraße 70 entlang der Nordostküste des Peloponnes bis nach Epidauros.

07 Epidauros

Das antike Epidauros war ein Heiligtum des Asklepios, des Gottes der Heilkunst. Berühmt wurde es wegen des gewaltigen Amphitheaters, das gut erhalten und für seine einzigartige Akustik berühmt ist. Sogar in den obersten Reihen konnte man hören, was ganz unten gesprochen wurde.

08 Nauplia

Nach dem Unabhängigkeitskrieg war Nauplia, 40 Kilometer weiter westlich, vorübergehend Hauptstadt des Königreichs Griechenland (1829–1834). Zu ihrem Schutz errichtete man die beiden Festungen Akronafplía und Palmídi im Norden sowie die Inselfestung Bourtzi im Süden.

09 Tiryns

Die Burg aus dem 14. oder 13. Jahrhundert v. Chr. thront auf einem 18 Meter hohen Felsen über einer einstmals sumpfigen Ebene. Die mächtigen Mauern der Festung bestehen aus zwei bis drei Meter langen Felsquadern, die bis zu zwölf Tonnen wiegen. Homer zufolge konnten nur Riesen – Zyklopen – die etwa 700 Meter lange und bis zu acht Meter dicke Ringmauer aufgeschichtet haben. Von hier sind es nur 13 Kilometer nach Árgos. Ab da lohnt ein Abstecher gen Norden nach Mykene, eine kleine Straße zweigt bei Fihtí ab. Zurück in Árgos, führt die Strecke westwärts nach Trípoli und von dort durch die historische Landschaft Lakonien ins 60 Kilometer entfernte Sparta.

10 Sparta

Das antike Sparta war ein Stadtstaat, der an Bedeutung sogar Athen übertraf. Das moderne Spárti aus dem 19. Jahrhundert hat dagegen wenig zu bieten: Neben der Akropolis, die außerhalb des Stadtzentrums liegt, lohnt ein Besuch des Archäologischen Museums.

11 Mystras

Das benachbarte Mystras (Mistrás) am Fuß des 2404 Meter hohen Taygetos wurde im Jahr 1249 in der Nähe des antiken Sparta gegründet und zählte wohl in seiner Blütezeit schon 50000 Einwohner. Die einzigartige byzantinische Ruinenstadt an einem steilen Hang zeigt eindrucksvolle Bauten aus dem 13. bis zum 15. Jahrhundert – darunter einige Kirchen, ein Kloster und den Despotenpalast. Oberhalb des Ortes liegt am Hang eine fränkische Burg der Kreuzritter aus dem 13. Jahrhundert (Kástro). Zurück in Sparta, folgt man der Fernstraße 39 bis zur Ortschaft Hania. Von dort sind es nur noch knapp 75 Kilometer nach Monemvassía. Von der Kreuzung geht es bergab nach Githio, dem Tor zur Halbinsel Máni, dem mittleren der drei Finger des Peloponnes.

12 Halbinsel Máni

Die rund 90 Kilometer lange Rundfahrt über Máni führt zunächst vorbei an der Burg Passavá (13. Jahrhundert) auf die weitgehend unbesiedelte gebirgige Ostseite. Die Halbinsel selbst hat sich viel von ihrer Ursprünglichkeit bewahrt, doch sind heute viele Dörfer verlassen. Von Páliros an der Südspitze geht es nordwärts nach Vathia mit seinen Turmhäusern. Das Dorf ist das am spektakulärsten gelegene an der Westküste. Der 17 Kilometer lange Küstenabschnitt zwischen Geroliménas und Pígros Diroú ist für seine byzantinischen Kirchen aus dem 10. bis 14. Jahrhundert berühmt. Im Nordwesten liegen bei Kíta und Mamína einige sehenswerte Tropfsteinhöhlen. Zu den imposantesten zählt die von Pírgos Diroú.

13 Westküste des Peloponnes

Von Areópoli geht es weiter nordwärts entlang der Küste bis nach Kalamáta. Die Stadt liegt an der Bucht von Navarino, in dessen nördlichem Teil eine vereinigte englisch-französische und russische Flotte 1827 die Türken schlug. An der Westseite des westlichen Fingers des Peloponnes ziehen sich von Dünen gesäumte Strände entlang. Ein kleiner Abstecher zweigt von hier zur Hafenstadt Methóni ab. Entlang der Küste führt die Strecke nach Norden, bis etwa 15 Kilometer vor Pírgos die landschaftlich schöne, aber kurvenreiche Straße 76 abbiegt, die durch das bergige Arkadien nach Andrítsena (Tempel von Bassae, 5. Jahrhundert) und Karitena (Brücke über den Alfíos, 15. Jahrhundert) führt. Auf derselben Straße geht es zurück nach Kréstena und über den Alfioó weiter nach Olympia.

14 Olympia

Spuren früher Besiedlung gehen bereits auf das 2. Jahrtausend v. Chr. zurück. Der Ort war in der Antike eine religiöse (Zeus-Heiligtum) und sportliche Kultstätte. Spätestens 776 v. Chr. fanden hier erstmals Olympische Spiele statt. Alle bedeutenden Kultstätten Olympias befinden sich innerhalb der »Altis«, eines ummauerten heiligen Bezirks. Die sportlichen Wettkämpfe fanden außerhalb der Altis statt, zu den Spielstätten zählen ein Stadion für die Läufer, das Hippodrom (für Wagenrennen) und die Übungsstätten Gymnasion und Palaestra. Ebenfalls sehenswert: das Prytaneion, der Sitz der Würdenträger, und das Heraion, ein der Göttin Hera geweihter Tempel. Vor Letz-

DELPHI CAMPING

Der Campingplatz bietet alle notwendigen Ver- und Entsorgungseinrichtungen, einen atemberaubenden Blick über den Golf von Korinth sowie ausreichend große Plätze unter Pinien und Olivenbäumen. Ganzjährig geöffnet.

Chrisso road, 33054 Delphi, www.delphicamping.com, GPS 38.47861, 22.47484

CAMPING NICOLAS II

Die sehr schöne Anlage am Golf von Epidauros hat Stellplätze direkt am Sandstrand. Alle notwendigen Ver- und Entsorgungseinrichtungen sind vorhanden, die antiken Stätten nur 500 Meter entfernt. Ganzjährig geöffnet.

Epidavros 210 52, https://mouria.gr/de/nicolas-ii-de, GPS 37.61605, 23.15949

CAMPING PALEOLOGIO

Einfacher Campingplatz mit allen nötigen Ver- und Entsorgungseinrichtungen. Ausreichend große Plätze; ganzjährig geöffnet; moderate Preise. Bis zu den archäologischen Stätten von Sparta sind es drei Kilometer, die von Mystras sind 4,5 Kilometer entfernt.

EO Spartis Mistra, Paleologio 231 00, www.campingpaleologio.com, GPS 37.07215, 22.40482

Camperfreuden in der »Blauen Stunde«.

PORTO KAGIO

Der einfache, kostenlose Platz ohne Versorgungseinrichtungen liegt in einem sehr kleinen Dorf auf der Halbinsel Máni. Hier profitiert man von der idyllischen Lage direkt am Meer. Ganzjährig geöffnet.

Anatolika Mani, 23071 Porto Kagio, GPS 36.42822, 22.48694

AKRATA BEACH CAMPING

Kleiner, feiner, gut gepflegter und freundlich geführter sowie ganzjährig geöffneter Campingplatz. Wer das Glück hat, in der ersten Reihe zu stehen, wird den Blick aufs Meer so schnell nicht vergessen.

Porovitsa Strand, 250 06 Akrata, www.akrata-beach-camping.gr, GPS 38.17258, 22.33675

terem wird vor allen Olympischen Spielen das Feuer entzündet. Die Echohalle, eine zweischiffige Wandelhalle, war für ihr siebenfaches Echo berühmt. Beim Tempel des Zeus (um 450 v. Chr.) zeugen Säulenreste von der einstigen Größe. Das Archäologische Museum von Olympia ist eines der bedeutendsten des Landes. Nördlich von Pírgos fährt man auf einer von Ölbäumen, Weinfeldern und Zuckerrohrplantagen gesäumten Straße weiter.

15 Zákinthos

Vom Hafenort Kilíni an der Nordwestküste des Peloponnes verkehren Fähren nach Zakynthos, der südlichsten der Ionischen Inseln. Das Eiland lässt sich mit dem Wohnmobil bequem an einem Tag umrunden. Die venezianischen Bauten in ihrem Hauptort wurden im Jahr 1953 bei einem Erdbeben fast alle zerstört, sehenswert sind aber die schöne Kirche Agios Dionísos (1925) und die traditionellen Arkadenhäuser. Von Agios Nikólaos steuern Boote die Blauen Höhlen am Nordkap an. Eine weitere Attraktion ist das in einer Bucht an der Nordwestküste gestrandete Schiffswrack.

HERBSTTIPP: Im Süden von Zákynthos hat in der Bucht von Laganás die Unechte Karettschildkröte einen Eiablageplatz. Mitte Oktober schlüpfen dann die kleinen Schildkröten und machen sich auf den Weg zum Meer.

16 Patras

Von Lehená geht es auf der Fernstraße 9 nach Patras.

HERBSTTIPP: Im September und Oktober lohnt sich ein Abstecher zur lagunenreichen Küste zwischen der Araxos-Mündung und der Kotchi-Lagune: Hier erstreckt sich eines der größten europäischen Feuchtgebiete, in dem Tausende von Zugvögeln einen Zwischenstopp einlegen.

Ein Besucherzentrum befindet sich bei Lápas. In der Meerenge nordöstlich von Patras fand die Seeschlacht von Lepanto statt. 1571 schlug hier die Flotte der Heiligen Liga unter Don Juan d'Austria die türkische Flotte.

17 Diakoftó

Statt der Schnellstraße 8 empfiehlt sich die an der Küste verlaufende kleine Landstraße. Eine Abwechslung bietet unterwegs eine Fahrt mit der Zahnradbahn von Diakoftó (etwa 40 Kilometer östlich von Patras) nach Kalávrita in 700 Meter Höhe. Für die 22 Kilometer lange Strecke mit 14 Tunneln und vielen Brücken braucht die Bahn ca. eine Stunde, man durchquert malerische und imposante Gebirgslandschaften. Fährt man mit dem Wohnmobil zwischen diesen beiden Orten, sieht man oben in den Bergen das Kloster Méga Spíleo wie an einer Felswand kleben. In diesem angeblich ältesten Kloster des Landes nahm der Aufstand der Griechen gegen die Osmanen seinen Anfang.

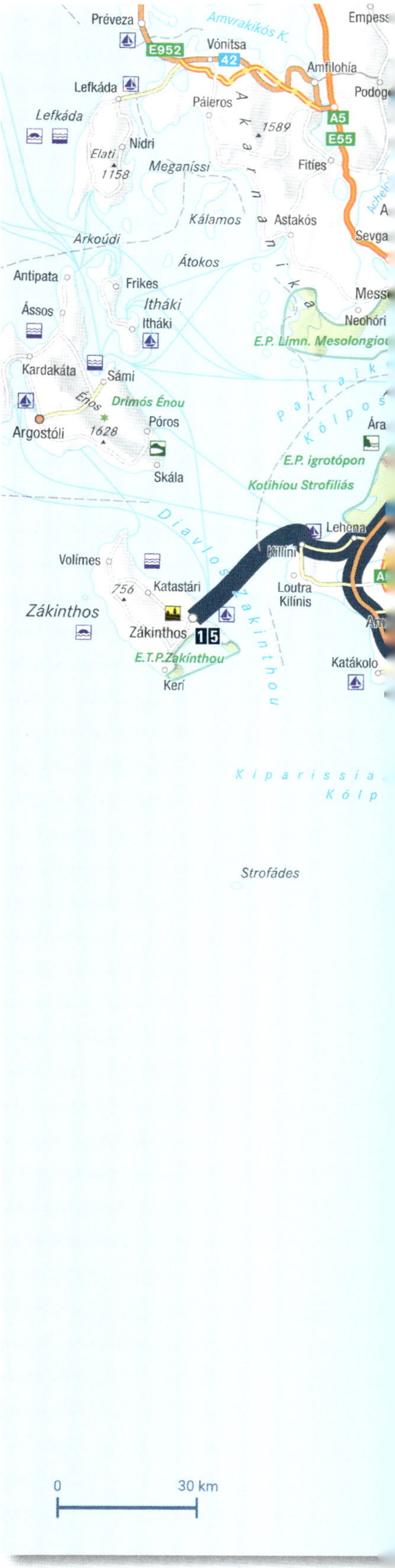

ROUTE 14

Makrakómi
Lamía
Stilída
Glifa
Istiéa
Vassiliká
Karpenissi
Levkás
E.Dr. Ítis
Pelasgía
Kokinombléa
Gardíki
Lihás
Loutrá Edipsoú
Xiró
Strofiliá
Mólos
Vórios
Bràlos
Ag. Konstantínos
Arkitsa
Límni
Sarakiniko
Domnista
Paúliani
Evoikós
Akra Kímis
Levkadíti
Lílea
Malesína
Kími
Thérmo
Ataláni
Steni Dirfios
Taxiárhes
GRIECHENLAND
E.Dr. Parnassós
Zélio
Kólpos
Amfissa
Parnassós
Ósios Loukás
Psahná
Séta
Ohtoniá
L. Trichonis
Orhomenós
Lárimna
Évia
Kapsorráhi
Camping Delphi
Delphi
Arahova
Akréfnio
Halkída
Náfpaktos
Itea
Livadiá
Movríki
Lépoura
Kiriáki
Dramessi
Erétria
Andírio
Erátini
Nóties
Skála Oropoú
ATRAS
Rio
Égio
Akra Agia Pángalos
Thiva
Evboikos
Agia Ana
Agias Trias
Parnithos
Marathónas
Panahaikó
Diakoftó
Thisbi
E.Dr. Párnithas
Camping Athens
Kólpos
Stira
Akráta
Korinthiakós Kólpos
Erithres
Fili
Aigósthena
Kifissiá
Néa Mákri
Halandrítsa
E.P. Helmoú
Akrata Beach Camping
Xilókastro
Káto Alepohóri
Pendéli
Rafina
Elefsina
Evrostina
Perahóra
Megara
Kalávrita
Kiáto
PIREÁS
ATHEN
Míhas
Zaroúhla
Korinth
Agios Theódori
Petalií
Vouraikoú
Goúra
Óros Killíni
Kaliáni
TOUR START
Tripótama
Kalivia
Loutró Elenis
Saronikós
Markópoulo
Psári
Vouliagméni
Dáfni
Neméa
Égina
E.Dr. Souniou
Kórfos
Mesagrós
Lavrio
Hiliomódi
Makronissi
Paleá Epídavros
Metóhi
Limnes
Pérdika
Káto Soúnio
Vitína
Langádia
Levídi
Epidauros
Tiryns
Argos
Dimitsána
Camping Nicolas II
Méthana
Pisses
Nauplia
Póros
Kólpos
Peloponnisos
Andritsena
Tripolí
Kalloni
Galatás
Káto Figália
Georgios
Giokaréika
Megalópoli
Kranídi
Ástros
Ermióni
Ídra
Dokós
Dório
Leondári
Kósta
Spétses
Argolikós Kólpos
Kiparissia
Dirráhi
Vassarás
Mirtóo Pélagos
Filiatrá
Arfará
Leonídio
Pláka
Aristoménis
Mystras
Camping Paleologio
Sparta
Messíni
Hóra
Kalamáta
Paralia
Geráki
Velopoúla
Pilos
Petalidi
Likódimo
Evrotas
Niáta
Falkonéra
Andimílos
Kardamili
Skála
Methóni
Koróni
Arna
Gérakas
Finikounda
Káto Glikóvrisi
Karávi
Messiniakós
Githio
Taygetos
Venétiko
Kólpos
Monemvassía
Papadiánika
Avgo
Areópoli
Kótronas
Lakonikós
Ágios Apóstoli
Kólpos
Mani
Porto Kagio
Neápoli
Elafónissos
Geroliménas
Elafónissi
Velanídia
Pórto Kágio
Kritiko Pélagos
Akra Ténaro
Stenón Elafonissou
Karavás
Agía Pelagía
Milopótamos
Kíthira
Kithira
Stenón Kithéron
Porí
Potamós

ROUTE 15

ISTRIENS WESTKÜSTE

Kristallklares Wasser, einsame Buchten, malerische Hafenstädte, endlose Olivenhaine: Istrien ist die größte Halbinsel der nördlichen Adria. Schon die Römer und Venezianer fühlten sich hier wohl. Ob Rovinj, die Brijuni-Inseln oder Kap Kamenjak – der westlichste Zipfel Kroatiens hat sowohl für Erholungsuchende als auch für kunsthistorisch Interessierte viel zu bieten. Eindrucksvolle Bauwerke haben insbesondere die Römer hinterlassen, sei es in Poreč oder in der noch immer wichtigsten Stadt der Halbinsel, Pula. Doch auch Venezianer und Habsburger haben sich hier mit architektonischen Schmuckstücken verewigt, die bis heute das Erscheinungsbild prägen. Eine imposante »Hügelstadt« wird auf dieser Tour angesteuert: Motovun. Sie thront auf einem steilen, isolierten Hügel 277 Meter über dem Mirnatal, das für seine Weine, aber auch als Trüffelgebiet bekannt ist. Womit man bei einer weiteren beliebten Eigenschaft Istriens wäre: der Küche. Besonders beliebt sind Fischgerichte in allen Variationen. Fleisch als Teil der slawischen Kultur wird gerne am Stück über offenem Feuer zubereitet, etwa als Spanferkel oder Lamm auf gigantischen Grills am Straßenrand. Und in den beliebten Ferienorten an der Küste hat sich die italienische Küche ausgebreitet.

WARUM IM HERBST?

Weil es im Herbst perfekt ist: Die Luft ist milde, mit Glück oder Mut kann man noch baden und die kleinen Städte sind leer anstatt trubelig. Vor allem aber zwei Gründe locken: die Weine und die Trüffel, die es nun gibt.

Die Route beginnt an der Nordwestspitze Istriens in Savudrija, wo auch schon gleich der erste einer ganzen Reihe schöner Campingplätze lockt.

Auf der Sonnenseite

Die über 500 Kilometer lange istrische Westküste ist der Klassiker für Wohnmobile. Dort findet jeder ein schönes Plätzchen – inklusive Meerblick natürlich. Im Herbst locken statt der Strände die Wanderwege, und wer Abwechslung braucht, schaut sich eines der zahlreichen historischen Städtchen an.

Den ältesten Leuchtturm Kroatiens findet man in Savudrija. Geplant wurde er von dem Architekten Pietro Nobile, der für seine spätklassizistischen Bauten in Wien, wie dem Äußeren Burgtor und dem Theseustempel, berühmt ist.

ROUTE 15

Streckenlänge: ca. 245 km
Zeitbedarf: ca. 5-7 Tage
Routenverlauf (Hauptorte): Savudrija, Umag, Novigrad, Poreč, Rovinj, Pula, Medulin

Charakteristik: Istrien lebt größtenteils vom Tourismus. Man sollte sich also darauf einstellen, nicht jede Straße und jeden Campingplatz für sich allein zu haben. Dafür sind die Etappen nicht weit.

Informationen:
www.kroati.de
www.istra.hr/de

Hier geht's zum GPS-Track

01 Savudrija

Im äußersten Nordwesten Istriens, gleich hinter der Grenze zu Slowenien, liegt die kleine Siedlung Savudrija. Schon die Römer nutzten einst die herausragende Stellung am Ende der Halbinsel Sipar. Davon zeugen noch heute ein Kastell und zahlreiche Ausgrabungsreste. Das Wahrzeichen von Savudrija ist der Leuchtturm – nicht nur der nördlichste, sondern auch der älteste noch funktionierende des Landes. Erbaut wurde er im Jahr 1818. Wer die Wendeltreppen erklimmt, hat eine weite Sicht auf die Adria und kann bei klarem Wetter schon die schneebedeckten Berge der Alpen am Horizont erspähen. Der Legende nach ist der Leuchtturm das Ergebnis einer unglücklichen Liebe. Der österreichische Graf Metternich soll ihn für seine Angebetete erbaut haben, die jedoch kurz vor der Vollendung starb. Der Graf kehrte daraufhin nie wieder zu seinem Leuchtturm zurück.

02 Umag

Man merkt es Umag noch immer an, dass es schon früh als Erholungsort entdeckt wurde. Römische Adelige wussten die schöne Lage an der Adria zu schätzen und verbrachten hier ihre Sommer. Und auch nach ihnen kamen die Bessergestellten hierher. Von diesen einst prächtigen Zeiten erzählt noch immer die Altstadt Umags mit ihren venezianischen und barocken Gebäuden. Und auch heute noch spielt der »Tourismus« eine große Rolle; zahlreiche Besucher von den umliegenden Campingplätzen und Hotelanlagen kommen in das Städtchen, um durch die Gassen zu schlendern und sich abends den fangfrischen Fisch in den zahlreichen Restaurants schmecken zu lassen.

HERBSTTIPP: In und um Umag gibt es zahlreiche Möglichkeiten, Fahrräder zu mieten. Wie wäre es mit mit einer Erkundung des Hinterlandes oder entlang der Küste?

03 Buje

Grün ist die dominante Farbe im Inneren der Halbinsel Istrien. Mit einer Hügellandschaft aus zum Teil dichten Wäldern, Wiesen, Weinbergen und Olivenhainen prägt es ebenso das Gesamtbild wie das tiefe Blau

Auf einer kleinen Anhöhe inmitten eines schönen Wein- und Olivenanbaugebiets liegt das Hügelstädtchen Buje. In den Himmel ragen die Türme ihrer Kirchen Heiliger Servul und Mutter Maria der Barmherzigen.

des Meeres an der Küste. Buje ist ein kleiner Ort, der aus diesem satten Grün mit hellen Natursteinhäusern und deren roten Dächern herausragt. Ein Spaziergang durch seine engen Gassen zeigt den Verfall der Häuser, nachdem viele Einwohner im 19. Jahrhundert auf der Suche nach Arbeit in die Tourismusgebiete umgezogen waren. Putz bröckelt von den Wänden, einige Gebäude wirken wie kurz vor dem Einsturz. Dennoch lohnt sich ein Abstecher: In Buje können Besucher mit etwas Glück im Herbst die Olivenernte erleben; ein Besuch der Ölmühle lohnt sich.

04 Grožnjan

Kroatisch und venezianisches Italienisch: Istrien hat zwei Sprachen. Doch viele, deren Muttersprache Italienisch war, sind mittlerweile ausgewandert. Sie verließen nach der Rückgabe der besetzten Gebiete an Jugoslawien das Land. So auch in Grožnjan: 1954 kehrten die meisten Bewohner der kleinen Stadt den Rücken, der Ort drohte zu veröden. Bis ein paar Künstler das schöne Fleckchen mit seiner inspirierenden Lage auf einem Hügel und dem fantastischen Blick über die umliegenden Orte entdeckten. In die alten Steinhäuser mit ihren Adelswappen und geschmückten Innenhöfen zog wieder Leben ein. Die einstige Bischofs-

CAMPING SAVUDRIJA

Premiumplätze mit freiem Blick auf das Meer erwarten den Camper in dieser überwiegend schattigen Vier-Sterne-Anlage mit weitgehend naturbelassenen Stellflächen. Der mit allem notwendigen Komfort ausgestattete Campingplatz bietet Bademöglichkeiten am felsigen Ufer und in einem nahe gelegenen Pool. Mit dem Meeresrauschen im Ohr lassen sich stimmungsvolle Sonnenuntergänge vor dem Wohnmobil erleben. Geöffnet bis Anfang Oktober.

Istarska 19, 52475 Savudrija
www.istracamping.com/de/campingplatze/savudrija
GPS 445.486815, 13.492620

CAMPING STELLA MARIS, UMAG

Mehr als 450 Stellplätze unterschiedlicher Größen stehen auf diesem Vier-Sterne-Campingplatz in einem Pinienwald zur Verfügung. Mit seinen vielfältigen Sportangeboten eignet er sich für einen aktiven Urlaub. Bis zum Strand ist es nicht weit. Einen freien Blick auf das Meer gibt es hier jedoch nicht. Geöffnet bis Anfang Oktober.

Stella Maris 9A, 52470 Umag
www.istracamping.com/de/campingplatze/stella-maris
GPS 45.454125, 13.521360

Momjan
Hier wachsen die Trauben für einen einzigartigen Wein – den Muskat von Momjan (»Momjanski Muškat«), den schon Kaiser Franz Joseph I. in Wien und König Viktor Emanuel III. in Rom zu schätzen wussten. Auch die kleine Siedlung im Hinterland von Buje gab es schon zur Römerzeit, die zugehörige Festung hieß damals »Castrum Mammilianum«. Noch immer prägt hier eine Festung das Landschaftsbild: Das Kastell Momjan aus dem 12. Jahrhundert schmiegt sich auf einen Felsen und unter ihm schlängeln sich wie Perlenschnüre die Weinpflanzungen über die sanft gewellte Landschaft. Neben dem Kastell zeugen auch das Patrizierhaus der Familie Rota sowie die Martinskirche aus dem 16. Jahrhundert von der einstigen Blütezeit Momjans. Wer es lieber kulinarisch mag, sollte unbedingt den hier ansässigen Konobas und Weingütern einen Besuch abstatten, denn das Gebiet rund um Momjan gilt als kleines Paradies für Feinschmecker und Weinliebhaber.
GPS 45.43858, 13.70961

Motovun
Nebelschwaden hängen wie Schleier über den dunkelgrünen Wipfeln der Bäume, aus ihnen ragt ein Hügel empor. Auf seinem höchsten Punkt thront das mittelalterliche Städtchen Motovun – besser gesagt: sein Kastell. Mauerringe umgeben Burg, Ober- und Unterstadt, die die Besucher durch imposante Tore betreten. Sie stammen vor allem aus der venezianischen Zeit, nachdem der Ort sich im Jahr 1278 der Herrschaft Venedigs gebeugt hatte. Der beste Blick auf die gesamte Stadt und das ihr zu Füßen liegende Mirna-Tal mit Wäldern und Weinbaugebieten entfaltet sich bei einem Spaziergang rund um die Oberstadt auf den alten Festungsmauern.
Motovun ist Istriens Trüffelhauptstadt: Die Knollen, die das Herz jedes Gourmets höherschlagen lassen, stöbern spezielle Hunde in den Wäldern des Mirna-Tals auf.
HERBSTTIPP: Ab Oktober startet hier die Trüffelsaison, dann locken nicht nur Spezailitäten, Ende Oktober gibt es sogar ein Trüffelfestival.
GPS 45.33673, 13.82821

kirche aus dem Jahr 1577 wurde restauriert, Werkstätten und Galerien eröffnet. Heute ist Grožnjan wegen seiner zahlreichen Ateliers ein lebendiges Künstlerdorf wie aus dem Bilderbuch. Im Sommer locken einige Festivals, im Herbst kann man die Stimmung des Ortes ganz in Ruhe genießen.

05 Novigrad
Umag und Novigrad verbindet nicht nur ihre benachbarte Lage an der Nordwestküste, sondern auch, dass es sich hier um die beiden Orte handelt, in denen noch am häufigsten italienisch gesprochen wird. Der Badeort Novigrad zieht Besucher in seine Vergangenheit – in die verwunschenen Gassen der Altstadt, die zur Burgruine hinaufführen. Im 13. Jahrhundert ließ die Fürstenfamilie Gusii-Kurjakovii diese Festung errichten, die ein düsteres Kapitel birgt: Elizabeta Kotromani, die Witwe König Ludwigs I., war mit ihrer Tochter im Kerker gefangen, bis man sie 1387 ermordete. Während dieser Zeit stickte sie ein Gewand mit geistlichen Motiven, das noch heute in der Pfarrkirche Sv. Maria aufbewahrt wird. Von der Ruine aus schweift der Blick weit über die grüne Landschaft und über den verschlungenen Fjord, an dem die Stadt errichtet ist, bis hin zu dem modernen, kleinen Jachthafen.

06 Poreč
Poreč ist Istriens Perle unter den Küstenstädten. Hier stören keine großen Hotelburgen das Bild, vielmehr wird alles im alten Stil erhalten oder gebaut. Ein Spaziergang durch den Ort ist wie eine Zeitreise: ins Mittelalter, in die byzantinische Zeit, die römische und natürlich in die venezianische. Aber auch der Massentourismus ist mit Discos, Bars, Internetcafés und FKK-Stränden vertreten – Nightlife statt Nachtruhe. Es gibt Pensionen und Hotels für jeden Geldbeutel und Anspruch. Und in jeder Lage: So haben Besucher aus den Fenstern der Stadthotels zwar einen wunderschönen Blick auf das Meer und den Jachthafen, sind aber auch bei den Partys bis zum frühen

Links: Novigrad ist ein schmuckes Fischerstädtchen. Auch kulinarisch hat es einiges zu bieten.

Rechts: In den engen Gassen von Grožnjan spürt man das Flair einer historischen und Künstlerstadt.

Unten: Die alles überragende Burg von Motovun ist Veranstaltungsort des örtlichen Filmfestivals.

Ganz unten: Dicht an dicht drängen sich die Häuser der Altstadt von Poreč bei Anbruch der Nacht auf eine flache, kleine Landzunge. Die Stadt ist ein beliebter Urlaubsort.

KAMP KASTANIJA, NOVIGRAD

Mit etwas Glück steht man hier mit seinem Fahrzeug direkt am steinigen Strand. Die 61 Stellflächen für Wohnmobile bieten nicht alle eine freie Sicht auf das Meer. Aber auch von den schattigen Bereichen im Inneren des Platzes ist der Weg zum Ufer nicht weit. Das Areal ist mit allem notwendigen Komfort ausgestattet. Die Innenstadt von Novigrad ist nur zwei Kilometer entfernt. Von April bis Oktober geöffnet.

HR-52466 Novigrad, Kastanija
www.camping.hr/de/campingplatze/kastanija
GPS 45.329833, 13.543005

CAMPING BIJELA UVALA, FUNTANA

Gleich mit vier Pools in unterschiedlichen Größen kann dieser Vier-Sterne-Campingplatz aufwarten, der auch mit seinen sonstigen Ausstattungsmerkmalen wie Restaurant und Wellnessangeboten seine Gäste zu verwöhnen weiß. Hohe Bäume spenden ausreichend Schatten. Hunde sind willkommen. Die Anlage ist von Ende April bis Ende September geöffnet. Bis zum Strand sind es nur wenige Meter, die Innenstadt von Poreč ist zu Fuß in 30 Minuten zu erreichen.

Ul. Bijela uvala 1, 52452 Funtana
www.istracamping.com/de/campingplatze/bijela-uvala
GPS 45.191721, 13.596899

Rechts: Wie es sich für eine echte Grotte gehört: Im See der Baredine-Grotte lebt ein Grottenolm.

Unten: Wasser spielt in Vrsar eine der Hauptrollen – das Meer und der »Limski kanal« bestimmen das Leben. Die Stadt beeindruckte Frauenheld Giacomo Casanova einst so sehr, dass er den Ort nach diversen Aufenthalten in seinen Memoiren festhielt.

Morgen live an Bord. Doch es gibt sie auch noch, die romantischen und eher ruhigeren Ecken: in den Innenhöfen der venezianischen Stadthäuser, in denen kleine Restaurants zum romantischen Candle-Light-Dinner einladen.

07 Vrsar

Die Ruinen des Sommerpalastes der Bischöfe von Parenzo sind noch immer sehr beeindruckend. Bis 1772 nutzten die Kirchenmänner die Residenz in Vrsar, deren Überreste neben der Pfarrkirche des Ortes zu finden sind. Die Hauptattraktion für Touristen ist jedoch eine andere: der große FKK-Campingplatz Koversada. Auf rund 120 Hektar finden bis zu 5000 Besucher Platz. Auch das kulinarische Angebot mit Köstlichkeiten direkt aus dem Wasser ist verlockend. Genauer: aus dem »Limski-Kanal«, der sich zwölf Kilometer weit von der Küste ins Land hineinzieht. Wer von Poreč nach Rovinj unterwegs ist, muss den Kanal auf seiner gesamten Länge umfahren, denn über den bis zu 30 Meter tiefen Meeresarm führt keine Brücke. Der Kanal hat es im wahrsten Sinne des Wortes in sich, denn hier werden Austern gezüchtet. Diese und auch Hummer und Fische aller Art kommen fangfrisch besonders im Herbst auf den Tisch der Restaurants am nahen Ufer.

08 Limski-Kanal

Türkisblaues Wasser, Muschelbänke, Delfine und eine Piratenhöhle. Was, bitte schön, braucht es mehr an Superlativen für einen Familienausflug? Eine Bootsfahrt vielleicht? Gut, die ist ohnehin notwendig, um zu den vielen sehenswerten Punkten im 12 Kilometer langen Limski-Kanal zu

AUSFLUGSZIELE

Baredine-Grotte

Die Tropfsteinhöhle liegt in der Nähe von Poreč. Sie zählt zu den typischen Phänomenen dieser Karstlandschaft, bei der an der Erdoberfläche wenig darauf hinweist, dass sich im Untergrund große Hohlräume und von der Kraft des Wassers mit faszinierenden Skulpturen geschmückte Höhlensysteme verbergen. Ein Einsturztrichter, auch dies ein typisches Karstphänomen, führt hinunter in das Reich der Stalaktiten und Stalagmiten. Solche Trichter entstehen, wenn ein Teil der Höhlendecke, geschwächt durch die Erosion, einstürzt. Auf einer Wendeltreppe steigt man in dem Erdspalt hinunter und wird im Inneren überwältigt von der Vielfalt und Schönheit der Tropfsteine. Die Baredine-Grote wurde eigens für die Besichtigung durch Touristen instandgesetzt. Im Laufe der Jahrtausende hat das Wasser ungewöhnliche Tropfsteinformen hervorgebracht, darunter die zehn Meter langen »Vorhänge« oder den »Schneemann«. Wer sich umfassend informieren will, kann dies im Rahmen von Führungen, Höhlenkletter-Touren und wechselnden Ausstellungen in der Galerie der Höhle tun. Geöffnet bis Ende Oktober.
GPS 45.43040, 13.92005

AUSFLUGSZIELE

Sv. Lovreč
Durch ein Tor in Spitzbogenform passieren Besucher die Stadtmauer und gelangen in die Altstadt. Sv. Lovreč kann mit einer der besterhaltenen mittelalterlichen Stadtbefestigungen von Istrien aufwarten. Seinen Namen verdankt der Ort dem Schutzheiligen Sankt Laurentius. Südlich der Stadt, auf halbem Weg in Richtung Lim-Fjord, befinden sich die Weinberge von Ivica Matošević, der zu den renommiertesten Winzern Istriens gehört. Die Pfarrkirche des Ortes ist dem heiligen Martin geweiht. Sie stammt aus dem 11. Jahrhundert und zählt damit zu den ältesten Gotteshäusern Istriens. Aus der Bauzeit sind im Inneren romanische Fresken erhalten, eine Seltenheit in dieser Region, in der Kirchen und Ausstattung oft umgestaltet wurden. Und mit noch einer Besonderheit wartet der Ort auf: In der Weihnachtszeit verwandelt sich die Altstadt in eine lebende Krippe mit Esel, Ochs und Schaf. An Ständen werden Selbstgebranntes oder Gekeltertes sowie Kuchen und Plätzchen verkauft.
GPS 45.17572, 13.74367

gelangen. Dass solch eine Tagestour, die von nahezu allen Hafenstädtchen in der Umgebung angeboten wird, kein einsamer Ausflug unter Ruhesuchenden, sondern eine touristische Veranstaltung ist, muss jedem klar sein. Essen und Trinken sind meist inkludiert, und nahezu sicher kann man sich auch sein, Delfine zu sehen. Die Piratenhöhle ist eher unspektakulär – der Blick von den Bänken des kleinen Lokals hinunter auf den türkis glitzernden Limski-Kanal ist dagegen ein einziger Traum.

09 Pazin
Istriens Verwaltungshauptstadt liegt in der geografischen Mitte der Halbinsel und wurde deshalb in der Habsburger Ära Mitterburg genannt. Die mächtige Burg, die hoch über dem tief eingeschnittenen Flussbett der Pazinčica thront, macht einen wehrhaften Eindruck. Als Kerker für den edlen Grafen Mathias Sandorf spielt sie eine unrühmliche Rolle in Jule Vernes gleichnamigem Roman. Doch dem Grafen gelingt die Flucht, und zwar ausgerechnet auf dem Fluss, der in einer Höhle unterhalb des Kastells in der Unterwelt verschwindet und Kilometer entfernt wieder an der Oberfläche erscheint. Anders als Graf Sandorf ist es jedoch noch keinem Höhlenforscher gelungen, den gesamten unterirdischen Lauf des Flusses zu erkunden. Die Schlucht nutzen Adrenalinsüchtige stattdessen für einen besonderen Sport: An quer gespannten Drahtseilen hängend rasen sie in schwindelerregender Höhe von Rand zu Rand.

10 Rovinj
Vom Boot aus betrachtet, scheint Rovinj mitten im Meer zu stehen und seine Häuser geradewegs daraus aufzuragen. Von drei Seiten umgibt Wasser die Stadt, ihre Gebäude sind fast überall direkt ans Meer gebaut. Bis in den Frühherbst stellen einige Bars Sofas mit bunten Kissen auf die umspülten Felsen. Wer hier sitzt, kann bei einem Gläschen fast mit den Füßen in den Wellen planschen und am Abend einen perfekten Sonnenuntergang genießen. Am frühen Morgen beginnt im Hafen für die Besucher eine Art Zeitreise: Denn Rovinj besitzt einen der ältesten Fischereihäfen des gesamten Mittelmeerraums. Hier machen Fischer bei Tagesanbruch mit ihrem Fang fest, Möwen begleiten kreischend ihre schaukelnden Boote. Mittags dann kann man ihnen beim Reparieren der Netze zuschauen – und wer dem einen oder anderen in der Basilika Sv. Eufemija begegnet, sieht, dass sie für einen guten Fang beten.

Links oben: Pazin war jahrhundertelang das habsburgische Verwaltungszentrum von Istrien.

Links: Heute weitaus berühmter ist Rovinj. Überragt wird die Altstadt vom Turm der Kirche der heiligen Euphemia.

Rechts: Tagsüber geht es in der Altstadt von Rovinj mit ihren zahlreichen Restaurants quirlig zu.

In der Altstadt sind die Steine am Boden uneben, die Gassen eng und holprig. Kleine Häuser, von deren steinernen Fassaden der Putz bröckelt, schiefe Stufen, durch die Jahrhunderte hinweg abgenutzt. Wäsche hängt auf den Leinen, die einfach zwischen zwei Häusern gespannt sind. Besucher können bei einem Spaziergang durch die Altstadt Rovinjs die malerisch wirkenden Gässchen entlangschlendern. Das wohl attraktivste Ziel dieser Entdeckungstour ist die Kirche Sv. Eufemija aus dem 18. Jahrhundert, die auf der Spitze des Stadthügels errichtet ist. Von Weitem sichtbar ragt ihr 61 Meter hoher Glockenturm zwischen den Dächern empor. Der Sage nach soll der Marmorsarkophag der heiligen Euphemia (neben dem Altar), einer Märtyrerin zur Zeit des Kaisers Diokletian, im 5. Jahrhundert mitsamt ihren Überresten aus dem Orient übers Meer geschwommen und hier gelandet sein.

11 Bale

Wer Bale besucht, dem bleibt der beeindruckende Palast Soardo-Bembo in Erinnerung. Er ist das größte Gebäude der Stadt und zieht mit seiner frisch renovierten Fassade im Übergangsstil zwischen Gotik und Renaissance sofort die Blicke am Hauptplatz auf sich. Der gesamte Stadtkern mit seinen Steinhäusern und engen Gassen steht unter Denkmalschutz. Weinreben ranken sich an Fassaden empor, schaffen schattige Veranden und Hauseingänge, davor laden oft steinerne Bänke zum Verweilen ein. Man sieht es dem romantischen Ort nicht an, dass sich hinter seinen Mauern eines der besten Restaurants Istriens verbirgt: Es gehört zum Hotel »La Grisa« und serviert eine besondere Spezialität: Fleisch vom autochthonen Boškarin-Rind. Die besonders robuste Rasse schien Anfang des 21. Jahrhunderts auszusterben und konnte nur dank engagierter Landwirte gerettet werden. **HERBSTTIPP: Südwestlich von Bale befindet sich mit Meneghetti eines der bekanntesten Weingüter Istriens. Gerade im Herbst**

CAMPING VAL SALINE, ROVINJ

Ein Kiesstrand und blitzsauberes Wasser erwarten den Camper an der kleinen Bucht nördlich von Rovinj. Die Stellflächen sind in vier unterschiedliche Kategorien eingeteilt. In der höchsten steht man fast direkt am Meer. Wellnessangebote, Thermalbereich, Pool, Restaurant, Café und ein vielfältiges Sportangebot zeichnen diesen Platz aus. Bis Anfang Oktober geöffnet.

Cesta za Valaltu – Lim 7 A, Rovinj
www.campvalsaline.hr, GPS 45.115714, 13.626333

PARKING KONČETA, ROVINJ

Es ist kein Parkplatz für einen längeren Aufenthalt. Dank der Ver- und Entsorgungsanlage am Rande des Platzes und der Nähe zur Innenstadt von Rovinj aber ein guter Standort für die Besichtigung der Altstadt und um Frischwasser zu bunkern sowie Grauwasser zu entleeren.

Aleja Ruđera Boškovića, 52210, Rovinj
GPS 45.088536, 13.644663

CAMPING MON PERIN, BALE

Schattige Stellflächen am Meer bietet dieser Platz, der in einer naturbelassenen Umgebung eingebettet ist. Außer den Standardinstallationen, die man heute auf gut ausgestatteten Campingplätzen erwartet, gibt es neben einem Pool einen Paleopark mit Nachbildungen verschiedener Dinosaurier. Bis Anfang Oktober geöffnet.

Predio Longher bb, 52211, Bale
www.camping-monperin.hr, GPS 45.019975, 13.723244

AUSFLUGSZIELE

Brijuni-Inseln

Etwa eine Viertelstunde dauert die Überfahrt von Fažana aus zu den Brijuni-Inseln. Es wird in Veli Brijun angelegt, wo einst illustre Gäste an Land gingen. Denn Jugoslawiens Staatschef Tito hatte die Inseln zu seinem persönlichen Sommersitz erklärt. Kein Zutritt für normale Bürger – nur noch geladene Gäste, Prominente und Staatsoberhäupter, wie Sophia Loren oder Fidel Castro, waren willkommen. Nach Titos Tod wurden die Inseln 1983 zum Nationalpark erklärt, Veli Brijun und Mali Brijun können seitdem besucht werden. Ein Höhepunkt sind vor allem die Ausgrabungen einer antiken Siedlung sowie einer römischen Villa. Aber auch der Safari-Park, der unter anderem Zebras, Antilopen und Lamas beherbergt, ist sehenswert. Die dort lebenden Tiere waren allesamt Staatsgeschenke. Die Ausflüge sind ganzjährig möglich, ab November gilt ein eingeschränkter, aber täglicher Fahrplan.
www.np-brijuni.hr, GPS 44.91343, 13.75203

Bildleiste von oben:
Von der einstigen römischen Villa in der Verige-Bucht an der Ostküste von Veli Brijun sind nur noch die Grundmauern erhalten.

Die Altstadt von Bale liegt auf dem kegelförmigen Mom Perin.

In Vodnjan ticken die Uhren sichtbar noch ein wenig langsamer.

Alte Kažuni, traditionelle Steinhäuser, gibt es rund um Vodnjan viele.

ein lohnenswerter Stopp. In einem luxuriösem und naturnahem Ambiente können die Weine bei einem Tasting kennengelernt werden.

12 Vodnjan

Das Bild der Gassen und steinernen Häuser von Vodnjan ist vor allem in der gotisch-venezianischen Epoche geprägt worden. Grundlage des Reichtums der Stadt war seit jeher der Oliven- und Weinanbau in der Umgebung. Und so sehen Wohnmobilisten auf dieser Route emsiges Erntetreiben. Eine skurrile Besonderheit beherbergt die Kirche des Heiligen Blasius, denn in dieser Wallfahrtskirche befindet sich die zweitgrößte Reliquiensammlung Europas, mit Objekten aus 15 Jahrhunderten. Unter diesen sind auch die rätselhaften Mumien von Vodnjan. Die Körper dieser Heiligen haben sich ohne Einbalsamierung mumifiziert – ein Phänomen, das sonst nur aus Wüstengegenden oder dem ewigen Eis bekannt ist. 1817 brachte der Veroneser Maler Gaetano Gresler einen riesigen Reliquienschatz nach Istrien, um ihn vor der Plünderung durch Napoleons Truppen zu retten. Und hier blieb er dann.

13 Fažana

Das bezaubernde Hafenstädtchen steht ganz im Schatten der vorge-

Links: Die Fassaden der Häuser in Fažana bringen ebenso Farbe in den Hafen wie die kleinen Holzboote, die in ihm auf den seichten Wellen tanzen.

Unten: Wer beim Stichwort »Amphitheater« nur das Kolosseum in Rom im Kopf hat, sollte nach Pula kommen und das nicht weniger eindrucksvolle Wahrzeichen der Stadt besichtigen.

BRIONI SUNNY CAMPING, PULA

Kiesstrand, Restaurants, umfangreiches Sportangebot, Lieferservice für Speisen und Getränke direkt an das Wohnmobil – dieser Platz lässt keine Wünsche offen. Von den schattigen Stellflächen im Pinienwald ist es nicht weit bis zum Meer. Vom fünf Kilometer entfernten Fažana hat man die Möglichkeit, per Ausflugsboot zu den Brioni-Inseln überzusetzen. Bis Anfang Oktober geöffnet.

Puntižela 155, 52107, Pula
www.camping-adriatic.com/brioni-camp-pula
GPS 44.898172, 13.808215

CAMPING ARENA STOJA, PULA

Auf der Halbinsel Stoja südwestlich von Pula wurde dieser Campingplatz neben einer Festung angelegt. Es ist eines der vielen Forts, die einst zur Sicherung der Stadt Pula errichtet wurden. Die komfortable Anlage neben diesem historischen Verteidigungswerk ist ganzjährig geöffnet. Auch hier findet man unterschiedliche Kategorien vor, die höchste hat freien Blick auf das Meer und ist etwas teurer als die Stellflächen abseits des Ufers.

Stoja 37, 52100, Pula
www.arenacampsites.com/de/campingplatze-istrien/camping-arena-stoja; GPS 44.859793, 13.814650

CAMPING KAŽELA, MEDULIN

Dieser große Campingplatz ist ebenfalls ganzjährig geöffnet. Er ist sehr nah am Meer, relativ schattenlos, bietet vereinzelt aber auch Stellflächen unter Bäumen an. Unterschiedliche Kategorien stehen hier zur Wahl. Große und teure Stellplätze befinden sich direkt am Meer, preiswertere und kleinere abseits des Ufers. Umfangreiches Angebot an Pools, Wellnesseinrichtungen, Sportmöglichkeiten und Restaurants.

Kapovica 350, 52203, Medulin
www.arenacampsites.com/de/campingplatze-istrien/camping-arena-kazela; GPS 44.807085, 13.949818

lagerten und berühmten Brijuni-Inseln. Denn so gut wie jeder, der nach Fažana kommt, hat die Inseln zum Ziel und verbringt hier nur die Zeit bis zur Abfahrt der Fähre. Etwas Besseres konnte Fažana nicht passieren, denn es verdient ganz gut an den Durchreisenden, hat sich aber den Charakter eines gemächlichen Fischerortes bewahrt. Abends, wenn die Tagesgäste verschwunden sind, werfen die Wirte der gemütlichen Konobas am Hafen den Grill an und bereiten die große Spezialität zu: Sardellen. Dem immer seltener werdenden Fisch ist sogar ein eigenes Fest gewidmet, das im August die herbstliche Fangsaison einläutet. Sehenswert ist auch die dreischiffige Pfarrkirche Sv. Kosma mit ihrem berühmten Gemälde des heiligen Abendmahls. Hübsche Strände, nette Restaurants und Weinkneipen sowie ein dicht bewaldetes Hinterland machen Fažana zu einem der entspanntesten Küstenorte Istriens. Mit dem Fahrrad kann man idyllische Robinsonbuchten erreichen oder sogar bis nach Pula strampeln.

14 Pula

Sie liegt auf sieben Hügeln – wie Rom. Und sie hat etwas Magisches – genau wie die italienische Hauptstadt. Pula blickt auf eine mehr als 3000 Jahre alte, bewegte Geschichte zurück. So tauschte einst ein ungarischer König auf einem der Hügel sein prachtvolles Gewand gegen ein einfaches Ordenskleid, Dante schrieb – vom Ausblick inspiriert – die Verse seiner »Göttlichen Komödie«. An die römische Vergangenheit erinnert vor allem das Amphitheater, das größte Gebäude und somit die attraktivste Sehenswürdigkeit der Stadt. Das einst 20 000 Besucher fassende Oval, in dem Gladiatoren gegen Löwen kämpften, ist aus istrischem Kalk errichtet und dient heute unter anderem als Konzert- und Festivalbühne. Die unterirdischen Gänge sind zu einem Museum für antiken Wein- und Olivenanbau umfunktioniert. Sehenswert ist auch die Altstadt mit dem Triumphbogen und dem Tempel.

15 Naturpark Kap Kamenjak

Die weit nach Süden ragende Halbinsel Kamenjak windet sich wie ein immer schmaler werdender Lindwurm ins tiefe Blau der Adria. Mit ihren zahllosen Buchten ist sie ein Eldorado für Wasserratten, mit ihren Schotterstraßen bietet sie Radfahrern reizvolle Möglichkeiten, sie zu entdecken. Günstige Winde und Strömungen bieten Windsurfern besonders im Herbst optimale Wetterbedingungen. Botanisch Interessierte erfreuen sich im Frühjahr regelmäßig an der Vielzahl unterschiedlicher Orchideenarten, die auf Kamenjak blühen. Wer die Küste aufmerksam erforscht, kann hier und da Spuren von Dinosauriern erkennen: Ihre dreiklauigen Abdrücke sind im Stein der Küstenfelsen für die Ewigkeit erhalten. An der südlichsten Spitze Kamenjaks pflegt die lokale Jugend bis in den frühen Herbst hinein den Sport des Klippenspringens – die Felsen sind nicht so hoch wie in Acapulco, aber durchaus eindrucksvoll. Nach Sonne und Meer erfrischt ein Drink in der »Safari-Bar« – durch ihre zusammengebastelten, kreativen Spielgeräte besonders für Kinder ein wahres Eldorado. Stehen diese doch auch noch in einem Bambuswäldchen – ideal für Versteckspielchen.

16 Medulin

Medulin ganz im Süden der istrischen Halbinsel ist längst ein klassischer Badeort geworden. Der einstige Fischerhafen hat sich ganz dem Tourismus verschrieben und bietet die komplette Infrastruktur, die sich Urlauber erwarten. Um Eltern gleich einmal vor Versprechungen zu bewahren, die später für Enttäuschungen sorgen: Der sogenannte »Sandstrand« ist eher ein Splitt-Schotter-Gemisch. Medulin bietet aber noch mehr als Strand und Sonne: Inmitten der Bucht liegt die archäologische Fundstätte Vizula. Einst waren die Römer in Istrien und hinterließen hier die Überreste eines römischen Palastes. Die Forschungen sind noch nicht abgeschlossen, aber die Vermutungen liegen nahe, dass er aus der Zeit des römischen Kaisers Konstantin, also dem 3. Jahrhundert nach Christus, stammt. Die vor einigen Jahren neu erbaute Promenade von Medulin verläuft fast bis zur Halbinsel Vizula und lädt zum Bummeln ein. Unweit der Stadt auf einer Halbinsel sind auch einige Campingplätze. Kleiner Tipp: Die vorgelagerte Inselwelt mit dem Boot zu entdecken, ist ein einziger Traum.

Im Naturschutzgebiet Kap Kamenjak wechseln sich schroffe Küstenabschnitte mit idyllischen Buchten ab. Auch die Farbe des Meeres ist nicht überall gleich: Mal ist es sanft und türkis, mal stürmisch dunkelblau.

ROUTE 15

01 Savudrija/Salvore
TOUR START
Camping Savudrija
Camping Stella Maris, Umag
02 Umag/Umago
Buje/Buie 03
Grožnjan Grisignana 04
Kamp Kastanija, Novigrad
05 Novigrad/ Cittanova d'Istria
06 Poreč/Parenzo
Eufrazijeva bazilika
Camping Bijela Uvala, Funtana
07 Vrsar/Orsera
Camping Val Saline, Rovinj
Limski zaljev (Limski-Kanal)
08
Parking Končeta, Rovinj
10 ROVINJ/ ROVIGNO
Bale 11
Camping Mon Perin, Bale
12 Vodnjan
13 Fažana
Brioni Sunny Camping, Pula
PULA 14
Camping Arena Stoja, Pula
16 Medulin
Camping Kažela, Medulin
15 Rt Kamenjak (Kap Kamenjak)
09 Pazin
Motovun Móntona
Hum
Jadransko more
Adriatisches Meer
SLOWENIEN
KROATIEN
0 5 10km

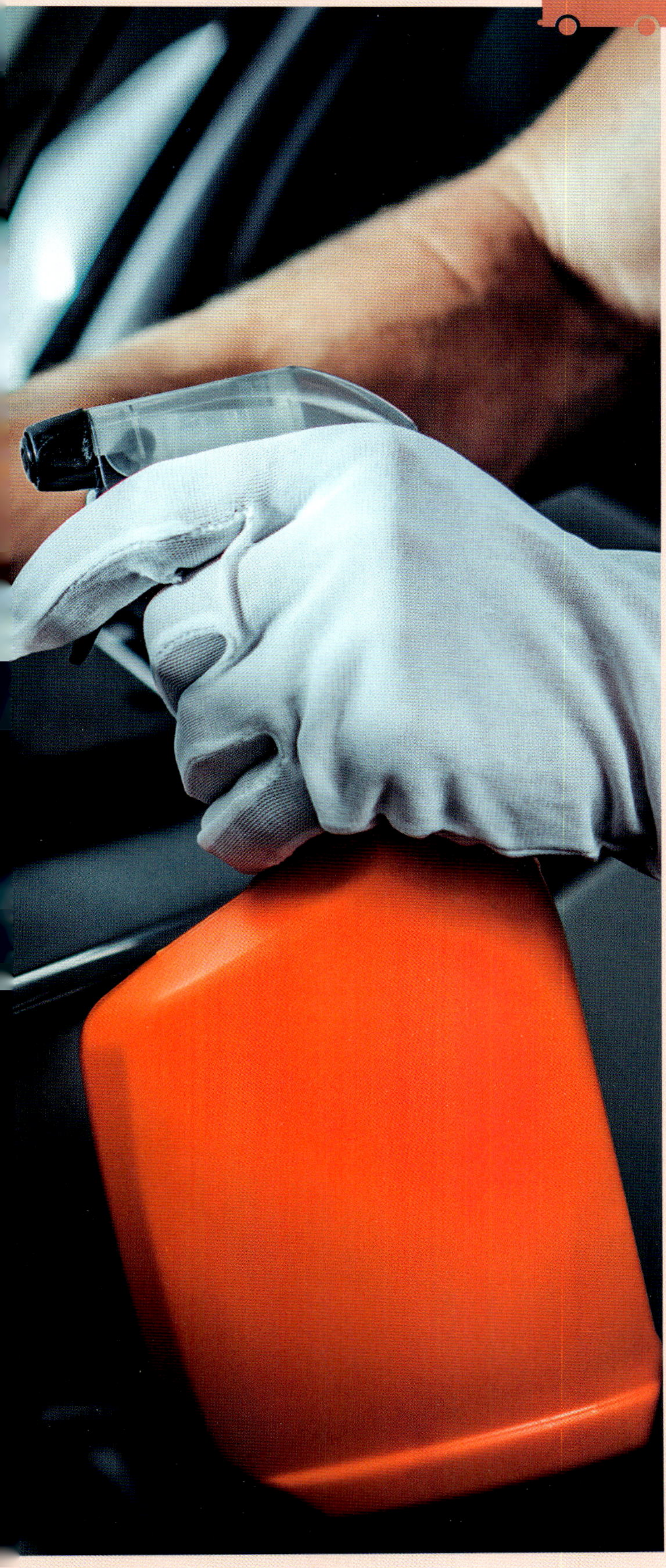

NACH DEM URLAUB – WOHNMOBIL WINTERFEST MACHEN

Nach der Saison ist vor der Saison. Und damit die neue Saison möglichst reibungslos beginnen kann, empfiehlt es sich, das Wohnmobil für die »unbewegte Zwischenzeit« vorzubereiten. Vieles davon versteht sich von selbst – alle verderblichen Lebensmittel zu entfernen etwa und das Wohnmobil innen wie außen gründlich zu reinigen (Schränke und Staufächer danach offenstehen lassen, damit kein muffiger Geruch entsteht). Im Detail gilt es dann, rostige Stellen auszubessern, Lackschäden mit Pflegemittel zu behandeln und den Unterboden auf Schäden zu kontrollieren. Gummi- und Türdichtungen werden am besten mit Silikonspray, Vaseline oder Talkum behandelt, die Gelenke des Bremsgestänges, Gummifederelemente der Kurbelstützen sollten eingefettet werden. Die Wasseranlagen sind zu entwässern, zu reinigen und anschließend noch einmal auszuspülen; die Batterie sollte mindestens abgeklemmt, aber besser noch ganz ausgebaut und in einem frostfreien Raum gelagert werden. Gasflaschen zudrehen, abklemmen und vom Versorgungsnetz trennen, Frostschutzmittel prüfen, Treibstofftank füllen. Diese und weitere Informationen sowie eine praktische Checkliste findet man zum Beispiel hier: www.pincamp.de/magazin/ratgeber/tipps-tricks/wohnwagen-wohnmobil-winterfest-machen

Eine gründliche Pflege innen wie außen ist unerlässlich, um das Wohnmobil zum Saisonende winterfest zu machen.

ROUTE 16

WEINROUTE AM DOURO

Die älteste Weinbauregion der Welt ist heute UNESCO-Welterbe. Lange Zeit stand die Region nur für Portwein. Zuletzt erlangten die Tafelweine zunehmende Bedeutung. Unterwegs ergeben sich immer wieder Gelegenheiten zur Besichtigung bedeutender Weingüter, mit Führungen durch ihre Weinberge und Produktionsstätten sowie Weinproben. In Mesão Frio, dem Ausgangsort der Tour, erschließt ein Wanderweg Rebfelder und Weinkellereien. Von Peso da Régua als Hauptort des Alto Douro startet ein historischer Zug am Fluss entlang zu Ausflugsfahrten auf der Portweinlinie aus dem 19. Jahrhundert. Nun geht es Richtung Norden, nach Vila Real mit dem berühmten Mateuspalast, der die Etiketten des gleichnamigen Roséweins ziert. Über das denkmalgeschützte Alijó und den Bauernort Carrazeda de Ansiães geht es, den Douro auf der IP 2 Richtung Süden querend, nach Vila Nova de Foz Côa, wo zahllose prähistorische Felszeichnungen zu besichtigen sind. Nun auf der N 222 weiter gelangt man nach São João de Pesqueira mit Weinmuseum. Pinhão, ein einstmals wichtiger Knotenpunkt für den Weintransport, liegt am Douro. Von dort geht es wieder in die Berge, über den Klosterort Tabuaço zum mittelalterlichen Armamar. Ziel ist schließlich Lamego mit seiner bedeutenden Wallfahrtskirche.

WARUM IM HERBST?

Es gibt zwei Gründe: Einmal die Weinlese und die damit verbundenen Feste. Wer nicht feiern möchte, genießt den Augenschmaus, denn mit dem Verfärben der Blätter im Oktober leuchtet die Region mitunter gelb und rot – ein gigantisches Schauspiel.

Im Douro-Tal werden vor allem Portweine, aber auch Weiß- und Rotweine gekeltert.

Im Herzen der Reben

Seit mehr als 2000 Jahren werden am Rio Douro Reben kultiviert. Beiderseits des Flusses führt die folgende Route zu idyllischen Winzerorten, prächtigen Weingütern und denkmalgeschützten Städten – zur Weinlese ein Traum.

An den sonnenverwöhnten, steilen Hängen des Douro finden die Reben ideale Wachstumsbedingungen. Tagsüber speichern die Schieferböden die Wärme, um sie nachts wieder an die Rebstöcke abzugeben.

ROUTE 16

Streckenlänge: ca. 270 km
Zeitbedarf: 2–3 Tage
Routenverlauf (Hauptorte): Mesão Frio, Peso da Régua, Vila Real, Sabrosa, Vila Nova de Foz Côa, Pinhão, Tabuaço, Lamego
Charakteristik: Auf kurvenreichen Straßen geht es durch die hügelige Mittelgebirgsregion. Das Sträßchen M 513 zwischen Tabuaço und Armamar ist recht schmal, man kann diesen Abschnitt auf der N 222 am Douro umgehen.
Informationen:
www.visitportugal.com
https://whc.unesco.org/en/list/1046/

Hier geht's zum GPS-Track

01 Mesão Frio

Im Jahr 1059 erstmals urkundlich erwähnt, geht der Weinort am Fuß der Serra do Marão zurück auf eine vorgeschichtliche Wallburg. Seinen Namen verdankt er einer der an der später hier verlaufenden Römerstraße liegenden Herbergen (»Mansionis Frigidae«). Sie existierte bis ins Mittelalter, aus dem u. a. das Kloster São Francisco und die Kirche São Nicolau stammen. Im Umkreis führt ein ausgeschilderter, 12 Kilometer langer Wanderweg an Hügeln, Weingütern, Dörfern und Kapellen entlang der Marksteine des 1756 eingerichteten ersten geschützten Weinbaugebiets der Welt. Besonders schön im Herbst, wenn sich die Blätter bunt färben.

02 Peso da Régua

Das moderne Städtchen direkt am Douro-Ufer geht zurück auf die Römerzeit. Ab dem 5. Jahrhundert neu besiedelt, erlangte Régua Bedeutung als Handelsplatz durch seinen kleinen Verladehafen, vor allem für den Transport des regionalen Weins bis Vila Nova de Gaia. Im Jahr 1756 schuf der königliche Minister Marquis von Pombal mit der Companhia Geral das Vinhas do Alto Douro in Régua die Grundlage für das erste geschützte Weinbaugebiet der Welt. Mit dem Bau der Eisenbahnlinie Linha do Douro im Jahr 1878 erhielt der Ort weiteren Aufschwung. Noch heute verkehrt ein historischer Dampfzug bis nach Tua. Der Bahnhof und die Altstadt von Régua stehen unter Denkmalschutz. Das Museu do Douro (Weinmuseum) versteht sich auch als Dokumentationszentrum der Weinbauregion. Im Umkreis von Peso da Régua liegen zahlreiche Herrenhäuser und einige große Wein-Quintas sowie die herrlichen Aussichtspunkte Miradouro Santo António und São Leonardo de Galafura. In Peso de Régua selbst legen Flusskreuzfahrtschiffe an und ab.

HERBSTTIPP: Im Oktober, zur Weinlese, finden viele Feste auf den Gütern statt. Die lokalen Fremdenverkehrsämter geben Auskunft.

03 Vila Real

An den Ausläufern der majestätischen Berghänge der Serra do Marão, 1289

Seitdem der Palácio de Mateus bei Vila Real die Bocksbeutelflasche des Mateus Rosé ziert, ist die prächtige Anlage mit ihrem Park weltbekannt.

von König Dinis gegründet, spielte die »königliche Stadt« (ursprünglich: »Vila Rial«) eine bedeutende Rolle in der Geschichte Portugals. Viele Adelige bauten hier im 16./17. Jahrhundert prachtvolle Paläste; der Palácio de Mateus aus dem 18. Jahrhundert hat es sogar auf das Etikett einer Roséweinflasche geschafft. Ein Teil der barocken Palastanlage kann besichtigt werden, im Garten des bekannten Weingutes finden häufig Konzerte statt. Die Casa de Diogo Cão ist das Geburtshaus des Afrika-Seefahrers, der im 15. Jahrhundert bereits bis zum Kongo kam. Auf etwa dieselbe Zeit geht die Kathedrale der Stadt, die Igreja do Convento de São Domingos, zurück. Aus dem 12./13. Jahrhundert stammen u. a. die Kirche São Dinis und der Torre de Quintela. Das Santuário de Panóias in der Umgebung ist das älteste römische Felsheiligtum der Iberischen Halbinsel. Die drei Granitblöcke wurden für Tieropfer genutzt. An den Terrassenhängen südlich von Vila Real reifen Portweintrauben.

04 Sabrosa

Berühmtester Sohn des Ortes, dessen historischer Kern komplett unter Denkmalschutz steht, ist der Seefahrer Ferdinand Magellan. Umgeben von Weinhügeln und Felsen (einige mit frühchristlichen Gräbern), besitzt Sabrosa auch ein von Pritzker-Preisträger Eduardo Souto de Moura geplantes modernes Kulturzentrum.

05 Alijó

Mehrere gut erhaltene Ausgrabungen und Funde belegen eine lange vorgeschichtliche Besiedlung des Gebietes (portug.: »Concelho«). Im 8. Jahrhundert war Alijó bereits als eigenständige Gemeinde dokumentiert. König Sancho II. ließ den Ort

CAMPING QUINTA DAS CORUJEIRAS

Idyllische Lage zwischen Weinterrassen hoch über dem Tal, mit wunderbarer Aussicht, Wanderwege in der Umgebung. Eine gepflegte, individuelle Anlage für kleinere Wohnmobile unter niederländischer Leitung. Brötchenservice, hauseigener Wein. Mindestaufenthalt zwei Nächte. Geöffnet Mai bis Oktober.

Rua das Corujeiras 230, 4640-231 Gestaçô
GPS 41.169185, -7.904391

PARQUE AC PESO DA RÉGUA

Relativ neuer Wohnmobilstellplatz neben einem Pkw- und Busparkplatz. Strom, Trinkwasser (beides gegen Gebühr), Entsorgung. Nicht wirklich idyllisch trotz der Nähe zum Douro, dafür nahe der Innenstadt gelegen und damit sehr praktisch. Füllt sich schnell, daher nicht zu spät eintreffen. Ganzjährig.

Avenida da Galiza, 5050-222 Peso da Régua
GPS 41.155730, -7.780632

AUSFLUGSZIELE

Quinta do Portal

Mehltau und Reblaus zerstörten im Jahr 1890 das Gros der Rebflächen am Douro; viele Winzer mussten ihre Güter verkaufen. Dona Antónia Ferreira erwarb gleich mehrere dieser Quintas; ihren Erben hinterließ sie 30! Auch bei den meist britischen Handelshäusern in Porto war es im 19. Jahrhundert Mode, eine Douro-Quinta zu besitzen. **quintadoportal.com**

Parque Arqueológico do Vale do Côa

Die bis zu 25 000 Jahre alten Felszeichnungen des Vale do Côa wurden von der UNESCO zum Welterbe erklärt. Etwa 1200 dieser prähistorischen Petroglyphen haben Archäologen an rund 80 Stellen an den Felswänden des Tals entdeckt, die Funde verteilen sich über die letzten 17 Kilometer des Flusses Côa bis zu seiner Mündung in den Douro. Dargestellt ist verschiedenstes Jagdwild, etwa Hirsche, Steinböcke oder Auerochsen. Am Museum des Archäologieparks starten geführte Touren zu den Fundstätten (Anmeldung erforderlich).
www.arte-coa.pt
GPS 41.079837, -7.113437

1225 neu besiedeln und gab ihm erste Stadtrechte. Sein historischer Kern steht heute komplett unter Denkmalschutz. Das einstige Herrenhaus Barão de Forrester wurde in eine Pousada, eine stilvolle Unterkunft, umgewandelt. Vier bekannte Männer stammen aus Alijó, darunter die Autoren Manuel da Nobrega (16. Jahrhundert.) und António Cabral (19. Jahrhundert.) sowie der ehemalige portugiesische Regierungschef José Sócrates. Im einst befestigten Dorf Favaios – 2,5 Kilometer südlich – steht ein kleines Wein- und Brotmuseum.

06 Carrazeda de Ansiães

Felszeichnungen belegen auch hier eine frühe Besiedlung der Umgebung; zur Zeit der Römer hieß der auf dem Carrazeda-Plateau gelegene Ort Aquas Quintianas. Im Zuge der Reconquista von den Mauren wiedererobert, erhielt er erste Stadtrechte durch Ferdinand I. Eine Vielzahl von Bürgern aus Ansiães begleitete König Sebastian im 16. Jahrhundert auf dessen Feldzug nach Nordafrika. Erhalten aus dem Mittelalter ist das Castelo. Um Carrazeda werden hauptsächlich Getreide, Mais und Kartoffeln angebaut und Äpfel und Kastanien kultiviert. Kleinere Rebflächen liegen an den Hängen in Richtung Douro und seines Zuflusses Tua. **HERBSTTIPP: Zur Erntezeit im Herbst, gibt es viele saisonale Leckereien aus Kastanien: über dem Feuer geröstet, aber auch als Suppe.**

07 Vila Nova de Foz Côa

Die durchwegs mit hellroten Ziegeln gedeckten Häuser stehen dicht beieinander auf einem Bergrücken, an dessen Hängen Weinreben gedeihen. Vila Nova de Foz Côa, dessen Geschichte sich bis ins Mittelalter verfolgen lässt, liegt mitten in der Weinbauregion Alto Douro. Die Pfarrkirche geht auf einen Bau aus dem 13. Jahrhundert zurück, als der Ort erstmals Stadtrechte erhielt. Im 16. Jahrhundert wurde sie allerdings im manuelinischen Stil mit einem reich verzierten Eingangsportal erneuert und später mit einer barocken Inneneinrichtung aus vergoldeten Holzschnitzereien und einem bemalten Tonnengewölbe versehen. Westlich von Vila Nova de Foz Côa führen Holzplankenstege zu den Ruinen des mittelalterlichen Castelo Velho de Freixo de Numão, das auf einer Berg-

PARQUE DE CAMPISMO VILA REAL

Hohe Bäume werfen Schatten auf den für Wohnmobile geeigneten oberen Teil des Platzes. Die Terrassen weiter unten sind für Zelte bestimmt. Ruhige Lage trotz der Nähe zur Stadt, für ein bis zwei Übernachtungen gut geeignet. Jenseits des Rio Corgo liegt ein öffentliches Schwimmbad. Geöffnet Februar bis Mitte Dezember.

Rua Dr. Manuel Cardona, 5000-558 Vila Real
www.campingvilareal.com
GPS 41.303603, -7.736799

NATURWATERPARK

Einem Wasser- und Abenteuerpark angeschlossene Campinganlage mit vielen Hütten und freier Fläche für durchreisende Camper. Keine Reservierung, die Platzvergabe erfolgt in der Reihenfolge der Anreise. Mit Restaurant, Snackbar, Grillplatz und Spielzimmer. Hunde nur eingeschränkt erlaubt. Ganzjährig geöffnet.

Quinta do Barroco, 5000-037 Vila Real, www.naturwaterpark.pt
GPS 41.256371, -7.651925

Oben: Blick in die Pfarrkirche von Vila Nova de Foz Côa.

Rechts: Der Parque Arqueológico do Vale do Côa bewahrt bis zu 25 000 Jahre alte Felszeichnungen.

Quinta do Bomfim

Das noch recht junge Weingut gehört zum Betrieb der Symington Family Estates. Angeboten werden Führungen durch ein mehr als 120 Jahre altes Anbaugebiet, Picknick-Ausflüge und Verkostungen. Auszeichnungen erhalten regelmäßig die Portweine, von denen vor allem die aus dem Jahr 2014 herausragen.

5085-060 Pinhão, Alijo
www.symington.com

kuppe in exponierter Lage die Landschaft beherrschte. Die schmale Straße zur Burg hinauf ist für Wohnmobile eher kritisch, am besten nimmt man ab Freixo de Numão das E-Bike.

08 São João de Pesqueira

Dolmen, Wallburgen und Felsmalereien in der Umgebung zeugen von der Frühzeit dieses Ortes im Herzen der Douro-Region. König Alfons III. von Asturien ließ ihn im 9. Jahrhundert neu besiedeln; die ersten portugiesischen Stadtrechte erhielt er im Jahr 1198. Heute steht der historische Kern von São João de Pesqueira mit seinem Hospital und dessen einschiffiger Kirche aus dem 16. Jahrhundert komplett unter Denkmalschutz. Im Kreisgebiet liegen mehr als siebzig historische Weinquintas; damit entfällt auf São João de Pesqueira der höchste Flächenanteil des UNESCO-Welterbe-Areals Alto Douro. Sehenswert ist im Ort auch ein modernes kleines Weinmuseum.

HERBSTTIPP: Wer im Oktober kommt, findet immer irgendwo ein kleines Hoffest oder eine Veranstaltung rund um den Wein.

09 Pinhão

Bekannt ist der im Jahr 1134 erstmals erwähnte Ort im Zentrum der Cima-Corgo-Region u. a. für seinen mit zahlreichen Azulejos-Bildern (blaue, schön bemalte glasierte Keramikfliesen) ausgekleideten Bahnhof der Linha-do-Douro-Eisenbahnstrecke. Viele der schönsten Quintas des Douro liegen in seiner Umgebung. Die Trauben, die in dieser Zone im Zentrum des Portwein-Anbaugebietes wachsen, sind von hoher Qualität und werden für die Produktion von edlen Vintage und Late Bottled Vintage Ports verwendet.

10 Tabuaço

Klöster wie jenes des São Pedro das Águias südlich des Ortes erinnern an die Zeit der Zisterziensermönche, die auch die ersten Weinberge um Tabuaço anlegten. Das Museu do Imaginário Duriense (MIDU) im historischen Zentrum ist das erste einer ganzen Reihe von geplanten Museen rund um die Geschichte, Traditionen und Mythen der Region des Douro.

PARQUE AC GRANJA APIBERICOS

Sehr individuelle Übernachtungsmöglichkeit auf dem Bauernhof eines Imkerpaares mit Gelegenheit, Honig und andere Naturprodukte zu erstehen. Man muss rückwärts hineinmanövrieren, für Fahrzeuge bis etwa 8 Meter Länge geeignet. Strom gegen Gebühr, Standplatz und Wasser gratis. Am besten vorher kontaktieren. Ganzjährig.

Rua de São Brás, 5060-402 Delgada, apibericos@gmail.com
GPS 41.301300, -7.594150

PARQUE DE CAMPISMO VILA FLOR

Mit lichtem Baumschatten und festem Erdboden, an einem kleinen Stausee. Ver- und Entsorgung für Wohnmobile. Bis zu 10 Meter lange Fahrzeuge finden Platz. Nebenan ein Freibad (gratis für Campeure) und ein Terrassenrestaurant. Viele einheimische Familien verbringen hier ihre Ferien und Wochenenden. Ganzjährig.

Rua Nova 3, 5360-303 Vila Flor
GPS 41.293879, -7.171277

PARQUE AC VILA NOVA DE FOZ CÔA

Man parkt auf einem alleeartig begrünten Randstreifen mit weitem Blick in die Landschaft. Überall stehen Picknicktische und Mülleimer. Ein WC ist vorhanden, ebenso Wasserversorgung und Entsorgung möglich. Alles gratis. Kleine Altstadt mit Restaurants und Cafés in Fußgängerentfernung. Ganzjährig.

Rua Engenheiro Eugénio Nobre 54
5150-587 Vila Nova de Foz Côa
GPS 41.081199, -7.147447

Oben und unten rechts: Über 20 große Azulejos (Keramikfliesen) mit Szenen rund um den Weinbau am Douro dekorieren den Bahnhof von Pinhão.

Unten links: Kachelgeschmückte Fassaden wie hier in São João de Pesqueira sind typisch für öffentliche Gebäude oder Kirchen.

PANORAMA
DO PINHÃO

VINDIMADEIRA

11 Armamar

Obwohl Weinbau und Olivenöl hier eine wichtige Rolle spielen, gilt der auf einem Castro aus vorrömischer Zeit entstandene mittelalterliche Ort als Portugals Hauptstadt des Bergapfels (»Capital da Maçã de Montanha«). Sein denkmalgeschützter historischer Kern birgt u. a. die dreischiffige romanisch-gotische Hauptkirche Igreja de São Miguel (12. Jahrhundert).

HERBSTTIPP: Anfang September gibt es ein großes Apfelfest. Mit Tänzen, Musik und natürlich Rezepten wie frittierter Apfel oder Apfelschnaps wird der Bergapfel ordentlich gefeiert.

12 Lamego

Im Jahr 570 erstmals als Bischofsitz erwähnt, wurde der Ort auf den südlichen Douro-Hängen wohl schon von den Kelten besiedelt und existierte auch zur Römerzeit. Zu seinem breitgefächerten architektonischen Erbe zählt u. a. die nahe einer maurischen Nekropole erbaute Kirche Santa Maria Almacave, in der 1143 die Ständeversammlung feierlich Afonso Henriques als den ersten König von Portugal bestätigte. Im 15. Jahrhun-

PARQUE DA MATA DO CABO

Ein preisgünstiger, recht ungewöhnlicher Campingplatz innerhalb eines städtischen Sportparks: Außenpool (im Übernachtungspreis inbegriffen), Minigolf, Tennis (jeweils gegen geringe Gebühr), Fußballfeld, Café. Nur wenige Stellplätze für Wohnmobile. Das kleine Ortszentrum liegt gleich nebenan. Ganzjährig.

Rua General Ramalho Eanes 2, 5130-351 São João da Pesqueira, www.sjpesqueira.pt
GPS 41.146509, -7.401983

PARQUE AC GOUVÃES DO DOURO

Von Wohnmobilen genutzter Parkstreifen am Ufer des Douro, unmittelbar bei den Anlegern für Flusskreuzfahrtschiffe, ansonsten aber idyllisch. Platz für etwa acht Fahrzeuge, keine weiteren Einrichtungen. Das Ortszentrum ist bequem über eine Fußgängerbrücke zu erreichen. Restaurant in der Nähe. Ganzjährig.

Estrada M 590, 5085-243 Pinhão
GPS 41.187882, -7.550321

CAMPING LAMEGO

Inmitten von Weinbergen mit Blick zur Stadt, dorthin 10 Minuten über Treppenstufen. Kleine, engagiert geführte Anlage mit Platz für etwa 12 Wohnmobile. Die Besitzer schenken den eigenen Wein im Restaurant aus. Brötchenservice, großzügiger Sanitärbereich. Steile Anfahrt, aber machbar. Ganzjährig.

Lugar da Raposeira, 5101-909 Lamego
GPS 41.090183, -7.822060

Links oben: Auch Tabuaço gehört zum geschützten Weinanbaugebiet Alto Douro.

Links: Die dreischiffige romanisch-gotische Igreja de São Miguel steht wie der Ortskern von Armamar unter Denkmalschutz.

Rechts: Die alte Bischofsstadt Lamego mit ihrer stattlichen Kathedrale.

Von der mittelalterlichen Burg über der Stadt Lamego blieb noch der Bergfried erhalten.

ROUTE 16

dert profitierte Lamego besonders von seiner Lage an den wichtigsten Handelswegen des Landes; im 16. Jahrhundert begann unter Bischof Manuel de Noronha eine rege Bautätigkeit. Aus dieser Zeit stammen die ersten Umbauten der ursprünglich gotischen Kathedrale, vor allem aber das jedes Jahr im September als Pilgerziel vielbesuchte Santuário de Nossa Senhora dos Remédios. Eine mehr als 600-stufige Doppeltreppe führt von der Hauptstraße zu der Wallfahrtsstätte hinauf. Von der Burg über der Stadt ist noch der Bergfried (13. Jahrhundert) erhalten; der einstige Bischofspalast birgt ein Museum. Im 17./18. Jahrhundert errichteten im aufstrebenden Weinbau tätige Familien noble Herrenhäuser in und um Lamego; in dieser Zeit entstand auch das Hospital da Misericórdia, dessen Originalfassade inzwischen das 1929 eröffnete Theater ziert. Lamego ist nicht nur für seinen Wein, sondern auch für seine Küche bekannt, typische Gerichte sind gebratenes Zicklein oder Forellen.

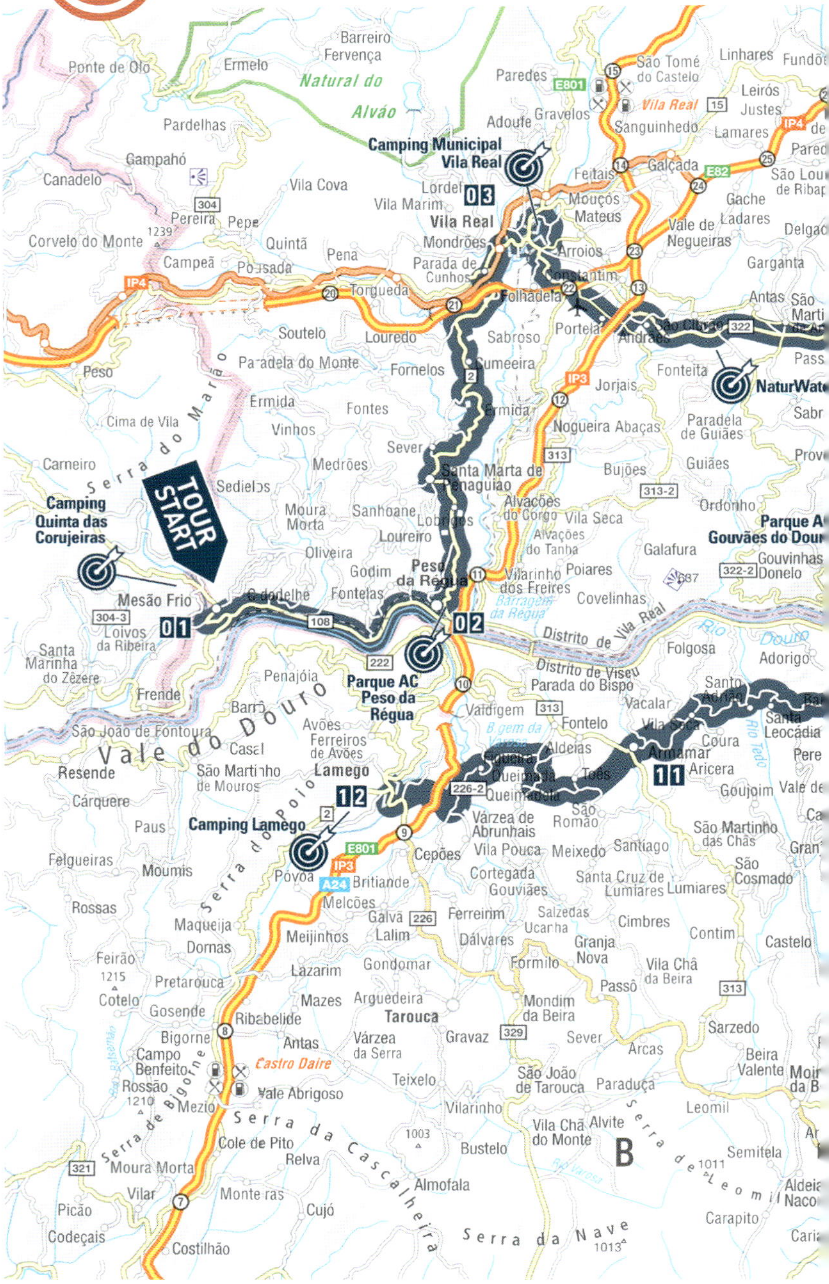

AUSFLUGSZIELE

Quinta da Pacheca

Das Weingut zählt zu den wichtigsten in der Douro-Region, seine Geschichte reicht bis ins 16. Jahrhundert zurück. Hier hat man sich auf die Produktion hochwertiger Douro-DOC- und Portweine spezialisiert. Besucher erfahren bei Führungen viel über die Herstellung der Weine, sie können an Verkostungen teilnehmen, hausgemachtes Olivenöl probieren oder einen Koch-Workshop buchen. Zur Quinta gehören auch ein Restaurant und ein Hotel.

Rua do Relógio do Sol, 261 Cambres
5100-424 Lamego
www.quintadapacheca.com

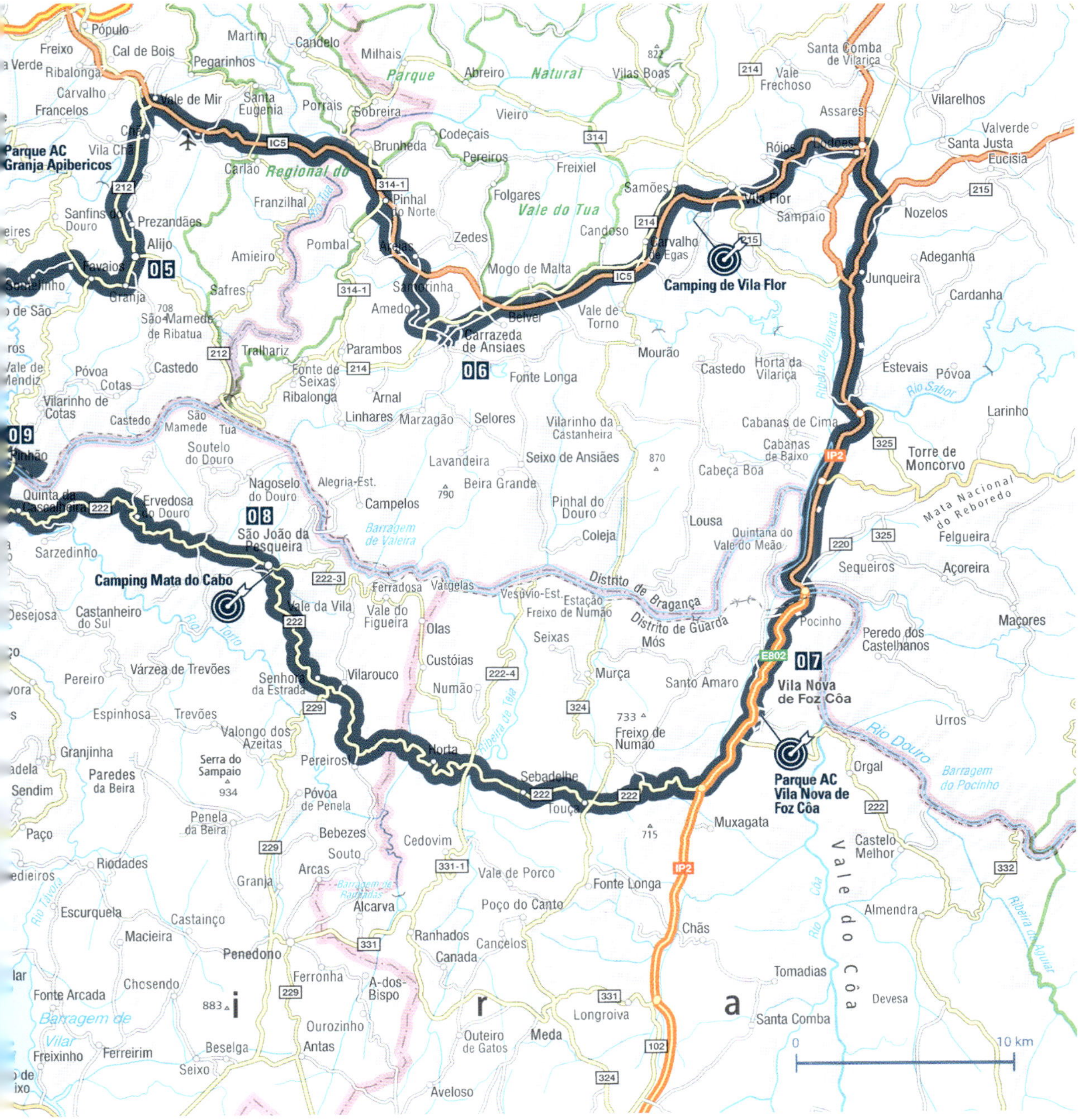

ROUTE 17

VOM PUSTERTAL NACH BRIXEN

Die Tour durch die Dolomiten überzeugt selbst eingefleischte Strandfans davon, dass sich Urlaub in den Bergen lohnt. Wohnmobilisten sollten den Herbst ausprobieren, denn dann entfaltet die Landschaft ihren ganzen Reiz. Die Tour geht schon kurz vor Brixen los. Wer die Autobahn verlässt, findet sich schnell und unvermittelt in dörflicher Idylle wieder. Bauernhöfe mit kleinen Läden oder Wirtschaften werben um Besucher. In Südtirol beginnt die fünfte Jahreszeit: Törggelen. Sind alle Trauben geerntet, gibt es von Anfang Oktober bis Ende November in den Hofschänken allerlei Köstlichkeiten. Gebratene Kastanien und junger Wein sind dabei fester Bestandteil. Eine Fahrtunterbrechung lohnt sich! Auf dem weiteren Weg geht es immer wieder entlang schroffer Gipfel. Besonders schön sind die Berge bei Sonnenuntergang, wenn das Alpenglühen Anwesende mit Rottönen verwöhnt. Die Kultur zwischen Österreich und Italien wird hier deutlich, doch es gibt auch Einblicke in die Welt der Reichen und Schönen, besonders in Cortina d'Ampezzo. Dort beginnt leider schon fast wieder der Rückweg zum Startpunkt der Route nach Mühlbach.

WARUM IM HERBST?

Nirgendwo ist das Einstimmen auf den Winter schöner: Im Tal kann es oft noch sommerlich sein, während auf den Gipfeln schon der erste Schnee fällt, das ist immer ein besonderer Moment. Zudem ist Herbstzeit Genusszeit, vor allem in Südtirol wird die Kastanienzeit ausgiebig gefeiert.

Mit dem Wohnmobil im Herbst in die Dolomiten – die Bergwelt ist ein Traum, das Essen ein Genuss und auf Camper warten Logenplätze inmitten des Farbspektakels.

Der schönste Gipfel

Schroff und schön, wie von der Natur geschaffene Skulpturen, ragen die Gipfel der Dolomiten aus der Landschaft auf. Wenn der erste Neuschnee die Gipfel bepudert, aber die Täler noch in Herbstlaune sind, liegt ein besonderer Zauber über der Region.

Oben: Idyllische Bergdörfer verteilen sich um Bruneck, hier mit Blick auf die schneebedeckte Rieserfernergruppe.
Mitte: Das Schloss Welsberg und seine Aussicht sind einen Besuch wert.

ROUTE 17

Streckenlänge: ca. 180 km
Zeitbedarf: ca. 3–5 Tage
Routenverlauf (Hauptorte): Mühlbach, Bruneck, Toblach, Cortina d'Ampezzo, Abtei (Badia), Brixen

Charakteristik: Grundsätzlich sehr gut ausgebaute Straßen. Allerdings könnten in den Bergen an engen Passagen sehr große Mobile vor Problemen stehen. Die Tour bietet neben attraktiven Bergorten auch urbanes Stadtleben in Brixen.

Informationen:
www.dolomiti.org

Hier geht's zum GPS-Track

01 Mühlbach

Am Übergang des Eisacktals in das Pustertal breitet sich Mühlbach in einer Senke zwischen den steilen, bewaldeten Hügeln aus. Zu Füßen des beschaulichen Ortes liegt wie ein blaues Juwel der Mühlbacher Stausee, mit dem die faschistischen Besatzer 1940 den Fluss Rienz stauten, um Energie zu gewinnen. Bis heute erzeugt ein Wasserkraftwerk im Ort Strom. Die Mühlbacher Klause, einst Festung und Zollstation, ist heute nur noch als Ruine erhalten, beeindruckt aber noch immer. Beherrscht wird der Ort vom mittelalterlichen Ansitz Freyenthurn, der sich über dem von einer Granitbrücke überspannten Valler Bach erhebt.

02 Vintl

Genießer werden dort wahrscheinlich zuerst einkehren: Die Feinkäserei Capriz ist spezialisiert auf Ziegen- und Weichkäse. Sie zählt zu den touristischen Höhepunkten des kleinen Südtiroler Ortes und erinnert an eine Zeit, in der das Käsen und die Milchwirtschaft noch selbstverständlich waren. Im Herbst steht alles im Zeichen des Genusses, mit etwas Glück sind dann schon neue Käse gereift. Bis heute ist Vintl mit seinen umliegenden Gemeinden bäuerlich geprägt, doch die intensive Arbeit auf den steilen Hängen möchte heute niemand mehr leisten. So verdienen sich viele Höfe ein Zubrot mit Café- oder Übernachtungsbetrieb. Manche bieten Schnitz- oder andere typische Handwerkskurse an. Wer in diesem Ort urlaubt, den zieht es vor allem zum Wandern in die Natur – auf Strecken, die an Seeufern entlangführen und durch dichte Wälder. Etwas außerhalb des Ortes befindet sich zudem die Lodenwelt, in der ein Museum an die Tradition der Wollverarbeitung erinnert, natürlich mit umfassenden Shoppingmöglichkeiten – perfekt, um sich für den bevorstehenden Winter noch einmal passend einzukleiden.

03 Bruneck

Selten sind Orte so von einem einzigen Berg geprägt wie Bruneck, Reischach und Olang. Es ist der Kronplatz, auf dem sich eines der Topskigebiete der Alpen befindet und der

In Bruneck im Pustertal trifft mondänes Flair auf urtypisches Südtirol. Die Chiesa di Santa Maria Assunta erhebt sich über die Ortschaft.

dem mittelalterlichen Städtchen und den Dörfern rundherum mit seinen Pisten und Skiliften eine hochmoderne Note verleiht. Im Sommer ist es ruhiger. Dann ist Bruneck (815 Meter) die einzige Stadt Südtirols, wo man die Dolomiten im Süden spürt und den vergletscherten Alpenhauptkamm im Norden sieht. Im Herbst sind die weißen Spitzen umso schöner, wenn dort der erste Neuschnee fällt. Trotz ländlicher Umgebung, im Freilichtmuseum von Dietenheim hervorragend erläutert, verbreitet die Stadtgasse mit Stadttoren und Fresken urbanes Flair. Ein Uni-Ableger, die Museen und natürlich das kulturelle Erbe tragen dazu bei: Von hier stammt Michael Pacher, ein großer Maler des 15. Jahrhunderts.

04 Olanger Stausee

Zwischen Oberolang und Welsberg lohnt ein Halt, denn dort zieht der Stausee Besucher in den Bann. Das spiegelglatte Wasser mit seiner oftmals herrlich grünen Farbe ist ein Naturschauspiel für sich. Auch wenn der Mensch etwas nachgeholfen hat, denn der Stausee wurde in den 1950er-Jahren errichtet, um die Stromerzeugung der Region sicherzustellen. Ein Wanderweg führt um das Gewässer herum, aber auch die Orte am See lohnen einen Besuch.

HERBSTTIPP: Besonders schön ist der See an Herbstmorgen, an denen der Frühnebel vom Wasser aufsteigt. Am besten mit einer Tasse Kaffee direkt vom Van aus genießen.

Mountainbiker freuen sich über Downhillstrecken und Trekking-Fans über die vielen Wanderwege, die den Ort über ein dichtes Netz an Wegen in die Region einbinden. Durchreisende aber suchen sich ein schönes Plätzchen und genießen den Tag mit Blick auf den Stausee. Einfach nur aufs Wasser schauen und nichts tun, auch das gehört zum Feeling, mit dem Camper unterwegs zu sein.

05 Welsberg

Ach, Südtirol, deine Burgen und Schlösser! Wer nur der Natur oder des Wanderns wegen in diese Region kommt, die weder österreichisch noch italienisch ist, der verpasst etwas. Südtirol wartet mit spannenden alten Bauten auf – wie etwa Schloss Welsberg, das mitunter auch Welsperg geschrieben wird. Es stammt aus dem 12. Jahrhundert und thront auf einem Felsvorsprung am Eingang

NATURCAMPING LÄRCHWIESE

Großflächige Stellplätze, mitten in den Bergen wohnen und dem durch das Gelände rauschenden Bach lauschen – dieser Campingplatz ist ein wahrer Traum. Die Sanitäranlagen sind modern, Wintercamper schlafen in direkter Nähe zur Piste. Ganzjährig geöffnet.

Jochtalstraße 5a, 39037 Mühlbach
www.camping-laerchwiese.com, GPS 46.84987, 11.62011

AUSFLUGSZIELE

Naturpark Drei Zinnen

Der nordöstliche Teil der Dolomiten steht als Naturpark Drei Zinnen unter Schutz. Die Drei Zinnen an der südlichen Park- und gleichzeitig Provinzgrenze gelten als Symbol des Parks und der Dolomiten insgesamt. Ein enges Netz von Routen aller Schwierigkeitsgrade und Schutzhütten erschließen das Gebiet. Eingebettet in die Sextener Dolomiten, besticht das Landschaftsbild durch schroffe Zacken, Türme und Felsnadeln. Von der Südtiroler Seite aus bildet Toblach das Tor zu den berühmten Dolomiten, von denen Teile seit 2009 zum UNESCO-Weltnaturerbe gehören. Bereits Mitte des 19. Jahrhunderts, nach dem Bau der Eisenbahn, wurde das Hochpustertal zum beliebten Urlaubsziel. Es entstanden Hotels, darunter das Grand Hotel Toblach, in dem heute das Naturparkhaus und die Parkverwaltung untergebracht sind.

des Gsieser Tals. Aus dem Gemäuer ragt ein schlanker, hoher Bergfried auf, Tore und zinnenbewehrte Mauern schützen das Gelände. Schon der Schlossweg Welsberg, der zum Gemäuer führt, ist eine Attraktion mit seinen herrlichen Ausblicken. Ein Panorama, das schon Hugo von Hofmannsthal und Arthur Schnitzler schätzten, die dort ihren Urlaub verbrachten. Der barocke Maler Paul Troger hat ebenfalls Spuren in seinem Geburtsort hinterlassen, in der Pfarrkirche St. Margareth sind seine Gemälde zu besichtigen. Im Spätherbst und Winter lockt der Ort mit seinen herrlichen Langlaufloipen und ist für Wintercamper attraktiv.

06 Toblach

Wenn Logik bei Friedensschlüssen nach Kriegen das Sagen hätte, wäre Toblach heute Grenzort zu Österreich. Denn am 1250 Meter hohen Toblacher Feld verläuft die Wasserscheide zwischen Etsch und Donau, weshalb Südtirol östlich von Toblach eigentlich zu Osttirol gehört. Am unscheinbaren Übergang beginnt das wildromantische Höhlensteintal mit Toblacher See und Dürrensee und herrlichen Blicken auf die markanten Drei Zinnen und den Monte Cristallo. Durch das Tal führte einst der Handelsweg Strada d'Alemagna, der die damaligen Wirtschaftszentren Venedig und Augsburg verband. Regelmäßiger Gast war Gustav Mahler. Er wanderte gern ins benachbarte Innichen zur dreischiffigen Stiftskirche, einem der bedeutendsten romanischen Sakralbauten im Ostalpenraum.

Links oben: Der Toblacher See liegt auf 1259 Metern im Naturpark Fanes-Sennes-Prags. Mit seiner vielfältigen Ufervegetation ist er ein idealer Rast- und Nistplatz für viele Arten von Wasservögeln.

Links: Die Fußgängerzone im Zentrum Cortinas lädt zum Bummeln ein.

07 Cortina d'Ampezzo

Es pocht das Herz der Dolomiten in der Talsenke von Cortina d'Ampezzo. Nirgend anders schlägt es schöner als zwischen den perfekt geformten Massiven von Monte Cristallo, Antelao, Cime di Lago und Tofane. Und es schlägt für Südtirol. Per Volksabstimmung sprach sich die Bevölkerung 2007 für den Anschluss an Südtirol aus, doch die italienische Regierung mochte dem bislang nicht nachgeben. Skisportler und Bergwanderer aus aller Welt kennen den Bergort inmitten der drei Dolomiten-Gruppen Marmarole, Cristallo und Tofane mit

CAMPING CHALET CORONES

Dieser Platz ist ein kleines Dorf jenseits des Dorfes, in dem sich auch Holzchalets buchen lassen. Die Sanitäranlagen sind modern, die Stellplätze zweckmäßig. Bis Ende Oktober geöffnet.

Via Gepaiden, 13, 39030 Rasun Anterselva
www.corones.com, GPS 46.77548, 12.03715

CAMPING TOBLACHER SEE

Die schroffen Hänge der Dolomiten spiegeln sich im glasklaren Wasser – dieser Campingplatz liegt wunderschön am Toblacher See. Die Plätze bieten teilweise Schatten, manche mit Seeblick, der am schönsten ist, wenn sich der Morgennebel gerade vom Wasser löst. Bis Ende Oktober geöffnet.

Toblacher See 3, 39034 Toblach, www.toblachersee.com
GPS 46.70641, 12.21843

CAMPING CORTINA

Klassischer Campingplatz mit vielen Lärchenbäumen und schönem Blick auf die berühmten Dolomitenzinnen. Der Platz liegt südlich des Zentrums und bietet schöne Natur, ganz in der Nähe gibt es noch zwei weitere Campingplätze.

Via Campo, 2, 32043 Cortina d'Ampezzo, GPS 46.5202, 12.1353

INTERNATIONAL CAMPING OLYMPIA

Unter schattigen Nadelbäumen campieren, den grünblauen Bach vorbeirauschen hören und auf die schönsten Gipfel der Dolomiten blicken. Das alles vereint dieser Campingplatz kurz vor Cortina d'Ampezzo, der ein idealer Ausgangspunkt für Wanderungen ist. Die Lage ist einmalig.

Località Fiames, 1, 32043 Cortina d'Ampezzo,
www.campingolympiacortina.it, GPS 46.56936, 12.11569

CAMPING AL PLAN

Wunderschön eingebettet zwischen Tannen und Bergwiesen liegt dieser Campingplatz. Der Panoramablick auf die Dolomiten ist fantastisch, die Lage ruhig, angrenzende Wiesen und Wanderwege bieten vielfältige Möglichkeiten, sich zu entfalten. Bis Ende September geöffnet.

Strada Catarina Lanz, 63, 39030 S. Vigilio,
www.campingalplan.com, GPS 46.69493, 11.93803

Der Brixner Dom ist das Wahrzeichen der Bischofsstadt und einer der bedeutendesten Sakralbauten entlang des Alpenbogens.

ihren über 3000 Meter hohen Gipfeln, weiter nördlich beeindrucken die Sextener Dolomiten. Die Olympischen Winterspiele 1956 machten Cortina noch berühmter. Die Dorfkirche überragt die Sporthotels dennoch mit ihrem 71 Meter hohen Turm.

HERBSTTIPP: Bereits im Oktober kann es in Höhenlagen zu Schnee kommen. 27 Lifte und 120 Kilometer Piste garantieren eine herrliche Kombi von Camping und Wintersport.

08 Abtei (Badia)

Wohin soll man hier bloß zuerst schauen? Heiligkreuzkofel, Piz Lavarella und Lagazuoi zeigen mit ihren dramatischen Spitzen die Dolomiten von ihrer schönsten Seite und durchstechen teilweise die 3000er-Marke. Abtei, das im italienischen Badia heißt, bietet unvergleichbar herrliche Naturerlebnisse. Dazu tragen auch die beiden Naturparks Fanes-Sennes-Prags und Puez-Geisler bei, die mit einem dichten Netz an Wanderwegen gut erschlossen sind. Vor allem im Herbst laden die Wege zu schönen Touren ein, dann ist es nicht zu heiß und noch nicht zu kühl. Wer sich den Berg nicht hochmühen möchte, kann vielerorts mit der Seilbahn hinaufschweben. Spirituell Interessierte pilgern zum Geburtshaus des 2003 heiliggesprochenen Josef Freinademetz, eines Chinamissionars. Die Heilig-Kreuz-Kirche ist ein berühmter Wallfahrtsort, der schön vor der Bergkulisse gelegen ist. Auch in der Lourdeskapelle in Stern kann man sich gut sammeln und Abstand zu weltlichen Themen gewinnen.

09 Sankt Martin in Thurn

Ladinisch ist die Sprache, die der Camper nun vielfach hören wird. Diese Unterart der romanischen Sprachen wird in dieser Gegend oft gesprochen. So sind die Schilder auch dreisprachig ausgezeichnet, selbst im kleinen Ort Sankt Martin in Thurn. Das Museum Ciastel de Tor ist Pflichtprogramm für alle, die den Zusammenhang zwischen Sprache, Landschaft und Lebensform der Menschen vor Ort besser verstehen möchten. Doch am schönsten ist die Natur. Wer im Ort ist, sollte eine Tour gen Peitlerkofel unternehmen. Die sanft geschwungenen Almwiesen und der erhabene Tafelberg sind wunderschön. Unbedingt in das Programm gehört auch der Spaziergang zu den »Viles«, den alten Berghütten, die zu den ursprünglichsten Siedlungsarten Südtirols zählen. Ein Rundwanderweg führt an mehreren der historischen Hütten vorbei.

10 Würzjoch

Wer hier hinauf will, muss kurbeln – das ist wohl das Motto dieser Landschaft, in der es nie ohne Kurven oder gar Serpentinen geht. Das Würzjoch ist das beste Beispiel für einen der vielen Pässe, die durch die Alpen führen. Während Motorradfahrer sich auf die Tour von Brixen aus freuen, wählen Wohnmobilisten eher die Passage vom Villnösstal aus, sie ist einfacher zu bewältigen. Verglichen mit anderen Pässen ist dieser relativ unspektakulär zu befahren, doch die Aussicht lohnt die Mühe auf jeden Fall. Allzu romantisch ist es

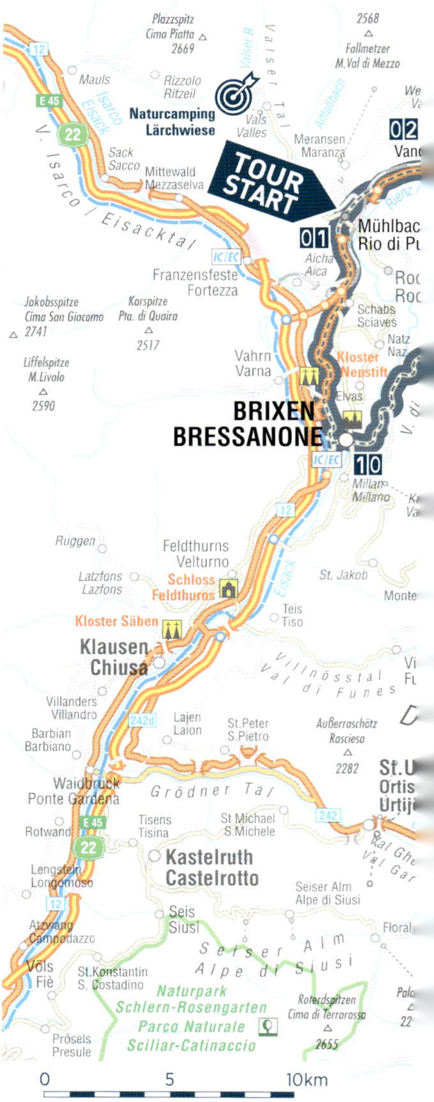

oben aber nicht, das Würzjoch ist touristisch voll erschlossen.

11 Brixen

Brixen ist ein Geschenk. Für den Reisenden, der sich in der ältesten Stadt Südtirols mit ihren verwinkelten Altstadtgassen und den niedrigen Laubengängen schnell wohlfühlen wird, aber auch im historischen Sinn: als Schenkung des königlichen Gutshofes Prichsna samt angrenzender Ländereien an den Bischof von Säben. Diese wird auf das Jahr 901 datiert und markiert die Urzelle des noch im 10. Jahrhundert zum Bischofssitz ausgebauten Brixen im heutigen, zum großen Teil denkmalgeschützten Stadtteil Stufels. Bis 1964 blieb Brixen Bischofssitz. Als Außensitz der Universität Bozen ist es seit 2001 Universitätsstadt. Die Theologische Hochschule, gegründet 1607 als Priesterseminar, ist als älteste universitäre Einrichtung des historischen Tirol älter als die Universität Innsbruck. Außer auf Bildung und Religion konnten die Brixner wegen der verkehrstechnisch günstigen Lage der Stadt am Eingang des Pustertals immer schon auf ihren regen Handel verweisen. Der Legende nach soll schon Hannibal mit seinen Elefanten hier haltgemacht haben. Bei einem gemütlichen Bummel durch die Altstadtgassen sollte man unbedingt auch in Traditionsgaststätten wie den »Finsterwirt« einkehren, in dem einst nur bis Einbruch der Dunkelheit ausgeschenkt werden durfte – weshalb man danach heimlich im Finstern weiterzechte.

HERBSTTIPP: Im Zentrum startet der Weinbergweg; es lohnt sich in einer der Buschenschänken einzukehren. Im Kloster Neustift lassen sich Weine aus zuvor durchwanderten Weinbergen genießen.

ROUTE 17

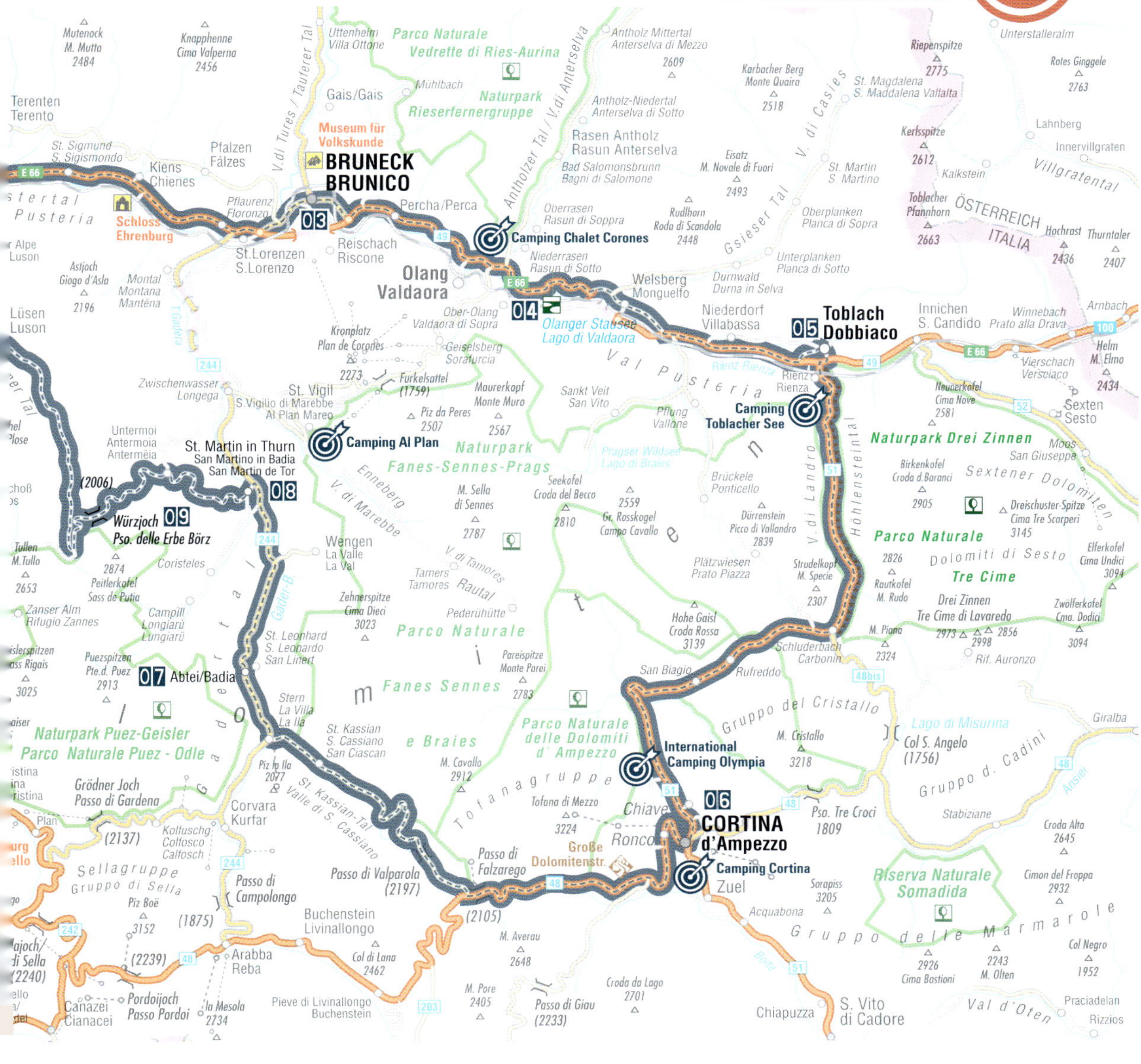

ROUTE 18

BÖHMERWALD

Der Böhmerwald ist ganz sicher kein traditionelles Ziel von Wohnmobilfahrern. Vielleicht liegt es daran, dass Tschechien vor allem von Prag-Touristen besucht wird, die durch das Land eilen, um schnell in die »Goldene Stadt« zu kommen. Ein großer Besuchermagnet sind auch die tschechischen Kurstädte wie Karlsbad oder Marienbad, die allerdings vor allem Gäste empfangen, die ein mondänes Hotel einem Wohnmobil vorziehen. Und so kommt es, dass man mit dem Böhmerwald tatsächlich noch auf eine Region im Herzen Europas trifft, in der Einsamkeit und viel Ursprünglichkeit vorherrschen – und das Ganze eingebettet in eine fantastische Natur. Unterbrochen wird das landschaftliche Kleinod durch zahlreiche hübsche kleine Städtchen. Viele von ihnen haben sich noch den Charme der Vergangenheit bewahrt. Český Krumlov hat eine fein herausgeputzte Altstadt, die Bilderbuchcharakter besitzt. Der pompöse Glanz von Marienbad ist dagegen schon ein wenig verblichen; ein Muss ist die Kurstadt trotzdem, denn das nostalgische Ambiente wirkt gerade aus diesem Grund sehr charmant. Da der Böhmerwald übrigens von zahlreichen Anstiegen geprägt ist, könnte für Wohnmobilisten mit schwacher Motorisierung so mancher Abschnitt zu einer Herausforderung werden.

WARUM IM HERBST?

Der goldene Oktober ist die beste Jahreszeit für diese Tour, die dann durch ein buntes Farbspektakel führt. Wenn die Bäume ihr prächtiges Farbkleid anlegen, bevor sie ihre Blätter abwerfen, ist die Strecke außerordentlich schön.

Burg Karlsberg liegt auf 886 Höhenmetern und ist damit die höchstgelegene Burg Böhmens.

Genießertour durch Tschechien

Auf der einen Seite die farbenfrohen, herbstlichen Hügel des Böhmerwalds, auf der anderen Seite der Charme mondäner Kurorte mit kuscheligen Wellnessangeboten – eine kontrastreiche Reise durch Tschechien für Wohnmobilisten.

Der riesige Hauptplatz mit dem Rathaus ist das Zentrum der historischen Altstadt von Budweis. Von hier lässt sich der Ort bestens erkunden – darunter natürlich auch die berühmte Brauerei.

ROUTE 18

Streckenlänge: 550 km
Zeitbedarf: ca. 1 Woche
Routenverlauf (Hauptorte): Volary, České Budějovice, Hluboká nad Vltavou, Český Krumlov, Vyšší Brod, Horní Planá, Modrava, Srní, Sušice, Nepomuk, Plzeň, Mariánské Lázně, Loket, Karlovy Vary

Charakteristik: Im Falle von engen Sträßchen im Böhmerwald unbedingt darauf achten, ob Äste in die Straße ragen.

Informationen:
www.czechtourism.com/de
www.czech-tourist.de

Hier geht's zum GPS-Track

01 Volary (Wallern)

Volary ist der erste größere Ort, den man nach dem Passieren der deutsch-tschechischen Grenze erreicht. Die bewaldeten Gipfel des Böhmerwalds umgeben die Gemeinde, die mit prächtigen Gebäuden wie der frühbarocken, Ende des 17. Jahrhunderts errichteten Kirche St. Katharina aufwarten kann. Auffallend sind die Wallerer Holzhäuser, die im alpenländischen Stil gebaut worden sind und mit ihren dunklen Balken und Schindeln einen unerwarteten Anblick bieten. Dass sie unter Denkmalschutz stehen, unterstreicht ihre Besonderheit

02 České Budějovice (Budweis)

Seit mehr als 700 Jahren wird in Budweis Bier gebraut, wie man bei einer Führung durch die berühmte Brauerei erfährt. České Budějovice hat jedoch viel mehr zu bieten als nur Bier. Seinem Charme erliegt man, wenn die wenig schmucken Gebäude am Ortsrand passiert sind, man den Camper am Rande der Altstadt abstellt und České Budějovice, das im 13. Jahrhundert zur Stadt erhoben wurde und in der Folge eine schnelle Entwicklung nahm, zu Fuß erkundet. Prägnant sind die liebevoll restaurierten Laubenhäuser am großen Hauptplatz. Hier blickt man auf das hellblaue Rathaus mit seinen drei Türmen und erreicht dann den Schwarzen Turm, der den Großbrand im 17. Jahrhundert überstand und das höchste Gebäude der Stadt ist. Von seiner Spitze genießt man einen tollen Ausblick über die Stadt. Auch ein Spaziergang entlang der blauen Moldau ist gut genutzte Zeit, bevor es weitergeht.

HERBSTTIPP: Mitte Oktober finden in der Stadt die beliebten Pflaumenmärkte statt, dann gibt es nicht nur Früchte satt; sondern auch Pflaumenpfannkuchen oder Pflaumenlikör an den Ständen.

03 Hluboká nad Vltavou

Das nur ein paar Kilometer nördlich von České Budějovice gelegene Schloss Hluboká nad Vltavou gehört zu den bekanntesten Sehenswürdigkeiten der Region. Das Wohnmobil kann auf dem bewachten Parkplatz abgestellt werden, bevor es zu Fuß hinauf auf den Hügel oberhalb des Ortes geht. So häufig die Besitzer

An einer idyllischen Moldau-Schleife liegt die geschichtsträchtige Stadt Krumau. Wahrzeichen ist das Schloss aus dem 13. Jahrhundert.

wechselten, so oft veränderte das Gebäude seine Größe und sein Aussehen. Erst Mitte des 19. Jahrhunderts erhielt das Schloss seine heutige, märchenhafte Gestalt mit vielen Türmen und einer prachtvoll verzierten, weißen Fassade. Doch es ist nicht nur die »Verpackung«, die das Schloss Hluboká nad Vltavou zu einem Muss für Touristen macht. Die Innenräume stehen dem Äußeren in nichts nach und lassen erahnen, in welchem Wohlstand die einstigen Herrscher lebten.

04 Český Krumlov (Krumau)

Wenn eine Stadt auf der Liste des UNESCO-Welterbes gelistet wird, dann hat das schon etwas zu bedeuten. Český Krumlov – oder auf Deutsch Krumau genannt – zählt völlig zu Recht dazu. »Krumme Au« bedeutet dieser Städtename, weil die Moldau an dieser Stelle eine Schleife bildet, an die sich die Stadt schmiegt wie eine Katze an den warmen Ofen. Wahrzeichen ist das Schloss Krumau, die nach Prag zweitgrößte Burganlage Böhmens. Bei einer Besichtigung wird man durch die verschiedensten, prächtig gestalteten Räume geführt, kommt in Wenzels Keller und das Schlosstheater, eines der ältesten Barocktheater der Welt. Auch der Schlossgarten und das Freilichttheater mit seiner drehbaren Zuschauertribüne sind einen Besuch wert. Für einen gemütlichen Bummel durch die engen Gassen von Krumau sollte man sich Zeit nehmen, Details an den Fassaden der schmucken Häuser betrachten und in eines der vielen netten Cafés und Restaurants einkehren. Kunstfreunde sollten das »Egon Schiele Art Zentrum« nicht verpassen, das eine Ausstellung zu Leben und Werk des großen Künstlers präsentiert.

BUFET U KOTVY (BEI WALLERN)

Schöner, rustikaler Platz am Oberlauf der Tepla Vetava, der umgeben ist von Wald. Sogar ein Bach führt über das Gelände. Mit Supermarkt und Bootsverleih. Wer will, kann auch eine Hütte mieten.

Mlýnská 284, 384 51 Volary
taboristesoumarak.cz, GPS 48.90667, 13.82658

KEMP ČESKÉ VRBNÉ (BUDWEIS)

Ein Camp mitten im Grünen, das vor allem von Wildwasser-Fans angefahren wird. Aber auch für die anderen Camper bietet sich dank des angeschlossenen Slalom-Parcours ein tägliches Spektakel beim Kampf mit den Wellen. Verleih von Rädern, Booten, Bootsausrüstung und sogar Flößen. Bis November geöffnet.

České Vrbné 1995 370 11 České Budějovice
raftingcb.cz/kemp-ceske-vrbne/
GPS 49.01367, 14.45137

AUSFLUGSZIELE

Im Bierreich

Budweis und Pilsen sind zwei Orte, die in der langen Geschichte des Bieres eine wichtige Rolle spielen. Es ist egal, welcher der beiden großen Brauereien man auf der Reise durch das westliche Tschechien einen Besuch mit Verkostung abstattet und damit auch die Braukessel sowie die Abfüllanlagen gezeigt bekommt: Immer wird man erfahren, wie das jeweilige Bier hergestellt wird und was das Besondere an der Marke ist.

www.budejovickybudvar.cz
www.prazdrojvisit.cz
GPS Budweis 48.993362, 14.476116/
GPS Pilsen 49.746483, 13.386269

Paddeltour auf der Moldau

Auf der Moldau paddeln – das sollte jeder Tscheche einmal in seinem Leben gemacht haben, so heißt es. Wer in Český Krumlov am Flussufer steht, wird das nicht für eine Legende halten. Besondere Attraktion – für Paddler und Neugierige – ist die Rampe, die direkt am Zentrum eine Staustufe überwindet und über die jeder Paddler hinunterfahren muss. Paddelboote kann man an diversen Stationen in Flussnähe ausleihen. Mit ihnen kann man den Ort hinter sich lassen und die ruhigen Ecken der Moldau entdecken.

www.ckrumlov.info
GPS 48.810808, 14.315400

Den Schlingen der Moldau folgend gelangt man von hier nach Rožmberk nad Vltavou (Rosenberg). Das von manchen auch als »böhmisches Vorzeigedorf« bezeichnete hübsche Städtchen liegt direkt an der Moldau und wird von einer Burg beschützt, die einst den Herren von Rosenberg als Stammsitz diente.

05 Vyšší Brod (Hohenfurth)

Schon die Kelten wateten in der Gegend rund um Vyšší Brod durch die Moldau. An einer dieser Furten entstand Mitte des 13. Jahrhunderts eine Siedlung, von der aus der wichtige Handelsweg von Böhmen nach Oberösterreich bewacht wurde. In der gleichen Zeit fingen Mönche an, hier eine Abtei zu bauen – das Zisterzienserkloster Vyšší Brod, das nicht nur ein geistliches Zentrum war, sondern in dem auch wissenschaftlich gearbeitet wurde.

Auf der weiteren Fahrt lohnt sich ein Stopp in Frymburk nad Vltavou (Friedberg) am Ufer des Lipnostausees. In diesem idyllisch auf einer Halbinsel gelegenen Dorf kann man nicht nur die spätgotische Sankt-Bartholomäus-Kirche bewundern, sondern sich auch in den Cafés und Restaurants am hübschen Marktplatz stärken.

06 Horní Planá (Oberplan)

Horní Planá, seinem Heimatort, hat der österreichische Schriftsteller Adalbert Stifter in seiner Erzählung »Der Hochwald« (1842/1844) ein literarisches Denkmal gesetzt. In seinem Geburtshaus kann man heute eine kleine Ausstellung über Leben und Werk des Schriftstellers und Malers besuchen und sich auf einem Lehr-

pfad auf seine Spuren begeben. Von hier geht es weiter auf Erkundungstour in den Böhmerwald. Ein Muss ist der Halt etwas nördlich von Borová Lada. Über einen Pfad erreicht man von hier das Hochmoor »Königsfilz« und den darin still ruhenden größten Moorsee des Landes.

07 Modrava (Mader)

Wald, Wald und nochmals Wald: Die Gegend rund um Modrava war früher sehr einsam. Die Menschen verdingten sich als Holzfäller oder arbeiteten in den Sägewerken. Heute erkunden Touristen zu Fuß oder mit dem Mountainbike die Wälder. Besondere Attraktion ist der Nationalpark Šumava mit seiner großen Population an Auerhähnen, die aber nur die wenigsten Besucher zu sehen bekommen werden; schließlich ist die Kernzone des Parks für Besucher gesperrt.

HERBSTTIPP: Dieser Wald ist vor allem im goldenen Oktober eine fantastische Idee. Es bietet sich zum Beispiel der Moorkopf an.

08 Srní (Rehberg)

Die Gegend rund um Srní, dem nächsten größeren Ort auf der Route, wurde ursprünglich im 16. Jahrhundert durch Einwanderer aus der Pfalz und aus Bayern gegründet. Später hatten die Habsburger das Sagen, dann wurde die mittlerweile relativ dicht besiedelte Region dem Deutschen Reich zugeschlagen. Die deutschsprachigen Bewohner wurden – wie an vielen anderen Stellen im Grenzgebiet – nach dem Krieg vertrieben, andere zogen freiwillig weg. Militär riegelte später die Grü-

KEMP KRUMLOV

Großer, flacher Campingplatz mit Wiesenflächen und einem Bach. Zusätzlich werden kleine Holzhütten und Blockhäuser vermietet. Überwiegend auf Zelte ausgerichtet, gibt es aber auch einen Stellplatz für Wohnmobile. Tipp: Von hier sind preiswerte Schlauchboottouren buchbar.

U Trojice 107, Domoradice, 381 01 Český Krumlov
GPS 48.81948, 14.32764

KEMP HERBERTOV

Wie viele andere Campingplätze in Tschechien wirkt das Kemp Herbertov einfach und rustikal. Abends wird gegrillt, es gibt einen Aufenthaltsraum und einen Imbiss. Ideal für einen Zwischenaufenthalt oder wenn eine Bootstour auf der angrenzenden Moldau geplant ist. Bis Oktober geöffnet.

382 73 Vyšší Brod, kemprozmberk.cz/kemp-herbertov/
GPS 48.61811, 14.34441

Links unten: Die Sträßchen im Böhmerwald hat man die meiste Zeit fast für sich allein.

Unten: Viele Jahrhunderte lang geistiges und kulturelles Zentrum Südböhmens – das Zisterzienserkloster Vyšší Brod.

ne Grenze ab und verhinderte so die Flucht in den Westen. Zusätzlich wurde die Gegend zum militärischen Sperrgebiet erklärt und ganze Dörfer zerstört. Daraus ziehen die Gemeinden heute ihren Vorteil. Hier ist die Natur noch vergleichsweise intakt, was zahlreiche Outdoor-Enthusiasten und Naturfreunde anlockt.

09 Sušice (Schüttenhofen)

Die am Fluss Otava gelegene Stadt Sušice gilt als Tor zum Böhmerwald. Recht hübsch ist die Altstadt rund um den baumbestandenen Marktplatz, an dem im gotischen Stil gebaute Häuser stehen und wo auch das sehenswerte Böhmerwald-Museum seinen Platz hat. Darin wird auch die Geschichte der Streichholzherstellung der Region erklärt. Die »heißen Hölzer« mit dem roten Phosphor-Kopf wurden von hier aus in die ganze Welt exportiert. Nur ein paar Kilometer entfernt ragen die Türme der Burg Velhartice in den Himmel, die zu den reizvollsten Vertretern ihrer Art in der Region gehört.

10 Nepomuk (Pomuk)

Inmitten eines Mosaiks aus Feldern und Wäldern bietet sich der kleine Ort Nepomuk für einen nächsten Halt an. Zisterzienser waren es, die hier vor rund 800 Jahren ein Kloster bauten, von dem jedoch nur noch Ruinen erhalten sind. Immerhin ist die Ende des 13. Jahrhunderts im gotischen Stil gebaute Sankt-Jakobus-Kirche am Ortsrand zu besichtigen. Sie wetteifert mit der Kirche des Heiligen Johannes von Nepomuk und den weiteren, prächtig renovierten Gebäuden im Zentrum um die Gunst der Besucher. Für eine Stärkung vor der Weiterfahrt nach Plzeň bieten sich Cafés und Restaurants an.

11 Plzeň (Pilsen)

Wer Budweis besucht hat, sollte natürlich auch in Pilsen einen Stopp einlegen – am besten mit einer Übernachtung und einem abendlichen Kneipenbummel. Ein Besuch in der Brauerei ist, wie das bestens ausgestattete Besucherzentrum mitsamt professionellen Führungen zu den Braukesseln und den Abfüllanlagen zeigt, für die meisten Touristen ein Muss. Das Pilsener wurde hier zum ersten Mal Mitte des 19. Jahrhunderts gebraut. Damals kam der junge bayerische Braumeister Joseph Groll in die Stadt, um am nicht sonderlich guten Image des Bieres zu feilen und den Brauprozess zu verbessern. Und es gelang ihm: Das untergärige Pils ist heute in seinen verschiedenen Varianten mit seiner goldgelben Farbe, seinem relativ bitteren Geschmack und dem hopfigen Geruch in etlichen Teilen der Welt ein Begriff und gilt als eines der Lieblingsbiere der Deutschen. Die Stadt lohnt jedoch nicht nur wegen des Bieres einen Besuch. Die viertgrößte Stadt Tschechiens war von Anfang an auf Größe angelegt. Zu sehen ist dies immer noch am Hauptplatz, der mit seiner imposanten Größe von 139 mal 193 Metern im europäischen Vergleich einen vorderen Rang belegt. Vom Turm der Sankt-Bartholomäus-Kathedrale blickt man auf das im Renaissancestil gebaute Rathaus und weitere Teile der Altstadt mit ihren oft prächtig renovierten Häusern. Der alte Stadtkern lässt sich bestens zu Fuß erkunden, zum Ausruhen empfiehlt sich die Grünanlage, die das Zentrum umgibt. Mit einem typisch böhmischen Gericht am Abend, das von einem frischen Pils begleitet wird, endet der Aufenthalt anschließend ganz stilecht.

12 Mariánské Lázně (Marienbad)

»Unbegreiflich schön«, so bezeichnete der Schriftsteller Franz Kafka einst den Ort Mariánské Lázně. Wer nach der Fahrt durch den Böhmerwald hier einen Stopp einlegt, wird sich vorkommen wie in einer anderen Welt. Ungemein stilvolle Häuser gruppieren sich rund um die großzügige Parkanlage, die das Herz des altehrwürdigen Kurorts ist. Hier verbrachten Musiker, Maler und Schriftsteller im 19. Jahrhundert wochen-, teils monatelange Kuraufenthalte. Richard Wagner gehörte dazu, Johann Wolfgang von Goethe, Mark Twain oder Johann Strauß. Wissenschaftler wie Sigmund Freud reisten gern in den Ort, gekrönte Häupter sowieso. Marienbad war im 19. und 20. Jahrhundert der Ort, in dem man in der frischen und kühlen Luft die Sommermonate verbrachte, in luxuriösen Hotels residierte, in edlen Geschäften einkaufte und das eine oder

AUSFLUGSZIELE

Wandern und Biken im Böhmerwald

Mal einen Tag das Wohnmobil gegen das Mountain-Bike eintauschen oder einfach nur gemütlich wandern: So kann man die unbefahrbaren Ecken des Böhmerwalds mit seinen über 1300 Meter hohen Gipfeln am besten entdecken. Srní und Prášily sind gute Ausgangspunkte, um in das nahezu menschenleere Grenzgebiet vorzustoßen.
www.npsumava.cz/de/5862/9932/clanek/
GPS 49.055476, 13.779913

Baden in Marienbad

Die renommierten Kurorte sind ein wichtiger Bestandteil dieser Route durch den westlichen Teil Tschechiens. Besonders schön und auch für die Öffentlichkeit zugänglich sind die 1896 gebauten Römischen Bäder innerhalb des »Danubius Health Spa«-Komplexes.
HERBSTTIPP: Die Spas sind herrlich zum Aufwärmen an kühlen Oktobertagen.
www.czech-tourist.de/kurbaeder_marienbad.htm, GPS 49.978096, 12.703567

andere Wehwehchen mit dem Heilwasser kurierte. Denn das ist es, worauf die Bekanntheit des Ortes eigentlich beruht. Die Mineralquellen sprudelten jedoch bei der Entdeckung im 16. Jahrhundert noch aus einem sumpfigen Boden an die Oberfläche. Das änderte sich, als der Arzt Dr. Josef Johann hier 1808 ein Heilbad gründete, das wenige Jahre später ganz offiziell zum Kurort ernannt und nach und nach ausgebaut wurde. Der einstige, pompöse Glanz Marienbads ist heute ein wenig verblichen. Denn nach Ende des Zweiten Weltkriegs und der Teilung Europas blieben die Gäste weitgehend aus, der Ort geriet in Vergessenheit. Das hat sich in den vergangenen Jahren geändert, Mariánské Lázně zieht die Gäste wieder an. Heute wandeln diese in den beeindruckenden Kolonnaden oder entspannen sich im großzügigen Badehaus. Abrupt ver-

Unten: Ein berühmtes Bier und einer der größten Plätze Europas – Plzeň ist unbedingt einen Besuch wert.

Ganz unten: Die singende Fontäne zählt zu den größten Attraktionen von Marienbad. Ob Mozarts »Kleine Nachtmusik« oder der Gefangenenchor aus »Nabucco« – das musikalische Spektrum, das hier gespielt wird, ist groß.

ändert sich die Kulisse auf der Weiterfahrt in Richtung Norden. Dafür bietet sich die Straße durch den Slavkovský les (Kaiserwald) an, auf der man letztendlich stolze 1000 Höhenmeter erreicht. Hier wurden einst Gold, Silber und vor allem Zinn abgebaut, woran noch die zahlreichen Kanäle erinnern, mit denen die Wasserräder in den Bergwerken einst angetrieben wurden. Heute hat in dem nahezu menschenleeren Mittelgebirge die Natur das Sagen, was den Vorteil hat, auf wenig befahrenen kleinen Straßen unterwegs zu sein. Immer wieder bieten sich Zwischenstopps an, die Natur ist einfach herrlich. Vorsicht allerdings im Falle von sehr großen Campern. Es gilt, genau abzuwägen, ob man tatsächlich auf diesen schmalen Straßen unterwegs sein möchte.

13 Loket (Elbogen)

Fast schon im Würgegriff des Flusses Eger befindet sich die kleine Stadt Loket. Unzählige Maler haben die schöne Stadtsilhouette schon auf die Leinwand gebracht: farbenprächtige Häuser, die sich auf einem Hügel oberhalb des Flusses aufreihen und von einer Burg überragt werden. Schon Johann Wolfgang von Goethe bezeichnete Loket als ein »landschaftliches Kunstwerk«, nicht zu Unrecht wurde dem Ort der Beiname »Böhmisches Rothenburg« verliehen. Den Camper stellt man am besten am Ortseingang ab und erkundet das Städtchen zu Fuß – zuerst den Marktplatz mit einer im Barockstil gebauten Kirche, zu der sich prachtvol-

Links: Herrlich umgeben von Wäldern liegt die mittelalterliche Stadt Loket. Das Schloss stammt aus dem 12. Jahrhundert.

Unten: Aufgrund der vielen Thermalquellen ist Karlsbad seit dem 19. Jahrhundert ein beliebter Kurort.

le Gebäude aus der Renaissance, der Gotik und des Barock gesellen. Hat man alle Gassen durchwandert, sollte unbedingt noch die Burg Elbogen besucht werden. James-Bond-Fans werden sie vielleicht erkennen, schließlich wurden hier einige Szenen für den 007-Streifen »Casino Royale« gedreht. Einen tollen Blick auf den Ort, das Flusstal und die umliegenden bunt bewaldeten Hänge genießt man vom Turm der Burg aus; einen bisweilen gruseligen Eindruck bekommt man in den dunklen und engen Gängen, in denen auch Folterszenen nachgestellt werden. Bestens verarbeiten lassen sich die vielfältigen Eindrücke in einem der schmucken Cafés am Marktplatz.

14 Karlovy Vary (Karlsbad)

Als Kaiser Karl IV. im 14. Jahrhundert in Westböhmen auf Jagd ging, folgten seine Hunde der Fährte eines Hirsches. Das Tier flüchtete und sprang von einem Felsen mitten hinein in einen Quelltopf, die Hunde hinterher. Dass diese sofort lauthals jaulten, hatte seinen Grund: Das Wasser, in dem sie gelandet waren, war heiß. Ob diese Legende wahr ist oder nicht, sei dahingestellt, verleiht der Gründung des weltbekannten, mondänen Kurorts Karlsbad jedoch eine poetische Note. Wahr ist, dass die Quellen schon lange zuvor bekannt waren, ihre Heilkraft jedoch erst zu jener Zeit genutzt wurde. Schon im 15. Jahrhundert reisten die ersten Kurgäste aus den europäischen Adelshäusern an, um ihre diversen Zipperlein mit einem Bad im wohligen Wasser zu kurieren. Später trank man auch das wenig wohlschmeckende, aber mineralreiche und heilkräftige Wasser. Im 18. Jahrhundert gaben sich dann die Vertreter der europäischen Adelshäuser ein Stelldichein. Da sie jedoch standesgemäß residieren wollten, kam es ab den 1850er-Jahren zum Bau prachtvoller Hotels und Kurgebäude. Wie schon in Marienbad brachten die beiden Weltkriege im 20. Jahrhundert auch dem Nobelkurort einen Einbruch hinsichtlich der Besucherzahlen, und nach dem Fall des Eisernen Vorhangs blieben auch noch die russischen Gäste aus. Doch die kommen seit einigen Jahren wieder und stecken viel Geld in die Renovierung der Häuser – Karlsbad putzt sich zur großen Freude der Besucher wieder heraus. So läuft man

CARAVANCAMPING HORNÍ PLANÁ

Der Campingplatz liegt auf einer traumhaft schönen Halbinsel am Lipno-See und verfügt sogar über einen Sandstrand. Viele Wanderstrecken und Radtourenmöglichkeiten in der näheren Umgebung.

Jiráskova 46, 382 26 Horní Planá
caravancamping-hp.cz/de/, GPS 48.76115, 14.02508

CARAVAN- & CAMPINGPLATZ ANTÝGL

Schöner Platz mitten in der Natur, auf dem man seinen Camper einfach auf die Wiese vor dem Restaurant stellt. Gutbürgerliche Küche in der ehemaligen Hofstätte Antýgl. Der Platz ist zwei Hektar groß, so dass hier jeder eine ruhige Ecke zum Entspannen findet. Bis November geöffnet.

Vchynice-Tetov I 98, 341 92 Srní
www.sumava.net/antygl/, GPS 49.05770, 13.51064.

NEW POND CAMP

Wunderbarer, nostalgischer Campingplatz direkt am See mit kleinem Sandstrand und Angelmöglichkeiten. Direkt am Rand eines ausgedehnten Waldgebietes und etwa zwei Kilometer entfernt vom Wallfahrtsort Nepomuk.

Plzeňská 335, 335 01 Nepomuk
www.novyrybnik.cz/de, GPS 49.48598, 13.53458

AUTOCAMP OSTENDE PILSEN BOLEVÁK

Beliebter Platz direkt am See und unweit von Pilsen. Es gibt ein Sportgelände, wer will, kann auf dem See auch windsurfen. Ein Restaurant ist ebenfalls vorhanden. Bis Oktober geöffnet.

Malý Bolevec, 323 00 Plzeň 1-Bolevec
www.bolevak.eu
GPS 49.77735, 13.39002

AUSFLUGSZIELE

Jan Becher-Museum

Museen können bisweilen ein wenig dröge sein – nicht jedoch das »Jan Becher-Museum« in Karlsbad. Unterhaltsam wird hier erzählt, wie die Idee zum Becherovka-Likör entstanden ist, der bis heute in seiner klassischen Form aus 20 Kräutern hergestellt und in grüne Flaschen abgefüllt wird. Dazu kommt auch ein wenig interessante Zeitgeschichte.

becherovka.com
GPS 50.230430, 12.867348

ROUTE 18

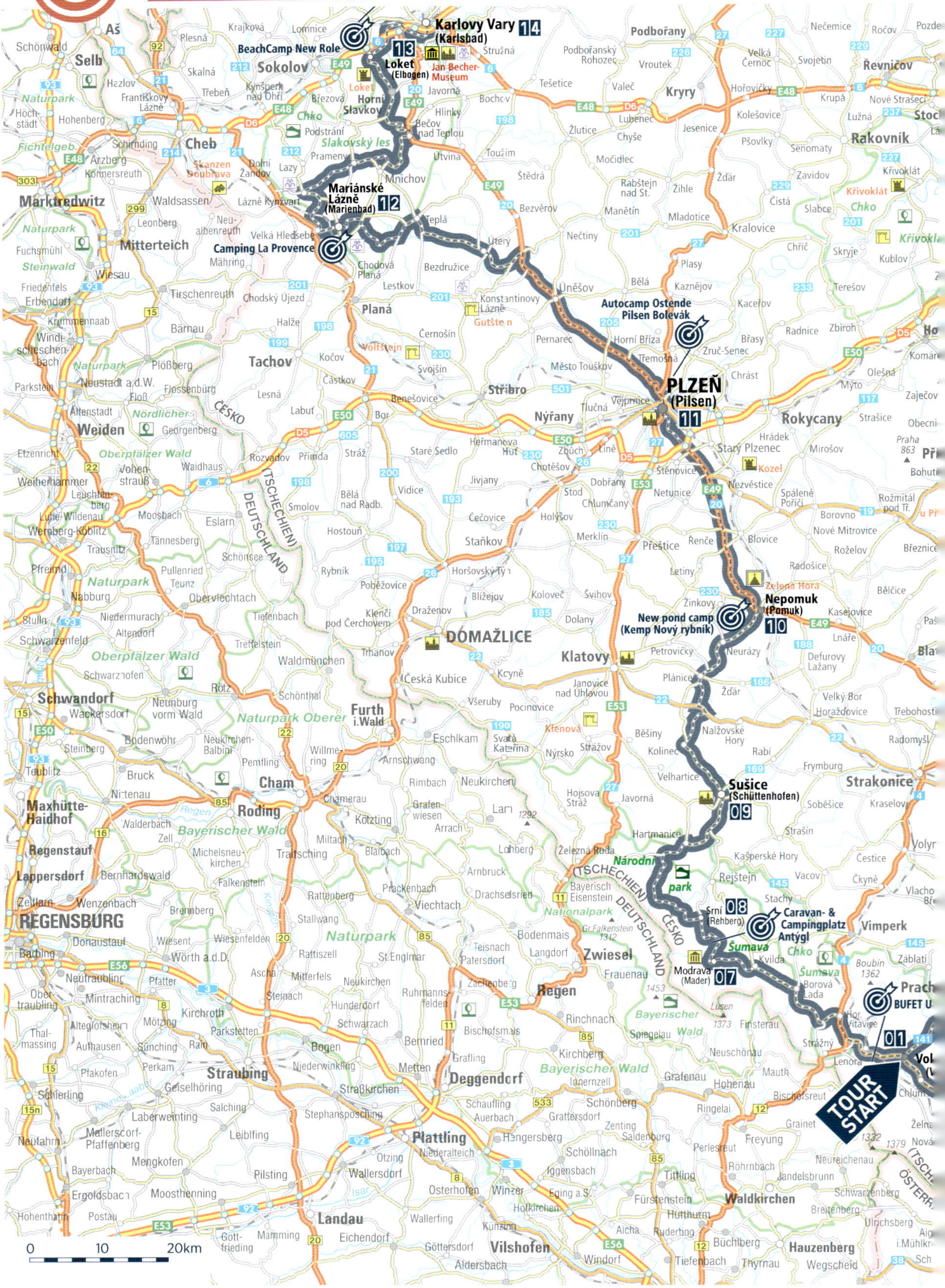
Karlovy Vary (Karlsbad) 14
BeachCamp New Role
Sokolov
Loket (Elbogen) 13
Jan Becher-Museum
Mariánské Lázně (Marienbad) 12
Camping La Provence
Autocamp Ostende Pilsen Bolevák
PLZEŇ (Pilsen) 11
Nepomuk (Pomuk) 10
New pond camp (Kemp Nový rybník)
Klatovy
DOMAŽLICE
Sušice (Schüttenhofen) 09
Srní (Rehberg) 08
Caravan- & Campingplatz Antýgl
Modrava (Mader) 07
BUFET U
01
TOUR START
Cheb
Tachov
Stříbro
Rokycany
Strakonice
Vimperk
Zwiesel
Regen
Deggendorf
Straubing
REGENSBURG
Cham
Furth i.Wald
Weiden
Marktredwitz
Selb
0 10 20km

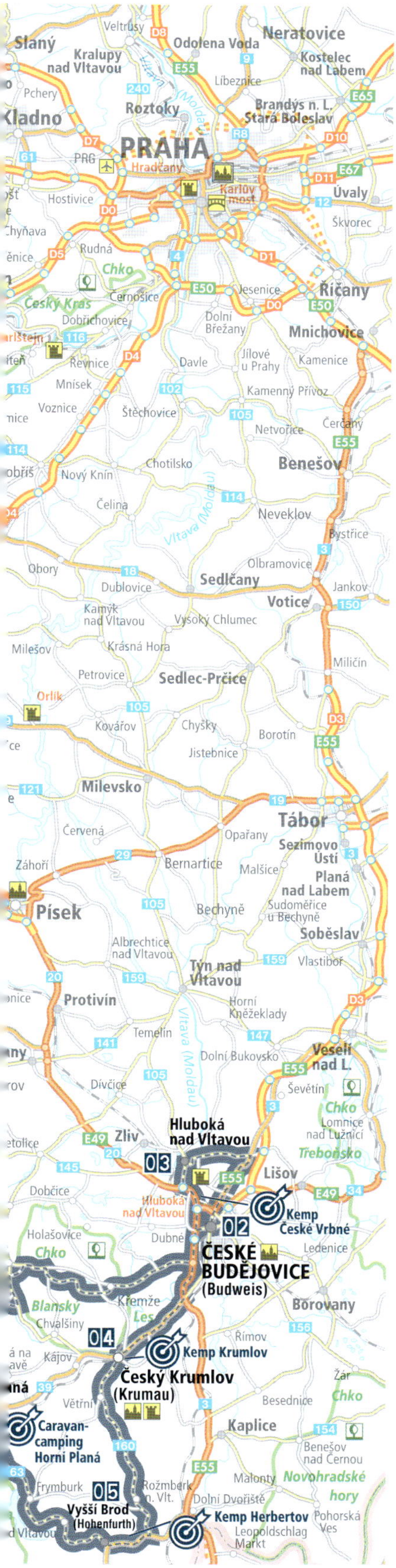

CAMPING LA PROVENCE

Gepflegter Campingplatz, nur durch ein kleines Wäldchen vom See getrennt. Viele Miet-Hüttchen, aber auch sehr ordentliche Rasenstellplätze. Es gibt eine Feuerstelle und eine Küche, die für die Allgemeinheit zur Verfügung stehen. Bis Oktober geöffnet.

Plzeňská 1, 353 01 Velká Hleďsebe
www.camping-laprovence.cz/de/
GPS 49.95364, 12.67002

BEACHCAMP NEW ROLE

Rustikales Camp direkt am See mit einem Sandstrand und Spielmöglichkeit für Kinder. Angeschlossen sind ein Restaurant und Tennisplätze. Gute Alternative für alle, die etwas außerhalb der Stadt Karlsbad nächtigen möchten. Bis Oktober geöffnet.

Chodovská 306, 362 25 Nová Role
www.beachcamp.cz/cs/
GPS 50.26783, 12.78352

heute staunend durch das Tal der Teplá, an deren Ufer sich Prachtbau an Prachtbau reiht und auch das prächtige Kulturzentrum seinen Platz hat. Hier stehen die historischen Kureinrichtungen wie die Weißen, die Markt- und die Mühlbrunn-Kolonnaden. Sie beherbergen die berühmten Heilbrunnen der Stadt. Hier entspringt das Wasser mit einer Temperatur von 50 Grad Celsius aus verschiedenen Quellen. Wer traditionsbewusst ist, besorgt sich eine Schnabeltasse und nimmt zumindest mal einen Schluck des Wunderwassers zu sich. Das legendäre »Grandhotel Pupp« am Ufer der Teplá wurde im Jahr 1770 gegründet und ist ein neobarockes Schmuckstück. Es diente schon als Drehort für Filmproduktionen, etwa für den James-Bond-Film »Casino Royale«. Für das Finale dieser Tour geht es durch das Erzgebirge, bis schließlich in Oberwiesenthal die deutsche Grenze passiert wird.

HERBSTTIPP: Im Erzgebirge hält man am besten nach einer Schnitzkunstwerkstatt Ausschau und kann schon jetzt erste Weihnachtsgeschenke besorgen.

Nostalgischer geht's kaum: Die berühmten Kolonnaden am Marktplatz von Karlsbad.

Winter

Wer eine gute Heizung im Wohnmobil hat und sich winterliche Straßen zutraut, dem steht nun ein wahres Winterwunderland offen: Ob in Finnland oder im Schwarzwald, Ski und Schlitten gehören auf jeden Fall ins Gepäck. Und wer der Kälte entfliehen will, macht sich auf in den Süden.

Wird der Winter in einer schneereichen Region verbracht, werden das Fahrrad und die Luftmatratze durch Skier, Schlitten und Schneeschuhe ersetzt. So lässt sich die Stille, die der Schnee mit sich bringt, am besten genießen.

ROUTE 19

ANDALUSIEN-RUNDREISE

Die rund 1600 Kilometer lange Strecke führt in die fruchtbare Ebene des Guadalquivir, in die Bergwelt der Sierra Nevada, an die Costa del Sol und an die Costa de la Luz. Sie berührt die »weißen Dörfer« ebenso wie die prachtvollen Städte mit ihren unvergleichlichen Bauten aus maurischer Vergangenheit. Während es im Sommer am Guadalquivir und an der Küste im Fahrzeug unerträglich heiß werden kann, ist es im Winter genau richtig. Generell gilt: Je weiter östlich man kommt, desto weniger Niederschläge sind zu befürchten, da sich die Regenwolken vom Atlantik meist schon im Westen Spaniens abregnen. An den Küsten ist es wärmer als im Landesinneren, und jeder Höhenmeter macht sich bemerkbar: In der Sierra Nevada ist im Winter sogar mit Schnee zu rechnen. Ein weiterer Vorteil des Wintercampings ist die hier auch in diesen Monaten aufrechterhaltene Infrastruktur. So gibt es entlang der Costa del Sol und der Costa de la Luz eine Vielzahl von Stellplätzen, die ganzjährig geöffnet sind. Zumeist liegen sie in Strandnähe, und ein ebenfalls auch in den Wintermonaten geöffnetes Restaurant mit Fischspezialitäten ist oft nicht fern. So lassen sich in Andalusien Kunst- und Kulturgenuss mit Kulinarik und angenehmen Reisebedingungen auf angenehmste Art und Weise miteinander verbinden.

WARUM IM WINTER?

Man muss es einmal getan haben: Andalusien mit dem Wohnmobil im Winter ist Kult unter den Campern. Herrlich sind die Temperaturen, die Sehenswürdigkeiten sind nicht überlaufen und es lockt viel Kultur.

Der Legende nach wurde Sevilla – hier mit der Plaza de España – von dem griechischen Helden Herakles gegründet, einem für seine Stärke berühmten Sohn des Zeus.

Flucht in den ewigen Frühling

Andalusien gehört zu den beliebtesten Wintercampingzielen in Spanien. Kein Wunder: Die Temperaturen sind noch in dieser Jahreszeit mit bis zu 20 Grad angenehm mild. Frühlingshafte Tage am Meer vereinen sich hier mit großem, kulturellem Erbe.

Sevillas gotische Kathedrale ist eine der größten Kirchen der Welt. Sie wurde in den Jahren 1401 bis 1519 erbaut.

ROUTE 19

Streckenlänge: ca. 1600 km
Zeitbedarf: 8–10 Tage
Routenverlauf (Hauptorte): Sevilla, Córdoba, Granada, Almería, Málaga, Ronda, Olvera, Arcos de la Frontera, Cádiz, Sanlúcar, Jerez, Sevilla
Charakteristik: Die Straßen sind in Spanien generell in einem guten Zustand. Die Streckenführung wie die topografischen Gegebenheiten der Rundreise stellen keine besonderen Ansprüche an das fahrerische Können.
Informationen: www.andalucia.org/de, www.spain.info/de/region/andalusien

Hier geht's zum GPS-Track

01 Sevilla

Wer Spanien kennenlernen will, der muss Sevilla, die Hauptstadt von Andalusien, gesehen haben! Sie gehört zu den reizvollsten Städten des Landes, steht allerdings in ständigem Wettstreit mit Granada, der zweiten andalusischen Schönheit mit maurischer Vergangenheit. Ihre Blütezeit erlebte Sevilla nach der Entdeckung Amerikas als Flusshafen am Guadalquivir und als bedeutende Handelsstadt, von der aus die Waren aus den spanischen Überseekolonien abgeladen und weitertransportiert wurden. Das brachte sehr viel Reichtum und die frische Luft der Neuen Welt in die alte Stadt! Besonders sehenswert ist die Kathedrale Santa María (15. Jahrhundert), eine Anlage mit aufwendig gestalteten Portalen sowie dem Patio de los Naranjos, dem einstigen Moscheenhof mit frühmittelalterlichem Marmorbecken, und dem Glockenturm La Giralda, im 12. Jahrhundert als Minarett erbaut. Gleich daneben befinden sich die Reales Alcázares, im 12. Jahrhundert von den Almohaden erbaut und ab 1248 ein christlicher Königspalast, der bis ins 16. Jahrhundert ausgebaut wurde. Höhepunkte der Besichtigung sind die kostbar gestalteten Innenhöfe, um die sich die Palastbauten gruppieren, sowie die Gärten. Kathedrale und Palast sind UNESCO-Welterbe. Außerdem lohnt das Barrio de Santa Cruz – das Judenviertel mit seinen engen Gassen, den gekachelten Innenhöfen und schmiedeeisernen Balkonen – einen Besuch.

WINTERTIPP: Palast und Judenviertel lassen sich jetzt sehr gut besuchen, die Wartezeiten sind gering und das Gedrängel auch.

Die Casa de Pilatos ist ein weitläufiger Privatpalast in faszinierender Stilmischung. Das Hospital de la Caridad (17. Jahrhundert) gilt als bedeutendstes Werk des Sevillaner Barock. Kunstsammlungen mit Schwerpunkt spanische Barockmalerei bietet das Museo de Bellas Artes. Die Plaza de España punktet mit Keramikbildern. Keramik, weitere Kirchen und Flamenco sind die Highlights im Stadtviertel Triana. Außerhalb der Stadt lohnen die Ruinen des römischen Itálica mit Amphitheater und Mosaikböden einen Besuch.

02 Vega del Guadalquivir

Eben, grün, fruchtbar: So präsentiert sich die Landschaft selbst im

Mit 16 Bögen überspannt die Puente Romano den Guadalquivir in Córdoba.

Winter, sobald man Sevilla auf der C431 Richtung Córdoba verlässt. In der Auenlandschaft der Vega del Guadalquivir, die der in breiten Windungen mäandrierende Fluss geschaffen hat, dehnen sich die Felder aus. Häufig krönen kleine Dörfer mit schneeweißen Häusern die Hügel. In der Regel leben die meisten Bewohner dieser Orte hier von der Landwirtschaft.

03 Palma del Río

Schon die Lage am Zusammenfluss von Guadalquivir und Genil ist romantisch, und wegen des vielen Grüns in der Umgebung wird Palma del Río auch »Garten Andalusiens« genannt. Von der Geschichte der Stadt, die auf eine römische Gründung zurückgeht, erzählen die teilweise noch erhaltenen Stadtmauern aus dem 12. Jahrhundert. Zwischen dem 16. und 18. Jahrhundert entsandte der Convento de San Francisco Missionare nach Amerika, unter ihnen Bruder Junípero Serra, der das Christentum nach Kalifornien brachte. Das Kloster hat inzwischen eine neue Aufgabe gefunden: Schön renoviert bietet es als Hotel Übernachtungsmöglichkeiten für Besucher.

04 Medina Azahara

Kurz vor der Stadt Córdoba zweigt eine Straße zu den Ruinen von Medina Azahara ab. Teile der alten, auf drei Terrassen angelegten Palaststadt, in der vom späten 10. bis ins frühe 11. Jahrhundert die Kalifen mitsamt ihrem Hofstaat residierten, wurden renoviert. So lässt sich die einstige Schönheit der »Stadt der Blumen«, einem Meisterwerk islamischer Baukunst, auch heute noch erahnen. Wer will, besucht noch das dem Komplex zugehörige Museum.

05 Córdoba

Die Stadt war schon zur Römerzeit ein wichtiges politisches und kulturelles Zentrum. Einer ihrer berühmtesten Söhne ist der römische Philosoph Seneca. Im Jahr 929 stieg Córdoba zur glänzenden Metropole des

PARKING PUENTE REMEDIOS

Die große, gebührenpflichtige, asphaltierte Parkfläche ist zwar schattenlos, aber auch für sehr große Reisemobile gut geeignet. Keinerlei Ver- und Entsorgungseinrichtungen vorhanden. Ganzjährig geöffnet. Der Platz liegt nah am Zentrum (zwei Kilometer).

Av. Presidente Adolfo Suarez, 41011 Sevilla, GPS 37.37317, -5.99391

APARCAMIENTO CARAVANAS

Der einfache, kostenlose, sonnige Parkplatz hat Wasserver- und Grauwasserentsorgung. Ganzjährig geöffnet. Ins Stadtzentrum sind es 700 Meter. Bis zum Palacio Portocarrero mit den gut erhaltenen Befestigungsanlagen ist es ein Kilometer.

Calle de la Bombilla, 14700 Palma del Río, GPS 37.69216, -5.28416

Links: Almería besitzt eine malerische Altstadt und eine mächtige Kathedrale. Darüber thront die Alcazaba, die größte maurische Festung Spaniens.

Unten: Die Sierra del Cabo de Gata bei Almería bietet – gerade in den Wintermonaten – menschenleere Strände, die oftmals direkt an der Straße liegen.

Kalifats auf spanischem Boden auf und trat damit in Konkurrenz zu der einstigen Weltstadt Bagdad. Jüdische, arabische und christliche Kulturen lebten friedlich nebeneinander, Wissenschaft und Philosophie erlebten bis dahin ungekannte Höhenflüge. Im alten Stadtzentrum rund um die Mezquita ist von dieser Stimmung auch heute noch etwas zu spüren. Aus der einstigen Millionenstadt des mächtigen Kalifats ist zwar eine Provinzhauptstadt mit rund 326 000 Einwohnern geworden, ein Traum in Weiß ist Córdoba aber geblieben: Die Altstadt mit ihren engen Gässchen, weißen Häusern und blumengeschmückten Innenhöfen ist ein einziges Idyll. In der Mitte thront, einer wuchtigen Festung gleich, die Mezquita, früher eine Moschee, heute eine Kathedrale.

WINTERTIPP: Die riesige Anlage mit dem prächtigen, 856 Säulen umfassenden einstigen Gebetssaal, wurde von der UNESCO zum »Erbe der Menschheit« erklärt. 19 Längs- und 36 Querschiffe, orientalische Ornamente und das Spiel des Lichtes zwischen den Säulen machen den Besuch in der Mezquita unvergesslich.

Gleich nebenan liegt das ehemalige jüdische Viertel mit den engen, blumengeschmückten Gassen. Eine der schönsten ist die Calleja de las Flores. Einen Besuch wert sind die ehemalige Synagoge und das Stierkampfmuseum, übrigens eines der interessantesten in ganz Spanien. Der Alcázar de los Reyes Cristianos, die als Festung gebaute Residenz aus dem 14. Jahrhundert, hat eine besonders schöne Gartenanlage. Das Museo Arqueológico Provincial zeigt in einem Renaissancepalast römische, westgotische und arabische Exponate. Etwas abseits, im Viertel um die christlichen Kirchen, hält Córdoba noch eine weitere Sehenswürdigkeit bereit: den Palacio de Viana, ein Herrschaftshaus mit zwölf Innenhöfen und einer prachtvollen Gartenanlage. Córdoba und Granada, die beiden wichtigsten Zentren der arabischen Epoche in Spanien, verbindet die Route des Kalifats. Sie verläuft heute in Form der N 432 durch hügeliges, dünn besiedeltes Gebiet mit kleinen Ansiedlungen sowie wehrhaften Burgen und Türmen. In dem vom maurischen Castillo de la Mota überragten Ort Alcalá la Real verlässt man die 432 und fährt gemütlich durch die Dörfer des Hochlandes, der Vega.

06 Montefrío

Dieser Ort liegt in einer einzigartigen Berglandschaft. Sehenswert ist das um das Jahr 1500 auf den Mauern einer alten maurischen Festung errichtete Schloss Castillo de la Villa. Nach etwa 20 Kilometern erreicht man die A92 und fährt dort weiter in Richtung Granada.

07 Granada

Schon die geografische Lage dieser Stadt ist beeindruckend: Sie wird im Westen von der Hochebene und im Süden vom Nordufer des Río Genil begrenzt und hat die schneebedeckten Gipfel der Sierra Nevada im Rücken. Aber was Granada zu einem Märchen aus 1001 Nacht macht, ist das gewaltige maurische Erbe, das die heutige Hauptstadt der gleichnamigen Provinz, in der rund 900 000 Menschen leben, seit Jahrhunderten prägte. Ihre Blütezeit erlebte die Stadt zwischen dem 13. und 15. Jahrhundert, als sich die Mauren vor den Heeren der christlichen Rückeroberer nach Süden zurückzogen. 250 Jahre lang war Granada die Hauptstadt des selbstständigen Königreichs der Nasriden. Damals entstand auch ihre attraktivste Sehenswürdigkeit, die Alhambra. An dieser Krönung spanisch-arabischer Baukunst wirkten 23 Sultane des Geschlechts der Nasriden mit. Jetzt liegt der ebenso trutzigen wie eleganten Burg die Stadt zu Füßen – die Sierra Nevada bildet ihre himmlische Kulisse.

Die Alhambra, deren Name »Die Rote« vom rötlichen Ocker ihrer Mauern herrührt, ist ein riesiger Komplex aus Festungsmauern, Türmen, Wohnpalästen, Moscheen und Gärten. Er besteht im Wesentlichen aus der Wehrburg Alcazaba auf der Westspitze des Hügels, dem Palacio Árabe, dem Palacio de Carlos V, einem Renaissancepalast mit dem Museum der Schönen Künste in der Mitte des Hügels, und den Gartenanlagen des Generalife im Osten. Abgesehen von den Gärten sind alle Gebäude von einer wehrhaften, von vielen Türmen gekrönten Mauer umgeben. Zu den eindrucksvollsten Teilen der Alhambra zählt der Palacio de los Leones mit seinem filigran gearbeiteten Arkadengang und dem Löwenbrunnen. Hinzu kommen die Wasserspiele der Gartenanlagen, die auch heute noch einen Hauch von Orient vermitteln.

Dass Granada außer der Alhambra noch mehr zu bieten hat, sollte nicht vergessen werden. Da ist beispielsweise das Albaicín, das in Weiß getünchte maurische Stadtviertel – mit seinen engen Gassen und dem Mirador, dem Aussichtspunkt San Nicolás, ein Kleinod der Weltarchitektur. Hinzu kommen das Domviertel um die Kathedrale aus dem 16./17. Jahrhundert, die Capilla Real, die spätgotische Königskapelle und die Cartuja, die Kartause, die zu Beginn des 16. Jahrhunderts gegründet wurde. Im Barrio del Sacromonte findet man authentische Höhlen, in denen früher wie heute »Gitanos«, Künstler und Flamenco-Artisten lebten.

Für Freunde der Dichtkunst ist ein Abstecher nach Fuente Vaqueros ein Muss, dem 17 Kilometer von Granada entfernt in der Vega gelegenen Geburtsort des spanischen Schriftstellers Federico García Lorca.

Dann aber heißt es: nichts wie hinauf zu einem Abstecher in die Sierra Nevada, über die höchste Bergstraße Europas. Verlässt man Granada auf einer kleinen Straße parallel zur A 92 Richtung Osten, wird die Landschaft immer karger und wilder. Dieser Eindruck verstärkt sich noch, sobald dann die ersten Hügel auftauchen, in die Höhlenwohnungen eingegraben sind – übereinander, Stockwerk über Stockwerk.

PARKING AUTOCARAVANA

Dieser kostenpflichtige Parkplatz mit Ver- und Entsorgungseinrichtungen wird videoüberwacht und ist ganzjährig geöffnet. Der Fußweg zur Mezquita beträgt 1,2 Kilometer, zum Alcázar 800 Meter.

Av. del Corregidor 1, 14004 Córdoba,
GPS 37.87432, -4.78728

PARKING AUTOCARAVANAS, ALHAMBRA

Der wenige hundert Meter von der Alhambra entfernte Parkplatz ist relativ teuer, aber videoüberwacht. Keinerlei Versorgungseinrichtungen. Ganzjährig geöffnet.

Calle Tramo de Unión, 18009 Granada,
GPS 37.17192, -3.57968

PARKING AUTOCARAVANAS, SIERRA NEVADA

Dieser ganzjährig geöffnete, befestigte und kostenpflichtige Parkplatz ohne Versorgungseinrichtungen bietet eine überwältigende Aussicht in die Gebirgslandschaft der Sierra Nevada. Wanderungen zum 3396 Meter hohen Pico del Veleta (13 Kilometer) und zum 3482 Meter hohen Mulhacén (weitere zehn Kilometer) bieten sich an.

Urbanización Solynieve 211, 18196 Monachil,
GPS 37.09972, -3.39335

AULA DE LA NATURALEZA CORTIJO SAN MIGUEL

Auf dem paradiesischen Platz mit Avocadobäumen und Palmen sind alle notwendigen Ver- und Entsorgungseinrichtungen – inklusive Duschen, Waschmaschinen, Wäschetrocknern und WiFi – vorhanden. Angemessene Preise. Ganzjährig geöffnet. Sehr guter Standort für einen Besuch von Nerja (Strandspaziergang drei Kilometer). Bis zum Strand sind es nur fünf Minuten zu Fuß.

Diseminado Diseminados 398, 29780 Nerja,
GPS 36.74709, -3.89875

08 Guadix

Die Stadt, deren Geschichte in die römische Zeit zurückreicht, hat stattliche Ruinen aus maurischer Zeit und ebenfalls ein Viertel mit Höhlenwohnungen: Im Barrio de Santiago leben rund 5000 Gitanos. Ihre mehrräumigen, in die steilen Lösshänge gegrabenen Wohnungen sind an die städtische Wasserversorgung und an das Stromnetz angeschlossen.
Auf der Weiterfahrt ändert sich das Landschaftsbild nicht wesentlich. Hinter Guadix lohnt die Burg von La Calahorra einen Abstecher. Dann kommt der Golf von Almería in Sicht.

09 Almería

Die Stadt hat immer von ihrer besonderen geografischen Lage profitiert. Gegen das Festland hin wird sie von Gebirgsketten geschützt, der weite Golf bietet alle Voraussetzungen für einen guten Hafen- und Handelsplatz. Das wussten schon die Phönizier, die einen Hafen, den Vorgänger des römischen Portus Magnus, anlegten. Später fanden Piraten hier einen idealen Schlupfwinkel. Zur Kalifenzeit erlebte Almería als Handelsstadt einen steilen Aufstieg: Es wurde Hauptstadt eines Reiches, zu dem zeitweilig sogar Córdoba, Murcia, Jaén und Teile Granadas gehörten. Im Jahr 1489 wurde die Stadt von den Christen zurückerobert, von da an spielte sie nur mehr eine untergeordnete Rolle. Heute setzt Almería stark auf die Landwirtschaft. In der Umgebung reihen sich Treibhäuser aneinander, in denen ganzjährig Obst und Gemüse für den Export gezogen werden. Im unweit gelegenen

Links: Rainer Maria Rilke nannte den am Rand einer Schlucht gelegenen Ort Ronda seine »Traumstadt«.

Unten: Berühmtester Sohn der Stadt Málaga ist Pablo Picasso.

AUSFLUGSZIELE

Marbella

Marbella hat den Ruf eines exklusiven Ferienortes für die Prominenz, vermutlich weil Prinz Alfons von Hohenlohe im Jahr 1953 hier den legendären Marbella-Club gründete. Auch Cary Grant und Grace Kelly wirkten an dem Mythos mit, ebenso wie all die Superreichen, die einen Platz im Süden suchten. Zwar haben sich Adel und Geldadel längst auf der ganzen Welt verteilt, doch die Stadt verströmt noch immer ein mondänes Ambiente. Gut erreichbar, luxuriös und ohne Rummel wie in Monaco oder an der Côte d'Azur sollte es sein: So stieg das einstige Fischerdorf in den 1950er-Jahren zum Lieblingsort des Jetsets auf. Wer sich nicht mit dem Bestaunen der teuren Jachten im Hafen begnügen will, der begibt sich auf einen Stadtrundgang zur Plaza de los Naranjos und zum Gotteshaus Ermita de Santiago. ***www.andalucia.org/de/marbella***

Andarax-Tal liegt außerdem der Obst- und Weingarten der Region. Der überwiegende Teil von Almería besteht aus modernen Stadtteilen mit breiten, palmenbestandenen Hauptstraßen. Beherrscht wird der Ort aber von der riesigen, auf einem Hügel thronenden Alcazaba, mit deren Bau schon im 10. Jahrhundert begonnen wurde. Sie ist eine der mächtigsten und am besten erhaltenen Festungsanlagen Andalusiens. Die Altstadt mit dem malerischen Fischer- und Gitanoviertel La Chanca mutet heute noch sehr maurisch an. Die bunten kubischen Häuser und die Höhlenwohnungen wirken wie Relikte aus einer fernen Zeit.

Für die Weiterreise empfiehlt es sich, statt der Autobahn in Küstennähe die romantische, durch die Sierra Nevada führende Straße 348 zu wählen. Über Motril geht es dann durch die Vega, in der vor allem Südfrüchte gedeihen, an die Costa del Sol. Rund 50 Kilometer vor Málaga ist ein Stopp angebracht: Dort liegt auf einem Felssporn der Ort Nerja mit der prächtigen Tropfsteinhöhle.

WINTERTIPP: Um den 20. Januar gibt es im Dorf Lubrín, ca. eine Autostunde von Almería entfernt, das Fest des Brotes. Es wird zu Ehren von San Sebastián gefeiert. Brotkränze und -kringel werden verteilt oder auch von den Balkonen geworfen.

10 Málaga

Mit über einer halben Million Einwohner ist sie die zweitgrößte Stadt Andalusiens und ein wichtiger Wirtschaftsstandort. Der Hafen ist nach Barcelona der zweitbedeutendste an der spanischen Mittelmeerküste. Über ihn wird der Handel mit den landwirtschaftlichen Produkten der Vega, vor allem Wein und Rosinen, abgewickelt.

WINTERTIPP: Ein Aufstieg zum Gibralfaro, der maurischen Zitadelle mit Leuchtturm, lohnt sich aber auf jeden Fall, vor allem zur blauen Stunde, denn von dort aus bietet sich ein schöner Ausblick auf die sich halbkreisförmig ausbreitende Stadt.

Von der Pracht der Alcazaba, die einst im gleichen Atemzug mit der Alhambra genannt wurde, ist heute so gut wie nichts geblieben. Die Kathedrale, deren Bau im 16. Jahrhundert begonnen wurde, blieb unvollendet. Interessant ist das Museum und Geburtshaus des Malers Pablo Picasso (1881–1973). Von Málaga geht es auf der Küstenstraße 340 weiter die Costa del Sol mit ihren großen Urlaubsorten entlang. Nach Ronda zweigt zwar in San Pedro de Alcántara die Hauptstraße ab, Landschaftsgenießer wählen aber die Route, die 30 Kilometer weiter westlich von Manilva bergan führt und die Serranía de Ronda erklimmt. Wer nach Gibraltar will, bleibt bei Manilva weiter auf der Küstenstraße.

11 Ronda

Was für eine Lage! Ronda erhebt sich am Rand eines Hochplateaus, das der Río Guadalevín durch eine

SIMBAD EL MARINO

Direkt am Strand zwischen dem Torre de Lance de las Cañas und dem Restaurant Simbad el Marino liegt dieser kostenlose, ruhige Stellplatz. Leider gibt es keine Versorgungseinrichtungen, dafür aber eine traumhafte Lage. Ganzjährig geöffnet. Das Restaurant mit Strandterrasse hat ausgezeichnete Fischgerichte.

Urbanización Marbesa, s/n, 29604 Marbella,
GPS 36.4865, -4.7585

APARCAMIENTO RONDA

Auf diesem kostenlosen, sonnigen Parkplatz gibt es keinerlei Versorgungseinrichtungen, er ist aber ganzjährig geöffnet. Von hier hat man einen wunderbaren Blick auf die Sierra de Grazalema. Zur Plaza de Toros und zur Puente Nuevo läuft man einen Kilometer.

Plaza Pruna 2, 29400 Ronda,
GPS 36.75074, -5.17086

bis zu 200 Meter tiefe Schlucht teilt. Die Bauten der Stadt, darunter viele Herrenhäuser, reichen bis an den Rand der Steilhänge. Über die Schlucht spannt sich 98 Meter hoch der Puente Nuovo aus dem 18. Jahrhundert. Von der Stadt und der tiefen Schlucht waren schon viele – auch namhafte – Besucher begeistert, und bis heute kann sich wohl kaum jemand ihrer Faszination entziehen. Der Ort selbst gliedert sich in drei Stadtviertel. Das älteste, La Ciudad, liegt in der Mitte des Kalkplateaus und wird zum einen von einer maurischen Mauer und zum anderen von steil abfallendem Gelände begrenzt. Zu seinen Füßen breitet sich das Viertel San Francisco mit seinem von Bauernhäusern gesäumten Straßennetz aus. Jenseits der Tajo-Schlucht liegt der moderne Stadtteil El Mercadillo, in dem der Großteil der knapp 34 000 Einwohner lebt. Eine der wichtigsten Sehenswürdigkeiten ist die Casa de Rey Moro in der Altstadt. Von dem maurischen Palast aus führt im Felseninneren eine Treppe mit 365 Stufen die Schlucht hinunter. Sehenswert sind auch die Kathedrale, der Palacio de Mondragón und die Casa del Gigante mit ihren arabischen Dekor-Elementen. Und nicht zuletzt auch die Stierkampfarena: Erbaut in der zweiten Hälfte des 18. Jahrhunderts, zählt sie zu den ältesten ihrer Art in Spanien, wo es heute sowohl Befürworter als auch Kritiker des Stierkampfes gibt. (In Katalonien und auf den Kanarischen Inseln ist er inzwischen verboten.)

PARKING SANTA CATALINA

Am Meer direkt neben dem Castillo de Santa Catalina am Westzipfel von Cádiz liegt dieser relativ teure Parkplatz. Er ist ganzjährig geöffnet, hat aber keinerlei Versorgungseinrichtungen. 300 Meter sind es bis zum Strand, ein Kilometer bis zum Mercado Central.

Calle Campo de las Balas 5, 11002 Cádiz, GPS 36.53443, -6.30671

Ausflüge in die Umgebung sind von diesem Ort aus unerlässlich. In diesem Gebiet mit seinen schroffen Bergen und steilen Abhängen lohnen die berühmten »weißen Dörfer« einen Besuch: Prado del Rey mit seinen regelmäßig angelegten Straßenzügen, Ubrique, die Hauptstadt der Sierra de Cádiz, die für ihre Ledererzeugnisse bekannt ist, Zahara oder Setenil, die mit ihren an die Felsen geklebten Häusern wie große Adlerhorste aussehen, und Olvera, die Stadt, deren gesamte Architektur maurisch geprägt ist und deren Oberstadt von einem Kastell aus dem 12. Jahrhundert beherrscht wird.

12 Arcos de la Frontera

Vorbei an der Embalse de Zahara verläuft die Route weiter in Richtung Atlantikküste. Die 31 000 Einwohner zählende Stadt liegt auf einem vom Guadalete-Fluss umflossenen Felsrücken. Ihre weiß gekalkten Häuser muten maurisch an. Die Kirche San Pedro ist auf jeden Fall sehenswert. Sie steht unmittelbar an einem Felsabsturz und bietet einen imposanten Blick in die Schlucht und die Ebene mit ihren endlosen Olivenhainen.

Über die Fernstraße 382 führt die Reiseroute weiter in Richtung Atlantikküste, doch zuvor lohnt sich noch ein Abstecher nach Cádiz.

13 Cádiz

Die Stadt gilt als die älteste Spaniens; bereits die Phönizier nutzten ihre schmale, rund zehn Kilometer lange Halbinsel als Stapelplatz. Nach der Entdeckung Amerikas kam man hier zu großem Reichtum. Cádiz ist nach El Ferrol der zweitwichtigste Werftplatz Spaniens. Wichtige Einnahmequellen daneben sind Fisch und Salz,

AUSFLUGSZIELE

Gibraltar

Wenn die wagemutigen Seefahrer der Antike diesen Berg sichteten, glaubten sie, das Ende der Welt erreicht zu haben: den Felsen von Gibraltar. Ihn umwitterte eine Aura des Geheimnisvollen. Der Sage nach soll Herkules zwei Säulen am Rand des Erdkreises aufgestellt haben, auf denen das Himmelszelt verankert ist: an der Südspitze Spaniens den Felsen von Gibraltar und schräg gegenüber auf der afrikanischen Seite den Berg Musa. Der weitere Verlauf der Geschichte ist keine Legende. Die Engländer bekamen den exotischen Zipfel am Mittelmeer, der als Marine- und Militärstützpunkt von strategischer Bedeutung war, bereits 1704 zugesprochen. Von jeher leben im Naturreservat Upper Rock die berühmten Affen. Der britische Premierminister Winston Churchill selbst soll sie unter Schutz gestellt haben, damit ihre Anzahl nie geringer als 24 wäre. Die frechen Tiere sind mittlerweile so an den Menschenrummel gewöhnt, dass sie den Touristen auch mal ganz dreist Essen oder sogar den Fotoapparat aus den Händen stibitzen. Derzeit leben mehr als 250 Berberaffen auf und rund um den Felsen von Gibraltar. Den schönsten Ausblick gibt es vom Leuchtturm des Europe's Point an der Südspitze.
www.visitgibraltar.gi/de

Ganz oben: Weiß gekalkte Häuser verleihen Arcos de la Frontera ein arabisch anmutendes Flair. Spektakulär sind die Aussichten über den Ort und die Schluchten.

Oben: die Kathedrale von Santa Cruz und das Meer von der Uferpromenade in Cádiz aus gesehen.

Rechts: Die Fahrt auf den 425 Meter hohen, von Affen bewohnten Felsen von Gibraltar lohnt sich: Die Aussicht auf den sechs Quadratkilometer großen britischen Außenposten ist einfach prachtvoll.

Ganz oben: Im trutzigen Sanlúcar de Barrameda lebt man hauptsächlich vom Fischfang und von der Herstellung des Sherry – vor allem des Manzanilla.

Oben: Die Kathedrale von Jerez de la Frontera steht im Herzen der Stadt. Mehr als 100 Jahre lang dauerte die Bauzeit.

das in riesigen Salinen im Südosten der Stadt gewonnen wird. Cádiz lässt sich am besten in einer Droschkenfahrt rund um die Altstadt erkunden. Die niedrigen Häuserwürfel werden von der goldfarbenen Kuppel der Catedral Nueva überragt. Zu ihrem Kirchenschatz zählt die größte und kostbarste Prozessionsmonstranz der Welt. Im Stadtinneren ist die Kirche San Felipe Neri einen Besuch wert, in der die Cortes 1812 die liberale Verfassung Spaniens verkündeten. Das Museo de Bellas Artes zeigt schöne Werke spanischer Meister wie Zurbarán und Murillo.

WINTERTIPP: Nördlich von Cádiz liegen an der Atlantikküste eine Reihe hübscher Badeorte mit kilometerlangen, breiten, feinsandigen Stränden. Perfekt für winterliche Strandspaziergänge.

14 Sanlúcar de Barrameda

Die direkt an der Mündung des Guadalquivir gelegene Stadt ist das Exportzentrum für die berühmten Manzanilla-Weine. Die Sorte Fino wird nur in Sanlúcar erzeugt. Die Stadt gliedert sich in zwei Teile: die Ober- und die Unterstadt. Sehenswert sind der Palast der einst einflussreichen Herzöge von Medina-Sidonia und das herrliche Mudéjar-Portal der Kirche Santa María de la O. Sehenswert ist die königliche Reitschule (Real Escuela Andaluza de Arte Ecuestre), in der die spanische Variante der Reitkunst mit Dressurübungen gezeigt wird. Von Sanlúcar aus begann Kolumbus seine dritte Fahrt nach Amerika, auch Magellan startete von hier. Lange zuvor soll die Heilige Jungfrau dort gelandet sein, wovon sich der Name Coto de Doñana (Küste der Herrin) ableiten lässt. Vom Kai des Hafens kann man heute an den Rand des Parque Nacional de Coto de Doñana mit dem Schiff fahren. Von Sanlúcar führt die C440 in die Heimat des Sherry, nach Jerez.

15 Jerez de la Frontera

In der traditionsreichen Stadt ist der Besuch einer der wunderbaren

ROUTE 19

Bodegas (Kellereien) ein Muss. Viele von ihnen haben neben dem Sherry jeweils noch etwas Besonderes zu bieten: So bezaubert die Bodega Domecq in der Calle Ildefonso durch ihr maurisches Interieur. In der Bodega González Byass stammt die Eisenkonstruktion von keinem Geringeren als Gustave Eiffel, nach dem der Eiffelturm in Paris benannt ist. Wer nach den verführerischen Bodegas noch Kraft für Besichtigungen hat, sollte sich in der Altstadt die Kirche San Salvador aus dem 17. und 18. Jahrhundert anschauen. Auch der Alcázar aus dem 11. Jahrhundert und die etwas außerhalb der Stadt gelegene »Cartuja«, deren gotische Kirche besonders reich ausgestattet ist, lohnen einen Besuch.

Von Jerez führt die Autobahn E05 zurück zum Ausgangspunkt der Route, nach Sevilla.

SANLÚCAR AC PARKING

Der Campingplatz ist ausgestattet mit allen notwendigen Ver- und Entsorgungseinrichtungen, inklusive Duschen, Waschmaschinen, Wäschetrocknern und WiFi. Es gibt nur wenige schattige Plätze, aber wärmende Sonnenstrahlen schaden in den vergleichsweise kühlen Wintermonaten nicht. Der Platz ist das ganze Jahr über geöffnet. Der nur 50 Meter entfernte Strand ist in wenigen Minuten zu erreichen.

Camino de la Reyerta, 11540 Sanlúcar de Barrameda, GPS 36.76187, -6.39568

PLAYA DEL COTO

Dies ist ein Strandplatz am Parque Nacional de Doñana, ideal für traumhafte Sonnenuntergänge. Ganzjährig geöffnet. Keinerlei Versorgungseinrichtungen, aber eine geringe Parkgebühr. Ins Besucherzentrum des Nationalparks sind es mit dem Fahrrad etwa neun Kilometer.

Sector C Segunda Fase 67, 21760 Matalascañas, GPS 36.98276, -6.52995

WISSENSWERTES

WOHNMOBIL RICHTIG HEIZEN

Grundsätzlich unterscheidet man zwischen Gas-, Diesel- und Stromheizungen im Wohnmobil. Gas und Diesel kommen am häufigsten zum Einsatz. Gasheizungen sind oft die einfachste und sicherste Wahl. Dieselheizungen geben mehr Geräusche von sich und entwickeln einen Geruch, können aber (mit solarer Stromversorgung) für diejenigen von Vorteil sein, die gern autark unterwegs sein wollen. Neben der Wahl des Energieträgers geht es auch um die Art und Weise, wie die Wärme im Wohnmobil verbreitet wird. Hier unterscheidet man zwischen einer Luftheizung (Umluft und direkt) oder einer Wasserheizung (hier wird die Wärme über einen Wärmetauscher an die Luft abgegeben). Eine wichtige Rolle spielt zudem die richtige Isolierung des Wohnmobils mit Thermomatten, Vorhängen etc. – selbst die leistungsstärkste Heizung nützt nicht viel, wenn die abgegebene Wärme schnell verloren geht. Für welches Heizungssystem man sich entscheidet, hängt letztlich von den individuellen Reisebedürfnissen ab. Eine Checkliste und viele Informationen zum Thema findet man zum Beispiel auf https://womoo.de/ratgeber/heizung-fuers-wohnmobil/

Wohlige Wärme im Wohnmobil wollen alle. Aber welche Heizung ist die richtige?

ROUTE 20

ELSASS

Der Weg ins weihnachtliche Elsass startet im westlich angrenzenden, landschaftlich schönen Lothringen, denn Nancy, die ehemalige Residenz der Herzöge Lothringens, lohnt unbedingt einen Besuch. Es locken die prächtigen Platz-, Schloss- und Parkanlagen. Das Ensemble gehört heute zum Weltkulturerbe der UNESCO. Über Épinal führt die Strecke dann weiter nach Süden, wo mit dem höchsten Gipfel der Vogesen, dem Grand Ballon, das Elsass erreicht ist. Architekturbegeisterte zieht es zuvor noch an die südlichen Ausläufer der Vogesen, zur Kapelle von Ronchamp. Bereits auf der Höhe von Thann beginnt die elsässische Weinstraße, die eigentlich auch Weihnachtsstraße heißen könnte. Sie führt durch eine sanft hügelige Landschaft Richtung Colmar. Abstecher nach Guebwiller und Gueberschwihr mit ihren pittoresken Stadtkernen und Weihnachtsmärkten sind jetzt verführerisch. Einer der kulturellen Höhepunkte des Elsass ist die Altstadt von Colmar. Hier verwandelt die Lauch, ein Nebenfluss der Ill, Colmar in ein »Petite Venise« (Klein-Venedig). Anschließend geht es hoch hinauf zur Haut-Koenigsbourg und weiter zum Endpunkt der Route nach Strasbourg – der Hochburg des Weihnachtszaubers in der Gegend.

WARUM IM WINTER?

Das Elsass mit seinen Weihnachtsmärkten in den Dörfern, den vielen kleinen Handwerksbetrieben und den festlich geschmückten Städten gehört zu den schönsten Adventsgegenden. Einfach dem Punschduft folgen und rein in das Getümmel.

Nancy, die alte Hauptstadt Lothringens, besticht im Winter mit allerlei schmückenden Lichtern und einer zauberhaften Atmosphäre.

Süßer die Glocken nie klingen …

Nicht nur Deutschland kann Weihnachtszauber: Vor allem das Elsass punktet mit romantischen Weihnachtsmärkten und wunderschön geschmückten Fassaden. Perfekt für alle, die in Weihnachtsstimmung kommen möchten.

Schmiedeeiserne Schmuckgitter am Place Stanislas in Nancy. Mit dem Place de la Carrière und dem Place d'Alliance zählt er zum Weltkulturerbe der UNESCO. Mitte: Längsschiff der Kirche Saint-Maurice in Épinal.

ROUTE 20

Streckenlänge: ca. 750 km
Zeitbedarf: 3–4 Wochen
Routenverlauf (Hauptorte): Nancy, Épinal, Ronchamp, Thann, Grand Ballon, Munster, Colmar, Obernai, Molsheim, Strasbourg
Charakteristik: Der überwiegende Teil dieser Route verläuft in flachem Gelände auf Landstraßen, zwischendurch müssen aber die Vogesen und ihre östlichen Ausläufer bezwungen werden.
Informationen: www.visit.alsace/de/; www.belfort-tourisme.com/de; www.tourismus-lothringen.de; www.visitstrasbourg.fr/de

Hier geht's zum GPS-Track

01 Nancy

Die alte Hauptstadt Lothringens hat sich dank ihrer herausragenden Bauten das Bild einer Residenzstadt bis heute bewahren können. Südlich der Altstadt erstreckt sich die planmäßig angelegte Neustadt, deren Straßen wie ein Netz im rechten Winkel zueinander verlaufen. Eine Art Markenzeichen von Nancy sind die auf das 18. Jahrhundert zurückgehenden großen innerstädtischen Plätze, die mit ihren einheitlichen Fassaden zu den bedeutendsten Beispielen absolutistischen Städtebaus zählen. Am schönsten ist der Place Stanislas. Sein Gesamteindruck wird nicht zuletzt von den schmiedeeisernen Schmuckgittern von Jean Lamour bestimmt. Durch einen Triumphbogen zu Ehren Ludwigs XV. gelangt man zum Place de la Carrière, einem ehemaligen Turnierplatz. Westlich schließt sich die Altstadt mit vielen sehenswerten Renaissancegebäuden an.

02 Épinal

Südwestwärts geht die Fahrt nach Épinal an der Mosel. An die Stadtgründung durch die Bischöfe von Metz erinnert heute die Burgruine oberhalb des Ortes. Kunsthistorisch bedeutsam ist die ehemalige Abteikirche Saint-Maurice, deren wuchtiger Turm fast schon an eine Festungsanlage gemahnt. Sehenswert sind auch die bunten Glasfenster in der Kirche Notre-Dame-au-Cierge, und das Museum für Alte und Zeitgenössische Kunst. Berühmt wurde Épinal im 19. Jahrhundert jedoch vor allem durch die bunten Bilderbogen aus dem Druckhaus Pellerin. Die Images d'Épinal – erzählende Bildfolgen – erschienen gegen Ende des 19. Jahrhunderts in hohen Auflagen und gelten als Vorläufer der Comics. Wunderschöne Beispiele dieser Kunst sind im Musée de l'Image zu bewundern. Auch das Musée d'Art Ancien et Contemporain lohnt einen Besuch.

03 Ronchamp

Mit der Eintragung von 17 Bauten Le Corbusiers in die Welterbeliste hat die UNESCO einen der Wegbereiter der modernen Architektur geehrt. Das Welterbe umfasst zehn Bauten bzw. Ensembles aus Frankreich und zwei aus der Schweiz. Deutschland, Belgien, Argentinien, Japan und Indien sind mit jeweils einem Werk vertreten. In seiner Würdigung hob das

1950 bis 1955 erbaute Le Corbusier in Ronchamp die Kapelle Notre-Dame-du-Haut. Eigenwillig wölbt sich das Dach über den Korpus.

UNESCO-Komitee hervor, dass Le Corbusier eine neue Architektursprache erfunden habe, die mit der Vergangenheit breche. Seine Bauwerke seien als Antwort auf die Herausforderungen zu verstehen, denen die Architektur des 20. Jahrhunderts angesichts technischer und gesellschaftlicher Umwälzungen gegenübergestanden habe. Zu den 2016 ausgezeichneten Bauten gehört auch die Kapelle Notre-Dame-du-Haut in Ronchamp. Im Ort Ronchamp selbst lohnt auch das Bergbaumuseum (Musée de la Mine) einen Besuch.

04 Thann

Mit dem Münster Sankt Theobald besitzt der Ort zwischen den steilen Hängen des Thurtals eines der besten Beispiele Oberrheinischer Gotik im Elsass. Zur Erbauung der Kirche kam es, so behauptet es die Legende, als der Diener des verstorbenen Bischofs von Gubbio im Jahr 1161 auf dem Rückweg in seine niederländische Heimat unter einer Tanne in der Nähe der Burg der Herren von Ferrette rastete und den Wanderstab seines Herrn in die Erde steckte, woraufhin drei Lichter über dem Tannenwipfel zu leuchten begannen. Alljährlich am 30. Juni gedenken die Thanner mit einem Fest des angeblichen Wunders. Die Engelsburg darüber ist heute eine Ruine, ihr umgekippter Bergfried wird in der Region auch »Hexenauge« genannt. Mit der Fertigstellung des Münsters im 15. Jahrhundert ist auch der Weinbau verbrieft; seit 1483 sind die Namen der »Bangards« bekannt, die über die Rebflächen an den Vulkanhängen wachten.

WINTERTIPP: Auf dem Weihnachtsmarkt von Thann seilt sich der Weihnachtsmann spektakulär am Kirchturm der Stiftskirche herab (4. Advent).

05 Grand Ballon

Höher hinaus geht es im Elsass nicht mehr. Mit 1424 Metern ist der Grand Ballon der höchste Gipfel der Vogesen. Die Kuppe aus Gneis des im Deutschen »Belchen« genannten Berges haben die Gletscher der Eiszeit rundgeschliffen. Und schon zur Zeit der Druiden scheint der Grand Ballon zur Laufbahnberechnung der Gestirne gedient zu haben. Tatsächlich lässt sich sein Name vom keltischen Gott Belenus ableiten, der für die Sonne und das Wasser zuständig war. Von der Straße aus lässt sich der Große Belchen ohne Schwierigkeiten in einer halben Stunde erklimmen. Auf Druiden trifft man hier oben zwar nicht mehr, dafür aber auf ein Soldatendenkmal für die Gefallenen des Ersten Weltkriegs, auf eine Radarstation,

CAMPING CLUB LAC DE BOUZEY

Westlich von Épinal liegt der künstliche See von Bouzey. Eine mittelgroße 4-Sterne-Anlage nutzt ihn für einige sportliche Angebote wie Paddeln oder Kanufahren. Das große Restaurant bietet internationale Küche und einen grandiosen Blick über den See. Geöffnet ganzjährig.

19 rue du Lac, 88390 Sanchey
www.lacdebouzey.com; GPS 48.166855, 6.359872

AUSFLUGSZIELE

Belfort
Wer Festungsstädte liebt, kommt hier auf seine Kosten. Auch Belfort fiel seit jeher aufgrund seiner geografischen Lage eine wichtige strategische Bedeutung zu, denn es liegt an der sogenannten Burgundischen Pforte, dem Durchzugsweg von Ost nach West zwischen den Vogesen im Norden und dem Jura im Süden. Am Ende des Dreißigjährigen Krieges fiel Belfort 1648 an Frankreich und wurde nur wenige Jahrzehnte später vom Festungsarchitekten Vauban im Auftrag Ludwigs XIV. mit einer mächtigen Zitadelle ausgestattet, die noch heute die Stadt überragt. Aus späterer Zeit stammt jedoch das Wahrzeichen der Stadt, der monumentale Löwe aus Sandstein, der ruhig unterhalb der Zitadelle liegt.
GPS 47.63682, 6.86307

Guebwiller
Als Hofgut Gebunvillare des Benediktinerklosters Murbach erstmals 774 erwähnt, entwickelte sich das Städtchen am Ufer der Lauch im 12. Jahrhundert um die fünfschiffige Kirche Saint-Léger und eine Burganlage, die heutige Ruine Burgstall. Das ehemalige Dominikanerkloster mit seinen mittelalterlichen Wandmalereien birgt inzwischen ein Kulturzentrum; die aus rotem Vogesensandstein erbaute Kirche Notre-Dame gilt als eines der eindrucksvollsten neoklassizistischen Religionsbauwerke Nordfrankreichs und wird nach wie vor als Kirche genutzt. Guebwiller besitzt als einzige Gemeinde vier der insgesamt 51 Alsace-Grand-Cru-Lagen: Kessler, Kitterlé, Saering und Spiegel – zusammen rund 100 Hektar.
GPS 47.90949, 7.21038

die der Flugbeobachtung dient, und vor allem auf eine herrliche Aussicht bis hinunter in die Rheinebene. Häufig ist mit Nebelschwaden oder niedrig hängenden Wolken zu rechnen. Im Winter liegt hier oft über einen Meter Schnee, wenn auch der auf dem Gipfel erreichte Kälterekord von minus 30 Grad nur äußerst selten vorkommt.

WINTERTIPP: Skifahren kann man sowohl am Grand-Ballon als auch im benachbarten Skigebiet Markstein.

06 Munster
Auch wenn nach den Zerstörungen des Ersten Weltkriegs nur sehr wenig unbeschädigt geblieben war, wurden die Renaissancebauten des 16. Jahrhunderts in Munster, etwa das Rathaus oder der Löwenbrunnen, so sorgsam restauriert, dass heute wieder ein beinahe intaktes Stadtbild zu bewundern ist. Von der karolingischen Benediktinerabtei, aus der sich einst das Thermalstädtchen am Ufer der Fecht entwickelt hatte, sind allerdings nur noch wenige Spuren erhalten. Das malerische Munstertal mit seinen Almen an den Hängen der Vogesen liefert zudem die Milch für seinen weit über die Grenzen des Elsass hinaus bekannten Exportschlager, den sehr aromatischen Munsterkäse.

07 Colmar
Bunte Spitzdachhäuser in blauen und türkisen Farben säumen kleine

DOMAINE DU HAUT DES BLUCHES
Mitten in den Vogesen befindet sich dieser naturbelassene und einfache Campingplatz. Gerade in der Wintersaison ist er beliebt, da die Region gut zum Skifahren geeignet ist. Ein Winterbus fährt direkt zu den Wintersportgebieten. Die großzügigen Sanitäranlagen sind beheizt. Ganzjährig geöffnet, die Betriebsferien sind der Webseite zu entnehmen.

5, route des Planches, 88250 La Bresse
www.hautdesbluches.com; GPS 47.998877, 6.918215

CAMPING LES CASTORS
Ein Fischteich und ein flacher Badeteich bilden das Zentrum des ansonsten noch vom Fluss Doller begrenzten Campingplatzes westlich von Mulhouse. Ein Volleyballfeld und ein Kinderspielplatz sorgen bei milden Temperaturen für Bewegung, und direkt vor den Toren der Anlage steht auch ein Hochseilgarten zur Verfügung. Ganzjährig geöffnet.

4 route de Guewenheim, 68520 Burnhaupt-le-Haut
www.camping-les-castors.fr
GPS 47.746898, 7.124486

Rechts oben: Der Winter verwandelt die Vogesen um den Grand Ballon in ein Winterwunderland.

Rechts unten: Mit der Skulptur des Löwen hat der Bildhauer Frédéric-Auguste Bartholdi ein Mahnmal für die Belagerung Belforts im Krieg zwischen Frankreich und Deutschland 1870/71 geschaffen.

CAMPING DE L'ILL – COLMAR

Der Campingplatz, ebenes Wiesengelände, ist direkt am Fluss Ill gelegen und man hat es nicht weit in das Stadtzentrum von Colmar. Die Autobahn auf der anderen Flusseite ist leicht hörbar, verspricht aber eine schnelle Anbindung ans Straßennetz. Beliebt im Dezember. Geöffnet April bis Januar.

Allée du Camping 1, 68180 Colmar
www.campingdelill.fr/de/; GPS 48.07942, 7.38648

FLOWER CAMPING VERTE VALLÉE

Ein plätschernder Bach durchzieht diesen 4-Sterne-Campingplatz, der in den regionalen Naturpark Ballons des Vosges eingebettet ist. Selbst diejenigen, die auch mitten in den Vogesen ein beheiztes Schwimmbad suchen, kommen hier nicht zu kurz. Wintersportfans wiederum können sich auf den nur vier Kilometer entfernten Pisten am Skilaufen erfreuen. Geöffnet ganzjährig (außer November bis Mitte Dezember).

4092 route du Lac, 88400 Xonrupt-Longemer
www.campingvertevallee.com/de; GPS 48.061948, 6.965378

CAMPING DE RIQUEWIHR

Mitten zwischen den elsässischen Weinbergen liegt die 4-Sterne-Campinganlage bei Riquewihr, einem der schönsten Orte Frankreichs. Hier ist das Gelände der Stellplätze eben und meist unter Bäumen. Die sehr interessante Altstadt von Colmar ist nur knapp zwölf Kilometer entfernt, aber auch andere Touren oder Wanderungen in den Vogesen könnten hier starten. Geöffnet ganzjährig.

1 route du Vin, 68340 Riquewihr
campingriquewihr.com/de; GPS 48.162136, 7.317094

Kanäle und Wasserarme – Colmars »Klein-Venedig« mit dem Quai de la Poissonnerie gehört zu den beliebtesten Fotomotiven der Stadt. Colmar, am Ende des Munstertals in der Rheinebene gelegen, entwickelte sich schon im 9. Jahrhundert zu einem wichtigen Handelsplatz und Weinort im Oberelsass. Heute gilt es als Hauptstadt des elsässischen Weins. Aber auch hochrangige Künstler hat Colmar hervorgebracht, etwa den Bildhauer Frédéric-Auguste Bartholdi, den Schöpfer der New Yorker Freiheitsstatue. Eine Kopie der New Yorkerin grüßt am Ortsausgang. Auch Matthias Grünewald hinterließ hier Spuren: Er schuf 1515 den berühmten Flügelaltar für das Kloster Isenheim. Das Kunstwerk ist heute im Musée d'Unterlinden untergebracht,

Rechts: Nach Strasbourg ist Colmar eine der schönsten Städte des Elsass. Besonders sehenswert ist der stimmungsvolle Weihnachtsmarkt.

Unten: Verwinkelt und bucklig stehen die kleinen Fachwerkhäuschen in den Gassen von Eguisheim. Viele tragen über der Tür das Datum ihrer Entstehung. Wenn Schnee liegt, gibt es kaum eine schönere Kulisse.

AUSFLUGSZIELE

Gueberschwihr

Gueberschwihr gehört zu den vielen Bilderbuchstadtkernen, mit denen sich das Elsass schmücken kann. Gesäumt von einigen prächtigen und sorgsam restaurierten Renaissancehäusern zu Reichtum gelangter Winzer, haben sich die Gassen ihren Charme erhalten. Einziger Überrest aus der Zeit der Romanik ist der hohe Vierungsturm einer heute verschwundenen Kirche, der aber geschickt einem Kirchenneubau des 19. Jahrhunderts so zur Seite gestellt wurde, dass er frei stehend an einen italienischen Campanile erinnert. Im recht schmucklosen Inneren der Kirche Saint-Pantha-léon aus rotem Sandstein überrascht der üppig verzierte, aber kuriose Reliquienschrein mit den Gebeinen der Sainte-Charitine, die im 19. Jahrhundert aus den Katakomben Roms ins Elsass gelangten. Ein beliebtes Fotomotiv ist auch der merowingische Sarkophag, der hinter der Kirche aufrecht (!) in eine Seitenwand des ehemaligen Kreuzgangs vermauert wurde.

GPS 48.00423, 7.27579

Eguisheim

Von Weinbergen und viel Grün umgeben, besticht der 2000-Seelen-Ort durch den konzentrischen Verlauf seiner Altstadtgassen um die achteckige Burganlage und durch Fachwerkbauten. In der Burg, so sagt man, soll einst Papst Leo IX. geboren worden sein, seine Statue schmückt den Brunnen auf dem Platz vor der Burg. Oberhalb von Eguisheim stehen auch die Drei Exen – Türme einer großen Burg aus dem 12. Jahrhundert. Brunnen, Dinghöfe, die Kirche Sankt Peter und Paul mit ihrer Schreinmadonna aus dem 14. Jahrhundert sowie die neo-romanisch-byzantinische Sankt-Leo-Kapelle (19. Jahrhundert) auf dem Areal des Château d'Eguisheim zählen zu den weiteren Attraktionen der Weinbaugemeinde. Zwei Grand-Cru-Lagen gehören zu ihrem Gebiet: der Eichberg und der Pfersichberg. Die große Winzergenossenschaft von Eguisheim produziert unter dem Markennamen »Wolfberger«.

GPS 48.04262, 7.30630

CAMPING DE STRASBOURG

Idyllisch am Flussufer gelegene Anlage – ideal als Ausgangspunkt (und Ruhepol) vor und nach der Stadtbesichtigung oder dem Besuch des Weihnachtsmarktes. Sauber, gepflegt, freundlich geführt. Die Anbindung mit öffentlichen Verkehrsmitteln ist prima.

Rue de l'Auberge de jeunesse, 67200 Strasbourg, www.camping-strasbourg.com/de, GPS 48.57434, 7.71817

einem der berühmtesten Museen Frankreichs.

WINTERTIPP: Mit seinen geschmückten Fachwerkhäusern erinnert Colmar an eine märchenhafte Lebkuchenwelt zur Zeit der Weihnachtsmärkte.

08 Château-de-Haut-Kœnigsbourg

Das Château-de-Haut-Kœnigsbourg (deutsch Hohkönigsburg) sieht wesentlich älter aus, als es in Wirklichkeit ist. Von der staufischen Reichsburg des 12. Jahrhunderts sind nur noch winzige Details wie ein Löwenrelief erhalten. Und dennoch ist die Königsburg im Elsass Touristenmagnet Nr. 1. Nachdem sie spätestens seit dem 17. Jahrhundert allmählich zur Ruine zu verfallen begann, hauchte ihr ein Berliner Architekt und Burgenforscher Anfang des 20. Jahrhunderts wieder Leben ein und erbaute sie historisch korrekt neu. Der Auftraggeber war Kaiser Wilhelm II., seit dem Deutsch-Französischen Krieg 1870/71 Herr über das dem Deutschen Reich zugeschlagene Elsass. Auf der höchsten Stelle eines Felsplateaus in 757 Meter Höhe zieht sich der mustergültig rekonstruierte Mittelaltertraum des Kaisers über 260 Meter entlang. Der kaiserliche Architekt ließ sowohl den quadratischen Bergfried als auch den großen Saalbau wiederauferstehen. Einst wurden von hier oben die Handelswege kontrolliert, heute fällt der Blick auf die unweit in der Ebene vorbeiführende Autobahn, vor allem aber auf die Rheinebene.

09 Obernai

An den Ufern der Ehn erinnert in diesem Ort vieles an die heilige Odilie, die in Obernai geboren sein soll. Als Schutzpatronin des Elsass kommt ihr eine ganz besondere Rolle zu, und auch in der Umgebung wird sie sehr verehrt. Mit seinen mittelalterlichen Fachwerkhäusern ist Obernai eines der beliebtesten Ausflugsziele im Elsass. Die Altstadt zählt mit ihren verwinkelten Gässchen, den vielfältigen Giebeln und Innenhöfen zu den schönsten der Region. Ihr Zentrum bildet der Marktplatz mit dem Renaissance-Rathaus, der alten Kornhalle, dem Kapellturm und dem Sechseimerbrunnen. Es lohnt sich auch, öfter mal nach oben zu schauen, denn die Dächer sind in verschiedenfarbigen Mosaikziegeln gestaltet. Auf einem stimmungsvollen Spaziergang entlang der teilweise noch sehr gut erhaltenen Wehrmauer kann man die Stadt umrunden.

WINTERTIPP: In der Altstadt befindet sich der beliebte Weihnachtsmarkt, er ist romantisch von Burgmauern umschlossen.

10 Molsheim

Die teils mauerumgürtete alte Universitäts- und Bischofsstadt war im späten 16. Jahrhundert ein Zentrum der Gegenreformation. Aus ihrem reichen historischen Baubestand ragt die Porte des Forgerons hervor. Zudem dominiert die spätgotische Jesuitenkirche mit ihrer Silbermannorgel aus dem Jahr 1781 das Stadtbild ebenso wie »La Metzig« auf dem Rathausplatz, ein Zunfthaus der Fleischer im Stil der elsässischen Renaissance. Mit seinen geschwungenen Giebeln und der reichen Verzierung dient es bis heute als Blickfang. Auch das Kartäuserkloster

Rechts: In promintenter Lage wacht das Château-de-Haut-Kœnigsbourg übers Land. Der Bau ist zwar datiert aus dem 20. Jahrhundert, ist aber als originalgetreue Rekonstruktion einer mittelalterlichen Reichsburg rundum gelungen.

Unten: Obernai liegt am Fuß des Mont Sainte-Odile und ist das touristische Zentrum der nördlichen Weinstraße. Zahlreiche Weinlokale, und Fachwerkhäuser prägen die Altstadt.

BEAUTY SUCCESS

mit seinem Kreuzgang und den Kräutergärten lohnt den Besuch. Oldtimerfans hingegen freuen sich auf die Begegnung mit einer Stil-Ikone: Sie finden im Stadtmuseum das Leben und Wirken von Ettore Bugatti dokumentiert, der hier zwischen 1909 und 1939 seine legendären Automobile baute. Auch moderne Bugatti-Sportwagen wurden bis 2011 in Molsheim montiert.

11 Strasbourg

Als Sitz des Europäischen Parlaments ist Strasbourg die Metropole des politischen Europa. Die alte Hauptstadt des Elsass, geprägt durch die bewegte Geschichte Frankreichs und Deutschlands, war mit ihrer blühenden Kunst- und Wissenschaftsszene seit dem Mittelalter eine der wohlhabendsten Städte Europas. Heute zieht es Besucher auf die Grande Île mit dem Straßburger Münster und den Gassen der Altstadt, die von schmucken Fachwerkhäusern aus dem 16. und 17. Jahrhundert gesäumt sind. Vor allem auf dem Place du Marché-aux-Cochons-de-Lait sind die typisch elsässischen Fachwerkbauten in ihrer ganzen Pracht zu bewundern. La Petite France – »Klein-Frankreich« – wird das Gerberviertel genannt, an dessen Rand noch vier Türme der mittelalterlichen Stadtbefestigung und die Ponts couverts, die Holzbrücken über die Flussarme der Ill, übrig geblieben sind.

WINTERTIPP: Strasbourg nennt sich selbst Weihnachtshauptstadt. Es locken der älteste Weihnachtsmarkt Frankreichs, ein riesiger Christbaum und herrlich illuminierte Geschäfte.

AUSFLUGSZIELE

Barr

Wald und Wein sorgten in der Stadt am Ausgang des St.-Ulrich-Tals schon früh für Wohlstand. So datiert das älteste Gasthaus »Le Brochet« von 1514. Viele der Fachwerkhäuser stammen aus dem 14. und 15. Jahrhundert. Das Rathaus wurde 1640 auf den Grundmauern einer mittelalterlichen Burg errichtet. In einem Herrenhaus des 18. Jahrhunderts, dem nach ihrem Erbauer benannten Maison Marco, ist heute das Musée des Arts Décoratifs untergebracht, das Einblicke in die regionale Wohnkultur des 17. bis 19. Jahrhunderts vermittelt. Unmittelbar davor erstreckt sich seit dem Mittelalter ein Weinberg. Zur Gemeinde gehören die Grand-Cru-Lage Kirchberg sowie der Altenberg. Berühmt ist auch der AOC-Wein Klevener Heiligenstein aus einer alten Form des Tramin Rosé. Er wird nur noch auf 90 Hektar rund um Barr angebaut.
GPS 48.40900, 7.44948

Marlenheim

Fachwerkhäuser der Renaissancezeit prägen die Hauptstraße der Gemeinde, deren Anfänge zurückgehen bis in die Hallstattzeit. Erstmals urkundlich erwähnt wird Marilegium im 6. Jahrhundert; sein heutiges Architekturspektrum umfasst eine mittelalterliche Poststation (inzwischen ein Hotel), das neoklassizistische Schloss (heute das Rathaus) sowie die Richardis-Kirche (1716) und ein Kaufhaus aus dem 18. Jahrhundert. Das älteste und größte der rund 30 Marlenheimer Weingüter existiert seit 1577 – wenngleich bereits König Childebert II. Ende des 6. Jahrhunderts in dem Ort Weinberge besaß. Wahrscheinlich handelte es sich um die heutige Lage Steinklotz. Von ihren rund 130 Hektar Rebflächen sind gut 40 als Grand Cru ausgewiesen. Ein Weinlehrpfad erklärt die Sorten und Anbaumethoden.
GPS 48.62172, 7.49005

Links: Während der Weihnachtszeit ist fast die gesamte Innenstadt im Weihnachtsmarkt-Rausch. Auf mehreren Plätzen und Straßen sind die Hütten verteilt.

Rechts: Wohnmobilreisende sollten beachten, dass die Weihnachtsmarktsaison viele Menschen anlockt und es großen Trubel gibt. Rechtzeitige Reservierungen sind in dieser Zeit von Vorteil.

ROUTE 20

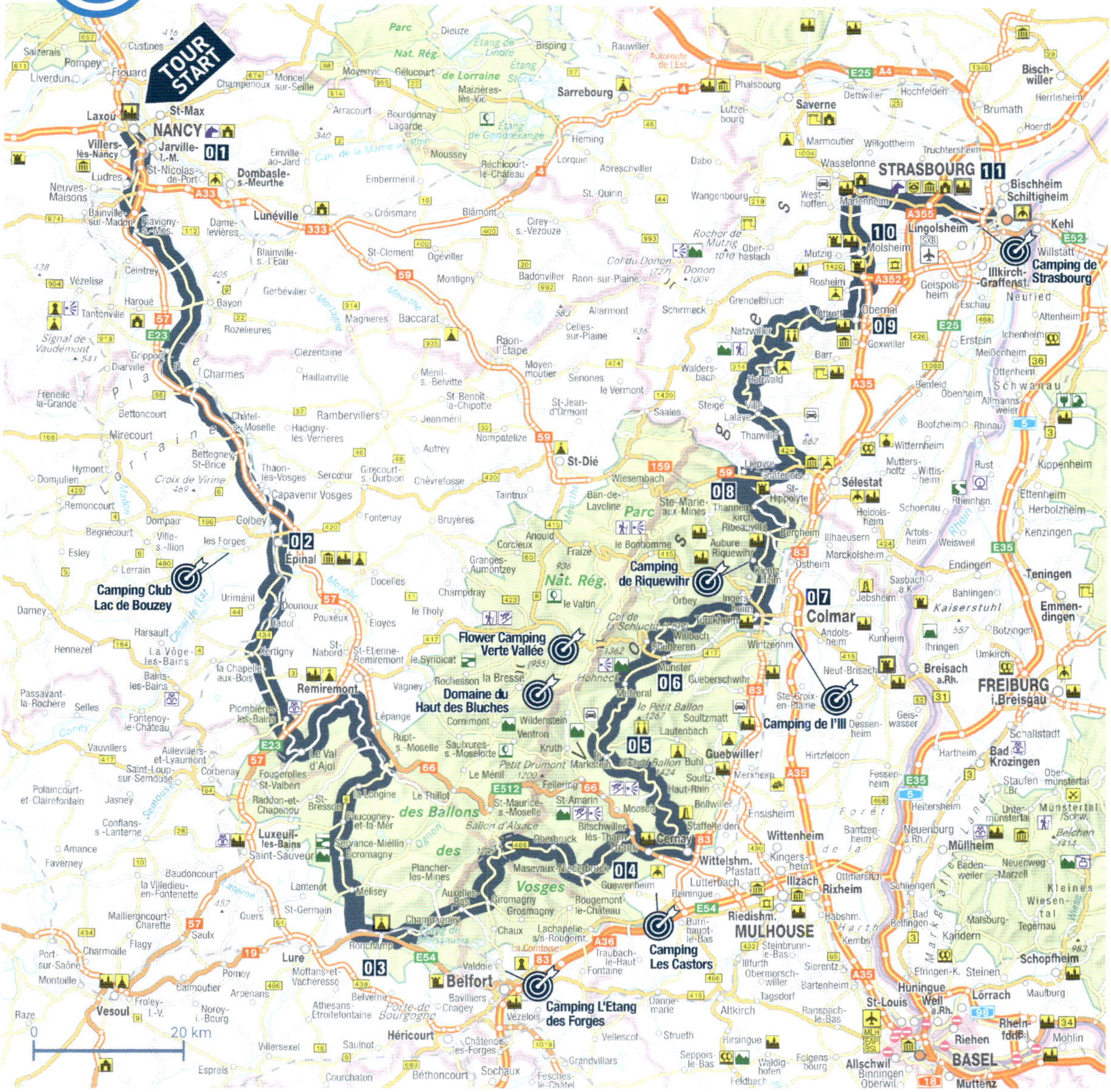

ROUTE 21

HELSINKI-RUNDREISE

Finnland ist ein stilles Land mit vielen Seen, schier endlosen Wäldern und einer bezaubernden Hauptstadt. Ein ganz eigener Zauber aber entfaltet sich erst in der kalten Jahreszeit. Eisig kalt ist es im finnischen Winter. Und lange dunkel, je weiter hoch man in den Norden kommt. Warum Finnland trotzdem gerade im Winter einen besonderen Reiz hat? Weil es hier zwar wirklich kalt, aber meistens auch eher trocken ist, was als angenehm empfunden wird – erst recht in der passenden Thermokleidung. Und weil es hier selbst in den touristischeren Zentren immer noch genügend Platz gibt, den Winter zu zelebrieren. Fährt man über die gut ausgebauten und mautfreien Straßen Finnlands in Richtung Norden, nimmt die Siedlungsdichte kontinuierlich ab. Mit geringerer Siedlungsdichte nimmt allerdings auch die Versorgungsdichte ab. Deshalb empfiehlt es sich, einen Reservekanister dabeizuhaben und rechtzeitig zu tanken. Zu bedenken ist auch, dass viele Tankstellen nur noch mit einer Automatenfunktion operieren. Klassische Stellplätze für Wohnmobile sind in Finnland nicht so zahlreich wie in anderen Ländern. Hier muss man Campingplätze nutzen oder sich trauen, auf einem Wanderparkplatz die freie Übernachtung zu wählen. Das darf man dort, wo es nicht ausdrücklich untersagt ist.

WARUM IM WINTER?

Die trockene Kälte lässt sich besser aushalten als die feuchten, kalten Tage in unseren Breitengraden. Wer den echten Winter sucht, wird dort fündig – und hat stets die Chance, möglicherweise Nordlichter zu sehen.

Vom Aussichtsturm auf dem Aulangonvuori-Hügel hat man einen schönen Blick auf das Naturschutzgebiet Aulanka bei Hämeenlinna. Die beeindruckende Landschaft soll den finnischen Komponisten Jean Sibelius zu seinem berühmtesten Werk, Finlandia op. 26, inspiriert haben.

Magische Nächte

Das stille Land der vielen Seen verwandelt sich im Winter in ein glitzerndes Paradies. Die trockene Kälte lädt zu vielen Outdooraktivitäten ein. Doch das Schönste sind die Nächte, in jeder kann das Wunder passieren: Die Nordlichter flirren über den Himmel.

Den schönsten Panoramablick auf das verschneite Helsinki hat man auf der Halbinsel Katajanokka. Auffallendstes Gebäude: die aus Ziegelsteinen erbaute Uspenski-Kathedrale mit ihren 13 Kuppeln und vergoldeten Spitzen.

ROUTE 21

Streckenlänge: ca. 1310 km
Zeitbedarf: 10–12 Tage
Routenverlauf (Hauptorte): Helsinki, Ekenäs (Tammisaari), Hanko (Hangö), Turku (Åbo), Naantali (Nådendal), Rauma, Hämeenlinna, Lahti, Mikkeli, Kerimäki, Punkaharju, Imatra am Saimaa-See, Lappeenranta, Hamina, Kotka, Porvoo (Borgå)
Charakteristik: Von Helsinki nach Helsinki durch den winterlichen Süden des Landes – die ideale Kombination aus Stadt, Land und Natur.
Informationen: https://new.visitfinland.com/de, www.discoveringfinland.com/de

Hier geht's zum GPS-Track

01 Helsinki

Unsere Reise durch den Süden Finnlands beginnt in der Hauptstadt des Landes. Nur etwas mehr als eine halbe Million Menschen leben heute in Helsinki, Finnlands überschaubarer Hauptstadt, die der Schwedenkönig Gustav Vasa im Jahr 1550 gründen ließ. Dass Helsinki reich an weltbekannten Beispielen moderner Architektur ist, liegt an den verheerenden Feuersbrünsten, die die einst mit Holz erbaute Stadt immer wieder verwüsteten: Im Jahr 1812 – nach Helsinkis Erhebung zur Hauptstadt – beauftragte daher Zar Alexander I. den Berliner Architekten Carl Ludwig Engel mit der Errichtung steinerner und vor allem feuerfester Repräsentationsbauten im klassizistischen Stil wie den Dom und die Universität am Senatsplatz. Anfang des 20. Jahrhunderts entwickelte sich eine »Nationalromantik« genannte finnische Variante der Jugendstilarchitektur (zu sehen an den Bauten des Nationalmuseums oder des Hauptbahnhofs), aus der in den 1920er-Jahren der rationale (z. B. das Parlamentsgebäude) und ab den 1930er-Jahren der ästhetisch-funktionale Architekturstil von Hugo Alvar Henrik Aalto (1898 bis 1976) hervorging. Seine Finlandia-Halle (1970) und Bauten in aller Welt haben ganze Architektengenerationen beeinflusst, darunter die Brüder Suomalainen (Felsenkirche, 1969). Aaltos Prinzip des »organischen« Bauens – die reiche Verwendung natürlicher Stoffe und Formen – prägt die finnische Architektur bis heute. 20 der oben erwähnten, zwischen 1820 und 1850 errichteten Monumentalbauten sind noch erhalten und verleihen der Metropole am Finnischen Meerbusen – gemeinsam mit weltbekannten Bauten vom Jugendstil bis zur Moderne – ein besonderes Stadtbild. Zu den weiteren architektonischen Highlights zählt der Hauptbahnhof mit seinem 48 Meter hohen Uhrenturm. Der Senatsplatz mit dem Dom, dem Regierungspalais, dem Universitäts-Hauptgebäude und der Universitätsbibliothek gilt als einer der schönsten Plätze der Welt. Sehenswert sind zudem der Marktplatz und die historischen Markthallen am Südhafen; die Fähranleger der Schiffe nach Suomenlinna, eine alte schwedische Inselfestung und UNESCO-Weltkulturerbe, und zu den Schäreninseln; die Halbinsel Katajanokka, wo es den besten Panoramablick auf Helsinki gibt; die schö-

Der klassizistische Dom von Helsinki bildet die eindrucksvolle Kulisse für das Denkmal von Zar Alexander II. auf dem Senatsplatz.

ne orthodoxe Uspenski-Kathedrale (1868) mit ihrer reichen Innenausstattung; Luotsikatu, eine der prachtvollsten Straßen Helsinkis mit zahlreichen Jugendstilbauten; die Esplanade, eine parkgesäumte Flaniermeile; und das Kaufhaus Stockmann, das größte seiner Art in Skandinavien, ist besonders für Weihnachtseinkäufe sehr beliebt. Lohnende Museen sind zum Beispiel das Ateneum (finnische Kunst), das Kiasma (moderne Kunst) oder das Sinebrychoff-Kunstmuseum (ausländische Kunst). Tipp: Einen fantastischen Blick über die gesamte Stadt bietet der Turm des Olympiastadions.

WINTERTIPP: Etwas Besonderes ist Silvester in Helsinki: Dann gibt es Livemusik und Trubel in der Innenstadt, das Feuerwerk ist beeindruckend schön.

Im Allas Sea Pool, einem beheizten Outdoor-Pool am Hafen, kann man dann zu Neujahr seine Bahnen ziehen.

BLÅBÄRSLANDETS TENNISPLANER

Ein idealer (Park-)Platz, um Helsinki zu besuchen (Omnibushaltestelle neben dem Platz, alternativ vier Kilometer zu Fuß). Er ist ganzjährig geöffnet. Kostenlos, allerdings gibt es auch keinerlei Ver- und Entsorgungseinrichtungen. Auf der Nachbarinsel befindet sich der Korkeasaari, einer der ältesten Zoos der Welt.

Mustikkamaantie, 00570 Helsinki, GPS 60.18223, 24.99134

Dieses Denkmal erinnert an Finnlands bekanntesten Komponisten, Jean Sibelius (1865–1957). Es steht seit dem Jahr 1967 in Helsinkis Stadtteil Töölö, unweit vom Meer.

AUSFLUGSZIELE

Husky-Tour oder Skifahren im Koli-Nationalpark

Zu Füßen eines Sees mit kleinen Inselchen erhebt sich spektakulär das Koli-Gebirge. Als markante Erhebung im ansonsten flachen Finnland umweht die Koli-Berge schon von jeher ein mystischer Hauch. Sollen hier doch die heidnischen Gottheiten Ukko und Akka ihre Sitze gehabt haben. Entsprechend benannt sind die beiden Gipfel: Ukkokoli und Akkakoli. Eine Straße führt fast bis zum Gipfel. Unterwegs ergeben sich immer wieder schöne Panoramablicke auf eine Landschaft, die sich hier wie im direkt dem Nationalpark benachbarten Ukko-Koli-Skigebiet in ein idyllisches Winterziel mit gut präparierten Pisten und Loipen verwandelt, in dem man auch gut Schlittschuhlaufen, zum Schneeschuhwandern gehen, mit dem Schneemobil unterwegs sein oder an einer Husky-Safari teilnehmen kann. Besonders stimmungsvoll sind (das ganze Jahr über mögliche) Ausritte auf Islandpferden, geführte Winterangeltouren werden angeboten – oder wie wäre es mit einem erfrischenden Bad im eiskalten Nass? Das Schwimmen in einem (beleuchteten) Eisloch ist sicher nichts für Warmduscher – aber in jedem Fall ein unvergessliches Erlebnis. **www.koli.fi**

02 Ekenäs (Tammisaari)

Etwa 90 Kilometer westlich von Helsinki liegt die »Stadt der Eichen«. Sie ist vor allem für den 52 Quadratkilometer großen Schären-Nationalpark bekannt, der sich vor ihrer Küstenlinie erstreckt. In der historischen Altstadt stehen denkmalgeschützte Holzhäuser aus vergangenen Jahrhunderten – ein Beispiel moderner Architektur ist dagegen Alvar Aaltos Sparkassenbau. Auf dem Friedhof von Ekenäs gibt es einige Gräber aus der Zarenzeit, die man sich einmal angesehen haben sollte. Kurios ist auch die außerhalb der Stadt gelegene Burg Raasepori: Zum Zeitpunkt ihrer Erbauung im 14. Jahrhundert war sie nur per Schiff erreichbar. Heute aber befindet sie sich, in rekonstruiertem Zustand, im Landesinneren.

03 Hanko (Hangö)

Die Landzunge von Hangö ist der Ausläufer des Salpausselkä-Höhenrückens und ist größtenteils dicht bewaldet. Finnlands südlichster Festlandspunkt ist ein entspanntes Winterreiseziel – eine raue Mischung aus Stille, intensivem Naturerleben und kreativer Kleinstadtidylle. Da bleibt viel Zeit für eigene Gedanken – und der Geist atmet durch. Hanko ist noch sehr jung: Ende des 19. Jahrhunderts wurde der heutige 10 000-Einwohner-Ort gegründet. In den wenigen Restaurants lässt es sich gut speisen. Zurück in Ekenäs, führt die Straße 184 nach Salo am Lappdalsfjärden, von dort kehrt sie an die faszinierende Schärenküste zurück.

04 Turku (Åbo)

Der dem Ort vorgelagerte Schärengarten zählt über 20 000 Inseln und Eilande und ist eine der Hauptsehenswürdigkeiten Finnlands. Nur wenige Gebäude der einstigen finnischen Hauptstadt haben die größte skandinavische Feuersbrunst im Jahr 1827 überdauert, darunter Schloss Turunlinna, ein trutziges Feldsteingebäude, und Turkus geweihter Backsteindom aus dem Jahr 1290. Unter den Kunstmuseen von Turku sind vor allem das Sibelius-Museum mit seiner Sammlung von Musikinstrumenten und das Aboa Vetus & Ars Nova mit Ausgrabungen aus dem 14. Jahrhundert interessant.

05 Naantali (Nådendal)

Naantali hat sich den Charme der vorletzten Jahrhundertwende erhalten können. Zu den meistbesuchten Sehenswürdigkeiten gehören die hübsche Altstadt und die Klosterkirche sowie Schloss Kultarnata. Wer den Schärengarten hautnah erleben will, kann der Stichstraße nach Pulkkalla folgen. Die N8 führt nach Rauma am Bottnischen Meerbusen.

06 Rauma

Finnlands drittälteste Stadt ist eine bezaubernde Hafenstadt an der Südwestküste des Landes und berühmt

Oben: Beim Schneeschuhwandern im Koli-Nationalpark, mit Blick auf den vereisten See. Wenn das Eis hier 40 Zentimeter dick ist, wird der See für den Verkehr zum Überqueren auf einer sieben Kilometer langen Strecke freigegeben.

Links: bunt bemalte Holzhäuser in Naantali (Nådendal).

KOLI FREETIME OY

Ruhiger, gemütlicher, kostenpflichtiger Campingplatz am windgeschützten Valkeajärvi-See bei Koli, umgeben von herrlicher Natur. Die Versorgungsräume (Küchen, Toiletten, Duschen) werden ganzjährig beheizt. Eine beleuchtete Langlaufloipe führt direkt am Platz vorbei. Die Sauna wird jeden Abend geheizt. Ganzjährig geöffnet.

Koli Freetime Oy, Kopravaarantie 27, 83950 Ahmovaara, https://kolifreetime.fi/en/camping, GPS 63.03963, 29.71221

In Finnland ist es überwiegend flach, die wenigen Steigungen schaffen die modernen Wohnmobile ohne große Kraftanstrengung auch im Winter.

Wintersport in und um Lahti

Schon fit für Olympia? Oder sollten wir doch noch ein bisschen an der ganz persönlichen Olympiareife arbeiten? Kein Problem: In der nur eineinhalb bis zwei Autostunden nordöstlich von Helsinki am Vesijärvi-See gelegenen Stadt Lahti, weltberühmt für die Skisprungschanzen von Salpausselkä, finden Amateure wie Profis perfekte Trainingsbedingungen. Ob als Zuschauer oder als Teilnehmer traditionsreicher Sportwettkämpfe – eine erlebnisreiche Zeit ist hier immer garantiert. Und für alle anderen, die »aus Spaß an der Freude« zum Skifahren, Langlaufen, Skispringen und Snowboarden, Schlittschuhlaufen, Eishockey und Curling hierher kommen, bieten sich in Lahti und Umgebung beste Bedingungen zur sportlichen Aktivität inmitten schöner Natur. Das größte Wintersportzentrum der Region neben dem Lahti Sportzentrum selbst ist das Skizentrum Messilä mit zehn Skipisten für Anfänger und Fortgeschrittene sowie rund 70 Kilometer Loipen. In Vierumäki, in der Gemeinde Heinola, 25 Kilometer nordöstlich von Lahti, befindet sich auch noch das Sport Institute of Finland: Dieses offizielle Trainingszentrum des finnischen Nationalen Olympischen Komitees ist dann aber doch den – einheimischen – Profis vorbehalten. **https://visitlahti.fi/de**

Die nach dem gleichnamigen Höhenzug benannten Salpausselkä-Schanzen in Lahti sind ein regelmäßiger Schauplatz internationaler Wettkämpfe im Skispringen.

für die Spitzenklöpperei. Der historische Kern, der in den vergangenen 350 Jahren von Bränden komplett verschont geblieben ist, wurde von der UNESCO im Jahr 1991 zum schützenswerten Weltkulturerbe erklärt: 600 Holzgebäude bilden das größte zusammenhängende Stadtviertel dieser Art in ganz Skandinavien. Bewundernswert sind auch die dekorativen Eingangstore der Häuser. Am Marktplatz warten einige nette Cafés mit heimischen Leckereien auf. Von Pori an der N8 führt die N2 nach Forssa und von dort nach Hämeenlinna.

07 Hämeenlinna

Die meisten Besucher zieht es in das Geburtshaus von Jean Sibelius (1865 bis 1957). Aber auch die Backsteinburg Häme (13. Jahrhundert) und der Aulanko-Park gehören zu den wichtigen Sehenswürdigkeiten. In den Läden der Raatihuoneenkatu, einer Einkaufsstraße, kann man finnische Designprodukte erwerben.

08 Lahti

Als architektonisch bedeutend gelten die Kirche des Kreuzes (nach Entwürfen Alvar Aaltos erbaut) und die Sibeliushalle. Lahti ist zudem das Eingangstor zur Seenlandschaft Finnlands: Der Salpausselkä-Höhenzug und die beiden Seen Vesijärvi und Päijänne bieten vielfältige Freizeitmöglichkeiten. Die wunderbare Landschaft entlang der N5 nach Mikkeli entspricht allen Vorstellungen vom »Land der tausend Seen« und verwandelt sich in der kalten Jahreszeit in Finnlands bedeutendstes Wintersportzentrum (siehe Ausflugsziele, linke Seite).

POROHOLMAN LOMAKESKUS

Dieser an einer Bucht des Bottnischen Meerbusens gelegene, kostenpflichtige Platz ist ganzjährig geöffnet. Ver- und Entsorgungseinrichtungen sind vor Ort, Waschräume und Internet ebenfalls vorhanden. Der Platz ist nur wenige Kilometer vom historischen Zentrum Raumas entfernt.

Poroholmantie 8, 26100 Rauma, www.poroholma.fi, GPS 61.13542, 21.47042

WINTERTIPP: Der an einem mächtigen Moränenbuckel gelegene weltbekannte Wintersportort beeindruckt durch seine Skisprungschanzen und das Skimuseum.

09 Mikkeli

Die Stadt liegt inmitten einer sanften Hügellandschaft. Sie wurde 1838 auf Befehl von Zar Nikolaus I. gegründet, war aber schon im Mittelalter der Zentralpunkt Ostfinnlands. Eine kleine steinerne Kapelle am Marktplatz erinnert noch daran. Im Stadtzentrum steht der größte finnische Pfarrhof aus Holz: Kenkävero. Rund 700 Seen und Teiche umgeben die Stadt. In ihrem Norden erstreckt sich ein Sumpfgebiet. Dunkle Wälder, glitzernde Seen und einsame Ferienhäuser und Dörfer liegen an der Strecke nach Savonlinna und Kerimäki. Wer zum Nordkap will, bleibt auf der N5 und biegt nicht Richtung Savonlinna ab. In Mikkeli kann man sich entweder für eine Rundreise durch den Süden Finnlands entscheiden, die über Kerimäki, Lappeenranta und

Kotka zurück zum Startpunkt der Tour (Helsinki) führt. Oder aber man hat jetzt erst richtig Abenteuerlust bekommen und bricht in den Norden auf. Dann geht es von Mikkeli aus Richtung Kuopio zum Nordkap.

10 Kerimäki

Im kleinen Örtchen Kerimäki nördlich von Savonlinna steht die weltgrößte Holzkirche. Ihr Stifter – ein Auswanderer, der in Amerika zu Vermögen kam – lieferte die Baupläne in Fuß, der finnische Architekt führte sie jedoch in Metern aus. Die Höhe von 27 Metern und die nunmehr 3000 Sitzplätze waren ursprünglich also gar nicht beabsichtigt – zumal die Gemeinde nur wenige Einwohner hatte. Da die Kirche keine Heizung besitzt, werden Gottesdienste nur im Sommer abgehalten.

11 Punkaharju

Hinter Savonlinna lohnt ein Abstecher zu dem sieben Kilometer langen und 25 Meter hohen Moränenhügel Punkaharju, einem sich zwischen Pihlajavesi- und Puruvesi-See erstreckenden Naturdenkmal, das aus dem Schmelzwasser der letzten Eiszeit vor 10 000 Jahren entstanden ist. Die Weiterfahrt auf der N6 ab Sääkjsalmi verläuft zwischen dem Seengebiet und der russischen Grenze.

12 Imatra am Saimaa-See

Die lebendige Gartenstadt an der Staatsgrenze zu Russland liegt am Hauptbecken des Saimaa-Sees, dem größten Seensystem in ganz Finnland. Der »See der tausend Inseln« ist bekannt für seine Ringelrobbenpopulation, die im Süßwasser lebt. In Imatra selbst lohnt ein Besuch des von Alvar Aalto geplanten Gemeindezentrums im Ortsteil Vuoksennista und der meist für ein Kraftwerk »gebändigten« Wasserfälle des Vuoksa. Die Schleusen der Anlage werden nur einmal täglich und nur im Sommer geöffnet.

WINTERTIPP: Hier bietet sich die perfekte Gelegenheit, um an einer Schneeschuhwanderung oder einer geführten Langlaufskitour teilzunehmen.

13 Lappeenranta

Die alte Garnisons- und heutige Studentenstadt liegt am 50 Kilometer langen Saimaa-Kanal, der die Seenplatte über die russische Grenze hinweg mit dem Finnischen Meerbusen verbindet. Von Finnlands größtem Binnenhafen beginnen (auch mehrtägige) Fahrten über den Saimaa-See.

WINTERTIPP: Im Winter kann man auf dem zugefrorenen See auch gut wandern, Ski fahren, eislochschwimmen oder Schlittschuh laufen.

Ein Besuch der Stätten des Saimaa UNESCO Global Geopark, die Insel Karhusaari in der Nähe des Hafens bietet sich ebenso an. Die meisten Sehenswürdigkeiten liegen innerhalb des ältesten Teils von Lappeenranta, dem Festungsgelände Linnoitus, dessen Wälle teilweise rekonstruiert worden sind. Hier findet man Kunsthandwerksläden und kleine Geschäfte (perfekt für den Weihnachtseinkauf). Auch die orthodoxe Kirche, die älteste des Landes (1785), lohnt einen Besuch. Bei Luumäki führt die Landstraße 26 nach Hamina an den Finnischen Meerbusen.

14 Hamina

Hamina ist eine der schönsten Städte des Südens. Die sehenswerten

ROUTE 21

Schwedenwälle aus dem frühen 18. Jahrhundert sollten als Ersatz für die an die Russen gefallene Festung Vyborg dienen, wurden aber schon vor ihrer Fertigstellung von den Russen eingenommen. Ein städtebauliches Kleinod ist Haminas achteckiger Marktplatz, in dessen Mitte sich das Rathaus von 1789 befindet.

15 Kotka

Hauptsehenswürdigkeiten in Finnlands größtem Exporthafen sind die außen schlichte, aber innen mit einer aufwendigen Ikonenwand ausgestaltete, im Jahr 1795 fertiggestellte orthodoxe Nikolaikirche und die zum Teil monumentalen Bauten aus dem letzten Jahrhundert (u. a. das Gewerkschaftshaus, das Rathaus und die Sparkasse). Auf der Fahrt nach Porvoo bieten sich atemberaubende Ausblicke auf die tief ins Land reichenden Fjorde und die Schärenküste.

16 Porvoo (Borgå)

Die letzte Etappe vor der Rückkehr nach Helsinki ist Porvoo (Borgå). Hier gibt es eine kopfsteingepflasterte Altstadt mit gotischem Backsteindom, eine »jüngere Altstadt« mit klassizistischen Steinbauten und rote Magazinschuppen am Ufer des Porvoonjoki aus dem 18./19. Jahrhundert. Den besten Blick auf die Stadt hat man von der alten Brücke aus. Bis Helsinki sind es noch 51 Kilometer.

CAMPING MESSILÄ

Auf der Landseite von Bäumen umstandene, nordwestlich von Lahti am Strand des Vesijärvi-Sees gelegene, kostenpflichtige Anlage mit etwa 160 Stellplätzen (keine Dauercamper), die offiziell im Winter nur an den Wochenenden, auf Anfrage aber auch unter der Woche geöffnet ist. Großes Wintersportangebot: Eisbaden, Motorschlitten, Ski nordisch, alpin, Snowboard.

Rantatie 5, 15980 Hollola/Messilä, www.campingmessila.fi, GPS 61.01871, 25.56399

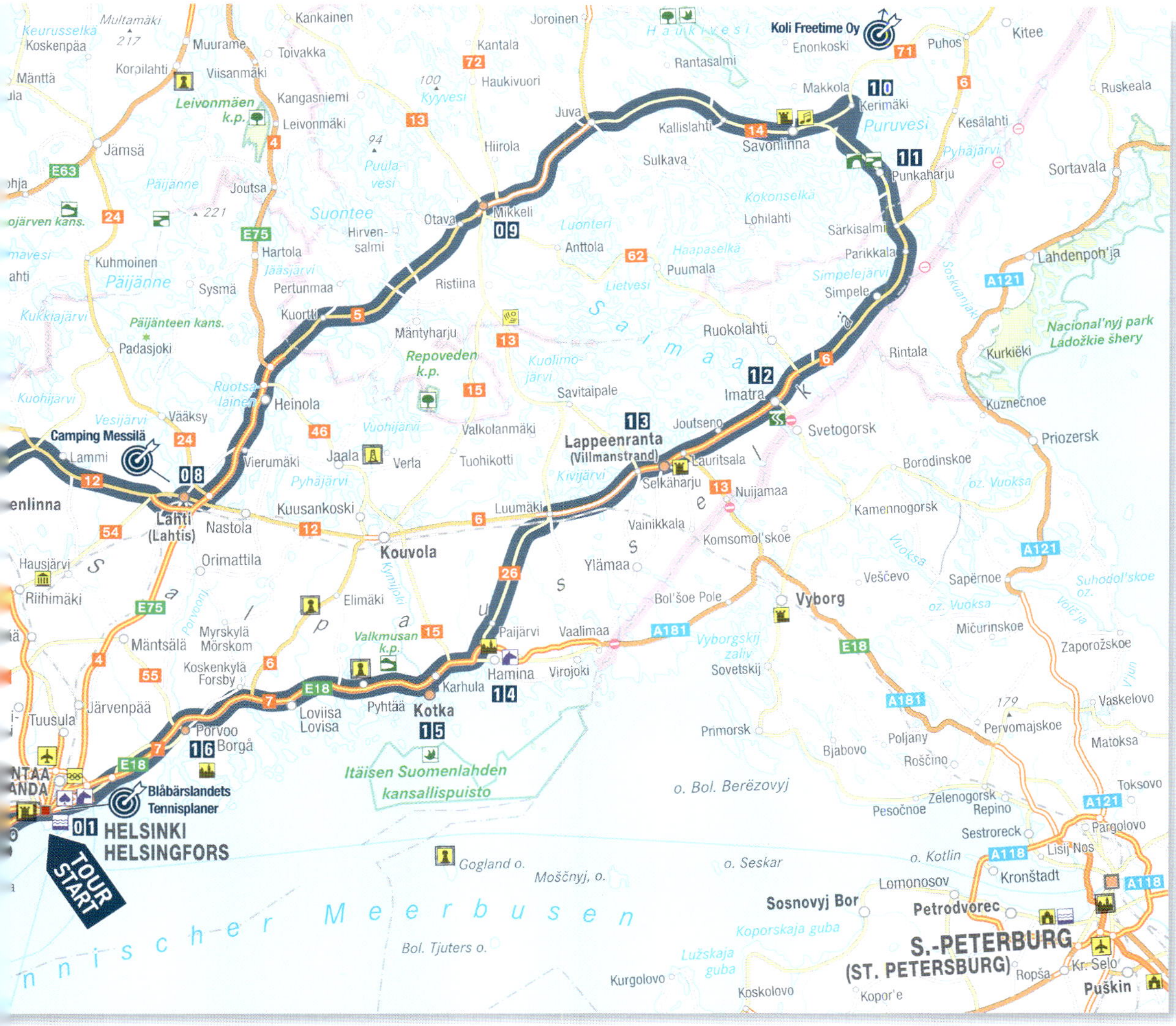

ROUTE 22

VON BERGEN NACH ÅLESUND

Ausgangspunkt dieser Tour ist Bergen, das sich mit der Fähre erreichen lässt und so gleich eine Minikreuzfahrt inklusive bietet. Nördlich von Bergen setzt sich das Fjordland fort. Dort geht ein Meeresarm in den nächsten über, die Wasserfälle kann man kaum zählen, auch weil sie im Winter, mangels Schmelzwasser, oft nur noch Rinnsalen gleichen – selbst die berühmten Sieben Schwestern sind dann kaum wiederzuerkennen. Auch der längste und tiefste Fjord, nicht nur von Norwegen, sondern von ganz Europa, befindet sich hier: der Sognefjord. Für die Einheimischen sind die Wintermonate die schönste und beeindruckendste Jahreszeit. Drei Regionen berührt die westnorwegische Küste zwischen dem früheren Handelszentrum Bergen und der Jugendstilstadt Ålesund: Hordaland, Sogn og Fjordane und den südlichen Zipfel von Møre og Romsdal. Auch der westlichste Punkt Norwegens liegt hier auf der Insel Vagsøy mit herrlichen weißen Stränden. Gleichzeitig ist spürbar, dass man sich auf der Tour langsam in nördlichere Gefilde begibt. Augenmaß und Vorsicht sind beim Fahren mit dem Wohnmobil immer angebracht. Bei einer Reise durch den norwegischen Winter sollte man zudem im Detail genau vorausplanen und sich mit allem Nötigen – Schneeketten, Schneespaten, Streusalz und Taschenlampen etc. – ausrüsten.

WARUM IM WINTER?

Weil es dort den wirklich echten Winter gibt. Schnee ist garantiert, ebenso der Adventszauber in den kleinen Städten, die mit dem Weiß aussehen wie aus dem Bilderbuch. Zwischendurch gibt es viele Möglichkeiten für Wintersport, sogar Winterkajaktouren sind möglich.

Ein echter Glücksfall ist es, wenn man wie hier am Jachthafen in Bergen (Breitengrad: +60,4°) das auch nördliches Polarlicht oder Aurora borealis genannte Nordlicht bewundern kann.

Winterfreuden an der norwegischen Küste

Die fünf Stunden Tageslicht wollen wohl verplant sein – doch eigentlich entfaltet Norwegen seinen Zauber sowieso im Dunkeln: auf Weihnachtsmärkten oder mit den Nordlichtern. Auf der Fahrt zwischen Fjorden und zerklüfteten Küstenstreifen zeigt sich Norwegen im Winter von seiner beeindruckendsten Seite.

Nicht zuletzt dank ihrer unvergleichlichen Lage am Inneren Byfjord wird Bergen, die zweitgrößte Stadt Norwegens, auch »Königin der Fjorde« genannt.

ROUTE 22

Streckenlänge: ca. 405 km
Zeitbedarf: 1–2 Wochen
Routenverlauf (Hauptorte): Bergen, Nordhordlandsbrua, Knarvik, Lindås, Fensfjord, Rutledal, Leirvik, Sognefjord, Vadheim, Sande, Førde, Naustdal, Florø, Bremangerlandet, Måløy, Vågsøy, Vanylvsfjord, Gurskøya, Ulsteinvik, Hareid, Ålesund

Charakteristik: Teilweise wird mit der Fähre auf die Inseln übergesetzt. In der Nebensaison ändern sich die Fahrzeiten!

Informationen:
www.visitnorway.de,
https://de.visitbergen.com,
https://visittrondheim.no

Hier geht's zum GPS-Track

01 Bergen

Die Route beginnt in der alten Hansestadt Bergen. Es ist empfehlenswert, sich ein, zwei Tage Zeit zu nehmen, um den schönen Ort kennenzulernen. Der Hafen ist Ausgangs- und Endpunkt der berühmten Postschiffslinie Hurtigruten, die seit 1893 die Städte und Gemeinden entlang der norwegischen Küste bis hinauf nach Kirkenes verbindet. Bergen wurde im Jahr 1070 gegründet und war lange die größte Stadt Norwegens. Zwischen den Jahren 1217 und 1299 residierten hier sogar die norwegischen Könige. Schon im Jahr 1360 eröffnete in Bergen ein Kontor der Hanse. Dieses Bündnis entstand bereits im Hochmittelalter und endete mit der Entdeckung Amerikas im Jahr 1492, als sich der Handel nach Westen verlagerte. Seit dieser Zeit ist die Stadt mit ihrem alten Hafen eines der wichtigsten Handelszentren ganz Skandinaviens. Das historische Hanseviertel Bryggen an der natürlichen Hafenbucht Vågen in Bergen steht als Weltkulturerbe unter dem Schutz der UNESCO. Benannt ist es nach den »Brücken«, dem Ensemble aus Kais zum Be- und Entladen der Schiffe sowie Speichern, Lagerhallen und Wohnhäusern der Kaufleute, Handwerker und Bediensteten. Die bunte Kulisse der Holzhäuser wurde nach Brandkatastrophen rekonstruiert, wie sie im ausgehenden Mittelalter aussah. Wie es einstmals in der norwegischen Hafensiedlung ausgesehen haben mag, vermittelt auch das Freilichtmuseum »Gamle Bergen«. Mehr als 50 Häuser aus der ganzen Region sind hier zu einer kleinen, feinen Museumsstadt wiederaufgebaut worden.

WINTERTIPP: Der Außenbereich ist ganzjährig geöffnet. Besonders schön ist der Besuch zum Weihnachtsmarkt von Ende November bis kurz vor Heiligabend.

02 Nordhordlandsbrua

Diese Brücke ist einzigartig! Im Jahr 1994 als Teil der Europastraße 39 fertiggestellt, ist ihr schwimmender Teil mit 1246 Metern die längste Ponton-Brücke der Welt. Die Gesamtlänge inklusive der haltenden Schrägseilbrücke, dem einzigen Pfeiler, beträgt über 1600 Meter. Ohne Maut zu zahlen kann man hier den Salhusfjord zwischen Hordvik und der Insel Flatøy überqueren. Durch den Bau dieser Brücke wurde eine Verbindung zwischen Bergen und den nördlichen Inseln geschaffen.

Die Nordhordlandsbrua, eine freischwimmende, mit einer Schrägseilkonstruktion kombinierte Pontonbrücke, ist mautfrei zu befahren. Unten: Mit dem Wohnmobil der Wintersonne entgegen.

03 Knarvik

Anstatt von Flatøy aus die Nordhordlands-Brücke zu befahren, geht es in nordöstlicher Richtung von der Insel über die E 39 in das Vestland-Städtchen Knarvik. Einen großen Parkplatz finden wir am Knassnesvegen 15. Besonders sehenswert ist für Liebhaber moderner skandinavischer Architektur die Kirche von Knarvik. Aus vorverwittertem Kiefernholz wurde das rund 500 Menschen fassende Gotteshaus in geometrischen, klaren Formen auf einer Anhöhe über dem Ort gebaut. Fast wirkt es, als hätte man es aus Papier gefaltet. Der helle, sehr hohe Innenraum ist schlicht und lichtdurchflutet und wirkt durch das Holz dennoch warm. Die einzige Dekoration ist ein großes, rundes Fenster aus Buntglas über dem Altar.

04 Lindås

Die ehemalige Kommune Lindås ist heute ein Teil der Gemeinde Alver. Sie erstreckt sich über Halbinseln und Inseln und liegt an fischreichen Fjorden. Durch seine Tiefe ist besonders der Osterfjord mit einer großen Vielfalt an Fischen für Angler attraktiv, daneben auch der Radfjord. Anstatt auf der Rv 57 von Knarvik aus direkt in die zweifelsohne hübsche Region

LONE CAMPING

Nur knapp 20 Kilometer vor Bergen liegt dieser ganzjährig geöffnete Campingplatz mit Kanuverleih und kleinem Zoo. Er bietet grandiose Ausblicke und jede Menge Ruhe. Der 35 Hektar umfassende Platz ist der größte Campingplatz bei Bergen.

Hardangerveien 697, 5268 Haukeland, www.lonecamping.no, GPS 60.37426, 5.45797

BRUVOLL CAMPING & HYTTER

Ein recht günstiger, ganzjährig geöffneter Platz, etwa 40 Autominuten von Bergen entfernt. An der Rezeption gibt es einen Kiosk. Sanitäre Anlagen, Waschräume, Kochgelegenheiten sind vorhanden. Abwasserentsorgung für Wohnmobile ist gewährleistet.

Hundvinsvegen 10, 5956 Hundvin, www.bruvoll-camping.no, GPS 60.67816, 5.22443

um Lindås zu fahren, lohnt sich noch ein Abstecher auf die kurz vor Seim nordwestlich verlaufende Fv 402 und 404 zur Insel Lygra.

05 Fensfjord

Eine weitere schöne Fahrstrecke ist die N 57 in nördlicher Richtung entlang des 30 Kilometer langen Fensfjords. Bis zu 688 Meter Tiefe werden in einem seiner Arme erreicht. Entlang des Fjords und auf den Inseln gibt es Ferienunterkünfte. Von Kaland/Mongstad verkürzt eine Fähre die Zeit hinter dem Steuer, und man erreicht bequem das nördliche Sløvåg. Die Fahrt dauert etwa 20 Minuten, an Wochenenden und Feiertagen oft etwas länger. In Mongstad befindet sich eine große Ölraffinerie – so erklärt sich der intensive Schiffsverkehr an der Mündung.

06 Rutledal

Das beschauliche Dorf liegt direkt am Eingang des Sognefjords. Es besteht in erster Linie aus Bauernhöfen. Von hier aus kann man mit der Fähre nach Hyllestad fahren. Dort gab es schon in der Wikingerzeit Hunderte von Steinbrüchen, die noch heute zu sehen sind. Zahlreiche Mühlsteine für die nördlichen Länder wurden geschlagen. Teilweise ragen noch dereinst angefangene Steinformen direkt aus den Felsen. Unvergesslich wird vor allem der Blick vom Lifjellet-Massiv sein, dessen imposanteste Wand im Nordosten 600 Meter hoch ist. Außer den höchsten Gipfelspitzen Risnesnipa und Gygrekjeften gibt es eine über 700 Meter hohe, markant hervorstechende Felsspitze, die bezeichnenderweise Zahn, »tanna«, genannt wird.

07 Leirvik

Die Hafenstadt Leirvik ist der Hauptort der Region Sunnhordland auf der Insel Stord. Vom Sunnhordland Museum werden mehrere Höfe und historische Häuser verschiedener Epochen, Minen, ein Kloster aus dem 12. Jahrhundert und ein Fotoarchiv verwaltet. Auch eine große Sammlung von Alltags- und Arbeitsgegenständen wird hier ausgestellt. Exponate gibt es unter »digitaltmuseum.no« auch im Internet zu sehen.

08 Sognefjord

Tief in die Landschaft schneidet sich der Sognefjord ein: Tatsächlich ist er mit einer Tiefe von bis zu 1308 Metern nicht nur der tiefste Fjord der Erde, sondern auch der längste. Immerhin misst der Meeresarm ganze 204 Kilometer. Spektakulär sind vor allem die bis zu 1800 Meter hohen Felswände, die das UNESCO-Weltnaturerbe flankieren. Doch nicht nur schroff und steil ist seine Umgebung, an manchen Stellen fassen ihn auch sanfte Hügel und geschützte Täler ein. Der Sognefjord bildet eine natürliche Klimaschwelle: Eine Felsenbarriere vor der Nordsee lässt nur das warme Wasser hinein, kaltes Wasser bleibt im Ozean. Im Winter erlebt man den Fjord in ein fast mystisch wirkendes Licht getaucht.

WINTERTIPP: Von qualifizierten Guides geführte Gipfeltouren mit Skiern, Schneeschuhwandern, Langlaufen, Hundeschlittenfahren – das sind nur einige der vielen Highlights in dieser Jahreszeit.

09 Vadheim

Auf der E 39 gelangt man direkt nach Vadheim. Dank seiner Lage am Nordufer des Sognefjords vor einem imposanten Felsmassiv bietet der Ort eine Bilderbuchkulisse. In der Nähe des Dorfes ist die steinerne Ytredal-Brücke aus dem 18. Jahrhundert eine Attraktion. Historiker verbinden Vadheim mit dem berühmtesten

Fähre am verschneiten Sognefjord. Auf längeren Strecken müssen Wohnmobilisten in Norwegen in der Regel das Fahrzeug verlassen; der Gashahn ist stets zu schließen.

AUSFLUGSZIELE

Gulatinget Millennium Park

Zwischen den Jahren 900 und 1300 n. Chr. fanden hier Parlamentsversammlungen statt, bei denen Konflikte durch Verhandlung und Dialog gelöst wurden. Die Versammlung wurde von König Harald I. Schönhaar ins Leben gerufen. Die Legislative umfasste damals die gesamte Küste, einschließlich Hallingdal, Setesdal und Valdres, und war eine der größten in ganz Norwegen. In Eivindvik können Besucher heute den Ort besuchen, an dem ein über 1000-jähriges Kreuz markiert, wo die Versammlung zum ersten Mal stattfand. In Flolid, wenige Kilometer östlich von Eivindvik, befindet sich die Millennium City: Hier sind monumentale Kunstinstallationen von Bård Breivik zu sehen. In Eivindvik wie in der Millennium City können Führungen auf Anfrage gebucht werden. **www.thingsites.com/thing-site-profiles/gulating-norway**

Kriegsschiff des Ersten Weltkriegs, dem Hilfskreuzer »SMS Möve«. Das Schiff ging nach dem Krieg an Großbritannien über, wurde 1933 umbenannt in »Oldenburg« und im Zweiten Weltkrieg von den Alliierten im Sognefjord versenkt.

10 Sande

Nicht das Dorf Sande gleich nördlich von Vadheim, sondern die Kommune Sande weiter nördlich ist das Ziel einer weiteren schönen Fahrstrecke. Die E39 führt zwischen den Gebirgen und den beliebten Wandergebieten des Jostedalsbreen-Nationalparks und dem Naustdal-Gjengedal hindurch. Beide sind gerade im verschneiten Winter eine Reiseunterbrechung wert. Dann zweigt bei Hovdebygda die 653 in nordwestlicher Richtung ab – die 61 führt auf die Inseln, auf der Sande mit dem Hauptort Larsnes liegt. Eine ganz besondere Sehenswürdigkeit auf Sandsøy ist die Dollsteinhola: Die fünf durch schmale Gänge verbundenen Räume der Höhle verteilen sich auf 180 Meter Länge. Im Winter aber leider nicht zugänglich.

11 Førde

Die Europastraße 39, die Kristiansand mit Trondheim verbindet, macht in Førde einen Schwenk nach Osten und führt am Rand des Jostedalsbreen-Nationalparks vorbei in das Urlaubsgebiet rund um den Nordfjord. Auf der anderen Seite führt der Reiksvei 5 in westlicher Richtung nach Florø an der norwegischen Atlantikküste. Førde, die größte Stadt der Provinz Sogn og Fjordane, ist als Einkaufsstadt auch bei Wohnmobilisten beliebt.

12 Naustdal

An der N5 und dem Sunnfjord liegt Naustdal südwestlich des Naustdal-Gjengedal-Nationalparks. Über die schmaleren Reichs- und Provinzstraßen Rv 5 und Fv 615 sowie kleine Privatwege, für die eine Gebühr gezahlt werden muss, gelangt man zum großen Parkplatz neben dem geschützten Gelände. Der Park bietet eine faszinierende Landschaft aus Bergen, Gletschern, Tälern und Seen mit vielen Möglichkeiten, Wintersport zu betreiben. Seltene Tierarten und eine wilde Rentierpopulation sind in den Førdefjella-Bergen zu Hause. Perfekt also für alle, die ihre Langlaufski an Bord haben.

13 Florø

Florø, der erste Hurtigruten-Anleger nördlich von Bergen, ist Norwegens westlichste Stadt. Der zwischen den Ausmündungen von Sogne- und Nordfjord gelegene 10 000-Seelen-Ort wurde 1860 wegen seiner reichen Heringsfanggründe gegründet und führt das »Silber des Meeres« daher auch in seinem Wappen. Rund um den Hafen finden sich sorgfältig restaurierte historische Holzbauten, die nun Lokale beherbergen. Lange Zeit lebten die meisten Einwohner vom Fischfang; heu-

FØRDE GJESTEHUS OG CAMPING

Idyllisch gelegen am Jølstra-Fluss und nur 2,5 Kilometer vom schönen Ort Førde entfernt. Der Platz ist sehr ordentlich, verfügt über gute sanitäre Anlagen, einen schönen Spielplatz und Stellflächen für kleine und große Wohnmobile, mit oder Stromanschluss. Ganzjährig geöffnet, aber etwas teurer.

Kronborgvegen 44, 6800 Førde, www.fordecamping.com, GPS 61.44965, 5.89273

EFINOR KROKANE CAMPING

Landschaft und Einfachheit spielen hier die Hauptrollen. Es geht eher um einen schönen ruhigen Stellplatz als um exklusive Infrastruktur. Eine Rezeption ist in der ganzjährig geöffneten Anlage vorhanden – außerhalb der Sommersaison mit eingeschränktem Service. Im nahe gelegenen Hafen von Florø legen die Schiffe der Hurtigruten an.

Brandsøyvegen 1, 6900 Florø, krokanecamping.no, GPS 61.59339, 5.05873

AUSFLUGSZIELE

Vogelinsel Runde

Die Insel Runde im Sørøyane-Archipel ist Norwegens südlichste Vogelkolonie und gilt als ornithologisches Paradies. In den Felswänden der sechs Quadratkilometer kleinen Insel brüten jährlich 500 000 bis 700 000 Seevögel vor der großartigen Kulisse der Sunnmørsalpen – darunter die mit 5000 Brutpaaren größte Kolonie von Eissturmvögeln in Norwegen. Die Hauptbrutzeit ist Mai bis Juni, aber auch im Winter trotzen einige Vogelarten dem rauen Klima: Neben lokalen Kormoranarten und Eiderenten sind darunter arktische Gäste wie die Polarmöwe, der Alkenkönig, die Bislummen und die Prachteiderente; auch den Seeadler sieht man oft im Winter. Weite Teile der Insel stehen unter Naturschutz. Für Wohnmobilisten eignet sich der Campingplatz Goksøyr zum Übernachten.
http://insel-runde.de

te ist die Erdölindustrie die Haupteinnahmequelle der Bevölkerung. Im Hafen sind deshalb immer auch die Versorgungsschiffe, die zu den Förderplattformen vor der Küste fahren, zu sehen. Florøs Küstenmuseum informiert auf sehr sehenswerte Weise über die Kultur und Geschichte der Region.

14 Bremangerlandet

Die kleine Insel Bremangerlandet mit dem Hauptort Bremanger bietet auf einem 153 Quadratkilometer großen Areal Norwegen en miniature: Steile Berge wechseln sich ab mit tiefblauen Gletschern, die in Fjorden enden. Dazu kommen ertragreiche Gewässer und Bergseen, die auch jedes gerne eisfischende Anglerherz erfreuen. Verschneite Sandstrände ergänzen das Landschaftsbild perfekt. Das Fischerdorf Kalvåg atmet noch die Atmosphäre des 19. Jahrhunderts, als hier Zehntausende Heringsfischer im Sommer ihr kurzfristiges Quartier bezogen. Die alten Holzhäuser der Fischer, die sogenannten Vamråkbuene am Hafen, wurden liebevoll restauriert.

15 Måløy

Måløy liegt in der Inselgemeinde Vågsøy an der Mündung des Nordfjords und ist ein Hurtigruten-Hafen. Wie in Florø sind die meisten Einwohner im Fischfang tätig oder auf der Werft beschäftigt. Måløy zählt neben Ålesund und Tromsø zu den größten Fischereigemeinden Norwegens. Sehenswert ist das hiesige Fischereimuseum. Eine Besonderheit ist die 1224 Meter lange Måløy-Brücke über den Ulvesund, die siebtlängste des Landes. Bei bestimmten Windstärken erklingt dort ein »hohes C«. Måløy ist der westliche Endpunkt der Reichsstraße 15 am Nordufer des Nordfjords und längs des bis zu 514 Meter tiefen Hornindalsvatn, des tiefsten Binnensees Europas.

16 Vågsøy

Die nördlich der Mündung des Nordfjords gelegene Insel Vågsøy ist ein beliebtes Ausflugsziel. Sie ist über eine 1274 Meter lange Brücke mit dem Festland verbunden und kann am besten über den Riksvei 15 erreicht werden. Die raue Inselnatur lädt zu einsamen Küstenwanderungen ein. Vågsøy ist für seine vier Leuchttürme berühmt – drei davon bieten sogar Übernachtungsmöglichkeiten an. Der Leuchtturm Kråkenes Fyr (»Krähenfeuer«) ist ein schneeweißes Gebäude im Norden der Insel und bietet eine großartige Ansicht, wenn es – vor allem an stürmischen Tagen – Wind und Wellen trotzt, damit sein Leuchtfeuer die Schiffe vor den tückischen Gewässern warnen kann. Darüber hinaus ist Vågsøy ein Zentrum des Fischfangs, hier liegt mit Måløy der zweitwichtigste Fischereihafen des Landes.

17 Vanylvsfjord

Auf den schmalen Straßen zwischen Fjord und Wäldern wird ein Wohnmobil dem anderen schon mal Platz machen müssen! Das bis zu 250 Meter tiefe Gewässer trennt die Provinzen Vestland und Møre og Romsdal voneinander. Am Eingang zum Fjord steht auf der kleinen Insel Flekøy quasi mitten im Meer ein Leuchtturm. Das Gebiet des Inselchens steht unter Naturschutz. Entlang des Fjords liegen mehrere kleine Dörfer. Das größte ist Åheim, das sich mit dem Abbau von Olivin einen Namen gemacht hat. Das grüne, Härtegrade zwischen 6 und 7 aufweisende Mineral, eine hier in großen Mengen vorkommende Eisen-Magnesium-Silikatverbindung, gilt als einer der wichtigsten CO_2-Speicher. In der Baubranche wird es als Füllstoff verwendet, die Glasindustrie nutzt es zur Herstellung besonders hitzebeständiger Gläser. Besonders klare und durchsichtige Olivinkristalle sind

JØLSTRAHOLMEN CAMPING & COTTAGES

Obwohl ein Stück östlich der Route gelegen, lohnt der Abstecher. Der ganzjährig geöffnete Platz hat Stellflächen mit Frischwasser und Abwasserentsorgung für Wohnmobile. Zudem liegt er nur 800 Meter vom Skizentrum Jølster entfernt.

Jølstravegen, 6847 Vassenden, https://jolstraholmen.no, GPS 61.48834, 6.08948

sehr selten, sie werden zu Schmuck- und Edelsteinen geschliffen.

18 Gurskøya

Zu den Gemeinden Herøy und Sande gehört auch die Insel Gurskøya. Der kleine, noch wenig bekannte Höhenzug Hestefjellet hält auf gut 600 Höhenmetern und einer Länge von zwölf Kilometern für Wanderer überwältigende Ausblicke bereit. An der nördlichen Küste Løsetstranda, die über die Fv 10 erreicht wird, liegt nahe dem Ort Moltustranda ein Feld mit 63 Steingräbern aus der Bronzezeit, das zu den wertvollsten Denkmälern des Landes zählt. Zwischen den Steinhügeln sind außerdem Reste einer alten Landwirtschaft aus dem 18. Jahrhundert zu sehen. Die weiße, achteckige Leikanger Kirke, eine Holzkirche, wurde ursprünglich 1807 an anderer Stelle errichtet und 1872 hier neu aufgebaut.

19 Ulsteinvik

Das Zentrum der Gemeinde Ulstein ist in erster Linie für seine Werften bekannt. Hier wurden schon diverse Schiffe der berühmten Hurtigruten-Linie gebaut, darunter auch die »Roald Amundsen«, das nach dem norwegischen Seefahrer und Polarforscher benannte, weltweit erste Kreuzfahrtschiff mit Hybridantrieb, dessen Schiffsrumpf (mit Axtbug) speziell für die Polargebiete entwickelt wurde. Die Stadt lädt mit guten Einkaufsmöglichkeiten, Restaurants und Kulturangeboten zum längeren bleiben ein. Die dem Atlantik zugewandte Küste und der vorgelagerte Archipel machen die Region zum perfekten Urlaubsort. Der Wohnmobilplatz bei dem Dorf Flø liegt nahe der Mole direkt am Strand. **WINTERTIPP: Die Abende sind lang, die Adventsbeleuchtung kann man in den Städten umso länger genießen. Nun hat man genügend Zeit, durch die hübsch angeleuchteten Straßen zu bummeln und vielleicht Weihnachtseinkäufe zu tätigen.**

20 Hareid

Die Insel Hareidlandet ist über mehrere Brücken mit den Nachbarinseln und dem Festland verbunden. Ideal also, um sich problemlos und mit bester Aussicht fortzubewegen. Der östliche Teil der Insel ist dem Storfjord, dem »Großen Fjord«, zugewandt, der immerhin 86 Kilometer lang und 679 Meter tief ist. Über dem Hauptort Hareid thront der 668 Meter hohe Berg Melshornet, der ein schönes Wandergebiet ist. Mehrere Wege führen durch Wälder hinauf, wobei der Aufstieg von Ulset aus am leichtesten ist. Von oben bieten sich

FLØ FERIESENTER AS

Nur zehn Autominuten von Ulsteinvik entfernt liegt das schöne Areal am Atlantik. Circa 30 Stellplätze befinden sich hier direkt am Meer, sanitäre Anlagen und die Rezeption sind nur wenige Schritte entfernt. Schöne Spazierwege und absolute Ruhe gibt es hier ebenfalls. Ganzjährig geöffnet.

Fløvegen 762, 6065 Ulsteinvik, www.floe-feriesenter.no/de/campinggelande, GPS 62.40307, 5.85057

Fahrt durch die verschneite Winterlandschaft beim Hauptort Hareid auf der Insel Hareidlandet.

VOLSDALEN CAMPING

Der Campingplatz liegt nur 20 Minuten zu Fuß vom quirligen Ålesund entfernt auf dem Volsdalsberg oberhalb des Storfjords. Es gibt etwa 40 Stellplätze. Ganzjährig geöffnet.

Sjømannsvegen 1, 6001 Ålesund, www.volsdalencamping.no, GPS 62.46966, 6.19860

fantastische Blicke über den Storfjord, die Vartdalen-Berge und das Hareidsdalen. Von Hareid aus verkehren auch Fähren nach Ålesund und nach Valderøy.

21 Ålesund

Das Ziel dieser winterlichen Route ist nun erreicht. Schon allein der Blick auf die zerklüftete Inselstadt ist einfach ein Traum. Das beste Panorama ergibt sich vom Hausberg Aksla aus: zu erklimmen über 418 Stufen oder per öffentlichem Nahverkehr. Es lohnt sich, einen mehrtägigen Aufenthalt einzuplanen. Interessant für Familien mit Kindern ist der in Tueneset, westlich von Ålesund, gelegene Freizeitpark Atlanterhavsparken: Er zählt zu den größten Salzwasseraquarien Nordeuropas. In der Wintersaison gleicht der Golfstrom die kühlen Temperaturen aus und sorgt für klares Wasser, sodass man hier viele Fische und Seesterne sehen kann.

WINTERTIPP: Eine der abenteuerlichsten Möglichkeiten, die Stadt im Winter zu erkunden, ist eine Kajaktour. Dazu trifft man sich im Aktivitätszentrum Uteguiden, wo die Teilnehmer der Winterkajaktour mit Ausrüstung ausgestattet werden und eine Sicherheitseinweisung erhalten. Danach steigt man im Trockenanzug in eines der Tandemkajaks und verbringt – von ortskundigen Guides geführt – eine unvergesslich werdende Zeit auf dem Nordmeerwasser (www.fjordtours.com/de).

Für viele Norweger ist Ålesund die schönste Stadt ihres Landes. Im Winter glitzert oben auf den Bergen der Sunnmøre-Alpen der Schnee, unten funkeln die Häuser des auf drei Hauptinseln im Nordmeer verteilten Stadtzentrums.

ROUTE 22

Steinshamn
Gossa
Molde
1095
Midsund
Moldefj.
Nordøyane
Austnes
Vestnes
Brattvåg
9
64
Roald
E136
21
Volsdalen Camping
Tresfjord
Alnes
Ålesund
Sjøholt
Flø Feriesenter AS
650
Langevåg
Storfj.
Sykkylven
Stordal
1739
Søróyane
Kvalsvik
Hareid
20
Stranda
Liabygd
63
Fosnavåg
Ulsteinvik
19
Vartdal
Valldal
Sandøy
Gurskøya
18
1307
Sæbø
Slogen
Eidsdal
Stadhavet
1597
Eide
Larsnes
Ørsta
(624)
Stadlandet
Vanylvsfjorden
17
Volda
63
Leikanger
Fiskå
Hellesylt
Sunnmøre
Selje
(1038)
Nord-
Vågsøy
E39
15
16
Dalsnibba
Hornindals-
vatn.
(1139)
Måløy
Stårheim
Grodås
15
N o r d f j o r d e n
Nordfjordeid
Bremanger-
pollen
14
614
60
Oppstryn
Bremangerlandet
Utvik
Olden
2083
Kalvåg
Å l f o t b r e e n
(630)
Sandane
Svelgen
1632
Hyen
Jostedalsbreen
Breheimen
615
n.p.
Norddal
E39
J o s t e d a l s b r e e n
Florø
5
Eikefjord
13
Skei
Bruheim
Efinor Krokane Camping
Bru
12
Ålhus
Naustdal
Jostedalen
Svanøy
Førde
Jølstraholmen Camping
& Cottages
1732
Førdefjorden
11
1516
Luster
1307
Førde Gjestehus
og Camping
Gaupne
Holmedal
Bygstad
(745)
Fjærland
Vik
Vilnes
Sande
13
Dale
10
5
Urnes
57
E39
Sogndal
Buefjorden
Sørbøvåg
09
Høyanger
Vadheim
Hermansverk
Åfjorden
Tronvik
Kaupanger
07
Sula
08
Leikanger
Leirvik
Balestrand
Vangsnes
Hardbakke
S o g n e f j o r d e n
55
Lærdalsøyri
Lavik
Ortnevik
Rutledal
06
Ytre Sula
Vikøyri
Bjordal
Fresvik
Sognesjøen
Oppedal
1660
13
Stølsheimen
1781
Eivindvik
695
Aurlandsvangen
Sandøy
Gudvangen
05
F e n s f j.
Solheim
50
Flåm
(430)
Vinje
Fedje
Masfjorden
Myrdal
1862
Austrheim
Vikanes
Lindås
Mjølfjell
04
Bruvoll Camping & Hytter
Evanger
1424
Haugland
Hallingskarvet n.p.
Østereidet
Stamnes
Voss
One
Radøy
13
03
Ulvik
Dale
Finse
Askøy
Knarvik
E16
Hardanger-
jøkulen
1839
Nordhordlandsbrua
02
Granvin
Vaksdal
Ask
Eidfjord
TOUR
START
Ytre Arna
Alvik
Brimnes
7
987
7
Kinsarvik
BERGEN
01
0
30 km
48
Tysse
Lone Camping
Norheim-
sund
Lofthus
Store Sotra
1299
E39
Hardangerfjorden
Hjellestad
49
Jondal
13
Klokkarvik
Fanahammaren
1689

ROUTE 23

VON BADEN-BADEN NACH SCHAFFHAUSEN

Der Schwarzwald präsentiert sich im Winter besonders stimmungsvoll. Zum Hang hin wirken die Bäume, als wären sie nur leicht mit Puderzucker eingestreut. Wenn dann noch die Sonne von einem tiefblauen Schwarzwaldhimmel lacht, ist es Zeit, das Wohnmobil startklar zu machen. Den Anfang unserer Route macht Baden-Baden: Die Schwarzwald-Hochstraße führt über die Bühlerhöhe an der Hornisgrinde und dem Nationalpark Schwarzwald vorbei bis nach Freudenstadt. Freudenstadt verströmt mit seinen Arkadengängen italienisches Flair. Kulinarisch kann es kaum ein anderer Landstrich in Deutschland mit dem Nordschwarzwald aufnehmen, so ist die Sternedichte enorm hoch. Ob Genießer oder nicht – in Freudenstadt gelangt man auf die Schwarzwald-Tälerstraße, die nach Alpirsbach mit seinem berühmten romanischen Kloster führt. Von Schiltach geht es durchs Kinzigtal in die Heimat des Bollenhuts nach Wolfach und Gutach. Weiter südlich stoßen wir auf die Deutsche Uhrenstraße, die 30 Gemeinden verbindet, die alle etwas zum Thema »Zeit« und vor allem zur Kuckucksuhr beizutragen haben. Die letzte Etappe der winterlichen Wohnmobilreise führt – wenn auch nicht auf einer offiziellen Ferienstraße, so doch landschaftlich nicht weniger reizvoll – durch den Südschwarzwald zum Rheinfall bei Schaffhausen.

WARUM IM WINTER?

Diese Route führt durch ein zauberhaftes Winterwunderland, auch wenn sie sich bei Schnee anstrengender fahren lässt; die Mühe lohnt sich, denn dort gibt es Winterzauber pur. Viele kleine Museen und hübsche Städtchen sorgen für Abwechslung.

Im Schwarzwald genießt man Natur pur – die Gegend ist ideal für einen erholsamen Winterurlaub.

Winterträume im Schwarzwald

Von wegen dunkel: Im Winter verwandelt sich der Schwarzwald in ein weißes Wunderland. Unsere Tour führt entlang verschneiter Wälder, verträumter Seen, romantischer Täler von Baden-Baden im Nordschwarzwald bis ins schweizerische Schaffhausen.

Oben: Ab ins Winterglück – Baden-Baden lockt mit kalt verschneiter Pracht und heißen Thermalquellen.
Rechte Seite: Skifahrer und Snowboarder finden im Hochschwarzwald 60 Liftanlagen für ihren Sport.

ROUTE 23

Streckenlänge: ca. 800 km
Zeitbedarf: 8–10 Tage
Routenverlauf (Hauptorte): Baden-Baden, Freudenstadt, Schramberg, Furtwangen, Titisee-Neustadt, St. Blasien, Schaffhausen
Charakteristik: Der Schwarzwald ist für aktive Wintercamper ideal! Ein ganz besonderes Erlebnis ist auch in dieser Jahreszeit die Nationalparkregion Schwarzwald, die man dann am besten bei einer schönen Schneeschuhwanderung entdeckt.
Informationen: www.schwarzwald-tourismus.info, www.nationalparkregion-schwarzwald.de/Winter

Hier geht's zum GPS-Track

01 Baden-Baden

Unsere Route beginnt gleich mit einem ersten Höhepunkt: Der mondäne Kurort Baden-Baden an der Oos lebt noch ganz von der Pracht vergangener Zeiten. Nachdem bereits die Römer das heilende Wasser genutzt hatten, entwickelte sich erst im 19. Jahrhundert ein Kurbetrieb in großem Stil. Links der Oos errichtete Friedrich Weinbrenner das Kurhaus (1821–1823), in dem sich heute das Kasino befindet. Die freskengeschmückte Trinkhalle im Kurpark stammt von Friedrich Hübsch. Rechts der Oos zieht sich die pittoreske Altstadt den Berg hinauf. Dicht beieinander stehen hier das prunkvolle Friedrichsbad (1869–1877) und die Caracalla-Therme. Im Zentrum erhebt sich nur das Neue Schloss. Das Alte Schloss ist eine Ruine in der Nähe der Battert-Felsen außerhalb der Stadt. Als Ausflugsziel bietet sich der Merkur an, der Hausberg der Stadt. Von der im Jugendstil errichteten Talstation führt eine Bergbahn auf den Gipfel. Einmal oben angekommen, bietet der im 19. Jahrhundert errichtete Merkurturm eine wunderbare Aussicht auf die dem Berg zu Füßen liegende Stadt und das Umland.

WINTERTIPP: Zum Aufwärmen und entspannen geht es in das heilsame Wasser der Caracalle-Therme.

02 Bühlerhöhe

Weiter geht es auf der Schwarzwaldhochstraße zum nur 16 Kilometer entfernten Schlosshotel Bühlerhöhe, das mit dem Namen von Hertha Isenbart verbunden ist. Diese heiratete einst einen jungen Offizier, der aber wegen dieser Ehe mit einer geschiedenen Jüdin die Armee verlassen musste. Um doch noch Anerkennung in den Adelskreisen zu finden, ließ sie in den Jahren 1911 bis 1914 auf der Höhe ein barockes Genesungsheim für Offiziere errichten. Daraus entstand ein (seit 2010 leerstehendes) Luxushotel. Etwas südlich liegt die 1164 Meter hohe Hornisgrinde mit schönen Wanderwegen, von denen einige auch im Winter einen Abstecher lohnen. Auch den sagenumwobenen Mummelsee kann man besuchen.

03 Ruhestein

In Ruhestein wurde das neue Informationszentrum mit einer »Brücke der Wildnis« für Besucher im

Juni 2021 eröffnet. In einer Dauerausstellung des Nationalparkzentrums werden die Tier- und Pflanzenwelt sowie die Geologie des nördlichen Schwarzwalds erklärt. Winterliche Wanderungen führen zum Beispiel um den Vogelskopf und zu sechs Naturschutzgebieten. Unterhalb des Ruhesteins befinden sich die sehr sehenswerten Allerheiligen-Wasserfälle – wenn sie eingefroren sind, ein echtes Erlebnis.

WINTERTIPP: Der Ski- und Ausflugsort Ruhestein in über 900 Meter Höhe ist das Zentrum des Nationalparks Schwarzwald.

04 Kniebis

Hier verlief einst die Grenze zwischen Baden und Württemberg. 1734 wurde die Passhöhe mit einer Wehranlage, der Alexanderschanze, gesichert. Der Anstieg war recht mühselig – Kniebis heißt »Kniebrecher«. Auf Wanderungen begegnet man noch stummen Zeugen des einstigen Waldbauernlebens – Nadelbäume mit Harzrinnen und mit Steinmauern eingezäunte karge Weideflächen. Unter einer Schneedecke werden sie zu bizarren Kunstwerken. Nahe dem Mineral- und Moorbad Bad Rippoldsau-Schapbach locken Naturdenkmäler wie der Glaswaldsee, der Burgbachwasserfall und die Felsformation des Kastelsteins.

05 Freudenstadt

Der Kur- und Urlaubsort im Nordschwarzwald wurde zu Beginn des 17. Jahrhunderts als gleichmäßige Stadtanlage nach dem Vorbild italienischer Planstädte der Renaissance konzipiert. Sehenswert: der von imposanten Häusern gesäumte Marktplatz samt Arkaden sowie die zwischen 1601 und 1608 erbaute Stadtkirche mit zwei im rechten Winkel zueinander stehenden Kirchenschiffen.

WOHNMOBILSTELLPLATZ BADEN-BADEN

Der schön angelegte, ganzjährig nutzbare, kostenpflichtige Platz mit allen Ver- und Entsorgungseinrichtungen für 28 Fahrzeuge liegt in vier Kilometer Entfernung vom Zentrum. Eine schmale Buschreihe trennt den Platz von der stark befahrenen vierspurigen B500.

Hubertusstraße 2, 76532 Baden-Baden, www.baden-baden.com/media/attraktionen/wohnmobilstellplatz, GPS 48.78222, 8.20399

WOHNMOBILSTELLPLATZ SASBACHWALDEN

Komfortabler, sehr ruhiger und vollständig ausgestatteter Platz hinter den Verkaufs- und Produktionsräumen der Alde Gott Winzer Schwarzwald eG. Er ist kostenpflichtig, ganzjährig geöffnet und bietet Raum für ca. 30 Fahrzeuge.

Talstraße 2, 77887 Sasbachwalden, www.sasbachwalden.de/sasbachwalden/camping, GPS 48.61957, 8.12156

WOHNMOBILSTELLPLATZ OPPENAU

Der kleine Stellplatz befindet sich auf dem Wagner-Maier-Platz nahe dem Oppenauer Stadttor. Er verfügt über alle notwendigen Ver- und Entsorgungseinrichtungen und ist ganzjährig nutzbar.

Hauptstraße 3, 77728 Oppenau, www.renchtal-tourismus.de/erleben/wohnmobilstellplaetze, GPS 48.47666, 8.16915

06 Loßburg

In der Nähe entspringt die Kinzig, und hier bauten sich die Herren von Geroldseck im 13. Jahrhundert die Loßburg. Diese Wasserburg existiert nicht mehr, dafür der in einer herrlichen Umgebung gelegene Luftkurort, der sich ganz auf Familienurlauber eingestellt hat. Rund um die Kinzigquelle verspricht das »Zauberland an der Kinzig« spielerische Naturerfahrung.

07 Alpirsbach

Hauptattraktion dieses Luftkurorts im Kinzigtal ist das gut erhaltene, im Jahr 1095 gegründete Benediktinerkloster. Die 1125 vollendete, flachgedeckte Säulenbasilika ist eines der wenigen unversehrt erhaltenen Beispiele der Hirsauer Bauschule. Von der ursprünglich romanischen Ausstattung stammt noch die Chorbank im nördlichen Seitenschiff. Sehenswert sind auch der spätgotische Kreuzgang und der Kapitelsaal.

08 Schiltach

Dies ist die Stadt des Fachwerks, der Flößer und der Gerber. Im Schüttesäge-Museum wird das Leben der Flößer anschaulich dargestellt. Früher flößten die Schiltacher das Holz auf der Kinzig bis zur Mündung in den Rhein und von dort bis nach Holland. Der älteste Teil der Stadt ist das Gerberviertel mit seinen stattlichen Fachwerkhäusern. Wer miterleben will, wie man noch von Hand gerbt, meldet sich bei der Meistergerberei Trautwein. Der Wohnmobilstellplatz der Stadt liegt quasi im »Hinterhof« dieser auf eine über 350 Jahre alte Tradition zurückblickenden Firma.

Schöne Fachwerkhäuser findet man auf der Schwarzwald-Tour nahezu überall, so zum Beispiel in Alpirsbach (unten) und in Schiltach im Kinzigtal (ganz unten).

AUSFLUGSZIELE

Hornisgrinde

Die Hornisgrinde ist der höchste Berg des Nordschwarzwalds. Im Winter kann man hier auch Ski fahren: Der zu den Liftbetrieben Unterstmatt gehörende Ochsenstall-Lift erschließt einen recht anpruchsvollen Hang, ist aber auch bei ausreichender Schneelage meist nur an den Wochenenden in Betrieb. Seitlich vom Liftausstieg gibt es eine besonders gut zum Rodeln geeignete Familienabfahrt. Ein bis zu fünf Meter tiefes Moorgebiet bedeckt den südöstlichen Teil des Gipfels. Die umliegende Feuchtheide entstand im 15. Jahrhundert durch Rodung der Waldgebiete. Eingegraben in den Südhang der Hornisgrinde und umsäumt von einem Heer stolzer Nadelbäume, präsentiert sich eine der urigsten Naturlandschaften des Schwarzwalds. **www.asck.de/aktivitaeten/ski-im-nordschwarzwald.html**

09 Wolfach

Durch die Lage am Zusammenfluss von Wolfach und Kinzig war die Stadt lange Zeit ein Zentrum der Kinzigflößerei und des Holzhandels. Das Stadtbild wird von dem auf eine Burg aus dem 12. Jahrhundert zurückgehenden Fürstenberger Schloss geprägt, dessen heutige Gestalt aus dem 17. Jahrhundert stammt. Einen Besuch lohnen auch das Flößer- und Heimatmuseum, die Dorotheenhütte (Glashütte) und das Bergbau- und Mineralienmuseum. Unsere Tour führt nun ins Gutachtal. Wer Zeit hat, sollte einen Abstecher weiter entlang der Kinzig in das 30 Kilometer entfernte Gengenbach machen. Dort erwartet ihn ein einmaliges Ensemble aus mittelalterlichen Türmen, Mauern und Fachwerkhäusern.

10 Gutach

Der Ort ist ein idealer Ausgangspunkt für winterliche Wanderungen, außerdem gilt er als einer der Ursprungsorte der Schwarzwälder Bollenhuttracht.

WINTERTIPP: Das nahe gelegene Freilichtmuseum Vogtsbauernhof ist zwar im Winter geschlossen, öffnet aber vom 13. bis zum 15. Dezember für einen Weihnachtsmarkt seine Pforten.

11 Hornberg

Das malerische Städtchen an der Schwarzwaldbahn ist durch das sprichwörtlich gewordene Hornberger Schießen bekannt. Man wollte einst den Herzog standesgemäß mit Böllern begrüßen, verschoss aber sein Pulver zu früh, sodass für den hohen Herrn nichts mehr übrig blieb. Sehenswert sind der Schlossberg mit der Burgruine und die evangelische Kirche mit dem hochgotischen Chor.

12 Schramberg

Reizvoll in fünf Tälern gelegen, ist Schramberg von drei Burgruinen umgeben. Bis heute bildet die Feinmechanik die wirtschaftliche Grundlage der Stadt; besonders verbunden ist sie mit der Uhrenfabrik Junghans. Die Geschichte des Uhrmachens wird im Junghans Terrassenbau Museum lebendig. Bekannt ist Schramberg auch für seine Fasnet, berühmt ist die »Da-Bach-na-Fahrt« auf dem Kirchbach in fantasievoll dekorierten Zubern. Weitere sehenswerte Museen sind die Auto- und Uhrenwelt, die Autosammlung Steim und das Dieselmuseum.

13 St. Georgen

Der Kur- und Wintersportort, in dem seit Langem Feinmechanik und Uhrentechnik zu Hause sind, hat den höchstgelegenen Bahnhof der badischen Schwarzwaldbahn. Einen Besuch wert sind das Heimatmuseum im Schwarzen Tor und das Deutsche Phono Museum. Hier erfährt man viel Wissenswertes über die Geschichte der Tonwiedergabetechnik.

14 Triberg

Am Rand des Kurortes liegen Deutschlands höchste Wasserfälle. Die Gutach stürzt hier in sieben Stufen 163 Meter in die Tiefe. Bei Frost ergeben sich dort eindrucksvolle Eiskunstwerke. Das Schwarzwaldmuseum zeigt eine große Sammlung von Schwarzwälder Uhren und Drehorgeln sowie Werkstätten von Uhrmachern und Strohflechtern. Sehr sehenswert ist zudem auch das

WOHNMOBILPARKPLATZ LEHWIESE

An einer rauschenden Stromschnelle der Kinzig befindet sich dieser kostenlose Stellplatz. Bis zum malerischen Fachwerkensemble am Marktplatz von Schiltach sind es zu Fuß 300 Meter.

Am Hirschen 1, 77761 Schiltach, www.schiltach.de, GPS 48.29112, 8.34288

WOHNMOBILSTELLPLATZ BEIM VIADUKT

Relativ neu angelegte, kostenpflichtige Servicestation für acht Wohnmobile direkt am »Reichenbächle« beim Viadukt in Hornberg.

Rebbergstraße 2, 78132 Hornberg, www.hornberg.de, GPS 48.21409, 8.23172

barocke Innere der Wallfahrtskirche Maria in der Tanne.

15 Furtwangen

Wie Triberg war Furtwangen einer der Hauptorte der Schwarzwälder Uhrenindustrie. Der erste Direktor der dortigen Uhrmacherschule hieß Robert Gerwig – er war auch am Bau der Gotthard- und der Schwarzwaldbahn maßgeblich beteiligt. 1852 rief er die Schwarzwälder Bevölkerung auf, alte Uhrenmuster in Furtwangen abzugeben. So entstand der Grundstock des Deutschen Uhrenmuseums. 1975 kam noch die Uhrensammlung des Industriellen Helmut Kienzle dazu. Heute birgt das Uhrenmuseum mit 8000 Objekten die größte Sammlung in Deutschland – und die weltgrößte Sammlung von Schwarzwälder Uhren.

16 Gütenbach

Alle Modelleisenbahnfans kennen die Firma Faller wegen ihrer »Häusle« und der »Welt im Modell«. Faller hat seinen Firmensitz in Gütenbach und zeigt dort seine Schätze in der Modellbauausstellung. Die denkmalgeschützte Sägemühle (in der nicht gesägt, sondern gemahlen wird) wurde von zwei Vereinen restauriert.

17 Simonswald

Der Ort gehört zum Nationalpark Südschwarzwald. Im Simonswälder Tal fließt die wilde Gutach, ein Nebenfluss der Elz. In Wildgutach nahe bei Gütenbach befindet sich der Balzer Herrgott: In den Stamm einer Riesenbuche ist ein steinerner spätgotischer Christuskörper fast völlig eingewachsen – für viele Wanderer ein mystischer Wallfahrtsort.

18 Waldkirch

Das Städtchen im Breisgau widmet sich ganz den Dreh- und Jahrmarktorgeln. Vor rund 200 Jahren wurden

Von oben nach unten: der Feldbergturm auf dem höchsten Gipfel des Schwarzwalds, das Eisenbahnviadukt in der Ravennaschlucht und das tief verschneite Breitnau.

AUSFLUGSZIELE

Hochfirstschanze

Deutschlands größte Naturschanze – so bezeichnet man Skisprungschanzen, die weder im Anlaufbereich (Sprungturm) noch im Aufsprungbereich (Landung) durch Baumaßnahmen ergänzt wurden – liegt am Nordhang des 1197 Meter hohen Hochfirst in Titisee-Neustadt. Die Schanzengröße (Hill-Size: die kürzeste Verbindung zwischen der Kante des Schanzentischs und dem Punkt am Aufsprunghang, der noch ein Gefälle von 32 Grad hat) beträgt 142 Meter, der noch eine sichere, schöne Landung ermöglichende K-Punkt (Konstruktions- bzw. früher kritischer Punkt) 125 Meter. Eine Info-Tour (Gehzeit etwa eineinhalb Stunden) führt Besucher an die wichtigsten Punkte der Schanze heran. Im Winter finden hier regelmäßig internationale Wettbewerbe statt. Noch weiter als Prevc sprang der heutige Trainer des deutschen Skisprung-Weltcup-Damenteams, Maximilian Mechler. Sein erfolgreich gestandener 150-Meter-Sprung im Jahr 2011 wird aber von der FIS nicht als Schanzenrekord gewertet, da es sich um kein Weltcup-Skispringen handelte, sondern um den Continental-Cup.
www.skisprungschanzen.com/DE

hier die ersten Orgeln dieser Art gebaut, schnell stieg die Stadt zum europäischen Zentrum für mechanische Musikinstrumente auf. Vier Werkstätten sind heute noch aktiv. Das Elztalmuseum präsentiert eine herrliche Sammlung der nostalgischen Orgeln. In der Ausstellung »Automatenträume« begibt man sich auf eine Zeitreise von den ersten Maschinen der Antike bis hin zum modernen Computer unserer Zeit.

19 St. Peter

Der mittelalterliche Baubestand dieses Klosters wurde im Lauf der Zeit durch Brände immer kleiner. Im Jahr 1724 begann der Vorarlberger Peter Thumb mit dem Neubau der Kirche. Die Innendekoration stammt von Joseph Anton Feuchtmayr und Matthias Faller, die Klosterbauten entstanden später. Der schönste Raum ist die Rokokobibliothek mit den prunkvollen Deckengemälden von Benedikt Gambs und allegorischen – die verschiedenen Wissensbereiche darstellenden – Figuren auf der Galerie von Matthias Faller.

20 St. Märgen

Der Ferienort verdankt seine Entstehung einer Klostergründung aus dem Jahr 1118. Auffälligstes Bauwerk der Gemeinde ist die Wallfahrtskirche. Viermal wurde sie zerstört und wiederaufgebaut, zuletzt 1907 im Stil des 18. Jahrhunderts. Dabei verwendete man Teile der alten Innenausstattung, etwa die geschnitzten Heiligenfiguren von Matthias Faller, der zeitweise als Laienbruder im Kloster gelebt hatte.

21 Breitnau

In dem etwas abseits vom Massentourismus liegenden Ort spielt noch die Landwirtschaft mit rund 150 Betrieben die Hauptrolle. Auf Wanderungen stößt man immer wieder auf die in einer Streusiedlung angeordneten Höfe mit ihren tiefgezogenen Walmdächern. Nahebei kann man das bis zu 600 Meter tiefe Höllental mit der Ravennaschlucht besuchen.

22 Hinterzarten

Im Jahr 1887 wurde die Höllentalbahn eröffnet. Sie erschloss den

STELLPLATZ TODTNAU

Der kleine, gebührenpflichtige Platz ist ganzjährig nutzbar und hat alle notwendigen Ver- und Entsorgungseinrichtungen. Bis zur Hasenhorn-Rodelbahn ist es zu Fuß ein Kilometer, bis zu den Wasserfällen sind es drei Kilometer.

Feldbergstraße 24, 79674 Todtnau, GPS 47.8325, 7.95497

STELLPLATZ AM REHBACH-SKILIFT

Sehr ruhiger, kostenpflichtiger Stellplatz an der Menzenschwander Alb für 20 Fahrzeuge. Für Wohnmobile ist dieses Gelände in der Wintersaison ab Januar nutzbar. Entsorgungsmöglichkeiten bestehen nicht, Frischwasser und Stromanschlüsse stehen zur Verfügung.

Rehbachweg 4, 79837 St. Blasien, GPS 47.81288, 8.06919

ZUM WILDEN MICHEL

Schön gelegener Campingplatz für eher kleinere Wohnmobile (bis 7,5 Meter) – auch Wintercamping die ganze Saison über. Kein Handyempfang, aber WLAN-Netzwerk rund um die Gastronomie.

Linach 6, 78120 Furtwangen im Schwarzwald, www.zumwildenmichel.de, GPS 48.02446, 8.22698

Hochschwarzwald für den Fremdenverkehr; Hinterzarten gelangte so zu seiner heutigen touristischen Bedeutung als Kurort und Wintersportplatz. Die rund 400 Meter Steigung zwischen Kirchzarten und Hinterzarten überwand man anfänglich mit einer Zahnradbahn. Erst ab 1933 kam man ohne Zahnräder aus.

WOHNMOBILSTELLPLATZ SCHLUCHSEE

Dieser Platz für 14 Wohnmobile befindet sich am Rand des Schluchsees. Er ist kostenpflichtig, ganzjährig geöffnet und mit allen notwendigen Ver- und Entsorgungseinrichtungen ausgestattet.

Faulenfürster Straße, 79859 Schluchsee, GPS 47.81507, 8.18122

23 Titisee-Neustadt

Sowohl Titisee als auch Neustadt gehen auf das Mittelalter zurück und wurden erst im Jahr 1971 zu einer Stadt vereinigt. Der Titisee hat seinen Namen von einem »Didi«, der mit richtigem Namen wohl Diethelm hieß. Der See wird durch eine eiszeitliche Moräne aufgestaut. Auf der einen Talseite liegt das Feldbergmassiv, auf der anderen der Hochfirst. Millionen Besucher kommen jedes Jahr in diesen betriebsamen internationalen Kurort.

24 Todtnau

Der Ortskern der ehemaligen Silberbergbaustadt wurde im Jahr 1876 durch einen Großbrand zerstört; aus den Ruinen erstand eine nüchterne neue Stadt. Die Todtnauer Wasserfälle liegen nordwestlich. Hier stürzt der Stübenbach über mehrere Felsklippen ins Tal.

WINTERTIPP: Der Wintersport hat hier Tradition: Bereits im Jahr 1891 wurde in Todtnau ein Skiclub gegründet, der als die Wiege des deutschen Skisports gilt. So ist es nicht verwunderlich, dass zahlreiche Ski-Lifte, Rodelbahnen und Langlaufloipen für Wintersportfans bereitstehen.

25 St. Blasien

In dem geschichtsträchtigen Ort nimmt der Dom eine zentrale Stellung ein – als Kunstdenkmal wie als Veranstaltungsort von Konzerten.

26 Schluchsee

Auf 930 Meter Höhe liegt der etwa elf Quadratkilometer große Schluchsee. Der einst wesentlich kleinere Gletschersee wurde seit 1932 durch eine Staumauer zu seiner jetzigen Größe aufgestaut. Die schneebedeckte Landschaft lässt sich bei einem ausgedehnten Rundgang um den See bewundern.

27 Bonndorf

Den Hauptakzent des Ortes setzt ein Schloss mit zwei Türmchen und Zwiebelhauben. Darin befindet sich das Fasnachtsmuseum »Schloss-Narrenstube«. Unterhalb davon stößt man auf einen japanischen Garten mit Teehaus. Ganz in der Nähe des Orts liegt die wildromantische Wutachschlucht, eine im Winter raue (aber auch gefährliche und besser nicht allein zu durchwandernde) Naturschönheit. Zudem ist das Naturschutzgebiet ein Tier- und Pflanzenparadies mit vielen seltenen Arten.

28 Stühlingen

Der malerische, an der Grenze zwischen Deutschland und der Schweiz gelegene Ort wirkt mit den vielen historischen Gebäuden in der Altstadt unterm Schloss Hohenlupfen wie ein großes Freilichtmuseum. Dank der malerischen Lage direkt am Rand des Naturparks Südschwarzwald lädt Stühlingen zum Wohlfühlen und zum Wandern ein. Es gibt auch ein Puppen- und Nostalgie- sowie ein Bulldog- und Bauernmuseum (in Räumlichkeiten des Hotels Rebstock).

29 Schaffhausen (Schweiz)

Die einzige rechtsrheinische eidgenössische Stadt wird von der im Jahr 1585 fertiggestellten Feste Munot bewacht. Das Zentrum der Altstadt ist der Fronwagplatz mit dem Mohrenbrunnen aus dem Jahr 1520 und dem Metzgerbrunnen von 1524. Auffällig sind die vielen Erker, weshalb Schaffhausen den Beinamen Erkerstadt bekam. Besonders schön sind das Rathaus (1624) und das Haus »Zum Ritter« (1566). Der Bau des Münsters geht auf das Jahr 1087 zurück. Die Hauptattraktion von Schaffhausen ist der gewaltige Rheinfall (siehe unten).

AUSFLUGSZIELE

Rheinfall Schaffhausen

Der Rheinfall bei Neuhausen mit dem Schloss Laufen auf der Südseite ist ein spektakuläres Naturschauspiel. Rund 23 Meter stürzt sich das Wasser des Rheins etwa vier Kilometer westlich von Schaffhausen über felsigen Grund in die Tiefe. Durchschnittlich 370 Kubikmeter ergießen sich in der Sekunde über eine Breite von 150 Metern. Der Rheinfall gilt deshalb als größter Wasserfall Europas. In den regenreichen Monaten erreicht die Wassermenge sogar Durchschnittswerte um 700 Kubikmeter pro Sekunde. Der Rheinfall ist das ganze Jahr über ein Touristenmagnet. Im Winter, wenn alles gefroren ist und sich das Eis über die Steine legt, herrscht eine ganz besondere Stimmung.

www.rheinfall.ch

ROUTE 23

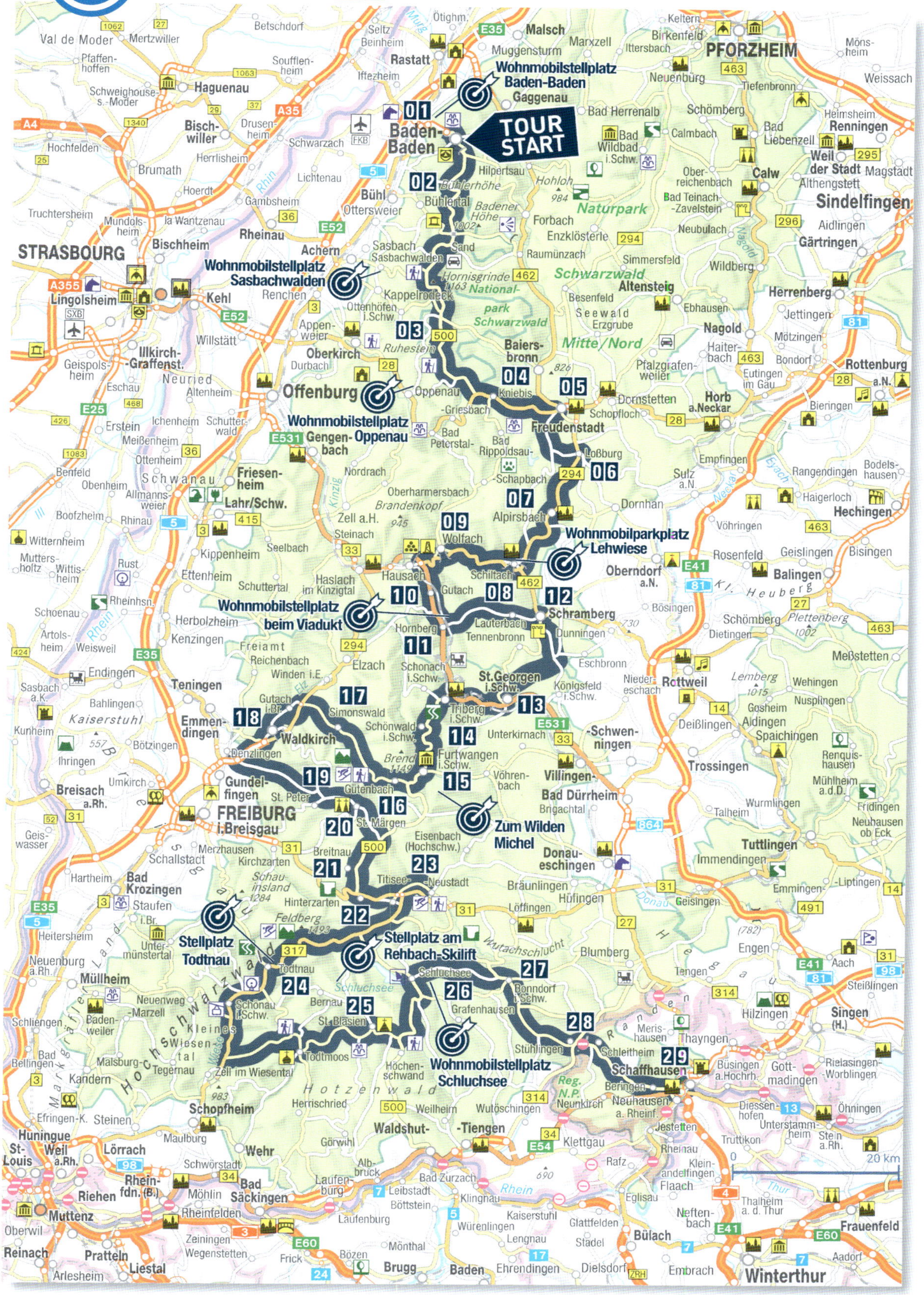

TOUR START
01 Wohnmobilstellplatz Baden-Baden Gaggenau
02
Wohnmobilstellplatz Sasbachwalden
03
Wohnmobilstellplatz Gengen-Oppenau bach
04
05
06
07
Wohnmobilparkplatz Lehwiese
08
09
10
Wohnmobilstellplatz beim Viadukt
11
12
13
14
15
Zum Wilden Michel
16
17
18
19
20
21
22
23
Stellplatz Todtnau
Stellplatz am Rehbach-Skilift
24
25
26
27
28
29
Wohnmobilstellplatz Schluchsee
PFORZHEIM
STRASBOURG
FREIBURG i.Breisgau
Offenburg
Baden-Baden
Freudenstadt
Schramberg
Villingen-Schwenningen
Schaffhausen
Winterthur
Naturpark Schwarzwald Mitte/Nord
Nationalpark Schwarzwald
Hochschwarzwald
Kaiserstuhl
Hotzenwald
Schwarzwald
20 km

ROUTE 24

FELSALGARVE

In diesem Ort plante einst Portugals wohl berühmtester Entdecker, Heinrich der Seefahrer, seine Fahrten: Sagres ist der perfekte Einstieg für diese Tour. Das windumtoste Kap verwöhnt seine Gäste auch im Winter noch mit angenehmen 15 Grad, in der Nacht fallen sie selten unter drei Grad. An diesem Teil der Felsalgarve liegen sie zuhauf, die ruhigen Strandabschnitte, die sich vom Sommeransturm erholen. Besonders reizvoll präsentiert sich die Klippenlandschaft der Felsalgarve bei der Hafenstadt Lagos. Die riesige Lagune von Alvor, auf der N 125 umfahren, ist ein Paradies für Wasservögel, der Ort selbst lockt mit Fischrestaurants. Später erreicht man Portimão, das Zentrum der Sardinenfischerei. Fischerflair lässt sich auch im Dörfchen Ferragudo schnuppern, wo im Rio Arade an Bojen vertäute Fischerboote schaukeln. Die Tour erstreckt sich weiter nach Carvoeiro, wo die Brandung beachtliche Felstürme und -bögen erschaffen hat. Es geht weiter in die mittelalterliche maurische Hauptstadt Silves. Quer durch diese Kulturlandschaft gelangt man auf Nebenstrecken bei Armação de Pêra mit dem Naturstrand Praia Grande wiederum ans Meer, nach Albufeira. Die »weiße Stadt« zählt zu den bedeutendsten Touristendestinationen Europas und trägt nicht von ungefähr den Beinamen »Saint-Tropez der Algarve«.

WARUM IM WINTER?

Wer Portugal jenseits des Touristentrubels erleben will und in das Leben der Einheimischen eintauchen möchte, ist jetzt genau richtig. Zudem: Die Temperaturen sind oft frühlingshaft mild.

Spektakuläre Felstürme und -bögen, umspült von Wellen und Gischt, ragen an der Praia da Marinha bei Carvoeiro aus dem Meer.

Stille Tage mit Meeresrauschen

Im Winter kehrt eine fast meditative Stille an Portugals Küste zurück. Die hohen Felstürme, das türkisblaue Wasser und die vielen kleinen Orte bieten eine Kulisse, in der es nie langweilig wird.

Die Strände rund um Lagos gehören zu den schönsten an der Algarve. Ganz allein ist man hier selbst in den Wintermonaten eher selten – aber verglichen mit dem Trubel im Sommer ist es doch paradiesisch ruhig.

ROUTE 24

Streckenlänge: ca. 130 km
Zeitbedarf: ca. 3–4 Tage
Routenverlauf (Hauptorte): Sagres, Lagos, Portimão, Ferragudo, Carvoeiro, Silves, Armação de Pêra, Albufeira
Charakteristik: Großenteils führt die Route über die Nationalstraße N 125. Aufgrund hoher Verkehrsdichte und häufiger Geschwindigkeitsbegrenzungen geht es oft nur langsam voran. Schneller ist die parallel verlaufende Autobahn A 22 (Maut).
Informationen: www.visitportugal.com, www.visitalgarve.pt

Hier geht's zum GPS-Track

01 Sagres

In Sagres wird geradezu sinnlich spürbar, welcher Mut die portugiesischen Entdeckungsreisenden angetrieben haben muss. Der Ort auf der windumtosten Landzunge wirkt wie das Ende der Welt, und dass dahinter kein Abgrund Schiffe und Seeleute verschlingt, sondern neue Inseln und Küsten auftauchen, das mussten Entdecker wie Gil Eanes erst »erfahren«. Heinrich der Seefahrer soll in Sagres im 15. und 16. Jahrhundert eine Akademie unterhalten haben, an der Wissenschaftler historische Seekarten und Reiseberichte auswerteten, neue nautische Instrumente entwickelten und die Erkenntnisse der Kapitäne bündelten, die sich immer weiter ins Ungewisse vorwagten. Das Cabo de São Vicente soll der Sitz dieser Akademie gewesen sein. Der Bau ist verschwunden; nur eine Windrose mit einem Durchmesser von 43 Metern im Bodenbelag der Festung, die bei Ausgrabungen entdeckt wurde, soll angeblich ein Relikt der einstigen Seefahrerschule sein.

WINTERTIPP: Bei Surfern gilt die Praia do Tonel grade im Winter als bevorzugtes Reiseziel. Dann sind die Winde herausfordernd und die Wellen entsprechend hoch. Der windgeschützte Stadtstrand von Sagres ist hingegen ideales Tauchrevier. Die Gewässer sind auch bei großen Meeressäugern beliebt: Buckelwale und Delfine zeigen sich hier gerne im September und Oktober.

02 Burgau

Vom armen Fischerdorf hat sich Burgau in einen malerischen Ort verwandelt. Die weiß getünchten Häuser stapeln sich am Hang über dem feinsandigen hellen Strand. Große Hotelanlagen fehlen, weshalb auch keine Massen den Strand bevölkern. Je nach Lage der Unterkunft müssen schon mal einige Stufen zum Strand überwunden werden, aber Burgau-Urlauber sind meist sportlich. Zahlreiche Surfer fühlen sich hier wohl. Und wegen der windabschirmenden Felsen ist der Strand auch bei stärkeren Nordwestwinden gut zum Baden geeignet. Doch das werden im Winter wohl nur ganz Mutige tun. Burgau geht auf eine Thunfischfangstation aus dem 16. Jahrhundert zurück, die alte Rampe

Nach wie vor wird in Lagos noch die traditionelle Fischerei betrieben. Jeden Morgen fahren die Fischer mit ihren kleinen Booten hinaus aufs Meer.

benutzen die wenigen verbliebenen Fischer heute noch. Das Fischerdasein war im 20. Jahrhundert jedoch nicht mehr lukrativ. So war Burgau in den 1980er-Jahren fast verlassen; erst der Tourismus verhalf dem Ort zu neuem Aufschwung.

03 Lagos

Das heute eher kleinstädtisch wirkende Lagos war in der Zeit der portugiesischen Entdeckungsfahrten einer der wichtigsten Häfen des Landes. Hier wurden die ersten Karavellen gebaut, mit denen Gil Eanes im Jahr 1434 die Erstumsegelung von Westafrika gelang. Am 8. August 1443 wurden in Lagos erstmals Sklaven verkauft, die per Schiff aus dem Senegal kamen. Die Delegação da Alfândega an der Praça do Infante, unter deren Arkaden damals 235 Menschen versteigert wurden, existiert noch bis heute.

WINTERTIPP: Während die verwinkelte Altstadt im Sommer von Touristen nur so brummt, ist es in der Nebensaison dort fast ausgestorben. Ideal, um das authentische Leben zu spüren oder einfach nur schöne Fotos zu machen.

FIGUEIRA CARAVAN PARK

Eingezäunter Wohnmobilstellplatz unterhalb der Hauptstraße von Figueira, für etwa 40 Fahrzeuge bis acht Meter Länge. Parzellen auf Kiesboden, durch Hecken abgeteilt. Schatten erzeugt man mit der eigenen Markise. Duschen, WC, Spülbecken, Waschmaschine, WLAN. Restaurants in Fußgängerentfernung. Ganzjährig geöffnet.

Rua da Fonte 6, 8650-072 Budens, www.figueiracaravanpark.com, GPS 37.072666, -8.845504

SALEMA ECO CAMP

Auf dem geräumigen Naturgelände besteht freie Platzwahl, Parzellen gibt es nicht. Etwa einen Kilometer vom Strand entfernt. Wohnmobil-Servicestation, Waschmaschinen. WLAN nur im Bereich Rezeption/Restaurant. Hier campen viele Surfer. Ganzjährig geöffnet.

Praia da Salema, 8650-196 Budens, www.salemaecocamp.com, GPS 37.075075, -8.831050

ORBITUR VALVERDE

Mix aus Hüttendorf und Campingplatz in ländlicher Umgebung. Die für Wohnmobile geeigneten Parzellen sind durch Hecken getrennt. Nur teilweise Schatten. Mit Restaurant, Pool, Planschbecken und allen üblichen Einrichtungen, eher obere Preiskategorie. Zum Strand sind es zwei Kilometer. Ganzjährig geöffnet.

Estrada da Praia da Luz, 8600-148 Lagos, www.orbitur.pt, GPS 37.099659, -8.717476

CAMPING TRINDADE

Stadt- und strandnaher Platz, schon etwas in die Jahre gekommen, aber für einen Besuch von Lagos ideal. Trotz der zentralen Lage nachts überraschend ruhig. Teilweise spenden hohe Eukalyptusbäume Schatten. Gut auf Wohnmobile eingestellt, Wasser und Strom am Stellplatz. WLAN kostet extra. Ganzjährig geöffnet.

Estrada da Ponta da Piedade 65, 8600-315 Lagos, GPS 37.094700, -8.671888

Eine wahre Orgie barocker Goldschnitzkunst birgt die Igreja de Santo António. Sie wurde nach dem Erdbeben im Jahr 1755 mit allem Pomp und Prunk wiederaufgebaut – der Gewinn aus dem kolonialen Handel ermöglichte es.

04 Alvor

Wie alle Küstenorte ist Alvor von der Fischerei geprägt. Das Fischerviertel befindet sich aber nicht am Meer, sondern an der Flussmündung Ria de Alvor, die sich zum Meer hin zu einer breiten Lagune erweitert. In der Zona Ribeirinha, dem Uferbereich, werkeln die Fischer. Gleich dahinter warten die Küchenchefs auf den Fang des Tages. Alvor ist landesweit bekannt für seine Fischrestaurants. Das Erscheinungsbild der Kleinstadt mit rund 6500 Einwohnern ist vielseitig. Die Pfarrkirche Igreja Matriz und einige Stadtpaläste wirken mondän. Die Kirche geht auf das 16. Jahrhundert zurück, die Barockaltäre stammen jedoch aus der Zeit nach dem großen Erdbeben von 1755. Am Meer ragen Apartmenttürme und Hotelanlagen in den Himmel. Den herrlichen Strand genießen Urlauber und Einheimische gleichermaßen. Winterspaziergänger finden weiter im Westen einsamere Stellen an der Praia de Alvor.

05 Portimão

Die Zeiten, da die Fischer Portimãos zum Sardinenfang aufbrachen und den Inhalt ihrer gut gefüllten Netze an die Konservenfabriken am Hafen verkauften, sind lange vorbei. Heute prägt der Badetourismus die am Rio Arade gelegene Stadt mit ihrer palmenbestandenen Uferpromenade und den von Boutiquen gesäumten Einkaufsstraßen. Im Winter gleicht das aber eher einer Geisterstadt, denn viele Läden schließen in der Nebensaison. Seit dem Niedergang der Fischindustrie hat sich einiges getan: Die Häuser an der Promenade und rund um den Largo 1° de Dezembro wurden vorbildlich restauriert, die Strände von Hotels gesäumt. Am al-

AUSFLUGSZIELE

Praias de Lagos

Wenige Orte an der Algarve können mit einer solchen Vielfalt an Stränden auftrumpfen wie Lagos: Der Strand Meia Praia zwischen der Mündung des Odiáxere im Osten und dem Stadtrand von Lagos lockt mit goldgelbem Sand. Städtische Atmosphäre verspricht die Praia da Batata am Fuß des Forte Ponta da Bandeira. Zum »schönsten Strand der Welt« gewählt wurde die Praia Dona Ana: Die von den typischen Sandsteinformationen der Algarve begrenzte Sandbucht senkt sich flach zum Meer, das aufgrund der besonderen Bodenbeschaffenheit in allen Tönen von Blau bis Türkis und Grün leuchtet.

An der Ponta da Piedade weiter westlich mit ihren bizarr anmutenden Felsbögen und Steinformationen, sind Sand und Strände hingegen Mangelware. Dafür kann man vom Boot aus das Meer bewundern.

ten Hafen hat sich Portimão noch etwas von seinem alten Charme bewahrt. Dort trifft man auf das moderne Museu de Portimão in einer ehemaligen Fischkonservenfabrik. Es informiert sehr anschaulich über die Fischerei, angefangen vom Fang über die Verarbeitung bis zum Verkauf.

06 Ferragudo

Alte, weiß getünchte Fischerhäuser und ein berühmter Strand: In Ferragudo, der kleinen Hafenstadt gegenüber von Portimão, am Westufer des Rio Arade gelegen, scheint die Zeit stillzustehen. Wie Bauklötzchen stapeln sich die Häuser der Altstadt den Hügel oberhalb des Rio Arade bergauf bis zur malerischen Kirche, von der aus sich eine grandiose Fernsicht über den Fluss hinüber bis auf die moderne Skyline von Portimão eröffnet. Bereits Phönizier und Römer schätzten den geschützten Hafen;

Linke Seite: Sonnenuntergang am Strand von Lagos.

Unten: Die beschauliche Altstadt von Ferragudo liegt idyllisch am Ufer des Rio Arade.

PARQUE RURAL VALE DA CARRASQUEIRA

Privat geführter Wohnmobilpark in einzigartiger, einsamer Lage in der Serra de Monchique. 14 in einer Reihe angeordnete Parzellen, von allen blickt man weit über die Gebirgsszenerie. Strom, Frischwasser und Abwasser am Platz, ebenso WLAN und ein Klapptisch. Sanitärbereich, Waschmaschine. Ganzjährig.

Barração 190, 8550-213 Monchique, www.camping valedacarrasqueira.com, GPS 37.276605, -8.543860

MOTORHOME PARK SILVES

Außerhalb der Stadt an der Landstraße Richtung Westen, Supermarkt in der Nähe, 15 Fußgängerminuten zum historischen Zentrum. Umzäunter, bewachter, fast schattenloser, parzellierter Kiesparkplatz mit reichlich Raum für Wohnmobile. Gebührenpflichtig. WLAN, Waschmaschine, Trockner, Dusche, kein WC. Ganzjährig.

Estrada Nacional 124, 8300-038 Silves, GPS 37.187304, -8.451373

JARDIM DE MIKKI

Landeinwärts zwischen Feldern und Plantagen gelegener Wohnmobilstellplatz mit unterschiedlich großen Parzellen. Diejenigen für XL-Fahrzeuge bis zwölf Meter Länge mit eigenem Wasser und Entsorgung. Exotischer Garten, Tiergehege, sanitäre Einrichtungen, Pool, Bar/Restaurant, alles etwas abgedreht. Ganzjährig.

Areias de Pêra 700, 8365-201 Pêra, www.mikki-place-to-stay.com, GPS 37.128112, -8.322755

im 19. und 20. Jahrhundert ernährten Fischfang und Konservenindustrie die Bewohner. Einige Fischer versuchen nach wie vor ihr Glück und verkaufen den Fang an die Restaurants. Neben anderen Stränden besitzt Ferragudo mit der Praia Grande einen durch einen Wellenbrecher geschützten Strand, welcher den Gezeiten und Strömungen kaum ausgesetzt ist.

07 Carvoeiro

Carvoeiro, einer der vielen ehemaligen Fischerorte im Barlavento, dem westlichen Teil der Algarve zwischen Faro und Cabo de São Vicente, ist dank seiner geschützten Sandbucht ein beliebtes Ferienziel für Familien. Dekorativ klettern die weiß getünchten Häuschen beidseits der Bucht an den Küstenfelsen empor. Der Ort konnte sich lange Zeit seine charmante Atmosphäre bewahren, inzwischen hat allerdings auch hier der Hotelbauboom eingesetzt – zahlreiche Villen, Hotels und Apartmentanlagen kommen jährlich neu an der Küste hinzu. Einst hatten reiche Weinbauern in den 1930er-Jahren den Küstenort an der idyllischen Bucht für sich entdeckt, später zogen dann auch zahlreiche deutsche Auswanderer hierhin.

08 Lagoa

Die ruhige Kleinstadt liegt fünf Kilometer abseits der Küste. Vom Tourismus im Ferienort Carvoeiro, der zum Gemeindegebiet gehört, bekommt man hier wenig mit. Ein wichtiges wirtschaftliches Standbein der Stadt ist der Weinbau. In der örtlichen Kooperative wird seit 1944 Tafelwein mit der Bezeichnung »DOC Lagoa« gekeltert, dazu der Likörwein Algardoce. Besonders geschäftig ist es in Lagoa im Herbst zur Zeit der Weinlese. Generell spielt sich das Leben zwischen der Markthalle und der Kirche ab. Dort sitzen die Einheimischen auch im Winter und freuen sich über die wenigen auswärtigen Besucher, die sich in ihre Stadt verirren. In den Wintermonaten ist es herrlich ruhig.

AUSFLUGSZIELE

Ruinas Megalíticas de Alcalar

In einem Zeitraum zwischen 3200 und 1200 v. Chr. am Ende der Jungsteinzeit fungierte die megalithische Nekropole von Alcalar im Hinterland von Portimão als Begräbnisstätte einer nahen, über 20 Hektar großen Hügelsiedlung. Die Ausgrabungen an der Grabanlage begannen bereits gegen Ende des 19. Jahrhunderts und sind bis heute noch nicht abgeschlossen. Je nach Interpretation wurden 14 bis 16 Grabstätten, teils Gang-, teils Kuppelgräber, bislang erforscht. In den Grabkammern waren meist mehrere Personen beigesetzt. Da die Nekropole bereits vor ihrer Entdeckung durch die Archäologen geplündert wurde, konnten kaum nennenswerte Grabbeigaben geborgen werden. Zumindest sind einige wenige Exponate im Museum von Portimão zu besichtigen. Bei einem Besuch des restaurierten Kuppelgrabes Nr. 7 gewinnen Besucher einen Eindruck von der besonderen Architektur der aus Kalkstein- und Schieferplatten errichteten Kuppelbauten, in denen damals bis zu 140 Tote bestattet wurden.

Rechts: Im landeinwärts gelegenen Lagoa sind die Einheimischen meist noch unter sich – erst recht in den Wintermonaten.

Unten: Das malerisch gelegene Carvoeiro wurde schon in den 1930er-Jahren als Urlaubsort entdeckt.

Ganz unten: Die Nekropole von Alcalar besteht aus mehreren Grabhügeln und einer Siedlung im Zentrum.

AUSFLUGSZIELE

Serra de Monchique

Ihr mildes Klima verdankt die Algarve dem Gebirgszug Serra de Monchique, der wie ein Riegel die von Nordwesten anwehende Atlantikluft abfängt. Die Serra selbst ist dadurch sehr regenreich und verzeichnet bis zu 2000 Millimeter Niederschläge im Jahr. Der 902 Meter hohe Gipfel Fóia ist wie das Gebirge vulkanischen Ursprungs und eröffnet einen fantastischen Weitblick über die Costa Vicentina und die westliche Algarve. Dichte Wälder aus Eukalyptus, Kiefern, Araukarien, Kork- und Steineichen sowie Rhododendren bedecken die Flanken des Gebirges und bieten zahlreichen Vögeln, darunter Adlern, Eulen und Nachtigallen, einen geschützten Lebensraum. Die Thermalquellen Caldas de Monchique fassten bereits die Römer in Becken; unter maurischer Herrschaft wurden viele Hänge terrassiert und die fruchtbare vulkanische Erde landwirtschaftlich genutzt.

Praia de Benagil

Nicht weit von Carvoeiro entfernt verbirgt sich die Praia de Benagil, einer der schönsten Strände der Algarve, in einer vom Meer ausgewaschenen Höhle. Nur schwimmend oder per Boot erreicht man bei Ebbe den als »Kathedrale« bekannten, vom Meer ausgespülten Hohlraum, in den wie durch ein Oberlicht Sonnenstrahlen in das von der Natur geschaffene Bauwerk fallen. Die Höhle, die auch ein beliebtes Postkartenmotiv ist, gehört zu den Attraktionen an diesem Küstenabschnitt. »Algares« nennen die Küstenbewohner die Felsengrotten entlang der Küste, die durch Spalten oder, wie die Höhle von Benagil, Löcher in der Decke ausgeleuchtet werden. Je nach Licht- und Sonneneinfall entstehen auf diese Weise fantastische Farbspiele. Erwandert werden kann der Küstenabschnitt auf einem zweistündigen Küstenwanderpfad zwischen Benagil und der Praia Marinha.

09 Silves

Silves gehört zu den wenigen portugiesischen Städten, die auf eine maurische Gründung zurückgehen: Unter dem Namen »Xelb« war sie einst der Hauptort der maurischen Algarve. Arabo-berberische Reiterheere hatten im 8. Jahrhundert, ausgehend von Nordafrika, zur Eroberung der Iberischen Halbinsel angesetzt. Xelbs Lage so weit landeinwärts erschien ideal geschützt und dank des Arade-Flusses dennoch für Handelsschiffe erreichbar. Eine mächtige Burg mit elf Türmen ist Zeugnis der 500-jährigen maurischen Herrschaft. Hinter den Festungsmauern verbarg sich ein prunkvoller Palast. Die Reconquista setzte der maurischen Blüte an der Algarve mit der Eroberung von Xelb 1242 ein Ende. Heute erwartet den Besucher neben der imposanten Burganlage die schöne gotische Kathedrale aus dem 13. Jahrhundert, die Sé de Silves. König Afonso III. soll den Umbau der arabischen Moschee von Silves in eine Kathedrale angeordnet haben, nachdem die Mauren im Jahr 1242 endgültig durch die Reconquista besiegt wurden und deren Hauptstadt Silves von christlichen Truppen eingenommen worden war. Die Bauarbeiten zogen sich, behindert durch ein Erdbeben in den 1440er-Jahren, bis zum Beginn des 16. Jahrhunderts hin. Auffällig ist der Kontrast der weißen Kirchenmauern mit den durch roten Sandstein betonten Fassadenteilen wie dem gotischen Portal, den Kirchenfenstern und der Apsis. Dieser »grés de Silves« genannte Stein wurde auch beim Bau der Burg verwendet. Im Lauf der Jahrhunderte fanden viele bedeutende Persönlichkeiten in der Sé ihre letzte Ruhestätte, darunter auch König João II. Sein Leichnam wurde später nach Batalha überführt, doch der prunkvolle Grabstein sticht unter den vielen Epitaphen hervor.

10 Armação de Pêra

Der im 16. Jahrhundert erstmals erwähnte Fischerort hat sich im Touris-

Linke Seite oben: Ein Mix aus weißem Mauerwerk und rotem Sandstein prägt die Sé von Silves.

Linke Seite unten: Dichte Wälder, fast wie im Urwald, überziehen die Serra de Monchique.

Rechts: Eine maurische Festung aus rotem Sandstein thront über Silves.

Die »Kathedrale« an der Praia de Benagil ist nicht ganz einfach zu erreichen, aber die Mühe lohnt sich. Die Steinhöhle entstand als Folge einer jahrhundertelangen Ausspülung durch Meereswellen.

musboom der 1960er-Jahre zu einer von Ferienapartments und Hochhäusern verunzierten Siedlung entwickelt, an deren Geschichte einzig die kleine Festung Fortaleza de Armação de Pêra aus dem Jahr 1571 sowie eine Wallfahrtskapelle aus dem 18. Jahrhundert erinnern. Seinen Namen verdankt der Ort der Reuse, »armação«, mit der die Fischer früher Thunfische fingen. Wie überall an der Felsalgarve prägen auch hier kleine, von steilen Felsen eingerahmte Sandbuchten die Küste, doch besitzt Armação de Pêra im Osten auch noch einen kilometerlangen, sanft abfallenden Strand. Und im Winter ist es auch hier vergleichsweise ruhig.

11 Albufeira

Als »Saint-Tropez der Algarve« wurde das sich wie ein Amphitheater über den Strand Praia dos Pescadores erhebende Fischerdorf einst gepriesen – wie Saint-Tropez entwickelte sich auch Albufeira vom Geheimtipp zum

PARQUE DA GALÉ

Überschaubar große, gärtnerisch gestaltete Anlage für Wohnmobile. Frischwasser, Entsorgung, WLAN, Strom, Duschen und Waschmaschine. In der Nähe gibt es Restaurants und einen kleinen Supermarkt. Sehr begehrt, da nur 1500 Meter zur Praia da Galé. Ganzjährig geöffnet.

Rua do Barranco 2, 8200-424 Albufeira, https://parquedagale.com, GPS 37.092688, -8.311847

PARQUE DA PALMEIRA

Abgeschlossener, innerstädtischer Wohnmobilstellplatz auf einem ehemaligen Fußballfeld, das in schmale, kiesige Parklücken unterteilt wurde. Mit komplettem Servicebereich, Sanitäreinrichtungen, Waschmaschine, Trockner, Strom. Im Winter oft sehr voll. Langzeitangebote verfügbar. Ganzjährig geöffnet.

Rua da Palmeira 29, 8200-047 Albufeira, GPS 37.098209, -8.243121

CAMPING ALBUFEIRA

Riesiger Campingplatz am landwärtigen Stadtrand, mit allen üblichen Einrichtungen und dafür relativ preisgünstig. Es gibt zwei Restaurants und einen kleinen Supermarkt. Freie Platzwahl. Radweg zum Stadtzentrum von Albufeira und Linienbus vor der Tür. Ganzjährig geöffnet.

Estrada Nacional 395, 8200-555 Albufeira, https://campingalbufeira.pt, GPS 37.106217, -8.253768

Massenziel. Das ging an dem Ort nicht spurlos vorüber: Restaurants, Edelboutiquen und Diskotheken verdrängten die traditionellen Läden in den engen Gassen, nur wenige der typischen weiß gekalkten Häuschen mit ihren schmiedeeisernen Balkongittern blieben erhalten, viele Buchten rund um den historischen Stadtkern wurden mit Hotelanlagen zugepflastert. Heute bemüht man sich hier, der Küste ihre natürliche Schönheit zurückzugeben. Einsame Plätzchen findet man hier glücklicherweise nach wie vor: An der zerklüfteten Felsküste westlich des Ortes locken idyllische Buchten, die allerdings nur vom Meer aus erreichbar sind.

Linke Seite: Nachts in den Gassen von Albufeira.

Oben: Schon in römischer Zeit gab es in Albufeira eine Siedlung für Fischer und Salzarbeiter. Heute gehört der Ort zu den bekanntesten Urlaubszielen an der Algarve.

ROUTE 24

REGISTER

REGISTER

BILDNACHWEIS • IMPRESSUM

G = Getty Images, M = mauritius images, Look = lookphotos

Cover: Vorderseite: Vadym Lavra/Shutterstock.com (Blick auf Taormina auf Sizilien), Buchrücken: G/ by-studio (Wohnmobil in Schweden), Rückseite: G/ cookelma (Wohnmobilreise durch Berglandschaft).

S. 2-3 M/Tomasz Zajda, S. 4-5 G/Xavier Arnau, S. 6-7 G/Westend61, S. 8-9 Philip Lange/Shutterstock.com, S. 10-11 G/Hannes Kutza, S. 14 socrates471/Shutterstock.com, S. 14 Aleksey Matrenin/Shutterstock.com, S. 14 Infinity T29/Shutterstock.com, S. 14-15 Voyagerix/Shutterstock.com, S. 16-17 ColeTrickle/Shutterstock.com, S. 18-19 C/Douglas Pearson, S. 20 Look/Daniel Schoenen, S. 20-21 M/Martin Siepmann, S. 22 G/Rene Mattes/Hemis.fr, S. 22-23 G/ Richard Bosomworth, S. 24-25 Look/Andreas Strauß, S. 25 G/Rene Mattes, S. 25 M/Klaus Neuner, S. 27 M/Ernst Weingartner, S. 27 Look/Jan Greune, S. 29 G/Peter Adams, S. 30-31 nnattalli/Shutterstock.com, S. 32 Look/Heinz Wohner, S. 33 Look/Brigitte Merz, S. 35 H. & D. Zielske, S. 35 M/Christian Bäck, S. 35 M/Christian Bäck, S. 36-37 M/Volker Preusser, S. 37 Sergey Kelin/Shutterstock.com, S. 39 Look/Daniel Schoenen, S. 39 Look/Heinz Wohner, S. 39 Look/age fotostock, S. 40 Look/Daniel Schoenen, S. 41 Look/ Daniel Schoenen, S. 42 G/Purple_queue, S. 42 G/ Westend61, S. 44-45 Look/age fotostock, S. 46-47 Sandra Mori/Shutterstock.com, S. 47 Noppasin Wongchum/Shutterstock.com, S. 48 Neirfy/Shutterstock.com, S. 49 Aeypix/Shutterstock.com, S. 51 G/ Guy Vanderelst, S. 51 M/Wilfried Wirth, S. 52 Look/ Robertharding, S. 52 Catarina Belova/Shutterstock.com, S. 54 C/Miles Ertman, S. 54 Alex Stemmers/ Shutterstock.com, S. 56 G/Holger Leue, S. 58-59 M/ Nino Marcutti, S. 60 Dreamer4787/Shutterstock.com, S. 60-61 Pawel Kazmierczak/Shutterstock.com, S. 62-63 G/Xbrchx, S. 63 G/Dreamer4787, S. 63 Inu/ Shutterstock.com, S. 64 Look/Konrad Wothe, S. 64 M/Alamy, S. 64 Marcin Krzyzak/Shutterstock.com, S. 67 G/Xbrchx, S. 67 M/Lumi Images, S. 68 M/R. Ian Lloyd, S. 69 M/Createam_44, S. 69 M/Jozef Sedmak, S. 72-73 Look/Sabine Lubenow, S. 74 G/Martin Child, S. 74-75 M/Alamy, S. 75 G/Slow Images, S. 76 M/Alamy, S. 76 M/Daniel Kempf-Seifried, S. 76 G/Smartshots International, S. 79 G/Westend61, S. 79 M/Hermes Images, S. 80 G/Piotr Jaczewski, S. 80 G/Slow Images, S. 81 M/Ingo Schulz, S. 82 G/ Patrick Donovan, S. 82-83 Look/age fotostock, S. 84 G/Andrea Savoca, S. 84 G/Alessandro Flavio Bruno, S. 86-87 Stephen Bridger/Shutterstock.com, S. 88-89 Nigel Jarvis/Shutterstock.com, S. 89 cktravels.com/Shutterstock.com, S. 90 M/Paul Williams, S. 91 M/Alan Novelli, S. 93 Helen Hotson/Shutterstock.com, S. 95 Look/age fotostock, S. 94-95 M/Chris Warren, S. 97 M/Alamy, S. 98-99 Tomasz Guzowski/ Shutterstock.com, S. 100-101 makasana photo/ Shutterstock.com, S. 102-103 G/Bbsferrari, S. 103 G/John Freeman, S. 104 Look/Travel Collection, S. 104 Look/Olaf Meinhardt, S. 104 G/Martin Wahlborg, S. 107 Look/age fotostock, S. 107 Look/TT News Agency, S. 107 Patryk Kosmider/Shutterstock.com, S. 109 wanida singkawehon/Shutterstock.com, S. 109 Antony McAulay/Shutterstock.com, S. 109 Conny Sjostrom/Shutterstock.com, S. 110 Look/Olaf Meinhardt, S. 110 G/By-studio, S. 110 Elenarts/Shutterstock.com, S. 112 Look/Olaf Meinhardt, S. 113 Look/Olaf Meinhardt, S. 114-115 G/Gosiek-B, S. 116-117 G/John and Tina Reid, S. 117 M/Alamy, S. 118-119 M/Rishu Sarpal, S. 119 G/Sergey Bogomyako, S. 121 by-studio/Shutterstock.com, S. 121 G/ Baac3nes, S. 121 M/Ainara Garcia, S. 122-123 Medvedeva Oxana/Shutterstock.com, S. 122-123 Minstemann/Shutterstock.com, S. 126-127 G/Evgeni Dinev Photography, S. 128-129 G/Westend61, S. 129 Christian Mueller/Shutterstock.com, S. 130 Luca Quadrio/Shutterstock.com, S. 130 JeanLucIchard/ Shutterstock.com, S. 132 Look/Hemis, S. 133 G/Julian Elliott Ethereal Light, S. 135 ermess/Shutterstock.com, S. 135 Gerhard Roethlinger/Shutterstock.com, S. 135 tichr/Shutterstock.com, S. 136 Richard Semik/Shutterstock.com, S. 138-139 Look/Design Pics, S. 140-141 Patryk Kosmider/Shutterstock.com, S. 142-143 CCat82/Shutterstock.com, S. 143 MrPat/ Shutterstock.com, S. 144 Arkadiusz Kolos/Shutterstock.com, S. 145 Jan Miko/Shutterstock.com, S. 145 Eryk Stawinski/Shutterstock.com, S. 145 posztos/Shutterstock.com, S. 147 Janusz Lipinski/Shutterstock.com, S. 146-147 Krzysztof Gach/Shutterstock.com, S. 149 Emanuele Nocerino/Shutterstock.com, S. 149 Nowaczyk/Shutterstock.com, S. 149 Milosz_G/Shutterstock.com, S. 149 G/Ausloeser/ Fuse, S. 151 MonikaC/Shutterstock.com, S. 151 Fotokon/Shutterstock.com, S. 152 M/Mikolaj Gospodarek, S. 152 Shevchenko Andrey/Shutterstock.com, S. 154-155 G/Mathieu Rivrin, S. 156 G/Mathieu Rivrin, S. 156-157 M/David Santiago Garcia, S. 158 Dennis van de Water/Shutterstock.com, S. 158-159 alexilena/Shutterstock.com, S. 160 M/Camera Lucida, S. 160 Look/Daniel Schoenen Fotografie, S. 162 G/Bbsferrari, S. 163 G/Zodebala, S. 165 G/Descliks-2bretagne.photography, S. 165 M/Andreas Zieher, S. 165 DaLiu/Shutterstock.com, S. 167 M/Clement Philippe, S. 168-169 M/Busse & Yankushev, S. 170-171 M/Oliver Borchert, S. 171 Chris Christophersen/ Shutterstock.com, S. 172 M/Panther Media, S. 172 CatalinT/Shutterstock.com, S. 172 Marc Venema/ Shutterstock.com, S. 173 Frank Bach/Shutterstock.com, S. 175 M/ImageBROKER, S. 175 M/Volker Preusser, S. 176-177 Janet Worg/Shutterstock.com, S. 177 imageBROKER.com/Shutterstock.com, S. 178 G/Javarman3, S. 178-179 M/Fabian Plock, S. 179 M/ Frank Bach, S. 181 M/Wolfgang Diederich, S. 182-183 zakaz86/Shutterstock.com, S. 184-185 M/Chris Young, S. 186-187 G/Gavin Hellier, S. 187 Marc Lechanteur/Shutterstock.com, S. 188-189 V_E/Shutterstock.com, S. 189 M/Jan Wlodarczyk, S. 190-191 Alessandro Coiro Mas/Shutterstock.com, S. 192-193 AlbertoGonzalez/Shutterstock.com, S. 193 M/Javier Larrea, S. 194 Cavan-Images/Shutterstock.com, S. 194-195 Pau Buera/Shutterstock.com, S. 198-199 G/Ed Freeman, S. 200-201 Sven Hansche/Shutterstock.com, S. 201 f11photo/Shutterstock.com, S. 202 M/Alamy, S. 202-203 chamski/Shutterstock.com, S. 204 G/Dimitrios Tilis, S. 204 Giorgos Ntentis/ Shutterstock.com, S. 205 G/Ihor_Tailwind, S. 208-209 M/Panther Media, S. 210 G/Kaycco, S. 210-211 M/Ivica Jandrijevic, S. 212 Look/Travel Collection, S. 213 G/David Madison, S. 213 M/Lumi Images, S. 213 G/Channed Images, S. 215 Zdenek Matyas Photography/Shutterstock.com, S. 215 footageclips/ Shutterstock.com, S. 216 Look/Rainer Mirau, S. 216 M/Emil Pozar, S. 217 F8 studio/Shutterstock.com, S. 219 G/Michael Turek, S. 219 M/Karl Thomas, S. 219 M/Ivica Jandrijevic, S. 219 M/Aldo Pavan, S. 220 G/ Mlenny, S. 220 lero/Shutterstock.com, S. 222 M/ Alen Ferina, S. 222 M/Sebastian Rothe, S. 224-225 Virrage Images/Shutterstock.com, S. 226-227 barmalini/Shutterstock.com, S. 228-229 csp/Shutterstock.com, S. 229 Miguel Almeida/Shutterstock.com, S. 231 Luis Pedro Fonseca/Shutterstock.com, S. 231 Marisa Estivill/Shutterstock.com, S. 233 M/ John Warburton-Lee, S. 233 Glen Berlin/Shutterstock.com, S. 233 homydesign/Shutterstock.com, S. 234 M/Cedric Pasquini, S. 234 M/Sérgio Nogueira, S. 235 Carinthian/Shutterstock.com, S. 236 Sergey Peterman/Shutterstock.com, S. 238-239 zakaz86/ Shutterstock.com, S. 240 Look/Jan Greune, S. 241 Look/Danita Delimont, S. 240-241 Valdis Skudre/ Shutterstock.com, S. 242 G/Alberto Simonetti, S. 242 G/Maremagnum, S. 244 fischers/Shutterstock.com, S. 246-247 Nadezda Murmakova/Shutterstock.com, S. 248-249 Sergey Fedoskin/Shutterstock.com, S. 249 Roman Kybus/Shutterstock.com, S. 250 Dziajda/Shutterstock.com, S. 250-251 milosk50/Shutterstock.com, S. 253 vanGeo/Shutterstock.com, S. 253 Kletr/Shutterstock.com, S. 254 DaLiu/Shutterstock.com, S. 254 Peteri/Shutterstock.com, S. 257 Boris Stroujko/Shutterstock.com, S. 258-259 canadastock/Shutterstock.com, S. 260-261 mehdi33300/Shutterstock.com, S. 262 Look/Travelstock44, S. 262-263 BAHDANOVICH ALENA/ Shutterstock.com, S. 264 G/Domingo Leiva, S. 264 M/Alamy, S. 266 G/WillSelarep, S. 266 Look/Travelstock44, S. 269 G/Paul Panayiotou, S. 269 Look/ Robertharding, S. 269 Leonid Andronov/Shutterstock.com, S. 270 Look/age fotostock, S. 270 joserpizarro/Shutterstock.com, S. 272-273 photoschmidt/ Shutterstock.com, S. 274-275 Pierre vincent/Shutterstock.com, S. 276 M/Alamy, S. 277 Look/Photononstop, S. 276-277 Look/Brigitte Merz, S. 279 LI SEN/Shutterstock.com, S. 279 WildSnap/Shutterstock.com, S. 280 M/Alamy, S. 281 Boris Stroujko/ Shutterstock.com, S. 282-283 praneem79/Shutterstock.com, S. 283 Elena Ska/Shutterstock.com, S. 284 ecstk22/Shutterstock.com, S. 285 Southtownboy Studio/Shutterstock.com, S. 286-287 Teemu Tretjakov/Shutterstock.com, S. 288-289 Oleksiy Mark/Shutterstock.com, S. 289 G/Renaud Visage, S. 289 Diego Grandi/Shutterstock.com, S. 290 nidafoto/Shutterstock.com, S. 290 Julia Shepeleva/Shutterstock.com, S. 292-293 canadastock/Shutterstock.com, S. 294-295 Hert Niks/Shutterstock.com, S. 298-299 Dilomski/Shutterstock.com, S. 300 Tatyana Vyc/Shutterstock.com, S. 301 G/Cookelma, S. 301 Dignity100/Shutterstock.com, S. 302 M/Colin Bourne, S. 305 M/John Furnes, S. 306 Tomasz Wozniak/ Shutterstock.com, S. 308-309 Look/Daniel Schoenen, S. 310-311 Vivvi Smak/Shutterstock.com, S. 311 DS_93/Shutterstock.com, S. 312 DS_93/Shutterstock.com, S. 312 SSKH-Pictures/Shutterstock.com, S. 314 Look/Daniel Schoenen, S. 314 Oliver Hlavaty Photo/Shutterstock.com, S. 314 Michael Mantke/Shutterstock.com, S. 318-319 M/Cro Magnon, S. 320 SB Arts Media/Shutterstock.com, S. 320-321 Look/Travelstock44, S. 322 Sergei Aleshin/Shutterstock.com, S. 323 Tupungato/Shutterstock.com, S. 325 M/Michael Howard, S. 325 M/Carl DeAbreu, S. 325 M/Gerhard Wild, S. 326 Look/Thomas Stankiewicz, S. 326 G/Frank Wijn, S. 327 M/Sabine Lubenow, S. 328-329 G/Frank Lukasseck, S. 330 G/Zu Sanchez, S. 331 Look/age fotostock

MAIRDUMONT GmbH & Co. KG, Ostfildern
Kistlerhofstraße 111
81379 München
Tel. +49 (0) 89 45 80 20-0
www.kunth-verlag.de
info@kunth-verlag.de

ISBN 978-3-96965-108-7
1. Auflage

Printed in EU

MIX
Aus verantwortungsvollen Quellen
FSC® C127233
www.fsc.org

Verlagsleitung: Grit Müller
Redaktion: Nora Köpp
Grafik: Birte Schultze • Black Bird Designatelier
Texte: Gerhard Beer, Olivia Breda, Gerhard Bruschke, Anna Eckerl, Stephan Fennel, Stephanie Fischer, Robert Fischer, Christiane Gsänger, Cornelia Hammelmann, Annegret Handel-Kempf, Rita Henss, Waltraud Horbas, Rudolf Ites, Thomas Jeier, Stefan Jordan, Sibylle von Kapff, Anja Kauppert, Daniela Kebel, Dr. Sebastian Kinder, Thomas Krämer, Andrea Lammert, Susanne Lipps, Dr. Dieter Maier, Olaf Matthei-Socha, Michael Neumann, Dipl.-Geograph Heiner Newe, Dr. Thomas Pago, Christa Pöppelmann, Iris Schaper, Daniela Schetar, Peter Schmitz, Manuela Schomann, Peter Schröder, Snežana Šimičić, Björn Stüben, Dr. Manfred, Vasold, Dr. Heinz Vestner, Annika Voigt, Walter M. Weiss, Günther Wessel
Karten: Kartenmaterial: © KOMPASS-Karten GmbH, Karl-Kapferer-Straße 5, A-6020 Innsbruck unter Verwendung von Kartendaten: © MairDumont, D-73751 Ostfildern